LAS LITERATURAS HISPÁNICAS

LAS LITERATURAS HISPÁNICAS

Introducción a su estudio

VOLUMEN 1

Evelyn Picon Garfield
Ivan A. Schulman

WAYNE STATE UNIVERSITY PRESS   DETROIT

00 99 98 97 96   7 6 5 4 3

Library of Congress Cataloging-in-Publication Data

Garfield, Evelyn Picon.
  Las literaturas hispánicas : introducción a su estudio / Evelyn
Picon Garfield, Ivan A. Schulman.
      p.   cm.
  Includes index.
  ISBN 0-8143-1863-0 (pbk. : v. 1).—ISBN 0-8143-1864-9 (pbk. : v.
2).—ISBN 0-8143-1865-7 (pbk. : v. 3)
  1. Spanish literature—History and criticism.   2. Spanish American
literature—History and criticism.   3. Spanish literature.
4. Spanish American literature.   I. Schulman, Ivan A.   II. Title.
PQ6057.G38   1991
860.9—dc20
                                                     90-38058
                                                       CIP

A nuestros hijos:
    Audrey Suzanne
    Gene Douglas
    Paul Isidore
    Rosalind
    David Ephim

Acción de Gracias

Queremos expresar nuestro agradecimiento a la National Endowment for the Humanities, que nos apoyó durante un verano cuando las ideas de estos volúmenes se generaron, y también al Research Board y al Decanato de la Escuela Graduada de la Universidad de Illinois, Urbana-Champaign por los fondos con que contratamos a unos de nuestros alumnos graduados, quienes nos ayudaron con el manuscrito. Agradecemos a Santiago García Castañón, Elena Ray y Herbert Brant por su diligente trabajo durante dos años en la preparación de los volúmenes 2 y 3, a Egberto Almenas por su ayuda con la producción artística de las ilustraciones, y a Sofía Perico por su ayuda con la preparación del Indice alfabético. A nuestros colegas Raquel Chang-Rodríguez, Linda Gould Levine, Joseph Ricapito, Joseph Schraibman, Donald Schurlknight y Barbara Weissberger nuestro profundo agradecimiento por sus sugerencias.

Prefacio

Descripción de los tres volúmenes

Las literaturas hispánicas: introducción a su estudio es un libro destinado al estudiante que inicia sus estudios de las literaturas hispánicas. El contenido de los tres volúmenes sigue.

Volumen 1
Las literaturas hispánicas: introducción a su estudio
(1) Una explicación de qué es el texto literario y cómo difiere del texto no-literario
(2) Un guía para la lectura crítica de los textos literarios de varios géneros—poesía, novela, cuento, ensayo, drama—con vocabulario crítico, textos-modelos de análisis, y textos de práctica
(3) Una breve historia de las literaturas hispánicas y sus movimientos culturales-estéticos en relación a los contextos socio-históricos de España e Hispanoamérica desde la Edad Media hasta mediados del siglo XX

Dentro de la narración de esta historia, aparecen entre paréntesis las abreviaturas "§2" y "§3". Estas remiten al lector a los textos correspondientes a la historia los cuales aparecen en los Volúmenes 2 y 3.

(4) Un apéndice de estructuras poéticas y un glosario de terminología literaria

Volumen 2
Las literaturas hispánicas: introducción a su estudio: España
Una antología de selecciones de textos representativos de movimientos y corrientes principales en España desde la Edad Media hasta mediados del siglo XX, con breves introducciones biográficas y notas explicativas

Volumen 3
Las literaturas hispánicas: introducción a su estudio: Hispanoamérica
Una antología de selecciones de textos representativos de movimientos y corrientes principales en Hispanoamérica desde el Descubrimiento hasta mediados del siglo XX, con breves introducciones biográficas y notas explicativas

En los volúmenes antológicos—2 y 3—incluimos en las selecciones de textos, poesía, cuento y ensayo. Por su extensión, hemos preferido limitar las selecciones de novelas y drama. Es de esperar que el estudiante que utilice estos volúmenes durante el año académico, lea por lo menos una novela entera y un drama entero escogidos por el profesor.

Modos de utilizar los tres volúmenes

Los tres volúmenes en conjunto sirven para un curso universitario de dos semestres o tres trimestres para iniciar al estudiante en el estudio de las literaturas hispánicas. Presentan una metodología para la lectura crítica del texto literario y un panorama de las literaturas de España y de Hispanoamérica con énfasis en sus contextos culturales. Las selecciones de los volúmenes 2 y 3 no son comprensivas. No pretendemos incluir todo el material de las antologías tradicionales, pues nuestro propósito es señalar movimientos y corrientes epocales, sus raíces socio-históricas y unos ejemplos no-exhaustivos, de autores y selecciones representativos. Después de utilizar este libro, el estudiante podrá continuar sus estudios sobre la literatura de España o Hispanoamérica en cursos enfocados más bien en obras maestras o en períodos o géneros específicos.

El Volumen 1 en combinación con uno de los otros dos volúmenes sirven para un curso universitario de tipo *survey* de un semestre o dos (o su equivalente trimestral) en que se enseña la literatura de España (Volumen 2) o la literatura de Hispanoamérica (Volumen 3).

El Volumen 1 sirve como texto o libro de consulta y práctica para un curso sobre la introducción a la lectura crítica de las literaturas hispánicas.

El Volumen 2 y *el Volumen 3* pueden utilizarse como antologías de lecturas sobre España o Hispanoamérica.

Indice

VOLUMEN I

Acción de Gracias	vii
Prefacio	ix
Ilustraciones	xvii

PRIMERA PARTE
La literatura y la lectura

Capítulo I
¿Qué es la literatura? ... 3

1.1	*El texto literario*	3
1.2	*La literatura*	6
1.3	*El lenguaje literario*	6
1.4	*La lectura*	8
1.5	*Los géneros literarios*	11

SEGUNDA PARTE
¿Cómo se lee el texto literario?

Capítulo II
La poesía ... 15

2.1	*La poesía*	15
2.2	*La poesía lírica*	16
2.3	*El texto: «Lo fatal» de Rubén Darío*	16
2.4	*La versificación*	17
2.5	*El ritmo*	17
2.6	*La medida o la métrica*	18
2.7	*La división silábica*	18
2.8	*El texto*	19

2.9	*La palabra final del verso*	19
2.10	*El texto*	20
2.11	*La sinéresis y la sinalefa*	20
2.12	*El hiato y la diéresis*	22
2.13	*El texto*	22
2.14	*La rima*	23
2.15	*El texto*	24
2.16	*La estrofa*	24
2.17	*Los recursos poéticos*	25
2.18	*Análisis de «Lo fatal»: nivel semántico*	25
2.19	*Análisis de «Lo fatal» nivel sintagmático*	27
2.20	*En resumen*	29
2.21	*Texto: «Soneto» de Luis de Argote y Góngora*	29
2.22	*Análisis: «Soneto» de Luis de Argote y Góngora*	29
2.23	*Poemas suplementarios: práctica*	30
	«Si ves un monte de espumas» de José Martí	30
	«Agranda la puerta, padre» de Miguel de Unamuno	30

Capítulo III
La prosa ... 32

3.1	*La prosa*	32
3.2	*La novela*	32
3.2.1	*El punto de vista*	32

3.2.2	El escenario	36
3.2.3	Los personajes	36
3.2.4	La intriga	37
3.2.5	El tema	37
3.2.6	El estilo	38
3.2.7	El lenguaje	42
3.2.8	El tono	44
3.2.9	La estructura	45
3.3	El cuento	47
3.3.1	El punto de vista	48
3.3.2	El escenario	48
3.3.3	Los personajes	48
3.3.4	La intriga	48
3.3.5	El tema	48
3.3.6	El estilo	49
3.3.7	El lenguaje	49
3.3.8	El tono	49
3.3.9	La estructura	49
3.3.10	Texto: «Pecado de omisión» de Ana María Matute	49
3.3.11	Análisis: «Pecado de omisión» de Ana María Matute	52
3.3.12	Texto y análisis: «Carta a una señorita en París» de Julio Cortázar	54
3.4	El ensayo	61
3.4.1	La lectura crítica	62
3.4.2	Texto: «Sobre la novela policial» de Alfonso Reyes	63
3.4.3	Análisis: «Sobre la novela policial» de Alfonso Reyes	66
3.4.4	Texto: «La auscencia de los mejores» de José Ortega y Gasset	67

Capítulo IV
El teatro   76

4.1	El drama y el teatro	76
4.2	La verosimilitud	77
4.3	La escenografía	77
4.4	El tono	77
4.5	Los personajes	78
4.6	El lenguaje	78
4.7	El conflicto	78
4.8	La estructura	78
4.9	El tema	78
4.10	La lectura crítica	78
4.11	El drama en un acto	79
4.12	Texto: El delantal blanco de Sergio Vodanović	79
4.13	Análisis: El delantal blanco de Sergio Vodanović	87
4.14	Texto y análisis: El retablo de las maravillas de Miguel de Cervantes	88

TERCERA PARTE
La literatura y sus contextos históricos
   y culturales

Capítulo V
Los orígenes y la Edad Media   101

5.1	Los orígenes	101
5.2	La invasión árabe	101
5.3	La Iglesia en la Edad Media	103
5.4	Los orígenes literarios: la muwassaha	103
5.5	El arte poético de la Edad Media	104
5.6	La epopeya: El Cid	104
5.7	Los romances	105
5.8	El estilo gótico: sociedad y literatura del siglo XIII	105
5.9	El mester de clerecía	106
5.10	La cultura y la literatura alfonsinas	108
5.11	El siglo XIV: crisis y expresión literaria	108
5.12	La conclusión de la Edad Media	110

Capítulo VI
El Renacimiento y la Era de
Descubrimiento   113

6.1	El siglo XVI: el Renacimiento	113
6.2	Lutero y la Reforma	114
6.3	Renacimiento y erasmismo	114
6.4	La unidad nacional	115

6.5   La Celestina: *obra de*
       transición y de crisis
       nacionales   115
6.6   *Expansión, retraimiento,*
       Contrarreforma   116
6.7   *Un Renacimiento*
       medievalizado   116
6.8   *El estilo italianizante y el*
       clasicismo   117
6.9   *El estilo clásico*   117
6.10   *Herrera, Fray Luis, San*
       Juan, Santa Teresa   118
6.11   *La expresión mística*   119
6.12   *Los orígenes de la novela y*
       El Lazarillo   121
6.13   *Las crónicas: una*
       representación distinta
       de una nueva
       realidad   122
6.14   *La literatura original*
       de América   123
6.15   *La épica americana*   124

Capítulo VII
El siglo XVII: imperio y colonias   125

7.1   *Transculturación y Nuevo*
       Mundo   125
7.2   *La sociedad colonial*   126
7.3   *La Iglesia y las misiones* 127
7.4   *La cultura colonial*   128
7.5   *La sociedad colonial del*
       siglo XVII   128
7.6   *España en el siglo XVII*   129
7.7   *Sociedad y cultura del*
       barroco   129
7.8   *Cervantes: entre dos*
       mundos   132
7.9   *Mateo Alemán: el anverso*
       de la visión cervantina   134
7.10   *Lope: la poesía y el teatro*
       nacional   135
7.11   *Las letras americanas*   136
7.12   *Sor Juana Inés de la Cruz* 137
7.13   *Carlos de Sigüenza y*
       Góngora   138
7.14   *Otras figuras de la*
       literatura colonial   138
7.15   *El barroco americano*   139

Capítulo VIII
Florecimiento literario y decadencia
histórica   141

8.1   *La Edad de Oro o los*
       Siglos de Oro   141
8.2   *Luis de Argote y Góngora* 141
8.3   *Francisco de Quevedo*   142
8.4   *Baltasar Gracián*   143
8.5   *Pedro Calderón de la*
       Barca   143

Capítulo IX
La Edad de la Razón: reforma y
revolución   145

9.1   *La España del siglo XVIII* 145
9.2   *Dos figuras destacadas de*
       la Reforma: Feijoo y
       Luzán   147
9.3   *El estilo neoclásico*   147
9.4   *Las instituciones culturales*
       del neoclasicismo   148
9.5   *La novela*   148
9.6   *Del neoclasicismo al*
       romanticismo   149
9.7   *El teatro y el tema*
       nacional   150
9.8   *El anverso del medallón: el*
       XVIII en las colonias
       del Nuevo Mundo   150
9.9   *Los jesuitas y el siglo*
       XVIII americano   151
9.10   *Un crítico laico: Francisco*
       Xavier Eugenio de
       Santa Cruz y Espejo   151
9.11   *La literatura de viajes:*
       Alonso Carrió de la
       Vandera   152
9.12   *La poesía y el teatro*   152
9.13   *Las vísperas de la*
       independencia
       americana   152
9.14   *Una figura de transición*
       entre colonia e
       independencia:
       José Joaquín Fernández
       de Lizardi   153

Capítulo X
Entre el pasado y el presente:
el siglo del romanticismo
y del realismo   155

10.1   *Epoca de contrastes*   155
10.2   *La literatura al servicio de*
       la lucha   156
10.3   *El estilo romántico*   156
10.4   *Un romanticismo foráneo*   157
10.5   *Dos iniciadores del estilo*
       romántico en España   159
10.6   *Larra y el espíritu*
       romántico   159
10.7   *Los poetas de sentimiento*
       romántico   159
10.8   *El romanticismo tardío:*
       Bécquer y Rosalía de
       Castro   160
10.9   *Entre el romanticismo y el*
       realismo: el
       costumbrismo   161
10.10 *Revolución, liberalismo,*
       Restauración   161
10.11 *El espejo de la vida: el*
       arte del realismo   162
10.12 *Novelistas: liberales y*
       conservadores   163
10.13 *Del realismo al*
       naturalismo   164
10.14 *Pérez Galdós: novelista del*
       pueblo español   165
10.15 *Hispanoamérica: después*
       de las guerras de
       independencia   166
10.16 *Neoclásicos y románticos:*
       retratos de la realidad
       americana   166
10.17 *Andrés Bello y la creación*
       de la cultura americana   167
10.18 *Domingo Faustino*
       Sarmiento: escritor y
       político de la
       construcción nacional   167
10.19 *Románticos y neoclásicos*   168
10.20 *La visión del pasado en el*
       presente: Ricardo
       Palma   170

10.21 *La literatura y la cultura*
       del gaucho   170
10.22 *Indianismo e indigenismo*   173
10.23 *Realismo-naturalismo:*
       retratos fieles y falsos
       de la realidad   173

Capítulo XI
La Edad Moderna I   176

11.1   *Evolución y*
       transformación   176
11.2   *Hispanoamérica y la*
       literatura modernista-
       moderna   177
11.3   *Las primeras*
       manifestaciones
       modernas   178
11.4   *Dos iniciadores: Martí y*
       Gutiérrez Nájera   179
11.5   *El verso modernista*   179
11.6   *Rubén Darío: catalizador*
       del modernismo   181
11.7   *La prosa modernista*   182
11.8   *«El desastre» y la*
       renovación: España   182
11.9   *Unamuno: el agonista y*
       el creador   184
11.10 *Antonio Machado: el*
       castillo interior y
       España   184
11.11 *Noventa y ocho y*
       modernismo   184

Capítulo XII
La Edad Moderna II:
Hispanoamérica   186

12.1   *El modernismo, la*
       modernidad y el siglo
       XX   186
12.2   *Transición hacia las*
       vanguardias   186
12.3   *Mistral, Ibarbourou y*
       Storni   187
12.4   *La primera vanguardia*
       (1916–1945)   188

12.5	Los terminos de la vanguardia	189
12.6	La vanguardia hispanoamericana: la poesía	190
12.7	La vanguardia: Vicente Huidobro	192
12.8	La vanguardia: César Vallejo	193
12.9	La vanguardia: Jorge Luis Borges	194
12.10	La vanguardia: Pablo Neruda	194
12.11	Identidad y ruptura	195
12.12	El criollismo	196
12.13	Identidades sociales y raciales	198
12.14	Realidades políticas: historia, identidad, imaginación	200
12.15	La realidad y el teatro	201
12.16	Literatura fantástica	202
12.17	Identidades y realidades modernas	203

Capítulo XIII
La Edad Moderna III: España   206

13.1	Del 98 a la vanguardia	206
13.2	Ortega y la historia de la España moderna	207
13.3	Juan Ramón Jiménez	208
13.4	Las vanguardias y la Generación del 27	209
13.5	Poetas vanguardistas de la Generación del 27	210
13.6	La vanguardia: Alberti y Aleixandre	211
13.7	La vanguardia: Cernuda y Diego	211
13.8	Ruptura, tradición e identidad: la obra de García Lorca	212
13.9	El arte hacia adentro: Guillén y Salinas	213
13.10	La Guerra Civil, 1936–1939	213
13.11	Literatura y represión	214
13.12	Aperturas: la busca de nuevas formas expresivas	215
13.13	Palabras finales	216

Mapa de España	**218**
Mapa de Hispanoamérica	**219**
Apéndice: Estructuras poéticas	**221**
Glosario de términos literarios	**225**
Créditos y reconocimientos	**239**
Indice alfabético	**241**

Ilustraciones

1. Contextos literarios   10
2. Estructuras novelescas   46
3. El teatro   76
4. España: siglos XI–XII   102
5. La Catedral de Burgos (estilo gótico)   106
6. Arquitectura románica   107
7. Arquitectura gótica   108
8. San Pedro de la Nave, Zamora, España (¿siglo VIII?, interior románico)   109
9. Lonja de la Seda, Valencia, España (siglo XV, interior gótico)   110
10. Colegio de San Gregorio, Valladolid, España (estilo gótico con influencia mudéjar)   111
11. El Escorial, España (siglo XVI, estilo clásico)   118
12. *El entierro del Conde Orgaz* de El Greco (1586–1588, Toledo, España; transición entre estilo renacentista y estilo manierista)   120
13. América: período colonial   127
14. *Baco* de Diego de Velázquez (1628, España, estilo barroco español)   130

15. Detalle de la Iglesia de Santa María de Tonantzintla, Puebla, México (siglo XVIII, estilo barroco americano)   131
16. Voluta del estilo barroco   132
17. Altar de San Francisco Xavier, Iglesia de San Luis, Sevilla, España (estilo barroco con curvas serpentinas)   133
18. Muralla en Tepantitla, México, cultura teotihuacana (siglos I–VI, el barroco natural de América)   139
19. La Casa de la Moneda, Santiago, Chile (1788–1799, estilo neoclásico)   148
20. *El 3 de mayo de 1808* de Francisco José de Goya (1814, España, estilo romántico)   158
21. *Figura bajo un uvero* de Armando Reverón (1921, Venezuela, estilo impresionista)   178
22. *Naturaleza muerta* de Diego Rivera (1915, México, estilo cubista)   191
23. *La jungla* de Wifredo Lam (1943, Cuba, estilo surrealista)   192
24. España   218
25. Hispanoamérica   219

Primera Parte

La literatura y la lectura

Capítulo I
¿Qué es la literatura?

1.1 El texto literario

El texto literario es una creación artística expresada en forma de letras y palabras escritas o en forma de sonidos o palabras pronunciados en voz alta. Un cuento, un poema o una novela son ejemplos de textos literarios. Ejemplos del texto no-literario son un tratado científico sobre malaria, un capítulo de una historia de España o un artículo periodístico sobre las elecciones en la Argentina.

Es más fácil entender el concepto del texto literario si lo comparamos con el texto no-literario. El texto no-literario casi siempre depende de una presentación coherente y clara de ideas lógicas y de hechos exactos. El texto histórico, científico o periodístico examina un aspecto específico del problema e intenta describirlo de manera objetiva. Su meta es comunicar información. La eficacia del texto no-literario, como la historia o el tratado científico, depende de la calidad de las bases de investigación y de las teorías ofrecidas por el historiador o el científico. El autor-investigador debe mantener cierta objetividad en su texto no-literario. Sin embargo, esta objetividad está limitada por la perspectiva personal del historiador, científico o periodista, según el caso. Por eso, hay tantas historias conflictivas, aunque estén basadas en los mismos hechos. También hay tratados científicos que sólo tienen valor hasta que una nueva teoría los reemplace o los complemente. Sin embargo,

en general, en estos textos no-literarios, el autor tiene que seguir ciertas normas científicas cuando explica sus ideas. Estas normas requieren el tratamiento lógico, claro y directo del tema. A veces, se utiliza el vocabulario técnico de la disciplina para facilitar la comunicación de ideas.

En cambio, en el texto literario, el autor no tiene que mantener la objetividad, y por lo general, tampoco le preocupa comunicar cierta información exacta, de modo directo y claro. En la literatura, el autor no sólo comunica al lector hechos e ideas sino también sentimientos. Trata de atraer al lector por medio de dos tipos de expresión: la razonable y la afectiva. Así es que el texto literario no sólo depende de la inteligencia del lector sino también de sus intuiciones y emociones. El autor de un texto literario no está limitado por unas normas tan rígidas como el escritor de un texto no-literario. Como consecuencia, la manera en que se expresa es tan importante como la información o experiencia que relata. El autor del texto no-literario propone presentar información de modo lógico, claro y objetivo. En cambio, el autor de un texto literario considera que su capacidad de expresar experiencias desde su punto de vista es más importante que comprobar la veracidad de los hechos.

El autor del tratado científico o el historiador tiene que mostrar que sabe algo de las teorías o la información que otros han tratado antes de él. Un periodista, por ejemplo, se ocupa de hechos, de sucesos actuales. En cambio, el autor del texto literario describe de modo personal lo que ocurre en su vida, su país y su mundo. No le preocupa relatar los hechos ni la información comprobable según teorías. Pretende cautivar, fascinar, molestar o simplemente interesar al lector no sólo por vía intelectual sino también por la intuición. A diferencia del texto no-literario, en el literario el autor puede distorsionar información intencionadamente. Por lo general, hay una intensificación o exageración de ciertos elementos específicos, porque el autor selecciona según su intención. Esa recreación de sucesos, según la perspectiva del autor, es llevada a cabo por un lenguaje literario. El lector puede utilizar su intelecto, pero a la vez, debe sentir lo descrito, es decir, experimentarlo con todos los sentidos posibles. El texto no-literario propone explicar y aclarar lo desconocido. El texto literario puede relatar una experiencia—conocida o desconocida—y en vez de explicarla o aclararla, el autor la cambia o transforma. El autor deja que el lector intuya posibles interpretaciones de la ambigua y no totalmente clara experiencia. De esa manera, detrás de cada texto literario, hay múltiples posibles interpretaciones o significados.

Transcribimos aquí dos textos sobre el mismo asunto. Uno de ellos es un texto histórico, no-literario; el otro es un texto literario, un poema español llamado «un romance» del siglo XVI. Los dos textos tienen que ver con un hecho histórico que ocurrió en el siglo VIII, cuando España y Portugal todavía no existían como países. El lugar geográfico que ocupaba la España antigua se llama la Península Ibérica (V. Ilustración 4). Durante los años 412 a 711 en la España antigua, reinaron los visigodos, un pueblo germánico que había invadido la Península y otros reinos sometidos al poder romano.

El texto no-literario: la historia

Durante la época del reino de los visigodos en la Península Ibérica (412–711),

don Rodrigo fue elegido gobernador de la Bética, el nombre de la parte sur de la España antigua (luego llamada Andalucía). Don Julián era un gobernador visigodo también pero de otra región bajo el poder visigodo, llamada Ceuta, un territorio al norte del Africa (en lo que hoy llamamos Marruecos). Los musulmanes de aquella región del Africa se llamaban moros. Y el gobernador del Africa musulmana era Muza. Los moros le llamaban a don Julián, Ulyán o Ulbán. Los visigodos cristianos vivían al lado de los moros (musulmanes) en aquella región de Africa.

Un relato comunicado por los historiadores musulmanes y luego los cristianos dice que don Julián había mandado a su hija, Florinda llamada también la Cava, a educarse en la corte del rey Rodrigo. Pero estando ella allí, don Julián oyó que don Rodrigo había engañado y deshonrado a Florinda. Y para vengarse del ultraje, don Julián decidió ayudar a los musulmanes a invadir la Península.

Muza, el gobernador musulmán, envió a algunas de sus tropas en las naves de Julián a ocupar el «monte de Tarik» (hoy llamado Gibraltar). Sus tropas se apoderaron de Algeciras y Córdoba en el sur de la Península. Durante la invasión musulmana en 711, Rodrigo estaba al Norte en Pamplona luchando contra los vascos rebeldes. Envió a su sobrino a defender su reino contra los musulmanes pero aquél fue derrotado y matado por los invasores. La invasión musulmana tuvo éxito porque había mucha rebelión entre los nobles y el rey Rodrigo. Algunos nobles como Sisberto y Oppa (don Orpas), se rebelaron contra el rey don Rodrigo. Este murió en la batalla. En la leyenda se habla de su desaparición.

Por su apoyo de la invasión musulmana en 711, se consideraba a don Julián traidor de la España visigoda y cristiana. Los musulmanes reinaron en la Península unos setecientos años hasta 1492.

En este texto hay mucha información verídica e histórica. Los detalles y datos abundan: fechas, nombres de personas históricas, lugares geográficos. El autor comunica de modo claro y lógico los hechos históricos.

En el texto literario que sigue, el poeta relata también la traición de don Julián en conspiración con los moros. Pero a diferencia del texto histórico, la información del romance es incompleta. Para poder entender el suceso histórico del poema, el lector tiene que saber ciertos detalles de la cultura y la historia de España. El poeta no explica dónde está Ceuta; quiénes son don Julián, don Rodrigo, don Orpas y la Cava; quiénes son los moros y cuál es su relación con los españoles. Tampoco explica qué es lo que se escriben uno a otro, don Julián y el rey moro. Era un pacto para que don Julián le ayudara al moro a invadir la Península. Pero no sabemos por qué don Julián le dio esta ayuda. Sólo se menciona a la Cava al final del poema, sin decir qué relación tiene ella con don Julián y con el resto de la historia. Además, a la mitad del poema, el poeta habla directamente con España, como si fuera España una persona: «Madre España, ¡ay de ti!»

El texto literario: un romance

En Ceuta está don Julián,
en Ceuta la bien nombrada:
Para las partes de allende[1]
quiere enviar su embajada:
5   moro viejo la escribía,
y el conde se la notaba;
después de haberla escrito
al moro luego matara.
Embajada es de dolor,
dolor para toda España: 10
las cartas van al rey moro
en las cuales le juraba
que si le daba aparejo[2]
le dará por suya España.

Madre España, ¡ay de ti!   15
en el mundo tan nombrada,
de las partidas la mejor,
la mejor y más ufana,[3]
donde nace el fino oro
y la plata no faltaba,   20
dotada de hermosura
y en proezas[4] extremada;
por un perverso traidor
toda eres abrasada,
todas tus ricas ciudades   25
con su gente tan galana[5]
los domeñan[6] hoy los moros
por nuestra culpa malvada,
si no fueran las Asturias[7]
por ser la tierra tan brava.   30

El triste rey don Rodrigo,
el que entonces te mandaba,[8]
viendo sus reinos perdidos
sale a la campal batalla,
el cual en grave dolor   35
enseña su fuerza brava;
mas tantos eran los moros
que han vencido la batalla.
No parece[9] el rey Rodrigo,
ni nadie sabe dó estaba.   40
Maldito de ti, don Orpas,
obispo de mala andanza:
en esta negra conseja[10]
uno a otro se ayudaba.
¡Oh dolor sobre manera!   45
¡Oh cosa nunca cuidada![11]
que por sola una doncella
la cual Cava se llamaba
causen estos dos traidores
que España sea domeñada,   50

---

[1] *partes de allende:* el otro lado del mar, en este caso, el Estrecho de Gibraltar.
[2] *aparejo:* ayuda.
[3] *ufana:* orgullosa.
[4] *proezas:* acciones heróicas.
[5] *galana:* elegante.
[6] *domeñan:* dominan.

[7] *Asturias:* una región al norte de la Península, donde los asturianos lucharon contra los moros.
[8] *te mandaba:* aquí el poeta habla a España como si fuera una persona, llamándola, de modo familiar, *tú.*
[9] *parece:* aparece.
[10] *conseja:* cuento.
[11] *cuidada:* imaginada.

y perdido el rey señor
sin nunca dél saber nada.

(Romance anónimo del
Cancionero de romances, siglo XVI)

A este poema sobre la invasión de España por los moros, le falta la objetividad de la historia del texto no-literario. Hay muchas palabras que comunican sentimientos y opiniones que echan la culpa a don Julián, don Orpas y la Cava por la invasión de los moros: "dolor", "¡ay de ti!", "perverso traidor", "culpa malvada", "maldito de ti". La opinión del poeta ante la tragedia de una España conquistada por los moros es más importante que una enumeración y aclaración de los hechos históricos. España le es tan importante que el poeta habla con ella como si fuera una persona. Esta intimidad pocas veces aparece en un texto no-literario.

1.2 La literatura

La literatura puede servirnos de distracción o de diversión. A través de la literatura es posible enriquecer nuestras experiencias con las de otros seres humanos. Podemos compartir épocas y lugares lejanos y vidas ajenas; podemos recuperar lo perdido y tal vez lo olvidado. Mediante la lectura de la obra literaria, es posible salir mentalmente de nuestro pequeño mundo personal como exploradores hacia otros mundos. Es posible descubrir un poco más de la inmensa variedad que es el ser humano sobre nuestra tierra. Rompemos así con el círculo cerrado de nuestra vida personal y con las costumbres que aceptamos sin cuestionarlas. Miramos por una ventana hacia otros mundos en vez de siempre mirarnos en el espejo.

Tal vez la lectura nos plazca o nos encante; o quizás nos choque, nos moleste o nos confunda. La reacción del lector puede variar. Pero lo que es de mayor importancia, es que ampliamos nuestros horizontes, nuestros conocimientos y actitudes. La literatura no nos habla de hechos necesariamente verificables, pero sí, de la problemática del ser humano en su infinita variedad: ideas, sentimientos, inquietudes, frustraciones, sueños, fantasías, esperanzas y miedos.

Las literaturas extranjeras pueden conectarnos con gente de otras culturas. Tal vez lleguemos a sentir las diferencias y semejanzas entre nuestra manera de vida y la de otros países. Es un primer paso para mejorar nuestro entendimiento de ellos. En una comunidad mundial de naciones de creciente interdependencia económico-política, este paso no es sólo útil sino imprescindible. El estudio de las literaturas hispánicas nos ofrece experiencias de culturas hispánicas de varios continentes y de dos hemisferios. Las culturas hispánicas también forman una parte importante de nuestro propio país.

1.3 El lenguaje literario

Muchas veces el lector cree poseer una innata capacidad de entender cualquier texto literario. Tal vez tiene esa impresión porque unos instrumentos de que se sirve el autor para crear literatura son comunes a todos nosotros—el lenguaje, el papel y la pluma. Esa idea es errónea si pensamos en otras artes creativas. En la escultura, la pintura o la música, por ejemplo, son necesarios instrumentos y materiales, pero también una aptitud creativa y un aprendizaje en técnicas artísticas. Estos requisitos específicos nos prohiben creer que cualquiera de nosotros puede producir una pintura o juzgarla. Necesitamos cierto nivel de talento y entrenamiento para crear una escultura o una sinfonía. De modo parecido, no basta con sólo hablar, leer y escribir una lengua para poder crear literatura, juzgarla y apreciarla.

Tanto el acto creativo como la lectura crítica de la literatura requieren entrenamiento y experiencia. En eso no difieren mucho de la adquisición de recursos y técnicas que nos capacitan para entender, en profundidad, otras disciplinas. Por ejemplo, si Vd. quisiera aprender a trabajar con una computadora o en un laboratorio químico, tendría que estudiar y aprender el vocabulario técnico. También tendría que familiarizarse con el proceso mecánico de utilizar la computadora o programarla para resolver problemas. En el caso de la química, Vd. tendría que entrenarse en el proceso de llevar a cabo experimentos químicos para comprobar teorías.

El lector de la literatura tampoco nace naturalmente capacitado con los recursos y técnicas para la interpretación crítica. Tiene que aprender un vocabulario técnico y familiarizarse con el proceso de la investigación y las técnicas para analizar la literatura. Pero el lector de la literatura tampoco tiene que empezar en un vacío. Existe un cuerpo de lenguaje técnico y procesos investigativos que le pueden ayudar a entender y gozar más profundamente del texto literario.

El hecho de que el lenguaje literario se sirve básicamente del mismo vocabulario que utilizamos para comunicarnos entre nosotros nos ayuda en nuestra lectura. Pero nos engaña también. Por un lado, ese lenguaje facilita la comunicación de ideas, pero, por otro lado, nos da la ilusión de entenderlo todo. Es una falsa ilusión, puesto que ya hemos visto que el texto literario no tiene valor sólo por su capacidad comunicativa de ideas sino también por *la manera* en que el autor expresa esas ideas.

En el texto no-literario, hay una mayor dosis del lenguaje denotativo. **El lenguaje denotativo** se refiere de modo directo a un hecho o a un dato externo al texto. Lo denota o nombra o simplemente lo señala como parte de una explicación lógica. Por ejemplo:

El hombre tiene dos brazos y dos piernas. Puede sentarse en una silla en una habitación.

En el texto literario, en cambio, hay una mayor dosis del lenguaje connotativo. **El lenguaje connotativo** no sólo comunica información que captamos con nuestra razón. El lenguaje connotativo se sirve además de palabras que connotan o sugieren matices afectivos, emotivos y volitivos; es decir, muestra sentimientos y deseos. Vamos a ver unas frases similares a las frases denotativas. Note Vd. el lenguaje connotativo:

El hombre se abraza como si temblara de frío. Está muy solo, sentado en una silla en medio de una habitación oscura y húmeda.

Con estas frases el autor sugiere la condición solitaria del hombre. A diferencia de la descripción en lenguaje denotativo, lo importante no es que el hombre tiene dos brazos, ni que puede sentarse en una silla en una habitación. Son de mayor importancia las palabras connotativas como «se abraza como si temblara del frío» y «una habitación oscura y húmeda». Estas palabras sugieren detalles internos del texto. El autor quiere comunicarnos el sentimiento de la desolación del hombre sin decirnos directamente por qué está temblando y solo. Así entre otras técnicas artísticas, el autor controla su texto literario, utilizando ambos lenguajes: el denotativo para darnos información y señalar hechos, y el connotativo para sugerir emociones como la soledad.

Aparte de las ideas que captamos lógicamente durante una lectura inicial, el texto nos ofrece una experiencia inmediata que sentimos a causa del lenguaje connotativo. Frente a la lectura de un texto literario, a veces nuestra primera reacción es espontánea sin que tengamos conciencia del lenguaje, la estructuración y el estilo que el autor ha manipulado para influir en nuestra reacción. Sin embargo, una lectura crítica no depende sólo de nuestra primera intuición sino también de nuestra competencia y experiencia lingüísticas y literarias.

Cuando decimos "lectura crítica", queremos establecer una diferencia entre dos lecturas distintas: la lectura que Vd. hace de una revista, por ejemplo, o de un periódico, donde lo más importante es la información; y la lectura que Vd. hace de un texto literario. Mediante una "lectura crítica" de la literatura no sólo buscamos información. Queremos también tratar de descubrir por qué y cómo el autor ha captado nuestra atención. Si nos da miedo, o nos asusta o molesta, o nos hace reír, queremos descubrir *cómo* el autor nos hace sentir estos pensamientos y emociones. La competencia y experiencia para llevar a cabo una lectura crítica requiere entrenamiento y tiempo para practicarla.

1.4 La lectura

Para que el encuentro con el texto literario sea más que una experiencia superficial, es necesario empezar a aprender algunas palabras para poder discutir la lectura crítica. Hay dos niveles expresivos del texto. Estos los manipula el autor cuando escribe su texto literario:

(1) **El nivel semántico.** *Las palabras* en sí que representan o significan simbólicamente la experiencia y las ideas comunicadas por el texto.

(2) **El nivel sintagmático.** La arquitectura o *la estructura* en que se juntan o se relacionan las palabras, las cláusulas, los párrafos o los versos, para llevar a cabo cierto efecto y cierta experiencia.

Pongamos un ejemplo para aclarar la relación entre estos dos niveles del texto. Si Vd. construyera un edificio, necesitaría de ladrillos (el nivel semántico: ladrillos = palabras). Luego se juntan los ladrillos según una estructura planeada por un arquitecto (el nivel sintagmático: plan de arquitectura = proceso estructural). Construido así, el edificio final es la suma de sus partes. En un texto literario, el autor escoge las palabras (ladrillos) al nivel semántico. Luego forma frases o versos, párrafos o estrofas, capítulos enteros, juntando estas palabras al nivel sintagmático.

En las dos frases que mencionamos antes para ejemplificar el lenguaje connotativo, podemos ver estos dos niveles expresivos:

El hombre se abraza como si temblara de frío. Está muy solo, sentado en una silla en medio de una habitación oscura y húmeda.

Primero, al nivel semántico, el autor escogió una mezcla de palabras denotativas para comunicar información y para señalar hechos directamente: «hombre», «frío», «silla», «habitación». Escogió también palabras connotativas para sugerir la situación específica del hombre, para hacernos sentir la soledad del hombre y su desolación: «se abraza», «temblara», «solo», «oscura y húmeda».

Segundo, en estos grupos de palabras, también podemos notar el nivel sintagmático, porque el autor juntó estas palabras denotativas y connotativas: «se abraza como si temblara del frío»; «Está muy solo»; y «sentado en una silla en medio de una habitación oscura y húmeda». Este nivel sintagmático nos muestra la relación entre las palabras. Nos da más información porque relaciona las palabras que describen al hombre con las que describen su ambiente: la habitación. Este nivel sintagmático nos da la sensación de una frialdad del hombre y del lugar. El autor nos ha sugerido mucho a través de dos frases muy breves.

Estos dos niveles del texto son condicionados por la cultura, la época y el lugar en que escribe el autor, por ejemplo, su lenguaje, su medio ambiente, y las costumbres y las creencias de su sociedad. De modo semejante, la experiencia del lector es también condicionada por la cultura, la época y el lugar en que vive. La presencia de esas dos variantes condicionadoras de la creación de un texto literario por un autor y de su lectura por un lector ha producido una problemática teórica entre los críticos de la literatura. Consideremos la siguiente trinidad:

AUTOR . . . TEXTO . . . LECTOR

Hay críticos que consideran el texto puro reflejo del autor y su situación personal. Según ellos, el foco de la lectura debe ser *el autor* y la relación entre su biografía y el texto. En cambio, otros críticos "formalistas" no hacen caso de la biografía del autor. Les importa principalmente *el texto,* cuya lectura depende de cómo se relacionan los dos niveles del texto entre sí. Para otros críticos, proponentes de la teoría de «*reader-response*», el texto no existe fuera de su realización a través de la experiencia personal del lector. Según ellos, el centro de interés no es el texto, ni el autor, sino la actividad del *lector,* su lectura privada. Y aún hay otros críticos, los «semióticos», para quienes ni el texto ni el lector importan sino *el lenguaje y el discurso*. Según ellos, el autor no es más que un representante del lenguaje. El lenguaje es un producto cultural, propiedad de todos en la sociedad. Aunque se han simplificado estos pocos ejemplos de las diversas maneras de analizar o leer un texto literario, es obvio que las metodologías son varias y heterogéneas.

Para el estudiante que se inicia en el estudio de la literatura, en especial el de la literatura extranjera, nos parece indispensable evitar una lectura en que escoja un sólo método de análisis literario y excluya a los demás. Por lo menos, hasta que tenga Vd. más experiencia con las literaturas y culturas hispánicas, proponemos una lectura ecléctica, o sea que Vd. debe tomar en cuenta todo aspecto posible en relación al texto, al autor y al lector. ¿Por qué?

Siendo de habla inglesa, Vd., el lector, es un extranjero en relación a las varias culturas del mundo hispánico. Aún si fuera Vd. de descendencia mexicana, cubana o puertorriqueña, por ejemplo, desconocería, probablemente, las culturas de autores de otros países hispánicos—de España, de la Argentina, o de Colombia, por ejemplo. Siendo condicionado por una cultura, una sociedad y una historia ajenas a las hispánicas, es importante tener especial cuidado de no distorsionar la lectura según su propia perspectiva. No se puede compartir fácilmente una experiencia literaria basada en un contexto cultural diferente del suyo si la observa con lentes de prejuicios personales, sociales y culturales.

Por estas razones, en el estudio de las literaturas extranjeras, queremos modificar las ideas de «*reader-response*», según las cuales el significado del texto reside sólo en la experiencia del lector al leerlo. Claro que la lectura ayuda a mostrarnos, por comparación, cómo es nuestra propia identidad de lector. Pero tal vez de igual valor es la lectura de un texto extranjero que nos ayuda a reconocer la identidad de los que vienen de otras culturas. El texto y su autor son de una cultura distinta a la nuestra, con lenguaje, creencias, costumbres, historia y sociedad propios. Mediante una lectura crítica que va más allá de nuestras primeras impresiones y gustos, podemos descubrir mucho del texto literario como producto de otro contexto que el nuestro.

Una obra literaria no nace espontáneamente de la sociedad colectiva, ni de un autor aislado de ella. Es fruto de un individuo dentro de varios contextos, por ejemplo, el tiempo y el espacio, o sea la época y el lugar geográfico. La creación literaria es de un autor específico; pero él, a la vez, es influido por su medio ambiente y sociedad, por su cultura y país, y por su mundo. Cada uno de estos elementos contribuye en proporciones variables y relativas a la visión del mundo del autor, y por consiguiente, a su expresión literaria. Pongamos un ejemplo gráfico (V. Ilustración 1). El texto literario es como una piedra lanzada al agua. Rompe la superficie del agua, y en ella forma círculos concéntricos de pequeñas olas. Estos círculos concéntricos representan las muchas resonancias que tiene el texto literario para el lector que sabe leerlo de modo crítico.

Una lectura crítica empieza entonces como una búsqueda de una experiencia ajena. Puesto que la presentación lógica de información no es necesariamente una característica del texto literario, muchas veces encontramos algo interesante que no entendemos del todo. Tal vez queremos entenderlo mejor. Queremos descubrir los motivos del autor al escribir la obra. Queremos saber por qué nos atrae o nos afecta el texto. Cuanto más sabemos sobre los contextos de la obra—la biografía del autor, la cultura y sociedad de su país y su continente— tanto mejor equipados estamos para respetar y apreciar la obra literaria desde el mundo que su autor habita. Si prestamos atención a los dos niveles del texto y si recordamos que la obra literaria es producto de cierto individuo dentro de su sociedad y cultura, hay menos peligro de distorsionar la lectura según nuestros propios valores y cultura.

Sin embargo, aún después de seguir estos pasos, el texto a veces no está totalmente claro; tal vez no entendemos del todo los significados del texto. El estudiante de literatura no tiene

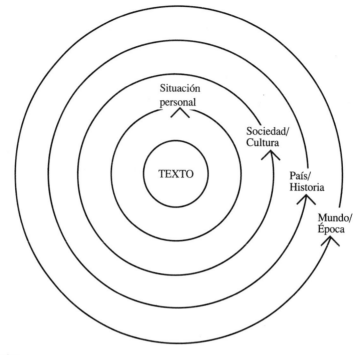

1. Contextos literarios

que descubrir todo el significado de un texto literario. Un científico tampoco lo sabe todo en su disciplina. Sigue experimentando, descubriendo poco a poco más información. De modo similar, el lector de la literatura también descubre poco a poco los significados del texto.

Este proceso para captar el sentido del texto no es muy diferente del proceso científico, filosófico o religioso de captar el sentido de un hecho o un suceso que pasa en el mundo. El científico, filósofo o religioso toma información parcial, la relaciona con otra información, y la organiza. Al ver las correspondencias entre las partes, el científico, filósofo o religioso trata de formular una teoría o explicar una doctrina religiosa. De esta manera, buscando respuestas a las preguntas, el científico o filósofo o religioso trata de entender mejor el mundo en que vive.

De modo parecido, el lector crítico elige entre una cantidad de indicios y sugerencias del texto. Empieza a ordenar, organizar y relacionar las partes que entiende. Busca patrones y correspondencias a base de las palabras

(lo semántico) y su relación entre sí (lo sintagmático). Esas revelaciones parciales pueden descubrir algo del proceso creativo. Además sugieren al lector varias hipótesis sobre la experiencia que el texto y el autor están tratando de comunicarle.

Casi nunca descubrimos todas las respuestas definitivas a las preguntas que tenemos sobre un específico texto literario, por ejemplo, ¿por qué fue escrito? ¿por qué de esa manera? ¿qué quiere decirnos el texto? Si fuera posible conversar con el autor del texto literario, probablemente él tampoco podría contestar todas nuestras preguntas definitivamente. A veces, ni el autor mismo tiene conciencia de todas sus propias motivaciones cuando escribe un texto.

El lector pasa por varias etapas de lecturas e impresiones sucesivas. Al principio, probablemente experimenta sensaciones e impresiones intuitivas. Por ejemplo, la obra literaria le parece pesimista o trágica; el lenguaje le parece feo o chocante; tal vez lo que pasa en el texto le es difícil de seguir. Si el lector vuelve a leer el texto, estas primeras impresiones pueden ayudarle a entender el texto mejor. Debe estar atento a los dos niveles expresivos (el semántico y el sintagmático), y debe tener conciencia de sus preferencias y prejuicios personales y culturales. Entonces, en esta relectura, el lector puede hacer suposiciones sobre los múltiples significados de un texto. Puede examinar las palabras y cómo el autor las junta. Puede notar las ideas y cómo el autor las relaciona. Mediante esta lectura crítica, el lector puede llegar a ciertas conclusiones sobre lo que el autor le quiere comunicar. Tal vez luego abandone estas conclusiones, porque habrá descubierto más información que le haga ver el texto mejor o de otro modo. Pero lo cierto es que durante este proceso explorador, el lector gana en poder mental de análisis. Este proceso requiere mucha práctica.

1.5 Los géneros literarios

Muchas disciplinas establecen sistemas de clasificación a base de características semejantes. Por ejemplo, en las ciencias biológicas hay géneros y especies. Los biólogos dividen en grupos los datos sobre los organismos vivos y los categorizan en géneros y especies para facilitar la investigación y comprensión. Desde la antigua civilización de Grecia, antes de Cristo, hay sistemas clasificatorios para la literatura también. En la *Poética* y la *Retórica* de la Antigua Grecia se establecieron los primeros conceptos clásicos de estas categorías llamadas géneros literarios.

Los géneros literarios fueron formulados por razones filosóficas y políticas. Influyeron en la moral cívica de la población. Los diferentes géneros tenían diferentes fines: con la poesía se creaba la belleza; con la didáctica se enseñaba la conducta ética; y con la oratoria se convencía al pueblo. Cada uno tenía sus características ideales, sus formas expresivas y sus temas. Los fines de la literatura clásica eran enseñar y persuadir. Estos fines han persistido a través del tiempo. Pero las clasificaciones genéricas, que eran puras en la Antigua Grecia, han sido alteradas. En la Antigüedad, los géneros literarios eran regulados por un conjunto de normas rígidas que requerían la pureza de

forma. Por ejemplo, no se podía mezclar un sub-género del drama con otro, es decir, la tragedia con la comedia. Modelos permanentes e ideales de composición eran imitados, sin variación, y con su repetición, los griegos establecieron cierto nivel de calidad.

Sin embargo, con el tiempo, a aquellos fines clásicos de la literatura se han agregado otros, según la época y el lugar, según las sociedades y las culturas. Y los modos expresivos también se han transformado. Durante estas evoluciones, unas categorías genéricas, como la oratoria, han desaparecido casi del todo. Otros géneros y sub-géneros, como el ensayo moderno, han nacido. Y muchos géneros han sufrido variaciones, produciendo formas híbridas, como la tragicomedia dramática o el poema en prosa. Al llegar al siglo XIX, por ejemplo, ni el autor ni el lector buscaba la imitación de modelos estrictos. Tal vez, en parte, esa mayor libertad en cuanto a las normas de los géneros literarios se debía a los crecientes sentimientos de autonomía e individualismo de las emergentes sociedades modernas de aquel siglo.

Como estudiosos de la literatura, inicialmente nos puede ser útil algún sistema de clasificación con ciertas características generales para cada grupo de textos. Por eso, los géneros que escogemos no son exclusivos. Son los más amplios posibles para tomar en cuenta mucho de su evolución histórica. Definimos, de manera mucho más flexible que nuestros antepasados griegos, tres grupos genéricos, principalmente según sus modos expresivos: la poesía, la prosa y el drama. Estos géneros pueden crear belleza, enseñar o convencer, como en la Antigüedad, pero, a diferencia de entonces, sus finalidades no se limitan a los preceptos dogmáticos clásicos. Los géneros varían según el texto y la época.

Además de la heterogeneidad de finalidades, la falta de pureza en las características que definen estos géneros será evidente también durante nuestra discusión de cada categoría. Por ejemplo, bajo la poesía, los clásicos griegos dividían el género en tres grupos: la poesía épica, la poesía lírica y la poesía dramática. Este último se subdividía en tragedia y comedia. Tratamos de estas categorías en nuestra discusión, pero también tomamos en cuenta la evolución del género poético. Por eso, veremos que muchas veces unas características y técnicas de la poesía lírica aparecen en la prosa: en la novela, el cuento y el ensayo. A la vez, encontramos que la poesía es influida por formas prosaicas; por ejemplo, en la poesía es posible ver un vocabulario ordinario y conversacional, o una descripción de objetos vulgares o poco bellos. Veremos en adelante muchos otros ejemplos de la mezcla de géneros.

Segunda Parte

¿Cómo se lee el texto literario?

Capítulo II
La poesía

2.1 La poesía

La poesía depende de una *concentración del efecto* producido por el *lenguaje connotativo* y evocado por la *totalidad del texto*. Pensemos en la escultura, la pintura, o la música, que son las artes más parecidas a la poesía, para entender mejor la naturaleza de la poesía. La música se compone de notas y acordes producidos por varios instrumentos de tonos distintos. La percibimos en su conjunto. Frente a una pintura vemos matices de colores, sombras, texturas, formas diseñadas. El ojo del observador se mueve desde los detalles al cuadro entero. De modo parecido, observamos una escultura. Miramos desde todos lados el volumen de la forma esculpida. Nos detiene una curva o la luz que cae sobre una parte de la escultura. Aunque al principio observamos los detalles, terminamos por contemplar la totalidad de la obra.

De todos los géneros literarios, la poesía tiene más semejanzas con estas artes audiovisuales. Primero, la poesía es de origen oral. Fue cantada al sonido de instrumentos de cuerda. Sus características tradicionales eran *el ritmo* y *la rima*. La repetición a intervalos fijos de sonidos parecidos, o sea el ritmo y la rima, facilitaban el recuerdo de una composición recitada en voz alta o cantada. Estas técnicas reiterativas, basadas en la percepción aural de sonidos y ritmos, son características también de la música.

En segundo lugar, la poesía no comunica directamente el significado, o el mensaje esencial del texto. Se concentra más bien en la proliferación de significantes, o sea, de palabras que pueden representar o significar el mensaje. Por ejemplo, de modo directo, podemos presentar el siguiente mensaje:

Amantes, tengan cuidado del amor. Es fatalmente peligroso. Y el beso de la mujer esconde aún más peligro.

El significado de las palabras es obvio y directo: hay peligro en el amor de una mujer. Ahora veamos parte de un poema en que se dice algo parecido:

amantes, no toquéis, si queréis vida,
porque entre un labio y otro colorado
Amor está, de su veneno armado,
cual entre flor y flor sierpe escondida.

En el poema, el Amor es como Cupido, la figura de la mitología griega que representa el amor. Con su flecha y arco, el Amor está armado entre los labios rojos de la mujer. Y con su flecha, este Amor guerrero puede herir mortalmente al amante. Su flecha sale de los labios rojos como el veneno de una serpiente escondida entre dos flores rojas. En vez de dar énfasis al significado del peligro, el poeta utiliza significantes como el «Amor . . . armado», «veneno» y «sierpe escondida» para sugerir el mensaje. También sugiere que los labios de la mujer son bellos como las flores de la naturaleza, pero peligrosos.

Este poeta arma un rompecabezas con palabras. Da al lector pedazos de descripciones, evocaciones y sugerencias del significado. El poeta como el pintor evoca pinturas mentales con colores. Como el escultor sugiere los contornos o formas esculpidas de sus sentimientos, utilizando luz y sombra. Nosotros, los lectores, tenemos que acercarnos poco a poco, mediante detalles, al significado del texto entero. Observamos detalles, pedazos de descripciones, acá y allá. Tratamos de utilizar todos los sentidos posibles para captar la descripción con la inteligencia y con la sensibilidad. Imaginamos cómo son los colores, los olores, la textura, la luz y la oscuridad. Experimentamos sentimientos e intuiciones, a pesar de que nuestra lógica insista en buscar una denotación concreta, un significado específico. En parte, la experiencia misma de esta búsqueda nos hace apreciar la sutil riqueza de un poema, una riqueza que consiste en el lenguaje connotativo y los numerosos significantes que sugieren muchas posibilidades en vez de dictar un solo mensaje directo.

2.2 La poesía lírica

La poesía lírica se concentra en una experiencia única y, en general, en una composición breve, en comparación con textos más extensos como la poesía épica o la poesía dramática. La poesía épica cuenta las aventuras de un héroe en lenguaje menos connotativo. La poesía dramática es una forma esencialmente dialogada, en que los personajes (actores) representan la acción ante los lectores (espectadores). En la poesía épica y la dramática, las técnicas de versificación no difieren mucho de las de la poesía lírica. Por eso, nuestra discusión aquí de las técnicas poéticas sirve tanto para la poesia lírica como para otros tipos de poesía.

Al empezar el estudio de la poesía, es necesario aprender a leer el texto de modo crítico. El vocabulario técnico, que designa y nombra lo que leemos, nos puede ayudar a aclarar nuestras percepciones y a facilitar la lectura crítica. El proceso que sugerimos aquí no es el único posible ni necesariamente el mejor; sin embargo, sirve para una introducción a la literatura. Tras aprender la terminología poética, vamos a aplicar esta metodología a unos poemas principalmente para acostumbrarnos a utilizar el vocabulario y el proceso crítico. Hay que recordar que falta el contexto histórico de los poemas en este capítulo. Así que la lectura será parcial, aunque detallada, hasta que añadamos los contextos discutidos en la tercera parte de este libro, titulada «La literatura y sus contextos históricos y culturales.»

2.3 El texto: «Lo fatal» de Rubén Darío

Durante la primera lectura de un poema, es sumamente importante buscar en un diccionario la definición de palabras que Vd. no sabe. Por la compresión de ideas y la exageración de sugerencias en un poema, es necesario saber el significado de todas las palabras. En un cuento o novela, si el lector no comprende todas las palabras, en general es posible deducir o imaginar el significado mediante la lectura de otro párrafo o página. Pero en un poema, es más difícil entender el significado de cada verso sin entender todas las palabras.

Lea Vd. el siguiente poema y busque las palabras que no entienda.

«Lo fatal» de Rubén Darío (Nicaragua, siglos XIX–XX)

Dichoso el árbol que es apenas sensitivo,   1
y más la piedra dura porque ésa ya no siente,   2
pues no hay dolor más grande que el dolor de   3
[ser vivo,
ni mayor pesadumbre que la vida consciente.   4

Ser, y no saber nada, y ser sin rumbo cierto   5
y el temor de haber sido y un futuro terror . . .   6
Y el espanto seguro de estar mañana muerto,   7
y sufrir por la vida y por la sombra y por   8

lo que no conocemos y apenas sospechamos,   9
Y la carne que tienta con sus frescos racimos,   10
y la tumba que aguarda con sus fúnebres ramos,   11

12 ¡y no saber a dónde vamos,
13 ni de dónde venimos . . . !

2.4 La versificación

Al leer por primera vez este poema del nicaragüense Rubén Darío, y después de buscar todo el vocabulario desconocido, tal vez tiene Vd. unas primeras impresiones generales. Estas son importantes. Vd. puede utilizar estas impresiones a lo largo del análisis del texto para comprobar descubrimientos o para desecharlos. Apunte Vd. en una hoja esas intuiciones y guárdelas hasta que tengamos tiempo para examinar en detalle el poema. Durante el examen nuestro, Vd. aprenderá un vocabulario nuevo y varios sistemas de clasificación que le pueden ser útiles en su estudio de la poesía. Al final de este libro hay dos secciones que le pueden ayudar también con las clasificaciones de la poesía y su vocabulario: el Apéndice de «Estructuras poéticas» y el Glosario de términos literarios. Utilice Vd. estas dos secciones como un diccionario u obra de referencia.

2.5 El ritmo

Habíamos mencionado la relación que tiene el poema con la música: las repeticiones que se llaman ritmo y rima. Muchas de las técnicas que utilizan los poetas tienen que ver con el ritmo y la rima del poema. Vamos a tratar estos dos elementos por separado. Primero, vamos a ver si la disposición de la serie de palabras en el poema «Lo fatal» produce un efecto rítmico. **El ritmo,** como en la música, se produce por medio de pausas y repeticiones de sonidos específicos. En la poesía *las pausas* son producidas por

(1) la puntuación (comas, puntos, etc.)
(2) los espacios de papel blanco que separan una palabra de otra o una sección del poema de otra, y
(3) la acentuación de ciertas sílabas dentro de las palabras

Las repeticiones de sonidos se deben a varias técnicas que producen

(1) una rima *dentro* del verso, llamada *rima interna,* y
(2) una rima *al final* de varios versos del mismo poema, llamada simplemente la rima o *rima final*

Estudiaremos la rima en adelante. Primero, vamos a examinar la versificación en su forma más general. Utilizamos siempre el poema «Lo fatal» (2.3) como punto de referencia.

Notamos que el poema se divide en tres secciones principales, separadas por unos espacios. Estas tres divisiones se llaman **estrofas.** Originalmente, el uso de la estrofa representaba las pausas en el canto, la danza y las melodías litúrgicas. En «Lo fatal», el espacio después de la primera estrofa y el punto final señalan una pausa en nuestra lectura del poema. Nos hacen detener nuestro ritmo de lectura.

Las estrofas de un poema son compuestas de muchos versos. **Un verso** contiene una serie de palabras cuyo orden produce cierto efecto rítmico. El verso no tiene que ser una frase completa; puede ser una configuración parcial de palabras o sintagmas. Por ejemplo, en «Lo fatal», hay una sola frase gramatical en la primera estrofa:

Dichoso el árbol que es apenas sensitivo, y más la piedra dura porque ésa ya no siente, pues no hay dolor más grande que el dolor de ser vivo, ni mayor pesadumbre que la vida consciente.

Pero en cuestiones de poesía, no se habla de frases sino de versos. Se escribe, se lee y se comenta un poema según sus versos y estrofas. En la primera estrofa de este poema, entonces, hay cuatro versos. Estos versos contienen grupos más pequeños de palabras. Estos grupos de palabras relacionadas entre sí se llaman **sintagmas.** Por ejemplo, en el primer verso de la primera estrofa, la combinación del sustantivo «árbol» con su modificador, «dichoso», y el artículo definido, «el», forman un sintagma: «Dichoso el árbol». En el quinto verso en la segunda estrofa del poema, la preposición «sin» con su objeto y modificador, «rumbo cierto», forman un sintagma: «sin rumbo cierto».

Es bastante fácil determinar el número de versos en cada estrofa por medio de un simple cálculo directo. En este poema, las dos primeras estrofas son de cuatro versos cada una, y la tercera estrofa es de cinco versos.

El ritmo de un verso, como el de un canto, es controlado por muchos factores. Entre ellos figuran

(1) la medida o número de sílabas en un verso

(2) los acentos o lugares donde es más o menos fuerte el acento

(3) la rima final

(4) la rima interna o la repetición de las vocales

(5) la aliteración o repetición de las consonantes

(6) otras técnicas, como las alternancias, los paralelismos, y el encabalgamiento (que examinaremos más adelante en este capítulo)

Primero, es necesario discutir la métrica o la medida.

2.6 La medida o la métrica

La medida es el número de sílabas en cada verso. Los versos métricos son los que siguen un determinado número de sílabas en una estrofa o en todo el poema. Los versos amétricos no manifiestan tal regularidad en el número de sílabas. Son versos de medida que varía de verso en verso. Contamos las sílabas de un verso para averiguar la medida. Se dice también *medir* o *escandir* un verso. Para determinar el número de sílabas métricas o fonéticas, hay que tomar en cuenta

(1) las reglas para la división silábica de la palabra española (según los sonidos, o sea, la división silábica fonológica)

(2) la palabra final de cada verso

(3) la sinéresis y la sinalefa

(4) el hiato y la diéresis

Vamos a estudiar, uno por uno, estos cuatro factores que determinan la medida o métrica de un verso de poesía.

2.7 La división silábica

Esta división de la palabra en sílabas corresponde a la pronunciación (la fonética) y no siempre a la representación gramatical u ortográfica de una palabra. Una división fonética se basa en la palabra pronunciada; una división ortográfica se basa en la palabra escrita. La división fonética puede ser diferente de la ortográfica. Esto ocurre, por ejemplo, cuando hay uniones o enlaces entre una vocal al final de una palabra y otra vocal al principio de la próxima palabra. Por ejemplo, en el primer verso del poema «Lo fatal», hay estas palabras: «que es». Cada una de estas palabras es de una sílaba. Escribimos las sílabas (la ortografía) así: que–es. Pero la primera sílaba (que) termina en la misma vocal con que empieza la segunda sílaba (es): la vocal «e». Por eso, al pronunciar las dos palabras en voz alta, Vd. verá que tiende a juntarlas. Las dos sílabas forman una unión o un enlace fonético. Este enlace reduce las dos sílabas (que–es) a una sola sílaba pronunciada «ques». Cuando contamos o escandimos el verso para determinar la medida, contamos estas dos sílabas escritas como una sola sílaba pronunciada. Hablamos más de este fenómeno en 2.11, pero, por el momento, basta mencionar que en los versos en que hay enlaces vocálicos de este tipo, el número de sílabas métricas puede ser menor que el número de sílabas ortográficas (escritas).

Primero, hay que saber dividir una palabra en sílabas y, luego, veremos las excepciones. Fonológicamente, las normas para la división silábica en español son las siguientes. Aprenda Vd. las normas, y practíquelas:

(1) Cuando una consonante se encuentra entre dos vocales, la consonante se agrupa con la vocal siguiente:
ca–sa   de–mo–ra

PRÁCTICA:
apenas   dolor   vivo   futuro

(2) Cuando dos consonantes se encuentran entre dos vocales, hay que tener en cuenta las siguientes normas:
(a) Son inseparables los grupos formados por *p,b,f,c,g* seguidas de *l* o *r:* es decir,

pr, pl, br, bl, fr, fl, cr, cl, gr, gl. Estos grupos forman una sílaba con la vocal siguiente:

a–*pro*–piar   a–*plo*–mo   a–*bru*–mar
si–*glo*   a–*blan*–dar   co–*fra*–de
a–*flo*–jar   la–*cre*   a–*cla*–mar
a–*gru*–par

PRÁCTICA:
sufrir   sagrado   fúnebres   flores

(b) Son inseparables, también, los grupos formados por *t, d* seguidas de *r:* es decir *tr, dr.* Estos grupos también forman una sílaba con la vocal siguiente:

cua–*tro*   cua–*dro*

PRÁCTICA:
piedra   pupitre   catre

(c) Cualquier otro par de consonantes que aparece entre dos vocales es dividido así: la primera consonante forma sílaba con la vocal anterior; y la segunda consonante forma sílaba con la vocal posterior:

ar–*tis*–*ta*   in–*se*–pa–ra–ble

PRÁCTICA:
árbol   porque   sospechamos   espanto
rumbo   carne   tumba   donde

(3) Cuando tres o más consonantes se encuentran entre dos vocales, puede occurrir
(a) que las dos últimas formen un grupo, por ejemplo, *pr, br, fl, cl.* En este caso, el grupo consonántico es inseparable y forma sílaba con la vocal siguiente:

in–*fla*–mar   con–*tra*–er   em–*ple*–a–dos

PRÁCTICA:
sombra   cumbre   ancla

(b) que las dos primeras consonantes formen el grupo *ns,* también inseparable. Este grupo *ns* forma sílaba con la vocal anterior:

cons–tar   *cons*–tru–ir   *ins*–tau–rar

PRÁCTICA:
consciente   instantáneo   inspiración

(4) El contacto entre dos vocales *bajas* (a-e-o) requiere dos sílabas distintas:

a–*é*–re–o   pe–*le*–ar   le–*a*

PRÁCTICA:
lealtad   león   Leonor

(5) El contacto entre una vocal baja (a-e-o) y otra alta (i-u), si forma diptongo, constituye una sílaba:

ai–re   A–s*ia*   b*ue*–no

PRÁCTICA:
siente   pues   muerto
tienta   aguarda   cierto

(6) Un triptongo, del mismo modo que el diptongo, forma sílaba o parte de ella:

a–so–c*iái*s   b*uey*

PRÁCTICA:
diferenciáis   Camagüey

(7) Cuando están en contacto una vocal alta (i-u) acentuada y una baja (e-o-a) inacentuada, se forman dos sílabas distintas:

ha–b*í*–a   pa–*ís*

PRÁCTICA:
maíz   continúan   teníamos

2.8 *El texto*

Observe Vd. el poema «Lo fatal»: Trate de dividir en sílabas las palabras de los versos 4, 5, 10, 12 y 13, según las normas discutidas. ¿Cuántas sílabas tiene cada uno de estos versos?

ni mayor pesadumbre que la vida consciente.   4
Ser, y no saber nada, y ser sin rumbo cierto,   5
. . . .
Y la carne que tienta con sus frescos racimos,   10
. . . .
¡y no saber a dónde vamos,   12
ni de dónde venimos . . . !   13

2.9 *La palabra final del verso*

La palabra final define el verso. Por eso, hay que determinar si la palabra final de cada verso es *aguda, llana* o *esdrújula.* Si es aguda, el verso es agudo; si es llana, el verso es llano; y si es esdrújula, el verso es esdrújulo. La palabra final modifica el cómputo de sílabas de la siguiente manera:

(1) Palabra aguda: se acentúa la última sílaba

y*o* bro–*tar* Ma–*drid* te–*rror*

Verso agudo: termina en palabra aguda. Hay que añadir una sílaba más al cómputo; es decir, la última sílaba cuenta por dos.

Eso soy yo

1 2   3   4 5
E–so–soy–y*o*–   4 + 1 = 5 sílabas

(2) Palabra llana: se acentúa la penúltima sílaba

es–*com*–bros   in–*men*–so
ar–pa   *cier*–to

Verso llano: termina en palabra llana. Al verso llano no se le añade ni se le quita sílaba.

Madre mía, yo soy niña

1   2   3 4 5   6 7 8
Ma–dre–mí–a,–yo–soy–*ni*–ña   8 sílabas

(3) Palabra esdrújula: se acentúa la antepenúltima sílaba. La palabra «esdrújula» es una palabra esdrújula.

es–*drú*–ju–la   *lá*–gri–ma   *pá*–ja–ro

Verso esdrújulo: termina en palabra esdrújula. Al contarse sus sílabas, la última palabra conserva solamente una sílaba después de la acentuada.

por sus turbias vejigas empedradas de cálculos

1   2   3   4   5 6   7
por–sus–tur–bias–ve–ji–gas–
8   9   10   11   12   13   14 15
em–pe–dra–das–de–*cál*–cu–los
15 sílabas − 1 = 14 sílabas

PRÁCTICA:

Determine Vd. el número de sílabas en cada verso. Tome en cuenta la última palabra del verso.

(1) suspiros y risas, colores y notas

(2) La niña de Guatemala

(3) porque no puedo pasar

(4) achícame, por piedad

(5) mi salvación o mi pérdida

(6) cuando se trata de dos calcetines

2.10 El texto

Observe Vd. el poema «Lo fatal». Fíjese en la última palabra de cada verso y trate de determinar qué tipo de palabra es: aguda, llana o esdrújula. Según la última palabra de cada verso, determine qué tipo de verso es: verso agudo, verso llano o verso esdrújulo. Las últimas palabras de cada uno de los versos del poema «Lo fatal» son

sensitivo	1
siente	2
vivo	3
consciente	4
cierto	5
terror	6
muerto	7
por	8
sospechamos	9
racimos	10
ramos	11
vamos	12
venimos	13

2.11 La sinéresis y la sinalefa

En el español pronunciado, en general, hay una tendencia a evitar la pausa que resulta al separar las vocales en una sola sílaba. La unión o enlace de las vocales entre dos palabras seguidas se llama **sinalefa.** Es decir, hay una unión de la vocal al final de una palabra con la vocal al principio de la próxima palabra. La sinalefa entre palabras es muy frecuente y ocurre en todas las medidas. Note Vd. que en el siguiente verso llano de 7 sílabas, hay sinalefa entre palabras dos veces: «que_en», «mi_e». Cada una de estas combinaciones forma una sola sílaba:

Con que en mi edad primera

1   2   3   4   5   6   7
Con–que_en–mi_e–dad–pri–*me*–ra

En el siguiente verso llano de 11 sílabas, hay sinalefa tres veces:

¡Esta es España! Atónita y maltrecha

```
  1    2    3   4    5
¡Es–ta _ es–Es–pa–ña! _ A–
  6  7   8    9   10   11
tó–ni–ta _ y–mal–tre–cha
```

Como Vd. puede ver, no hay que fijarse en la puntuación:

por Ti la muerte se ha hecho nuestra madre

```
 1   2   3    4    5    6
por–Ti–la–muer–te–se _ ha _ he–
 7    8    9   10  11
cho–nues–tra–ma–dre
```

En este verso llano de 11 sílabas, hay una sola sinalefa. Puede ocurrir cuando una de las palabras es «a» o «ha». No se pronuncia la «h» en el español moderno. Por eso la sinalefa ocurre entre las vocales pronunciadas. En este caso, si suprimimos la «h» en las palabras «ha» y «he», ocurre la sinalefa entre las vocales pronunciadas: «e_a_e», formando un triptongo. En el español más antiguo, éste no era el caso. En el español antiguo, en lugar de la «h», había una «f» latina que se pronunciaba. La «f» era una consonante pronunciada que prohibía la sinalefa entre las vocales, como en el siguiente ejemplo:

Por el mes era de mayo
cuando hace la calor[1]

```
 1   2   3   4  5  6   7   8
Por–el–mes–e–ra–de–ma–yo
```

```
  1    2   3   4  5  6   7   8
cuan–do–ha–ce–la–ca–lor
```

En estos versos, el primero es llano de 8 sílabas. El segundo verso es agudo. Al verso agudo hay que añadir una sílaba; así que en total, hay 8 sílabas también. En el español

antiguo, se escribía «hace» con «f» en vez de «h». Por eso, note Vd. la falta de sinalefa entre las palabras «cuando» y «hace».

Ahora vamos a practicar un poco el cómputo de versos, contando las sílabas. Tome Vd. en cuenta las posibles sinalefas.

PRÁCTICA:

(1) Amor está de su veneno armado

(2) cual entre flor y flor sierpe escondida

(3) cadencias que el aire dilata en las sombras

(4) si, teniendo en mis manos las tuyas

(5) Contar este cuento en flor

(6) Yo sé que murió de amor

(7) y no oírles más el crótalo

La sinéresis es la unión de dos vocales dentro de una misma palabra en que de ordinario las vocales se pronuncian como sílabas distintas, como en la palabra «león»: le–ón.

Al hacer la sinéresis, o la unión, entre la «e» y la «o», se pronuncia y se cuenta como una sola sílaba: león. Vea Vd. el siguiente ejemplo:

¿no ves, Leonor, los álamos del río

```
  1    2    3    4    5  6 7   8    9   10 11
¿no–ves–Leo–nor–los–á–la–mos–del–rí–o
```

En este verso llano de 11 sílabas, la sinéresis ocurre al pronunciar «Le–o–nor» con la unión de las vocales «e» y «o» dentro de la palabra: «Leo–nor». Note la sinéresis y la sinalefa en los siguientes versos llanos de 11 sílabas cada uno:

la espuma, el mar, y el aire es el suspiro
en cuya confusión un caos admiro

```
 1   2    3    4   5
la _ es–pu–ma _ el–mar–y _ el–
 6   7    8   9   10  11
ai–re _ es–el–sus–pi–ro    (sinalefa)
```

```
 1   2   3    4    5     6
en–cu–ya–con–fu–sión–
 7    8   9   10  11
un–caos–ad–mi–ro    (sinéresis)
```

---

[1] En el español moderno sería *el* calor.

2.12 El hiato y la diéresis

El hiato y la diéresis son, respectivamente, lo contrario de la sinalefa y la sinéresis: separan vocales. **El hiato** separa las vocales de diferentes palabras. Este fenómeno puede ocurrir cuando hay vocales acentuadas, por ejemplo, cuando la vocal inicial de la segunda palabra de una serie es acentuada:

Pues en fin me dejó una
Pues–en–fin–me–de–jó–*u*–na

Note el hiato entre «dejó» y «una».

Cuando pobre de años y pesares
Cuan–do–po–bre–de–*a*–ños–y–pe–sa–res

Note el hiato entre «de» y «años».

Gigante ola que el viento
Gi–gan–te–*o*–la–que_el–vien–to

Note el hiato entre «Gigante» y «ola». Pero note, también, la sinalefa entre «que» y «el». Esto ocurre aunque «el» tiene una vocal inicial acentuada. En general, si hay dos vocales iguales, hay sinalefa.

La diéresis es la separación de vocales dentro de la misma palabra. Es el fenómeno contrario a la sinéresis. *No ocurre* en los diptongos *ie* o *ue:*

bien	siente	huevo	puedo
bien	sien-te	hue-vo	pue-do

En los siguientes ejemplos, hay diéresis. Es fácil notar la diéresis, porque la vocal lleva puntuación llamada también «diéresis»(¨).

Yo en palacios suntüosos

Yo_en–pa–la–cios–sun–tü–o–sos

Hay diéresis en «suntüosos».

La luna en el mar rïela

La–lu–na_en–el–mar–rï–e–la

Hay diéresis en «rïela». La sinéresis, el hiato y la diéresis no ocurren con la misma frecuencia como la sinalefa.

2.13 El texto

Ahora tomando en cuenta las normas descritas arriba, vamos a determinar la versificación del poema «Lo fatal». Hemos dividido algunos versos (1, 3 y 6) en sílabas fonéticas, tomando en cuenta la sinéresis, sinalefa, diéresis y el hiato. Ahora haga Vd. lo mismo con los demás versos.

(1) Divida Vd. las palabras en sílabas fonéticas o habladas.
(2) Busque posibles uniones o divisiones fonéticas—la sinéresis y sinalefa; el hiato y la diéresis. Note que hay sinalefa en los versos 1, 2, 3, 6, 7, 8, 9 y 11.
(3) Determine si la palabra final de cada verso es aguda, llana o esdrújula. Note que hay dos versos agudos en el poema. Estos versos requieren que se añada una sílaba a cada uno al contar la medida.

«Lo fatal» de Rubén Darío

Di–cho–so–el–ár—bol—que_es–a–pe–nas–   1
            [sen–si–*ti*–vo,
y más la piedra dura porque ésa ya no siente,   2
pues–no_hay–do–lor–más–gran–de–que_el–   3
            [do–lor–de–ser–*vi*–vo,
ni mayor pesadumbre que la vida consciente.   4

Ser y no saber nada, y ser sin rumbo cierto,   5
y_el–te–mor–de_ha–ber–si–do–y_un–fu–tu–   6
            [ro–te–*rror* . . .
Y el espanto seguro de estar mañana muerto,   7
y sufrir por la vida y por la sombra y por   8

lo que no conocemos y apenas sospechamos,   9
Y la carne que tienta con sus frescos racimos,   10
y la tumba que aguarda con sus fúnebres ramos,   11
¡y no saber a dónde vamos,   12
ni de dónde venimos . . . !   13

En «Lo fatal», la mayoría de los versos son de 14 sílabas. Hay dos excepciones: el último verso de 7 sílabas y el penúltimo verso de 9 sílabas. Solamente dos versos son agudos; los demás son llanos. No hay versos esdrújulos.

Un verso de 14 sílabas se llama **verso alejandrino**; el de 7 sílabas es el **verso heptasílabo**; y el de 9 es el **verso eneasílabo**. Los versos se clasifican, según el número de sílabas. Los versos de **arte menor** son los de 2 a 8 sílabas; los versos de **arte mayor** son de 9 sílabas o más. En este poema, los alejandrinos y los versos eneasílabos son de arte mayor; solamente el verso heptasílabo es de arte menor.

Aunque no aparecen en este poema, hay versos llamados **versos libres.** Son los que no se sujetan a las normas de la métrica. Pueden tener o no medida o rima si lo quiere el poeta. No se debe confundir los versos libres con los versos blancos ni con los versos sueltos. Los **versos blancos** tienen medida fija pero no tienen rima; los **versos sueltos** no tienen rima pero ocurren aquí y allá en un poema donde la mayoría de los versos riman. En adelante, después de determinar el número de sílabas fonéticas de un verso, vea Vd. el Apéndice para averiguar cómo se llaman los otros versos.

2.14 La rima

La rima consiste en la igualdad o semejanza de sonidos entre versos a partir de la última vocal acentuada. La rima existía en canciones populares latinas aunque, en general, no en el latín clásico. Luego en las lenguas romances, de las que el español forma parte, desde el principio, había la práctica de la rima.

Hay dos tipos de rima al final del verso poético: rima consonante y rima asonante. Si los sonidos, tanto de las vocales como de las consonantes, son idénticos desde la última vocal acentuada, se llama **rima consonante.** En el siguiente ejemplo, están subrayadas las últimas vocales acentuadas de cada verso.

1	En las pr*e*sas	–esas	a
2	Yo div*i*do	–ido	b

Lo cog*i*do	–ido	b	3
Por igu*a*l	–al	c	4
Sólo qui*e*ro	–ero	d	5
Por riqu*e*za	–eza	e	6
La bell*e*za	–eza	e	7
Sin riv*a*l	–al	c	8

En esta estrofa, hay rima consonante entre los versos 2 y 3, 4 y 8, 6 y 7. El esquema de la rima es *abbcdeec,* escrito en letras minúsculas, porque los versos son de arte menor (es decir, menos de 9 sílabas). Si el verso fuera de arte mayor, se escribiría el esquema de la rima en letras mayúsculas (ABBCDEEC). Si hay una combinación de versos de arte menor y de arte mayor, se escribe el esquema de rima utilizando minúsculas y mayúsculas según el caso (por ejemplo, ABBcdEE).

Si solamente los sonidos de las vocales son idénticos, desde la última vocal acentuada, se llama **rima asonante.**

Cabellos de mi cab*e*za	e–a	a	1
lléganme al corvej*ó*n;	ó	b	2
los cabellos de mi b*a*rba	a–a	c	3
por manteles tengo y*o*:	o	b	4
las uñas de las mis m*a*nos	a–o	d	5
por cuchillo tajad*o*r.	o	b	6

En esta estrofa hay rima asonante en «o» entre los versos pares (2, 4, 6). No hay ninguna rima entre los versos impares (1, 3, 5).

Para determinar las vocales de la rima asonante, es útil recordar las siguientes normas:

(1) En palabras esdrújulas, al final del verso, sólo figuran la antepenúltima y la última sílabas; no se toma en cuenta la penúltima sílaba.

cruza   cr*u*–za   u–a
cúpula   c*ú*–pu–la   u–a   (esdrújula)
Riman estas dos palabras en u–a.

bañe   b*a*–ñe   a–e
árabes   *á*–ra–b*e*s   a–e   (esdrújula)
Riman estas dos palabras en a–e.

PRÁCTICA: ¿Cómo rima cada grupo de dos palabras?
cartas   car–tas
lágrimas   lá–gri–mas

pena   pe–na
pérdida   pér–di–da

(2) En diptongos (dos vocales juntas) y triptongos (tres vocales juntas), sólo se toman en cuenta las vocales bajas (a, e, o):

turba   tur–ba   u–a
lluvia   llu–via   u–a

Riman estas dos palabras en u–a.

pido   pi–do   i–o
continuo   con–ti–nuo   i–o

Riman estas dos palabras en i–o.

PRÁCTICA: ¿Cómo rima cada grupo de dos palabras?

plena   ple–na
muerta   muer–ta

meta   me–ta
quiera   quie–ra

(3) En la última sílaba inacentuada, hay asonancia entre «i» y «e», y entre «u» y «o»:

verde y débil   riman
ver–de   dé–bil   e–e

amante y fácil   riman
a–man–te   fá–cil   a–e

líquido y espíritu   riman
lí–qui–do   es–pí–ri–tu   í–o

2.15 El texto

Tomando en cuenta las normas discutidas arriba para determinar si hay rima y de qué tipo es, veamos la palabra final de cada verso del poema «Lo fatal».

1	sensitivo	ivo	A
2	siente	ente	B
3	vivo	ivo	A
4	consciente	ente	B
5	cierto	erto	C
6	terror	or	D
7	muerto	erto	C
8	por	or	D
9	sospechamos	amos	E
10	racimos	imos	F
11	ramos	amos	E
12	vamos	amos	E
13	venimos	imos	f

En cada una de las dos primeras estrofas, hay rima consonante en versos alternantes o cruzados. Es decir, las vocales y las consonantes en los versos pares riman. Las vocales y las consonantes en los versos impares también riman. El esquema de la rima alternante o cruzada es ABAB CDCD. En la última estrofa de cinco versos, hay rima consonante entre los versos 9, 11, y 12, y entre los versos 10 y 13. El esquema de los versos en arte mayor está representado por letras mayúsculas. El esquema del único verso en arte menor (verso 13) está representado por una letra minúscula (f).

Diferentes esquemas de rima se nombran de diferentes maneras. En adelante, determine Vd. el esquema de la rima en un poema. Si parece que hay cierta regularidad o repetición de una rima, vea Vd. el Apéndice para encontrar el nombre que se da al esquema que Vd. ha encontrado.

PRÁCTICA:
Imagine Vd. que las siguientes palabras ocurren al final de los ocho versos de las dos primeras estrofas de un poema. Determine Vd. qué tipo de rima existe entre estos versos (rima asonante o consonante). Después de encontrar el esquema, busque Vd. en el Apéndice cómo se llama el esquema que Vd. ha encontrado.

convida	1
destilado	2
sagrado	3
Ida	4
vida	5
colorado	6
armado	7
escondida	8

2.16 La estrofa

Las estrofas tienen diferentes nombres según la combinación específica y regular de la medida o métrica, la rima, y el número de versos en la estrofa. Por ejemplo, en el poema «Lo fatal», la combinación de dos estrofas de cuatro versos y una estrofa de cinco versos no es una combinación específica ni regular, y por eso no tiene un nombre específico. La configuración de estas tres estrofas no es muy tradicional. En cambio, una estrofa de cuatro versos en arte mayor es tradicional. Y en «Lo fatal», las dos primeras estrofas tienen cuatro versos cada una en arte mayor. Estas estrofas están separadas por una larga pausa indicada por el espacio entre ellas.

Los versos de estas dos primeras estrofas son alejandrinos, o sea, versos de catorce sílabas cada uno. Dentro de un verso de más de diez sílabas, como son los alejandrinos de «Lo fatal», muchas veces hay una breve pausa—llamada **una cesura**—que permite un descanso en la lectura. En general, esta cesura divide el verso en dos partes, llamadas **hemistiquios,** de igual extensión. Vea el texto en la sección 2.3. Note los versos 3 y 4. Dentro de los versos, no hay puntuación que indique una pausa. Sin embargo, se puede descansar brevemente después de las siete primeras sílabas de cada verso. Allí hay un posible hemistiquio.

En «Lo fatal», dos estrofas son de arte mayor y de rima cruzada (ABAB, CDCD). Este esquema forma dos serventesios. Es decir, en este poema, hay dos estrofas con la forma tradicional de un serventesio, pero la tercera estrofa no sigue esta misma tradición.

En adelante, después de determinar la rima y la medida de una estrofa, vea Vd. el Apéndice para verificar los nombres y descripciones de otras combinaciones estróficas tradicionales. Allí puede Vd. encontrar, por ejemplo, la siguiente descripción de las características de un soneto tradicional. **El soneto** es un poema que tiene catorce versos. Estos versos se distribuyen en 2 cuartetos (2 estrofas de cuatro versos cada una) y dos tercetos (dos estrofas de tres versos cada una). Cada verso tiene once sílabas (endecasílabos). En el poema hay rima consonante según el esquema clásico de ABBA ABBA CDC DCD. Hay otras variaciones.

2.17 Los recursos poéticos

Es posible acercarse de muchas maneras a la lectura crítica de un poema. Vamos a expli-

car la versificación técnica primero. La mecánica de aplicar las normas de la versificación al poema nos parece una «ciencia» relativamente exacta y fácil de entender. En esta sección escogemos detalles del poema «Lo fatal» a dos niveles—el semántico y el sintagmático. Vamos a ver cómo se relacionan las palabras de un poema y, a la vez, esperamos definir y demostrar unas técnicas poéticas. Siguen unas sugerencias para ayudar en la lectura crítica del poema:

(1) Trabaje Vd. con un número reducido de versos. Si el poema es breve, trabaje con el texto entero; si el poema es largo, trabaje estrofa por estrofa.

(2) Al percibir un fenómeno, relaciónelo al verso de que forma parte, a los versos cercanos, a la estrofa y, finalmente, al poema entero.

(3) Al nivel semántico, fíjese en
   (a) grupos de palabras que parecen ser similares u opuestos
   (b) descripciones concretas o imágenes percibidas por los sentidos (sensoriales: olor, vista, tacto, gusto, sonido). Pueden representar o simbolizar conceptos abstractos.

(4) Al nivel sintagmático, fíjese en
   (a) paralelismos, oposiciones y repeticiones de sonidos, palabras, imágenes, sintagmas e ideas
   (b) cómo se conectan los sintagmas y los versos
   (c) la puntuación o falta de ella y, como consecuencia, las pausas o falta de ellas en la lectura
   (d) las primeras y últimas palabras de los versos y del poema entero; el título

2.18 Análisis de «Lo fatal»: nivel semántico

Vea el texto en la sección 2.3.

Primero, vamos a trabajar con las palabras, es decir, el nivel semántico. Vamos a ver, estrofa por estrofa, qué es lo que sugieren las palabras.

Estrofa I

1   Dichoso el árbol que es apenas sensitivo,
2   y más la piedra dura porque ésa ya no siente,
3   pues no hay dolor más grande que el dolor de
                                                    [ser vivo,
4   ni mayor pesadumbre que la vida consciente.

Note Vd. que hay dos palabras que se refieren a la naturaleza: «árbol», «piedra». En cambio, hay palabras que se refieren al ser humano: «ser vivo», «vida consciente». Parece que hay un contraste entre ciertas palabras que describen la naturaleza—«apenas sensitivo» y «ésa ya no siente»—y su opuesto, o sea las palabras que describen al ser humano—«dolor» y «pesadumbre».

Podemos representar esta oposición o comparación en dos columnas paralelas:

naturaleza	ser humano
árbol	ser vivo
piedra dura	vida consciente
apenas sensitivo	dolor
ya no siente	mayor pesadumbre

Si Vd. trabaja de esta manera con las palabras individuales, puede notar el contraste que el poeta establece entre la naturaleza insensible y el ser humano consciente de su existencia dolorosa. El nivel semántico revela que la naturaleza no sufre. En contraste el ser humano, sí sufre. En efecto, la palabra «dolor» se repite en el tercer verso. Los sintagmas (grupos de palabras) en versos cercanos son paralelos (corresponden entre sí) y antagónicos (opuestos).

Estrofa II

5   Ser, y no saber nada, y ser sin rumbo cierto,
6   y el temor de haber sido y un futuro terror . . .
7   Y el espanto seguro de estar mañana muerto,
8   y sufrir por la vida y por la sombra y por

Note Vd. cuántas palabras se refieren a sentimientos negativos: «no saber nada», «sin rumbo cierto», «temor», «terror», «espanto», «muerto», «sufrir», y aún «la sombra» sugiere una falta o negación de luz. El sentimiento de miedo es repetido varias veces con palabras diferentes—«temor», «terror», «espanto». Busque Vd. repeticiones que sugieran lo negativo o el miedo. Este tipo de palabra se repite para hacernos sentir el mensaje del poema.

En la primera estrofa vimos que la vida consciente del ser vivo es dolorosa. Ahora, en la segunda estrofa, vemos por qué es dolorosa. Todo es desconocido; no hay seguridad, con la excepción de la muerte:

(1) en el futuro:
    «un futuro terror»
    «el espanto seguro de estar mañana muerto»
(2) en el presente:
    «ser sin rumbo cierto»
    «y sufrir por la vida»
(3) en el pasado:
    «y por la sombra»
    «el temor de haber sido»

Estrofa III

lo que no conocemos y apenas sospechamos,   9
Y la carne que tienta con sus frescos racimos, 10
y la tumba que aguarda con sus fúnebres ramos, 11
¡y no saber a dónde vamos,   12
ni de dónde venimos . . . !   13

El poeta sigue proyectando el dolor hacia el futuro y lo desconocido: «lo que no conocemos y apenas sospechamos». Pero en los versos 10 y 11, vuelve a evocar al árbol y a la naturaleza como en la primera estrofa:

«carne» «frescos racimos» (vida, sensualidad)
«tumba» «fúnebres ramos»   (muerte, fatalidad)

En estos dos versos paralelos, hay sintagmas paralelos. En el verso 10, las palabras se refieren a la carne del ser vivo que es como los frescos racimos de una fruta. Esta carne «tienta» al ser humano a vivir. En oposición a la sensualidad de esta primera *imagen* concreta que evoca la vida, el próximo verso representa la muerte. En el verso 11, en lugar de los racimos vivos y suculentos, como uvas, por ejemplo, hay símbolos de la muerte: «tumba» y «fúnebres ramos». Otra vez, el poeta desde su posición en el presente mira hacia el futuro—«a dónde vamos»—y hacia el pasado—«de dónde venimos». Pero todavía utiliza palabras negativas, que indican inseguridad: «no saber», «ni».

2.19 Análisis de «Lo fatal»: nivel sintagmático

Al trabajar con el nivel semántico, encontramos palabras que por la mayor parte se refieren al tiempo (pasado, presente, futuro), y a sentimientos fuertes de terror, dolor y soledad ante la única certidumbre: la muerte. Volvamos a leer el poema, prestando atención particular al nivel sintagmático, o sea, la manera en que se juntan las palabras. Vamos a tratar de averiguar si este nivel de lectura ayuda a evocar estas mismas connotaciones. Vea el texto en 2.3.

Estrofa I

El ritmo parece ser bastante regular. En cada verso existe la posibilidad de una breve pausa entre los dos hemistiquios de siete sílabas cada uno. Además, la puntuación (comas y punto final) nos fuerza a hacer pausas en la lectura a intervalos más o menos iguales. La repetición de la palabra «dolor» (tercer verso) y de palabras como «no» y «ni» (tercer y cuarto versos) da énfasis a la negatividad del sentimiento ante «la vida consciente» del hombre.

Estrofa II

El ritmo del quinto verso es lento por dos razones: en vez de emplear verbos conjugados y activos, se usan sintagmas breves e infinitivos de verbos estáticos como «ser» y «saber». El paso lento da énfasis a la idea central del poema: el existir sin saber nada, ni aún el destino. El énfasis es mayor con la reiteración del sonido consonántico «s» en el quinto verso: «*s*er», «*s*aber», «*s*er», «*s*in», «*c*ierto». Cuando hay reiteración de un sonido (consonante, en general), se llama **aliteración.** La repetición de sonidos vocálicos dentro del verso

se llama **rima interna.** No hay un ejemplo de rima interna en esta estrofa.

Se acelera el ritmo de la lectura en los demás versos de esta estrofa debido en parte al empleo repetido de la conjunción «y». Cuando una serie de palabras o sintagmas forman una cadena o se juntan, ligados por las palabras «y» u «o», esta estructura se llama **polisíndeton.** La falta de esas palabras «y» u «o» y la presencia de puntuación (comas o punto y coma) en su lugar se llama **asíndeton.** Además, en esta estrofa y en la última, la fatalidad de los sentimientos se intensifica con la repetición al principio de los versos de la misma palabra: en este caso «y». Esta técnica se llama **anáfora;** es decir, la repetición de la misma palabra o sintagma al principio de unos versos consecutivos.

Note Vd. el empleo de puntos suspensivos (. . .) al final del sexto verso. Los puntos suspensivos sugieren la continuación indefinida de la acción o emoción descrita. En el sexto verso se sugiere la continuación del «futuro terror . . . ».

El octavo verso es muy importante. El empleo constante de las palabras «y» y «por», especialmente al final del verso, no permite que nosotros detengamos la lectura para observar la pausa natural entre estrofas. Hay un ritmo insistente y rápido causado por el polisíndeton y por la falta de conclusión del último sintagma del verso final de esta estrofa. Por eso, tenemos que seguir adelante en la lectura a la próxima estrofa. No podemos detenernos en la lectura. La técnica de continuar al verso siguiente sin hacer una pausa se llama **encabalgamiento.**

Las únicas palabras agudas al final del verso ocurren en esta estrofa: «terror» y «por». La aliteración del sonido «rr», la palabra aguda en sí, y los puntos suspensivos nos llaman la atención. Dan énfasis al sentido emocional de la palabra «terror». El efecto de «por», o sea, la palabra final de la estrofa, es otro. La palabra parece colgar «físicamente» del final del verso. No hay una palabra que la siga en la misma estrofa para completar el significado. Por eso, el verso parece empujarnos a completar el sintagma en el próximo verso. Y rápidamente seguimos adelante en la lectura.

Estrofa III

La acumulación de rápidos sentimientos en la segunda estrofa continúa a un paso más lento en la tercera. Note que entre los versos paralelos, 10 y 11, hay un paralelismo no sólo semántico entre palabras, sino también sintagmático en la manera en que se juntan las palabras. Es decir, hay palabras en oposición: la imagen de la vida y de la muerte. Esta oposición se llama **antinomia:**

10 Y la carne que tienta con sus frescos racimos,
11 y la tumba que aguarda con sus fúnebres ramos,

La poesía es un arte connotativo por excelencia. Por eso, es fácil ver en la poesía muchas **imágenes** que son representaciones figurativas, que connotan o evocan la realidad. El símil y la metáfora son dos formas de la imagen. Si Darío hubiera escrito «la carne es *como* un fresco racimo», habría creado un símil. En un **símil,** se identifican dos elementos, unidos por la palabra «como»: **A** es *como* **B.**

la carne es como un fresco racimo
 A   es como   B

OTROS EJEMPLOS DEL SÍMIL

sus labios colorados son como flores rojas
tiene dientes como perlas

Pero lo que hace Darío es darnos una imagen en lugar de la idea de la «vida», y otra imagen en lugar de la idea de la «muerte». No utiliza la palabra «como» para decir que «[la vida es como] la carne que tienta con sus frescos racimos». Ni dice que «[la muerte es como] la tumba que aguarda con sus fúnebres ramos». No menciona que A es como B. Un elemento de la comparación (A) está ausente de su descripción. Sólo el elemento B aparece. En el siguiente ejemplo de los versos de Darío,

note Vd., entre corchetes ([]), los elementos ausentes de las comparaciones. Cuando la imagen nos da sólo uno de los elementos de comparación y nosotros tenemos que imaginar el otro elemento ausente, se llama una **metáfora.** Aquí hay dos metáforas: una que describe la vida, y otra, la muerte.

[la vida es como]	la carne que tienta con sus frescos racimos,
[A, ausente]	B
[la muerte es como]	la tumba que aguarda con sus fúnebres ramos,
[A, ausente]	B

OTROS EJEMPLOS DE METÁFORAS

(1) La dulce boca, que a gustar convida
un humor entre perlas destilado
[el Amor es como]   (primera metáfora)
un humor destilado
[los dientes son como]   (segunda metáfora)
perlas

Note cómo Vd. tiene que imaginar que «el humor» (cualquier líquido del cuerpo, como la saliva) de la dulce boca que nos invita («convida») representa el Amor. Y también Vd. tiene que imaginar que las perlas representan dientes. Hay que tener una buena imaginación y utilizar el resto del poema para llegar a este sentido de la palabra.

(2) Las flores son arena
   [B]   [B]

Aquí hay dos elementos (B), y lo que falta es A, la idea del tiempo que establece la relación. Las flores son hermosas pero viven muy poco tiempo. Pueden representar la vida efímera. Como la arena de un «reloj de arena», las flores marcan el tiempo que pasa.

En las imágenes del poema de Darío que citamos arriba, el poeta nos presenta cualidades que se identifican con «la vida» o «la muerte». Estas imágenes concretas dentro del texto están relacionadas a unas ideas específicas, ausentes del texto. Utilizar las palabras «vida» y «muerte» hubiera sido un modo más directo, pero menos visual o emotivo, de comunicar el mensaje. Esta analogía o identificación de las cualidades de B, presente en el texto, con las de A, ausente del texto, se llama una metáfora.

La exclamación final del poema está dividida en dos versos más breves que los demás. En estos dos versos el poeta reitera la negatividad («no», «ni»), la inseguridad («adónde», «de dónde») y el paralelismo temporal entre el futuro y el pasado («vamos», «venimos»). La inseguridad y la fatal continuación de esta inseguridad son prolongadas por los últimos puntos suspensivos del poema.

2.20 En resumen

Mediante esta lectura crítica del poema es posible ver que los ritmos y las rimas de la poesía no son controlados solamente por la rima final y la medida de los versos. También hay muchos otros recursos, algunos de los cuales hemos visto aquí: el paralelismo, la aliteración, las imágenes como metáforas, la rima interna, el polisíndeton, el asíndeton, la anáfora, los puntos suspensivos, el encabalgamiento y la antinomia (o la antítesis). Repase Vd. la definición de cada una de estas técnicas, porque será necesario utilizarlas en futuras lecturas de otros poemas.

Las observaciones semánticas nos muestran cómo el poeta selecciona palabras que evocan su mensaje. Luego las percepciones sintagmáticas nos revelan cómo el poeta manipula los grupos de palabras para aumentar en el lector el efecto de su mensaje. El poeta podría habernos dicho más directa y simplemente: la vida es dolorosa porque el ser humano es consciente de la falta de información sobre su existencia y de la falta de control que tiene sobre su pasado y su futuro. Esta paráfrasis de «Lo fatal» parece ser sólo una mera traducción pobre del mensaje del poeta. Compare Vd. este mensaje directo con la rica experiencia de sentir la fatalidad expresada por el texto poético. El tema es mucho más sugerente si tomamos en cuenta los detalles semánticos y sintagmáticos del texto.

2.21 Texto: «Soneto» de Luis de Argote y Góngora (España, siglos XVI–XVII)

La dulce boca que a gustar convida	1
un humor entre perlas destilado,	2
y a no invidiar[2] aquel licor sagrado	3
que a Júpiter ministra el garzón de Ida,[3]	4
amantes, no toquéis, si queréis vida,	5
porque entre un labio y otro colorado	6
Amor[4] está, de su veneno armado,	7
cual entre flor y flor sierpe escondida.	8
No os engañen las rosas, que al Aurora,	9
diréis que aljofaradas y olorosas	10
se le cayeron del purpúreo seno:	11
manzanas son de Tántalo,[5] y no rosas,	12
que después huyen del que incitan ahora;	13
y sólo del Amor queda el veneno.	14

2.22 Análisis: «Soneto» de Luis de Argote y Góngora

Para analizar este poema de Góngora, primero busque Vd. en un buen diccionario todas las palabras que no entienda. Recuérdese que hemos mencionado las características formales (medida, estrofas, rima) del «soneto». Si las ha olvidado, mire Vd. en el Apéndice. La definición del soneto puede ayudarle a escandir el verso y decidir cómo son la medida y la rima.

En este poema, es particularmente útil examinar los versos que forman una sola frase para determinar cuál es el orden habitual de las

---

[2] *invidiar:* envidiar.

[3] *Júpiter:* en la mitología griega, rey de los dioses griegos del Olimpo; *el garzón de Ida:* Ganimedes, muchacho de las montañas de Ida, era copero de los dioses del Olimpo.

[4] *Amor:* Cupido de la mitología romana; representado como niño con alas, armado con arco y flechas.

[5] *Tántalo:* rey de la mitología griega; fue castigado por Júpiter, quien le negaba la comida y le tentaba con manzanas puestas fuera de su alcance. Piense Vd. en la palabra inglesa *tantalize*.

palabras. Por ejemplo, las dos primeras estrofas contienen una sola frase larga, de dos partes. ¿Puede Vd. encontrar el sujeto de la primera parte de la frase? Está en el quinto verso: «amantes». Luego, ¿dónde está el verbo principal de esta frase? Está en el mismo verso: «no toquéis». El poeta expresa un mandato a los amantes: «amantes, no toquéis». Y el objeto de este mandato está en el primer verso: «La dulce boca». Así que el núcleo de la primera parte de la frase es «amantes, no toquéis la dulce boca». La segunda parte de la frase empieza con la palabra «porque» en el sexto verso. Busque Vd. el sujeto y el verbo de esta segunda parte de la frase. Están en el séptimo verso. Ahora debe ser posible añadir las otras cláusulas y modificadores que describen el núcleo de la primera y la segunda partes de esta frase larga. Por ejemplo, «La dulce boca» está modificada por «a gustar convida/un humor entre perlas destilado». Pero sería más fácil entender estos sintagmas, si modificáramos el orden de las palabras para reestablecer un orden más habitual: «La dulce boca que convida a gustar un humor destilado entre perlas».

Con el soneto de Góngora tendrá Vd. la oportunidad de observar un poema de estructura más difícil que la estructura de «Lo fatal» de Rubén Darío. El estilo del poema es complicado porque hay mucho hipérbaton. En el **hipérbaton,** el orden habitual de las palabras está alterado. Vd. ya lo ha visto. También encontrará Vd. el empleo de muchas metáforas. Por ejemplo, en la primera estrofa, «perlas» significan dientes, y en la segunda, el Amor entre los labios colorados es como («cual») una sierpe escondida entre flores. Busque Vd. otras metáforas.

En la tercera estrofa hay un recurso o técnica nueva para Vd: la personificación. La **personificación** (también llamada la **prosopopeya**) ocurre cuando las cualidades o actividades del ser humano son atribuidas a un objeto o un fenómeno inanimado o a una idea abstracta. ¿Qué es lo que se personifica en la tercera estrofa?

Note Vd. las alusiones a Júpiter, al garzón de Ida, y a Tántalo. Todas son alusiones eruditas a la cultura greco-latina y a sus dioses y mitos sagrados. Hay mucho vocabulario asociado con ellos: licor sagrado y manzanas, por ejemplo. ¿Cómo se relaciona aquel vocabulario con «el humor», «el veneno», y «las rosas»? ¿Qué asociaciones observa Vd. entre las palabras que se refieren a la naturaleza y las que se refieren al amor de la mujer?

2.23 Poemas suplementarios: práctica

«Si ves un monte de espumas» de José Martí (Cuba, siglo XIX)

Si ves un monte de espumas, 1
es mi verso lo que ves: 2
mi verso es un monte, y es 3
un abanico de plumas. 4

Mi verso es como un puñal 5
que por el puño echa flor: 6
mi verso es un surtidor[6] 7
que da un agua de coral. 8

Mi verso es de un verde claro 9
y de un carmín encendido: 10
mi verso es un ciervo herido 11
que busca en el monte amparo. 12

Mi verso al valiente agrada: 13
mi verso, breve y sincero, 14
es del vigor del acero 15
con que se funde la espada. 16

(Versos sencillos V)

«Agranda la puerta, padre» de Miguel de Unamuno (España, siglo XX)

Agranda la puerta, padre, 1
porque no puedo pasar; 2
la hiciste para los niños, 3
yo he crecido a mi pesar. 4

---

[6] *surtidor:* fuente.

5 Si no me agrandas la puerta,
6 achícame, por piedad;
7 vuélveme a la edad bendita
8 en que vivir es soñar.

9 Gracias, Padre, que ya siento
10 que se va mi pubertad;

11 vuelvo a los días rosados
12 en que era hijo no más.

13 Hijo de mis hijos ahora
14 y sin masculinidad
15 siento nacer en mi seno
16 maternal virginidad.

(*Cancionero. Diario poético*)

Capítulo III
La prosa

3.1 La prosa

A diferencia de la poesía, en la prosa hay menos concentración del efecto emotivo. En la prosa aparecen técnicas que hemos visto en la poesía—las metáforas, por ejemplo. Pero en general, la dosis del lenguaje connotativo no es tan densa como en la poesía. No hablamos de rima ni medida en la prosa. En la poesía hablamos de versos y estrofas. En la prosa, hablamos de líneas o renglones y párrafos. Sin embargo, hay obras que utilizan el ritmo de las frases para acrecentar el paso de los sucesos o para crear el *suspense*. En la novela y el cuento, la perspectiva del narrador no es tan obviamente íntima como en la poesía lírica. En un poema, sentimos que la persona que escribe los versos es el poeta mismo. En cambio, el novelista o cuentista se esconde detrás de otra voz u otras voces que parecen relatar los sucesos de la historia. Pero en la forma de prosa llamada «ensayo», el autor está tan presente como en la poesía.

En esta sección trataremos de tres categorías de literatura en prosa: la novela, el cuento y el ensayo. Veremos algunas características de cada una y algunas sugerencias para la lectura crítica de ellas. En la ejemplificación del cuento y del ensayo, presentaremos textos en su totalidad. Debido a la extensión de la novela, en la discusión de aquel género, sólo habrá breves pasajes ejemplificadores de varias técnicas novelescas. Esperamos, claro, que

Vd. las tenga en cuenta durante la próxima lectura de una novela entera.

3.2 La novela

La novela es un texto relativamente extenso. En ella se narra la historia imaginaria o fictiva frente a su medio ambiente. El novelista recorta un trozo amplio de la vida real. Lo modifica y transforma según sus capacidades inventivas. La novela nos da la ilusión de representar una realidad posible y aún reconocible.

A través de los siglos, la novela ha tenido formas muy diversas. En tiempos medievales en España, la novela sentimental contaba situaciones amorosas, y la novela caballeresca relataba aventuras del caballero de la corte del rey. Después de la Edad Media, a finales del siglo XVI y a principios del siglo XVII, dos novelas añadieron sustancialmente a la evolución de la novela en España: *La vida de Lazarillo de Tormes*, y *El ingenioso hidalgo don Quijote de la Mancha*. Las novelas anteriores habían entretenido al lector con visiones utópicas de las clases altas de la época y de sus héroes nobles. Estas dos novelas, en cambio, reflejaban la vida de la clase baja de la sociedad con sus anti-héroes vagamundos. Estas novelas criticaban una sociedad cada vez más compleja. Y aún satirizaban la literatura anterior, que no representaba debidamente las grandes contradicciones de aquella época y del ser humano.

Así emergió la novela moderna. Entretenía y enseñaba, siguiendo la vieja tradición didáctica. También empezó a asumir una diversidad de formas, que se multiplicarían a través de los siglos. Los elementos poéticos en la novela evolucionaron hasta que en algunas novelas, la historia cronológica de acciones y aventuras se subordinó a una lenta evocación de los estados anímicos de los personajes. Esta preocupación con los sentimientos y pensamientos del ser humano es semejante a la temática de la poesía lírica: el proceso de sugerir por medio de evocaciones, resonancias y concatenaciones por asociación. La novela también asimiló otras formas de expresión y las incorporó en su prosa: por ejemplo, el diario íntimo, el ensayo, la crónica de viajes, y el epistolario o intercambio de cartas. Aún empezaron a desaparecer los límites entre el texto literario y el texto no-literario. Por ejemplo, en el siglo XX, hay el caso de la novela ficticia y el reportaje periodístico que se juntan en una nueva forma de «novela de reportaje».

Se puede categorizar la novela de muchas maneras. Por ejemplo, la novela introspectiva o psicológica enfatiza lo interno y narra, con detalles, las actividades psíquicas del personaje más que las físicas. Esta novela de ámbito interno describe la sensibilidad del personaje y la complejidad de sus pasiones, sentimientos y pensamientos. Retrata un mundo cerrado y reflexivo de reacciones que tienen los personajes al medio ambiente. En cambio, la novela de ámbito externo pinta, con grandes pinceladas, las acciones de individuos o de grupos colectivos y generaciones a través de cierta época. Presenta más bien un panorama de acciones dramáticas ajustadas al paso histórico. Es claro que en cualquier novela puede haber una mezcla de estos dos tipos opuestos de novelas: la que se enfoca en lo externo (acciones y aventuras), y la que se concentra en lo interno (lo psicológico).

La falta de normas clásicas y rígidas que la controlen ha permitido que la novela siga diversificándose en su temática y su forma. Aún con toda esa variedad de tipos de novelas en constante evolución, es posible discutir los elementos básicos que Vd. debe tomar en cuenta en una lectura crítica de una novela. Vamos a discutir los siguientes elementos en este capítulo:

(1) el punto de vista narrativo
(2) el escenario
(3) los personajes
(4) la intriga
(5) el tema y los sub-temas
(6) el estilo
(7) el lenguaje
(8) la estructura
(9) el tono

3.2.1 El punto de vista

Todos sabemos que un autor escribe una novela. Pero debemos recordar que ese novelista intenta crear una ilusión de verosimilitud en su ficción. Es decir, trata de hacernos creer que lo que el narrador cuenta es verdad, aunque sean hechos inventados por el escritor. Gana la confianza del lector mediante varios recursos técnicos. Uno de ellos es el punto de vista. El novelista escoge la perspectiva o el punto de vista desde el cual narra la historia o la intriga. Mediante el punto de vista, el autor controla el tipo de información que recibe el lector. Lo oímos todo por medio de la voz del narrador y lo imaginamos todo por sus ojos.

Vamos a suponer que estamos leyendo una novela que tiene que ver con la vida de un don Juan y sus aventuras con varias mujeres. La historia puede ser muy diferente según el narrador que nos la cuenta. La historia puede ser narrada por

(1) la voz de un narrador, quien no está presente en la novela como personaje y, sin embargo, nos relata todo lo que pasa en la novela; o
(2) la voz de un narrador, quien tampoco está presente en la novela como personaje y, sin embargo, sabe más de don Juan que de cualquier otro personaje; o
(3) la voz del protagonista, o el personaje principal, de la novela, don Juan mismo; o
(4) la voz de otros personajes, es decir, una de las mujeres o uno de los amigos o enemigos de don Juan.

Cada uno de estos puntos de vista altera considerablemente la historia que leemos, y la información que sabemos. El punto de vista del narrador de una novela varía según los deseos del autor. El narrador no es el autor, sino una voz que el autor crea para relatar la historia. Hay varias categorías de narradores que corresponden a los ejemplos antes citados:

(1) **El narrador omnisciente** quien lo sabe todo, tanto las acciones como los pensamientos de todos los personajes. Como si fuera un dios, está presente en todo lugar a todo momento. No es un personaje dentro de la novela; es una voz que llega desde fuera de la historia. Narra en tercera persona. Es el caso del número uno antes citado.

(2) **El narrador omnisciente limitado** quien lo sabe todo desde el punto de vista de un personaje específico más que otros. Está «con» aquel personaje. El narrador mismo no es un personaje de la novela. Narra en tercera persona. Es el caso del número dos antes citado.

(3) **El narrador protagonista,** es decir, el personaje central de la novela. Desde dentro de la novela, él o ella nos cuenta la historia en primera persona. Es el caso del número tres antes citado.

(4) **El narrador testigo u observador,** es decir, un personaje secundario de la novela. Narra la historia en primera persona desde dentro del texto. Es el caso del número cuatro antes citado.

(5) En muchas novelas, hay una alternancia de varias voces o narradores en diferentes capítulos e incluso dentro del mismo párrafo.

Encontrará Vd. a continuación ejemplos de textos que demuestran los varios tipos de narradores. No olvide Vd. buscar en el diccionario todas las palabras que no entienda.

(1) *El narrador omnisciente:*
En el siguiente párrafo de la novela *Misericordia* de Benito Pérez Galdós (Es-

paña, siglo XIX), el narrador describe el encuentro de un personaje de la clase media, don Carlos, con varios personajes de la clase baja en Madrid. Entre los pobres están una mujer llamada *señá* Benina y un hombre ciego, Almudena. En este párrafo, don Carlos acaba de decir a Benina que quiere hablar con ella el próximo día en casa de él.

«¡María Santísima, San José bendito, qué comentarios, qué febril curiosidad, qué ansia de investigar y sorprender los propósitos del buen don Carlos! En los primeros momentos, la misma intensidad 5 de la sorpresa privó a todos de la palabra. Por los rincones del cerebro de cada cual andaba la procesión . . . , dudas, temores, envidia, curiosidad ardiente. La *señá* Benina, queriendo sin duda librarse de un 10 fastidioso hurgoneo,[1] se despidió afectuosamente, como siempre lo hacía; y se fué. Siguióla, con minutos de diferencia el ciego Almudena. Entre los restantes empezaron a saltar, como chispas, las frase- 15 cillas primeras de su sorpresa y confusión: ‹Ya lo sabremos mañana . . . será por desempeñarla . . .[2] tiene más de cuarenta papeletas›».

Note Vd. cómo el narrador relata la historia en tercera persona. Pero el narrador no es un personaje dentro de la novela. Es más bien como un dios quien lo sabe todo: los comentarios de los pobres, sus acciones, sus pensamientos, sus palabras exactas.

(2) *El narrador omnisciente limitado:*
En el siguiente párrafo de la novela *Rayuela* de Julio Cortázar (Argentina, siglo XX), el protagonista Horacio Oliveira está tratando de dormirse al lado de su amante, la Maga.

---

[1] *hurgoneo:* en este caso, una serie de ataques verbales.

[2] *desempeñarla:* liberarla de sus deudas.

«El tercer cigarrillo del insomnio se quemaba en la boca de Horacio Oliveira sentado en la cama; una o dos veces había pasado levemente la mano por el pelo de la Maga dormida contra él. Era la madrugada del lunes, habían dejado de irse la tarde y la noche del domingo, leyendo, escuchando discos, levantándose alternativamente para calentar café o cebar mate.[3] Al final de un cuarteto de Haydn la Maga se había dormido y Oliveira, sin ganas de seguir escuchando, desenchufó el tocadiscos desde la cama; el disco siguió girando unas pocas vueltas, ya sin que ningún sonido brotara del parlante. No sabía por qué pero esa inercia estúpida lo había hecho pensar en los movimientos aparentemente inútiles de algunos insectos, de algunos niños. No podía dormir, fumaba mirando la ventana abierta, la bohardilla[4] donde a veces un violinista con joroba estudiaba hasta muy tarde. No hacía calor, pero el cuerpo de la Maga le calentaba la pierna y el flanco derecho; se apartó poco a poco, pensó que la noche iba a ser larga».

En este párrafo, el narrador no es un personaje dentro de la novela. Pero el narrador sabe mucho de uno de los personajes, Oliveira: sus acciones, sus sentimientos, sus pensamientos. En cambio, no nos comunica tanta información sobre la Maga. Es un narrador omnisciente quien presta mucho más atención a un personaje que a otro, y sabe mucho más de él que de los otros.

(3) *El narrador protagonista:*
La novela *La vida de Lazarillo de Tormes* (España, siglo XVI), cuyo autor es desconocido, empieza con el siguiente párrafo, en el que el protagonista de la no-

vela, Lazarillo de Tormes, explica, en primera persona, quiénes son sus padres y cómo y dónde nació.

«Pues sepa vuestra merced, ante todas cosas, que a mí llaman Lázaro de Tormes, hijo de Tomé González y de Antona Pérez, naturales de Tejares, aldea de Salamanca. Mi nacimiento fué dentro del río Tormes, por la cual causa tomé el sobrenombre, y fué de esta manera: mi padre (que Dios perdone) tenía a cargo de proveer una molienda de una aceña[5] que está ribera de aquel río, en la cual fué molinero más de quince años; y estando mi madre una noche en la aceña preñada de mí, tomóla el parto y parióme allí; de manera que con verdad me puedo decir nacido en el río».

(4) *El narrador testigo:*
En el primer párrafo de la novela *San Manuel Bueno, mártir* de Miguel de Unamuno (España, siglo XX), un personaje, Angela Carballino, nos relata la vida del protagonista de la novela, Don Manuel, el cura del pueblo de Valverde de Lucerna.

«Ahora que el obispo de la diócesis de Renada, a la que pertenece esta mi querida aldea de Valverde de Lucerna, anda, a lo que se dice, promoviendo el proceso para la beatificación de nuestro Don Manuel, o mejor San Manuel Bueno, que fué en ésta párroco, quiero dejar aquí consignado, a modo de confesión y sólo Dios sabe, que no yo, con qué destino, todo lo que sé y recuerdo de aquel varón matriarcal que llenó toda la más entrañada vida de mi alma, que fué mi verdadero padre espiritual, el padre de mi espíritu, del mío, el de Angela Carballino».

---

[3] *mate:* una bebida caliente y estimulante que se toma en la Argentina y el Uruguay. Para cebar, o hacer, mate, se echa agua hervida sobre unas hojas secas y amargas. Se parece al té.

[4] *bohardilla:* (buhardilla) saliente en forma de una casilla sobre un techo; en inglés puede ser un *attic*.
[5] *aceña:* molino.

La novela se enfoca en las dudas sobre la fe que tiene el párroco, pero después de su muerte, es Angela quien relata, en primera persona, la vida del cura.

(5) *El narrador alternante:*

Este grupo de narradores puede contener todos los tipos antes mencionados: cualquier combinación de narrador omnisciente, protagonista, testigo, etc. Los narradores pueden relatar la historia en varias voces: primera persona, tercera persona, etc. En el siguiente pasaje de la novela corta *Los cachorros* de Mario Vargas Llosa (Perú, siglo XX), hay dos narradores que alternan entre sí. Un narrador omnisciente lo sabe todo de los muchachos que estudian en el Colegio Champagnat y relata la historia desde fuera de la novela, refiriéndose a los muchachos como «ellos» (en la tercera persona plural). El otro narrador es un testigo de la acción. El es uno de los muchachos del grupo, pero no es Cuéllar, el protagonista de la novela. Este testigo desde dentro de la novela relata la historia de lo que pasó en el colegio. Se refiere al grupo de los muchachos, del que forma parte, como «nosotros» (en la primera persona plural). Note Vd. cómo los dos narradores alternan aun dentro de una sola frase. Se puede verlo cuando alternan los verbos entre la tercera persona plural y la primera persona plural.

«Todavía llevaban pantalón corto ese año, aún fumábamos, entre todos los deportes preferían el fútbol y estábamos aprendiendo a correr olas, a zambullirnos

5   desde el segundo trampolín del ‹Terrazas›, y eran traviesos, lampiños, curiosos, muy ágiles, voraces. Ese año, cuando Cuéllar entró al Colegio Champagnat.

10   Hermano Leoncio, ¿cierto que viene uno nuevo? ¿para el ‹Tercero A›, Hermano? Sí, el Hermano Leoncio apartaba de un manotón el moño que le cubría la cara, ahora a callar».

3.2.2 El escenario

En cualquier discusión del escenario, hay dos elementos básicos: el espacio y el tiempo. La acción, física y/o psíquica, tiene lugar en unos espacios y tiempos específicos. Es posible tener varios escenarios en una sola novela, o solamente un escenario. El tiempo que toma el lector para leer la novela no corresponde necesariamente al tiempo de la acción dentro de la novela. Tampoco corresponde el tiempo de la acción dentro de la novela al tiempo que tomó el autor para escribir la novela. Hay que determinar dónde y cuándo tiene lugar la acción.

En los ejemplos de novelas citadas en 3.2.1, hay varios escenarios. Por ejemplo, *Misericordia,* por la mayor parte, tiene lugar en diferentes sitios de Madrid (iglesias, plazas, casas) a mediados del siglo XIX. En cambio, *La vida de Lazarillo de Tormes* tiene lugar en muchos sitios de España en el siglo XVI. *Rayuela* tiene lugar en varios sitios (apartamentos, un sanatorio) en dos ciudades principales, París y Buenos Aires, Argentina, a mediados del siglo XX.

3.2.3 Los personajes

Los personajes son seres humanos ficticios. Aun cuando se base su caracterización en personas que han existido, los personajes son productos de la imaginación del novelista. Puede haber pocos o muchos personajes en una novela. El **protagonista** es el personaje principal del texto. Es él o ella quien sufre el conflicto principal de la acción. Y es en él o en ella que se concentra el mayor interés del lector. Los **personajes secundarios** añaden al desarrollo de este conflicto.

El conflicto que tiene el protagonista puede ser de muchos tipos, por ejemplo, físico, psíquico, ético, político, social o religioso. Un protagonista puede luchar físicamente contra la naturaleza si está perdido en una jungla. O puede luchar psíquicamente consigo mismo si está obsesionado con sus sentimientos de inferioridad. O su conflicto puede ser político si combate cierto sistema de gobierno con que no está de acuerdo.

En unas novelas no hay un solo protagonista sino varios personajes quienes juntos representan un **protagonista colectivo.** En este grupo de personajes, entonces, se concentra el principal papel o rol de la acción. De ese modo, el grupo de personajes o aun toda una ciudad puede ser el protagonista.

La complejidad de los personajes varía. Hay personajes complejos y redondos o sencillos y planos. De los **personajes complejos** sabemos mucho, porque son bien desarrollados por el autor. A veces, sabemos los diversos aspectos externos, como su apariencia física y sus acciones. También conocemos otros aspectos internos, como sus pensamientos conscientes o sus pesadillas subconscientes. La caracterización del personaje complejo o redondo no siempre tiene todos estos elementos. De más importancia es la profundidad con que el autor retrata el carácter del personaje. Por ejemplo, aunque sabemos poco de la apariencia física de un personaje, éste puede ser redondo. Sus reacciones psíquicas o acciones físicas pueden mostrarnos más que una faceta inmutable y unilateral de su personalidad.

En cambio, **el personaje sencillo o plano** no muestra más que unas características elementales. Tampoco se desarrolla mucho su personalidad durante la novela. Si su función en el texto es tan básica que le falta toda individualidad, puede ser considerado un tipo. Por ejemplo, es el caso del personaje que no tiene otra función en la novela que la de hacernos reír de sus acciones cómicas. En el drama, este tipo de personaje es llamado un «gracioso». El mero hecho de que un personaje no tiene nombre propio no determina necesariamente si es sencillo o redondo. En la novela, es posible tener personajes que carecen de nombre propio. Si la evolución y el desarrollo de su personalidad son complejos, los categorizamos de redondos, no de sencillos.

Al observar a los personajes de una novela se debe considerar lo siguiente:

(1) ¿Quién es el protagonista y por qué? ¿Qué conflictos tiene?
(2) ¿Cuáles son los personajes secundarios? ¿Cómo son? ¿Cómo contribuyen al desarrollo de la acción?
(3) ¿Son redondos y complejos los personajes secundarios? ¿ O son sencillas sus personalidades? ¿Hay tipos?
(4) ¿Cómo llegamos a saber algo sobre los personajes? ¿A través de descripciones externas de su apariencia física? ¿A través de descripciones internas de sus pensamientos, sentimientos, pasiones, sueños, obsesiones? ¿A través de descripciones dramáticas que tratan de sus acciones o reacciones?

3.2.4 *La intriga*

La intriga o **la trama** es la historia de los sucesos organizados dentro del tiempo novelesco. En general, no es difícil contar la trama de una novela en sus propias palabras. En este hecho encontramos, irónicamente, uno de los mayores problemas del estudiante de la literatura extranjera. En general, el estudiante fácilmente reconoce y entiende la intriga durante la lectura. Es decir, después de buscar en el diccionario el vocabulario que no entienda, puede comprender la mayoría de lo que pasa en la novela. Debido a esta facilidad, el estudiante no se concentra en los detalles de los demás elementos novelescos como, el punto de vista, los personajes, los temas, el estilo. A veces, cuando el estudiante quiere resumir sus observaciones sobre estos elementos, acaba por dar nada más que un resumen o recuento en sus propias palabras de la intriga. Tenga Vd. cuidado de no confundir la intriga con los otros elementos específicos de una lectura crítica. La intriga o la trama *no es* sinónimo del tema, ni de los otros elementos necesarios para una lectura crítica de la novela.

3.2.5 *El tema*

El tema contiene el principal mensaje o idea de la novela. En general, tiene que ver con el conflicto principal de la novela y su resolución. **Los sub-temas** son desarrollados suficientemente para ser reconocidos, pero no son de tanta importancia como el tema principal. Además del tema y de posibles sub-temas, una novela puede tener un **leitmotiv,** es decir, una idea expresada en pocas palabras. Estas palabras sirven simbólicamente para hacer que el lector recuerde aquella idea. Un leitmotiv no es un tema. Se parece a un refrán poético o musical que aparece y se repite a lo largo de una obra.

3.2.6 El estilo

El estilo o la manera individual en que un autor escribe una novela presupone las preferencias del autor y su selección de información, lenguaje y técnicas. El estilo de una novela, como el de un poema, depende de la manipulación de los niveles semántico y sintagmático y del lenguaje connotativo y denotativo (V. también las secciones sobre «El lenguaje» [3.2.7] y «La estructura» [3.2.9]). Hay varias formas narrativas básicas de las que escoge el novelista:

(1) la descripción expositiva;
(2) la descripción dramática;
(3) el diálogo; o
(4) el monólogo interior directo.

La descripción expositiva nos da información sobre los personajes y el escenario desde el punto de vista del narrador. La descripción expositiva puede ser externa o interna. Si es **externa,** puede incluir una descripción de sucesos que tuvieron lugar antes de que empezaran los primeros capítulos de la novela, o una descripción de la apariencia física de los personajes (por ejemplo, altura, edad, ropa que lleva o la manera de hablar), o una descripción del sitio de la acción de la obra.

Si la descripción expositiva es **interna,** puede incluir los pensamientos de los personajes, sus sueños, pesadillas y obsesiones. Estas descripciones internas se presentan mediante las muchas formas en que un personaje habla, o piensa en voz alta: por medio del monólogo interior directo o del monólogo interior

indirecto. Cuando un personaje parece hablar consigo mismo, puesto que no hay otro personaje presente, estos pensamientos pueden ser comunicados por el narrador omnisciente o el narrador testigo, quien no es el personaje mismo. En este caso, se narra en tercera persona en forma de **monólogo interior indirecto.** Es decir, el narrador está presente en el monólogo. Si se dan estos pensamientos en la voz del personaje mismo que los está pensando, se llama **monólogo interior directo.** No hay intervención del narrador en este tipo de monólogo. A veces se refiere a estos monólogos interiores con el término «fluir de la conciencia» (*stream of consciousness*).

Es claro que un solo personaje da voz al monólogo. En cambio, **el diálogo** es una conversación, discusión o intercambio verbal entre dos o más personajes. Finalmente, **la descripción dramática** nos da información sobre las acciones y los movimientos de los personajes.

La relativa presencia o ausencia de estas formas narrativas muchas veces controla el tono y el ritmo de una novela. El discurso que percibimos directamente de la boca o la mente de los personajes en forma del diálogo y del monólogo interior directo, tanto como la descripción dramática, tienden a acelerar el ritmo de la trama. Por otro lado, una relativa preferencia por las descripciones expositivas externas frecuentemente retarda el paso de la trama.

La acción en una novela no es sinónima del ritmo novelesco. Hay varios tipos de acción en una novela. La acción mental o psíquica, por ejemplo, puede ser muy dinámica o estáticamente meditativa. La acción física puede ser muy rutinaria y, por eso, poco dinámica. Mucho depende del tipo de acción y de la forma narrativa y el punto de vista en que se la expresa. Encontrará Vd. a continuación ejemplos de textos que demuestran las formas narrativas antes descritas.

(1) *Descripción expositiva:*
En el siguiente párrafo de la novela *Misericordia* de Benito Pérez Galdós (España, siglo XIX), el narrador omnisciente describe en detalle el aspecto físico (ex-

terno) de la protagonista, Benina; por ejemplo, su voz y su rostro. Note Vd. cómo, al final de la exposición, el narrador nos comunica el carácter benévolo y bueno de Benina (interno) con adjetivos y metáforas (lenguaje connotativo) como «sentimental y dulce» y «parecía una Santa Rita de Casia».

«Tenía la Benina voz dulce, modos hasta cierto punto finos y de buena educación, y su rostro moreno no carecía de cierta gracia interesante que, manoseada ya por la vejez, era una gracia borrosa y apenas perceptible. Más de la mitad de la dentadura conservaba. Sus ojos, grandes y oscuros, apenas tenían el ribete[6] rojo que imponen la edad y los fríos matinales. Su nariz destilaba menos que las de sus compañeras de oficio, y sus dedos, rugosos y de abultadas coyunturas, no terminaban en uñas de cernícalo.[7] Eran sus manos como de lavandera, y aún conservaban hábitos de aseo. Usaba una venda negra bien ceñida en la frente; sobre ella pañuelo negro, y negros el manto y vestido, algo mejor apañaditos que los de las otras ancianas. Con este pergenio[8] y la expresión sentimental y dulce de su rostro, todavía bien compuesto de líneas, parecía una Santa Rita de Casia que andaba por el mundo en penitencia. Faltábanle sólo el crucifijo y la llaga en la frente, si bien podía creerse que hacía las veces de ésta el lobanillo[9] del tamaño de un garbanzo, redondo, cárdeno, situado como a media pulgada más arriba del entrecejo».

(2) *Descripción dramática:*
En la misma novela, *Misericordia*, note Vd. este párrafo, que describe las acciones y reacciones de los mendigos cuando ven que don Carlos ha alterado su camino habitual. El ritmo es mucho más vivo que en el párrafo citado en el número uno.

«Concluía la charlatana vieja su perorata,[10] cuando ocurrió un suceso tan extraño, fenomenal e inaudito[11] que no podría ser comparado sino a la súbita caída de un rayo en medio de la comunidad mendicante,[12] o a la explosión de una bomba: tales fueron el estupor y azoramiento que en toda la caterva[13] mísera produjo. Los más antiguos no recordaban nada semejante; los nuevos no sabían lo que les pasaba. Quedáronse todos mudos, perplejos, espantados. ¿Y qué fué, en suma? Pues nada: que don Carlos Moreno Trujillo, que toda la vida, desde que el *mundo era mundo*, salía infaliblemente por la puerta de la calle de Atocha . . . , no alteró aquel día su inveterada costumbre; pero a los pocos pasos volvió adentro, para salir por la calle de las Huertas, hecho singularísimo, absurdo, equivalente a un retroceso del sol en su carrera».

(3) *El diálogo:*
(a) Los párrafos que siguen a la descripción dramática que hemos citado en el número dos nos sirven para mostrar un diálogo entre don Carlos y los mendigos en *Misericordia*.

«Pero no fué principal causa de la sorpresa y confusión la desusada salida por aquella parte, sino que don Carlos se paró en medio de los pobres (que se agruparon en torno a él, creyendo que les iba a repartir otra perra por barba),[14] les miró como pasándoles revista, y dijo: ‹Eh, señoras ancianas, ¿quién de vosotras es la que llaman la *señá* Benina?›

---

[6] *ribete:* adorno.
[7] *cernícalo:* ave de rapiña.
[8] *pergenio:* apariencia.
[9] *lobanillo:* tumor.
[10] *perorata:* discurso molesto.
[11] *inaudito:* nunca oído.

[12] *mendicante:* de mendigos.
[13] *caterva:* multitud de personas de poca importancia.
[14] *repartir otra perra por barba:* distribuir otra m⌐ neda a cada uno de ellos.

—Yo, señor, yo soy—dijo la que así
se llamaba, adelantándose temerosa de
que alguna de sus compañeras le quitase
el nombre y el estado civil.

—Esa es—añadió la Casiana con se-
quedad oficiosa, como si creyese que hacía falta su *exequatur*[15] de caporala para
conocimiento o certificación de la personalidad de sus inferiores.

—Pues, *señá* Benina—agregó don
Carlos embozándose hasta los ojos para
afrontar el frío de la calle—, mañana, a
las ocho y media, se pasa usted por casa;
tenemos que hablar. ¿Sabe usted dónde
vivo?

—Yo la acompañaré—dijo Eliseo
echándoselas de[16] servicial y diligente en
obsequio[17] del señor y de la mendiga.

—Bueno. La espero a usté *señá* Benina.

—Descuide el señor.

—A las ocho y media en punto. Fíjese
bien—añadió don Carlos a gritos, que resultaron apagados porque le tapaban la
boca las felpas húmedas del embozo
raído—. Si va usted antes, tendrá que esperarse, y si va después, no me encuentra
. . . ea, con Dios. Mañana es veinticinco:
me toca en Monserrat, y después al ce-
menterio. Con que . . . »

(b)   Es posible tener un diálogo en que el
narrador no menciona quién habla con
quién. Por ejemplo, en el pasaje citado en
el número tres (a), hay un lugar donde tenemos que imaginar que el diálogo es entre don Carlos y Benina, quienes hablan
uno con otra:

«—Bueno. La espero a usté *señá* Benina.

—Descuide el señor.»

Este tipo de diálogo ocurre durante casi
toda la novela *El beso de la mujer araña*
de Manuel Puig (Argentina, siglo XX).

En esta novela, dos prisioneros están en
la misma celda de una cárcel, y allí dialogan. Uno es un preso político, Valentín;
el otro se llama Molina y está encarcelado
por ser homosexual. Casi toda la novela
es un largo diálogo entre estos dos protagonistas. El narrador está ausente y por
eso no puede anunciar quién habla con
quién. El siguiente diálogo ocurre después de que Valentín ha estado muy enfermo del estómago. Si Vd. se fija en la
segunda línea del diálogo, puede notar
que el segundo personaje que habla tiene
que ser Molina (Molinita), porque se dirige a Valentín (el primer personaje que
habla). Trate Vd. de imaginar que cada
vez que habla alguien, hay una alterna-
ción entre la voz de Valentín y la de Molina. El diálogo se desarrolla como en el
cine. De hecho, la novela *El beso de la
mujer araña* fue filmada en inglés como
The Kiss of the Spider Woman y tuvo mucho éxito.

«—Buen día . . .
—Buen día . . . Valentín.
—¿Dormiste bien?
—Sí . . .
—. . .
—¿Y vos, Valentín?[18]
—¿Qué?
—Si dormiste bien . . .
—Sí, gracias . . .
—. . .
—Ya oí hace un rato pasar el mate,
¿vos no querés, verdad?
—No . . . No le tengo confianza.
—. . .
—¿Qué querés de desayuno?, ¿té o
café?
—¿Vos, qué vas a tomar, Molinita?
—Yo, té. Pero si querés café es el
mismo trabajo. O mejor dicho, no es nin-
gún trabajo. Lo que vos quieras.

---

[15] *exequatur:* autorización o aprobación.

[16] *echándoselas de:* aparentándose o pretendiendo
ser.

[17] *en obsequio:* en deferencia.

[18] *vos:* En la Argentina, a veces se usa «vos» en el
presente en vez de «tú» (familiar); por ejemplo, en vez de
«tú quieres», se dice «vos querés», o en el mandato, en
vez de «pídeme», se dice «pedime».

—Muchas gracias. Haceme café, por favor.

—¿Querés pedir puerta antes, Valentín?[19]

—Sí, por favor. Pedime puerta ahora.

—Bueno . . .

—. . .

—. . .

—¿Sabés por qué quiero café, Molinita?

—No . . .

—Para despabilarme[20] bien, y estudiar. No mucho, unas dos horas, o un poco más, pero bien aprovechadas. Hasta que retome el ritmo de antes.

—Muy bien.

—. . . Y después un descanso antes de almorzar».

(4) *El monólogo interior directo:*
En el siguiente pasaje de la novela *Aire tan dulce* de Elvira Orphée (Argentina, siglo XX), la joven protagonista está obsesionada con el dolor físico. Nos presenta sus pensamientos directamente, en una especie de fluir de la conciencia. No hay intervención del narrador en la descripción psicológica. La protagonista se refiere de vez en cuando a su madre, Oriental, y a un amigo, Tito. Habla del dolor que se parece a gusanos, puntas eléctricas y ganchos.

«*Me dobla. Ya caigo. Oh este dolor que me desgarra y me parte.*

No me mires. Tu amor debe comprender. Te lo ruego, no me mires más, andáte.

Me duele tanto. ¿Qué me duele? El cuerpo, algo en el cuerpo. Algo . . . Este dolor no es de enfermedad.

Te estoy rogando, Tito, con la mirada y con el dolor. Andáte. No te dejés agarrar por una implacable compasión.

Cuando el cuerpo entiende una cosa la entiende como puede, sintiéndola en gusanos que se mueven, se paran, vuelven a moverse, o en puntas eléctricas que pinchan de adentro afuera, o en ganchos que aferran y retuercen.

La puerta, la puerta detrás de la que está sufriendo hasta el exceso se abre de golpe, Oriental dice con rabia jamás me zumbaron los oídos. No, dice no hay cómplice para el dolor de un cuerpo.

Si un cuerpo carece de gusanos, de luces y de ganchos, imposible pedirle que entienda lo de otro. Lo que uno siente en gusanos otro lo siente en cubos de hielo, en círculos de hierro, en garras de gallina.

Oriental abre una puerta. No sé cómo son las luces de su dolor porque se necesita una sincronía de luces. Yo también abro una puerta, quizá digo lo mismo, aunque yo digo si hay cómplices para el dolor del alma, para el dolor del cuerpo no los habrá jamás.

¿Quién siente lo que siente otro?»

(5) *El monólogo interior indirecto:*
Note Vd. que a diferencia del pasaje anterior (el núm. cuatro), en el siguiente párrafo, hay intervención del narrador omnisciente limitado, quien lo sabe todo del protagonista de *Rayuela*, Horacio Oliveira. En esta novela, que hemos visto antes en la sección 3.2.1, sobre el punto de vista, el narrador relata en tercera persona. Nos cuenta lo que siente y piensa Oliveira. Y estos pensamientos y sensaciones suceden caóticamente. Oliveira está sentado en la ventana de su habitación en el manicomio, donde trabaja con sus amigos Traveler y Talita. Cree, injustamente, que Traveler le persigue. Por eso, Oliveira se ha encerrado en su habitación y ha armado una trampa para Traveler. Oliveira ha apagado las luces y ha puesto receptáculos de agua en el suelo. También ha colgado hilos entre las paredes para formar una telaraña. Oliveira espera que cuando Traveler entre, resbale

---

[19]*pedir puerta:* en esta cárcel, no hay inodoro en la celda. Los prisioneros tienen que pedir que les abran la puerta para ir al baño central.

[20]*despabilarme:* quitarme el sueño.

en el agua y en los rulemanes, y además tenga una sensación desagradable al sentir los hilos en la oscuridad.

«Entre tanto se podía estar en la ventana fumando, estudiando la disposición de las palanganas acuosas[21] y los hilos, y pensando en la unidad tan puesta a prueba por el conflicto del territorio versus la pieza. . . . Nada de todo eso podía pensarse, pero en cambio se dejaba sentir en términos de contracción de estómago, territorio, respiración profunda o espasmódica, sudor en la palma de las manos, encendimiento de un cigarrillo, tirón de las tripas, sed, gritos silenciosos que reventaban como masas negras en la garganta (siempre había alguna masa negra en ese juego), ganas de dormir, miedo de dormir, ansiedad, la imagen de una paloma que había sido blanca, trapos de colores en el fondo de lo que podía haber sido un pasaje, Sirio[22] en lo alto de una carpa, y basta, che,[23] basta por favor; pero era bueno haberse sentido profundamente ahí durante un tiempo inconmensurable, sin pensar nada, solamente siendo eso que estaba ahí con una tenaza[24] prendida en el estómago».

3.2.7 El lenguaje

El lenguaje de la novela varía según la presencia del lenguaje connotativo y denotativo. Por ejemplo, al utilizar muchas metáforas y otras técnicas características de la poesía, se produce un estilo lírico que tiene un efecto sobre el tono y el ritmo de la intriga. El lenguaje puede parecernos filosófico e intelectual o coloquial, como el que usamos todos los días. O puede ser técnico o especializado según la jerga de un grupo (personajes médicos, por ejemplo) o el dialecto de una región (el sur de España, por ejemplo). El lenguaje depende en parte de la intención del autor, del punto de vista narrativo, del escenario y de los personajes. Encontrará Vd. a continuación varios ejemplos de distintos tipos de lenguaje que se han utilizado en diferentes novelas.

(1) *El lenguaje connotativo:*
El siguiente pasaje es de la novela *La barraca* de Vicente Blasco Ibáñez (España, siglo XIX). El autor ha escogido un lenguaje muy rico en imágenes que tienen que ver con la naturaleza. Por ejemplo, hay un símil de la gente que camina por el campo con sus carretas y animales. Son «filas de puntos negros y movibles, como rosarios de hormigas, marchando hacia la ciudad». Las imágenes y el lenguaje connotativo no son muy bonitos. El autor intencionadamente quiere comunicarnos lo feo en esta historia violenta sobre la vida dura del campo en la provincia de Valencia, España. Pero a pesar de la brutalidad de la novela, el autor utiliza un estilo lírico para pintar escenas con colores (negro, rojizo) y con muchos sonidos (chirridos, gritos, rebuznos, batir de alas).

«Animábanse los caminos con filas de puntos negros y movibles, como rosarios de hormigas, marchando hacia la ciudad. De todos los extremos de la vega llegaban chirridos[25] de ruedas, canciones perezosas interrumpidas por el grito que arrea a las bestias, y de vez en cuando, como sonoro trompetazo del amanecer, rasgaba el espacio un furioso rebuzno del cuadrúpedo paria,[26] como protesta del rudo trabajo que pesaba sobre él apenas nacido el día.

En las acequias[27] conmovíase la tersa

---

[21]*palanganas acuosas:* receptáculos llenos de agua.
[22]*Sirio:* estrella en la constelación del Can Mayor.
[23]*che:* exclamación usada en la Argentina equivalente de «hombre».

[24]*tenaza:* pinzas (*pliers*).
[25]*chirridos:* sonidos agudos.
[26]*cuadrúpedo paria:* describe las bestias de carga.
[27]*acequias:* zanjas para conducir agua.

lámina de cristal rojizo con chapuzones[28] que hacían callar a las ranas; sonaba luego un ruidoso batir de alas, e iban deslizándose los ánades[29] lo mismo que galeras de marfil, moviendo cual fantásticas proas sus cuellos de serpiente».

(2) *El lenguaje coloquial:*
Muchas veces una novela refleja el lenguaje específico nacional. Por ejemplo, en novelas argentinas, uruguayas y costarricenses, es probable encontrar el uso de la forma «vos» y sus verbos en lugar de «tú». O en una novela cubana, por ejemplo, se puede encontrar vocabulario cubano que no se usa en España u otros países hispanoamericanos. Por ejemplo, la palabra «guagua» quiere decir «autobús» solamente en Cuba. Pero en la Argentina, este vehículo se llama «colectivo» u ómnibus.

Además de estas diferencias, los autores muchas veces quieren captar la pronunciación de ciertos grupos de gente en su país. Por ejemplo, en la novela *Los de abajo* de Mariano Azuela (México, siglo XX), el autor nos ofrece los sonidos de los campesinos y soldados en las provincias de México durante la Revolución Mexicana a principios del siglo XX. Por eso, en el diálogo que citamos abajo puede Vd. notar cómo el autor cambia vocales y consonantes («jirvió» en vez de «hirvió»; «insiñó» en vez de «enseñó»; «güeno» en vez de «bueno»). Omite consonantes, especialmente al final de una palabra o entre vocales: «pa» en vez de «para»; «curiosidá» en vez de «curiosidad»; «moo» en vez de «modo». También trata de imitar con letras los sonidos que no son realmente palabras, por ejemplo, cuando Camila ríe («¡Já, já, já!») o exclama con disgusto, «¡Fúchi!» Además

conserva ciertas formas incorrectas de hablar como «creiba» por «creía» o «la agua» por «el agua». Solamente oímos las palabras de Camila. Las palabras ausentes de Luis Cervantes son marcadas por puntos suspensivos (. . .).

«Luis Cervantes, al otro día apenas pudo levantarse. Arrastrando el miembro lesionado, vagó de casa en casa buscando un poco de alcohol, agua hervida y pedazos de ropa usada. Camila, con su amabilidad incansable, se lo proporcionó todo.

Luego que comenzó a lavarse, ella se sentó a su lado, a ver curar la herida, con curiosidad de serrana.

—Oiga, ¿y quién lo insiñó a curar? . . . ¿Y pa qué jirvió la agua? . . . ¿Y los trapos, pa qué los coció? . . . ¡Mire, mire, cuánta curiosidá para todo! . . . ¿Y eso que se echó en las manos? ¡Pior! . . . ¿Aguardiente de veras? . . . ¡Ande, pos si yo creiba que el aguardiente no más pal cólico era güeno! . . . ¡Ah! . . . ¿De moo que es que usté iba a ser dotor? . . . ¡Já, já, já! . . . ¡Cosa de morirse uno de risa! . . . ¿Y por qué no le regüelve mejor agua fría? . . . ¡Mi qué cuentos! ¡Quesque animales en la agua sin jervir! . . . ¡Fúchi! . . . ¡Pos cuando ni yo miro nada! . . .»

(3) *El lenguaje indígena-español:*
Veamos otro ejemplo de lenguaje coloquial en el pasaje a continuación de la novela *Los ríos profundos* de José María Arguedas (Perú, siglo XX). En sus novelas, Arguedas muchas veces incluye una transcripción fonética de palabras indígenas, o palabras que son una mezcla del lenguaje indígena y el español. Fíjese en este pasaje en que el protagonista oye el coro de mujeres cantando. El autor pone la transcripción al español en la columna paralela.

«Estuve esperando. Fue una misa corta. A la media hora, después que cesó

---

[28] *chapuzones:* movimiento del agua cuando entra en ella algo o alguien.

[29] *ánades:* patos u otras aves acuáticas.

el repique de las campanas, escuché un
rumor grave que se acercaba.

5 —¡Están rezando!—dije.

La calle transversal directa, de la plaza
a la carretera de Patibamba, quedaba a
menos de cien metros del Colegio. El rumor se hizo más alto. Me arrodillé. El
10 aire traía el sonido del coro.

—Ya se van. Se van lejos, Hermano—
dije en voz alta.

Empecé a rezar el *Yayayku*. Lo reco-
mencé dos veces. El rumor se hizo más
15 intenso y elevé la voz:

Yayayku, hanak' pachapi kak' ...

Oí, de repente, otros gritos, mientras
concluía la oración. Me acerqué a la
puerta. La abrí y salí al corredor. Desde
20 allí escuché mejor las voces.

—¡Fuera   peste!   ¡*Way   jiebre!*
¡*Waaay*. . . !

—¡*Rípuy,   rípuy!   ¡Kañask' aykin!*
¡*Wáaay* . . . !*[30]

25 Lejos ya de la plaza, desde las calles,
apostrofaban a la peste, la amenazaban.

Las mujeres empezaron a cantar. Im-
provisaban la letra con la melodía funeraria de los entierros:

30 Mamay María wa-	Mi madre María
ñauchisunki	ha de matarte,
Taytay Jesús kaña-	mi padre Jesús ha
chisunki	de quemarte,
Niñuchantarik'	nuestro Niñito ha
35 sek'ochisunki	de ahorcarte.
¡Ay, way, jiebre!	¡Ay, huay, fiebre!
¡Ay, way, jiebre!	¡Ay, huay, fiebre!

Seguirían cantando hasta la salida del
pueblo. El coro se alejaba: se desprendía
40 de mí».

3.2.8 El tono

El ambiente o el tono depende mucho de
los elementos de estilo y de lenguaje que ya

hemos discutido. Por un lado, el autor escoge
un narrador y así un punto de vista narrativo.
Por otro, más sutilmente tal vez, el autor evoca
un tono. Con un vocabulario cuidadosamente
seleccionado, el autor crea cierto ambiente. En
la poesía, el nivel semántico afecta el tono del
texto y del mensaje. En la novela también la
selección del vocabulario influye en el tono de
la obra entera. Por ejemplo, si se describe un
escenario con colores oscuros—negros y grises—y a un personaje que sufre de una enfermedad fatal, el tono novelesco puede ser triste,
melancólico o trágico. El tono tiene tantos matices como los sentimientos humanos. Puede
ser cómico, sarcástico, irónico, melodramático, fatalista, cínico, pesimista, optimista,
meditativo, filosófico, etc.

Lea Vd. el siguiente fragmento de la novela *Todo verdor perecerá* de Eduardo Mallea
(Argentina, siglo XX). Note Vd. el vocabulario. En el lenguaje connotativo de este pasaje,
el autor utiliza muchas palabras para describir
la sequía y la blancura de la tierra desolada.
Sus imágenes son algo grotescas cuando compara la tierra a un cadáver humano. Por ejemplo, las matas salvajes son como «la cabellera
rala e hirsuta en *el cráneo de tierra* tendido al
sol» o «los campos mostraban *su cara espectral y hambrienta*» (el énfasis es nuestro). En
estas personificaciones de la tierra en que Mallea da al campo atributos del ser humano, predominan las formas muertas. El tono del pasaje es uno de desolación, fatalidad y tragedia.

«Cuarenta y cuatro días consecutivos
de seca y fuego arrasaron[31] la sierra, el
valle, las matas[32] salvajes, la cabellera
rala[33] e hirsuta en el cráneo de tierra tendido al sol. En las horas del día, tan largo   5
y tan alejado del cielo, el paisaje parecía una superficie calcinada, blanca y
enorme; blanca era la tierra seca; blancos
los pastos; blancas las cortaderas y el
olmo esquelético; blancos el algarrobo y   10

---

[30] En español: ¡Vete, vete! ¡He de quemarte!
[31] *arrasaron:* allanaron o destruyeron.

[32] *matas:* plantas.
[33] *rala:* de poco bulto.

el tala,[34] retorcidos y agarrotados y rígidos como sistemas nerviosos muertos, sacados de la tierra al aire ardiente. Los campos mostraban su cara espectral y hambrienta, su boca árida, su escuálida garra[35] extendida sin fuerza por millares de kilómetros. Abajo, hendido entre yuyos[36] en la mitad del valle como una grieta serpiente, el cauce del arroyo no contenía más que piedras y un hilo exhausto de agua clara, pálido como el resto de las cosas. De tiempo en tiempo un animal errante y flaco se acercaba a beber; luego caminaba vencido por entre las matas espinosas. En aquella zona de desolación y sequía ya casi no quedaba ganado; alguna vez aparecía en lo alto de la sierra más arriba de la casa solitaria, un jinete emigrante—o en el camino un fugaz automóvil terroso—o en la pendiente un ternero perdido; todo lo demás era campo desierto, sierras, pétreas cumbres a las que sólo el anochecer traía el alivio de la sombra».

3.2.9 La estructura

La estructura es la manera en que el autor organiza la secuencia de sucesos que constituyen la intriga. A diferencia del cuento, en la novela hay suficiente espacio y tiempo para hacer muchas digresiones. Por su extensión, a veces se organiza la novela en capítulos u otras divisiones obvias. Por ejemplo, en vez de capítulos, puede haber entregas como las divisiones de un diario íntimo, o cartas en la novela epistolar.

En las tempranas novelas sentimentales, caballerescas y picarescas, la cadena de sucesos era cronológica o lineal. **La estructura cronológica, o lineal** empieza en el presente o en el pasado, y se desarrollan los episodios su-

cesivamente hacia el futuro. El tiempo de este tipo de estructura es diacrónico, o histórico. En épocas más modernas, la novela también puede tener **estructura acronológica, o no-lineal.** Es decir, en vez de contar una historia de modo lineal desde un pasado hacia el futuro, a la manera en que el hombre mide el tiempo con el reloj o el calendario, el novelista presta más atención al tiempo ahistórico y sincrónico. En este tipo de estructura no-lineal, sucesos y pensamientos de diversos períodos (pasado, presente, futuro) pueden mezclarse en secuencias no-cronológicas. De esta manera, el autor trata de crear un ambiente en que varios sucesos parecen ocurrir simultánea o sincrónicamente.

Esta estructura ahistórica puede ser compleja. A través de ella, el autor trata de comunicar varios sucesos a la vez, por ejemplo, la dinámica relación entre actividades conscientes y subconscientes del personaje, o varias sub-intrigas relacionadas entre sí. Pero la literatura, como la música, es una arte secuencial. Es decir, las palabras o sucesos, como las notas musicales, habitualmente aparecen en orden secuencial.

Pero un autor nunca puede sincronizar las partes de una novela en el verdadero sentido de la palabra *sincronizar*. En una pintura, una escultura o un *collage,* sí es posible. Pero con la literatura y la música, el escritor y el compositor intentan alterar esta cronicidad habitual. Lo hacen por medio de sucesos que vuelven a aparecer y confundirse entre sí, o con episodios que se convergen desde ángulos distintos dentro de la misma obra. Este tipo de estructura es más lírica que narrativa, más poética que anecdótica.

Recuerde Vd. la forma expresiva del poema. El lenguaje connotativo sugiere el mensaje. Las imágenes o los significantes evocan o sugieren, de muchos modos, el significado. Pues la estructura novelesca también, a veces, toma una forma parecida al poema. Cuando tiene muchas pequeñas intrigas o fragmentos de sucesos que vienen de diferentes períodos, el novelista combina estas múltiples intrigas. Muchas veces hay escenas retrospectivas (*flashbacks*), que ocurren fuera de la

---

[34] *cortaderas, olmo, algarrobo* y *tala:* árboles.

[35] *garra:* pata del animal armada de uñas corvas y agudas.

[36] *hendido entre yuyos:* atravesando las hierbas salvajes.

secuencia cronológica. Estas retrospecciones desde el pasado son insertadas por el autor en la narración en el presente. Nos dan información desde el pasado que complementa y contribuye al significado principal de la acción presente (V. Ilustración 2).

En una novela de estructura cerrada hacia el final se resuelve el conflicto o el dilema de

final de la novela, no hay una aparente solución al conflicto o los conflictos. De esa manera, la estructura de la narración, desde el principio hasta el final de la novela, contribuye a la inseguridad de la lectura. El lector se encuentra forzado a intentar una reconstrucción lógica de los fragmentos de la intriga. Incluso durante la lectura, puede sentirse perdido e in-

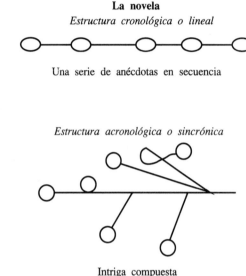

La novela

Estructura cronológica o lineal

Una serie de anécdotas en secuencia

Estructura acronológica o sincrónica

Intriga compuesta

La poesía

Significado

Múltiples significantes

2. Estructuras novelescas

la intriga. Como resultado, al terminar la novela, el lector queda satisfecho porque siente que la acción ha terminado. El lector cierra el libro sobre una novela de estructura cerrada. En otras novelas, el episodio final es parte de una larga serie de sucesos que no parecen resolver definitivamente el conflicto de la acción. Es decir, al terminar la novela y cerrar el libro, el lector siente que la acción y los episodios continúan. Este tipo de novela tiene una estructura relativamente abierta.

Pero en otras novelas hay una estructura más definitivamente abierta. En ellas, los hechos se contradicen y los personajes son ambiguos. A veces es difícil saber dónde tiene lugar la acción en cualquier momento. El autor presenta los episodios novelescos como fragmentos desconectados de un gran mosaico. Al

seguro. Y aún después de tratar de organizar los pedazos de una intriga caótica según dicta la lógica, el lector encuentra que la interpretación que ha dado a la novela probablemente es sólo una interpretación entre muchas.

El lector de este tipo de novela u obra es muy activo, porque siempre está tratando de juntar información para imaginar el desenlace de la novela. Es un lector-partícipe en la lectura de una obra abierta. Y con su estructura narrativa, este tipo de obra abierta refleja la relatividad del conocimiento de la persona moderna y la fragmentación de su mundo. De eso hablaremos más detenidamente en el Capítulo XI sobre la Edad Moderna.

Lea Vd. el fragmento de texto que transcribimos abajo como ejemplo de la estructura de una obra abierta. Note Vd. que la narradora (una mujer) constantemente niega su identidad y el lugar en que está. Está insegura de todo. Todo es ambiguo en la novela *Tiene los cabellos rojizos y se llama Sabina* de Julieta Campos (México, siglo XX).

‹No estoy aquí. Estoy en otra playa, hace veintidós años. Hay un muelle largo y ya a esta hora las olas son grises, del color del plomo fundido. Se agitan porque se acerca la noche.› Si fuera el principio de una novela hubiera debido empezar así: *Mucho tiempo he estado acostándome temprano. A veces, apenas había apagado la bujía* . . . pero no sé cómo habría terminado, porque sería otro el narrador y no habría nenúfares[37] ni campanarios ni playas de Normandía[38] ni, sobre todo, esa confianza inconcebible en el poder de la palabra. Esta es, sería, mi novela y la frase de Proust,[39] después de todo, no hubiera servido. La verdad es que nunca he sabido por dónde empezar. Hay tantas palabras y tan poco que decir. Y si se trata de contar algo es porque se supone que ocurren cosas que no se explican por sí solas y que buscan a las palabras para salir a flote como alguien a punto de ahogarse busca un madero para asirse y sostenerse. Soy un personaje que mira el mar a las cuatro de la tarde. Pero también soy alguien que imagina a ese personaje que soy yo misma. Y soy las palabras que imagino y que, al ser imaginadas, me obligan a mirar el mar desde un mirador de Acapulco. Toda palabra es a la vez principio y fin. Aquí no ha pasado nada».

Al observar la estructura de una novela, fíjese Vd. en

(1) las divisiones más obvias—capítulos, secciones, etc.;

(2) la secuencia narrativa de episodios: cronología, acronología;

(3) la posible fragmentación de la intriga en múltiples intrigas;

(4) un final cerrado o abierto;

(5) una estructura tan ambigua y contradictoria que Vd. se siente inseguro y ve la necesidad de recomponer la intriga para entenderla mejor: obra abierta.

3.3 El cuento

Durante la Edad Media en España, se leían fábulas sánscritas de Persia, traducidas al árabe y luego al español. Estas fábulas marcaban el origen del cuento hispánico. En *El libro de Calila e Dimna,* por ejemplo, las fábulas eran didácticas pues enseñaban y aconsejaban a ser sabio y prudente. Las tramas de estas fábulas eran de una creación imaginativa y fantástica, pero estaban basadas en la realidad. Eran sencillas, sin adornos complicados. Sin embargo, a diferencia del cuento moderno, había en ellas digresiones. Las fábulas se encajaban una dentro de otra. Esta técnica es tolerable en la novela pero no en el cuento, puesto que rompe con la tensión de la trama y con el hilo narrativo.

El cuento no se define sólo por su brevedad y porque, en general, se puede leerlo de un tirón. Aunque mucho es reducido en el cuento, como, por ejemplo, el desarrollo de varios personajes, otros elementos son exagerados. La economía ocurre con el número limitado de personajes en comparación con la novela. Tampoco hay tiempo para desarrollar el carácter de los personajes, como en la novela. Además, el interés en ellos reside más bien en su circunstancia y situación, y no en su personalidad y su evolución, como en la novela. Aunque puede haber escenas retrospectivas, en general, la intriga del cuento no permite muchas digresiones, como en la novela. En eso, la estructura cuentística se asemeja más al drama. Junto a esta acción única, hay la unidad de impresión necesaria para atrapar la atención del lector durante la lectura y para aislarlo del mundo que lo rodea.

Desde las primeras palabras del cuento, la intensidad de la narración y la tensión son de principal importancia. Se elimina toda idea o

---

[37] *nenúfares:* plantas acuáticas.
[38] *Normandía:* una provincia en Francia.
[39] *Proust:* un escritor francés del siglo XX.

situación de relleno o transición; estos elementos están presentes en la novela, pero no en el cuento. En parte, se consigue la intensidad por medio de una condensación de los sucesos en el tiempo y el espacio. No hay partes independientes de la estructura total sino un orden de subordinación. El cuento, como el poema lírico, sólo se comprende en su totalidad. Y como el poema, también se desenvuelve de modo centrípeto, o sea, por medio de convergencias, asociaciones y correlaciones de sus partes.

El mundo del cuento no es completo como el de una novela, sino parcial. Con frecuencia, la acción empieza *in media res;* es decir, el cuento empieza en medio de la acción sin que sepamos mucho de las circunstancias anteriores o pertinentes a la intriga, ni de los personajes. Se mantiene la tensión de esta narración breve por su forma sintética y económica, que esencialmente se enfoca en las acciones físicas y psíquicas de los personajes. Para describir estas características del cuento, el escritor argentino Julio Cortázar sugirió la siguiente metáfora del boxeo: la novela gana por puntos mientras que el cuento gana por *knockout*.

Cortázar ofreció otra metáfora para describir la diferencia entre el cuento y la novela, comparándolos a la fotografía y a la película. A nuestro parecer, la comparación describe la importancia del elemento de apertura que tiene el cuento. La novela es como una película en que se ven varias perspectivas sobre el mismo asunto. El cuento, en cambio, es como una fotografía en que se recorta sólo una pequeña imagen de la realidad. Esta breve imagen sugiere que hay más de lo que podemos percibir escondido detrás o más allá de la foto. Del mismo modo, el cuento crea una apertura en nosotros, los lectores. No nos da suficiente relieve sobre el asunto para que formemos un cuadro completo de lo sucedido. Imaginamos la continuación de la historia más allá del texto. Por eso, hablamos de una apertura.

Tomando en cuenta las importantes diferencias entre la novela y el cuento, veremos que la lectura crítica del cuento incluye elementos básicos de la lectura de la novela. Por lo tanto, es posible referirse a las secciones anteriores sobre la novela, 3.2.1–3.2.9. Para una lectura crítica del cuento Vd. debe fijarse en

(1) el punto de vista narrativo;
(2) el escenario;
(3) los personajes;
(4) la intriga;
(5) el tema y los sub-temas;
(6) el estilo;
(7) el lenguaje;
(8) el tono; y
(9) la estructura.

3.3.1 El punto de vista

Las categorías para el punto de vista narrativo son comparables a las de la novela. Vea Vd. la sección 3.2.1.

3.3.2 El escenario

El escenario es comparable al de la novela con la diferencia de que, en general, no hay tanta variedad de escenarios. Vea Vd. la sección 3.2.2.

3.3.3 Los personajes

En el cuento el número de personajes es reducido y el desarrollo de las personalidades es esquemático. En unos cuentos el enfoque es psíquico, mientras que en otros cuentos más largos, se perfila el carácter del personaje con más detalles. Pero nunca llegan los personajes a ser tan complejos como en la novela. Así es que, con la excepción de las categorías sobre los personajes complejos o redondos y los sencillos o planos, debe Vd. seguir las advertencias sobre la novela. Vea Vd. la sección 3.2.3.

3.3.4 La intriga

Será más obvio el conflicto del protagonista en el cuento que en la novela. Fíjese en este conflicto dentro de la intriga y su desarrollo durante el cuento. Vea Vd. la sección 3.2.4.

3.3.5 El tema

En general, no hay sub-temas de relieve en el cuento. Vea Vd. la sección 3.2.5.

3.3.6 El estilo

Vea Vd. la sección 3.2.6.

3.3.7 El lenguaje

Vea Vd. la sección 3.2.7.

3.3.8 El tono

No hay tanto espacio en el cuento como en la novela para evocar un tono y, sin embargo, por la brevedad del cuento, es más fácil, a veces, mantener un tono o ambiente único. Hay casos en que la intensidad de la narrativa cuentística aumenta el tono. Vea Vd. la sección 3.2.8.

3.3.9 La estructura

Aunque se permiten escenas retrospectivas y aún una estructura acronológica en el cuento, el orden secuencial predomina tradicionalmente. Muchas veces hay una postergación de información para crear *suspense*. No hay sub-intrigas. Y la estructura tiende a ser relativamente abierta al final, no necesariamente porque esperamos que continúen otros episodios parecidos, como puede ocurrir en la novela, sino porque el final del cuento provoca una apertura en el lector. La lectura persuade al lector a meditar sobre la experiencia tan esquemática y rápidamente presentada del cuento.

Puesto que la cronicidad del cuento predomina, muchas veces se habla del desarrollo del cuento como si obedeciera a las partes principales de la estructura clásica del drama. La estructura clásica del drama se divide en exposición o prólogo, intensificación, momento obligatorio o clímax, y resolución o desenlace. De estas divisiones hablaremos más detenidamente en el Capítulo IV sobre el teatro. En algunos cuentos es posible encontrar estos componentes estructurales. La exposición, si la hay, es muy breve e incluye información sobre el protagonista y su situación. También plantea el conflicto principal. Puesto que el cuento empieza *in media res,* la exposición no siempre

se aísla de la intensificación, sino forma parte de ella. La intensificación de la intriga ocurre cuando se disminuyen las alternativas que tiene el protagonista para resolver su conflicto. El momento obligatorio en el cuento ocurre cuando la crisis del personaje llega al momento de mayor intensidad, y el protagonista se ve forzado a resolverla. La resolución, en general, no está presente en el cuento puesto que requiere una disminución de la tensión y una vuelta al equilibrio. Si el cuento es un género de apertura, pocas veces tiene una resolución cerrada. Así se ve que, en parte, estas divisiones estructurales pueden ser adaptadas del drama clásico y discutidas con relación al cuento.

Al leer un cuento, observe Vd.

(1) la secuencia narrativa;
(2) las escenas retrospectivas, si las hay;
(3) la información postergada;
(4) cómo se crea *suspense;*
(5) si hay un final sorprendente o inesperado.

3.3.10 Texto: «Pecado de omisión» de Ana María Matute (España, siglo XX)

Lea Vd. el cuento «Pecado de omisión». Busque en el diccionario las palabras principales que no entienda. Trate de hacer un resumen en sus propias palabras de cada párrafo. Es decir, escriba Vd. unas frases para resumir lo que pasa en cada párrafo. Luego fíjese en los nueve elementos de la lectura crítica de un cuento que presentamos en la sección 3.3.

Pecado de omisión

A los trece años se le murió la madre, que era lo último que le quedaba. Al quedar huérfano[1] ya hacía lo menos tres años

---

[1] *huérfano:* una persona joven que pierde a sus padres.

que no acudía a[2] la escuela, pues tenía que
buscarse el jornal[3] de un lado para otro.
Su único pariente era un primo de su padre, llamado Emeterio Ruiz Heredia.
Emeterio era el alcalde y tenía una casa de
dos pisos asomada a la plaza[4] del pueblo,
redonda y rojiza bajo el sol de agosto.
Emeterio tenía doscientas cabezas de ganado paciendo por las laderas[5] de Sagrado, y una hija moza, bordeando los
veinte,[6] morena, robusta, riente y algo ne-
cia. Su mujer, flaca y dura como un
chopo,[7] no era de buena lengua[8] y sabía
mandar. Emeterio Ruiz no se llevaba bien
con aquel primo lejano, y a su viuda, por
cumplir, la ayudó buscándole jornales ex-
traordinarios. Luego, al chico, aunque lo
recogió una vez huérfano, sin herencia ni
oficio, no le miró a derechas.[9] Y como él
los de su casa.

La primera noche que Lope durmió en
casa de Emeterio, lo hizo debajo del granero.[10] Se le dio cena y un vaso de vino.
Al otro día, mientras Emeterio se metía la
camisa dentro del pantalón, apenas apun-
tando el sol en el canto de los gallos, le
llamó por el hueco de la escalera, espan-
tando a las gallinas que dormían entre los
huecos:

—¡Lope!

Lope bajó descalzo, con los ojos pegados de legañas.[11] Estaba poco crecido para
sus trece años y tenía la cabeza grande,
rapada.

—Te vas de pastor a Sagrado.

Lope buscó las botas y se las calzó. En
la cocina, Francisca, la hija, había calentado patatas con pimentón. Lope las
engulló[12] de prisa, con la cuchara de aluminio goteando a cada bocado.

—Tú ya conoces el oficio. Creo que an-
duviste una primavera por las lomas[13] de
Santa Aurea, con las cabras del Aurelio
Bernal.

—Sí, señor.

—No irás solo. Por allí anda Roque el
Mediano. Iréis juntos.

—Sí, señor.

Francisca le metió una hogaza[14] en el
zurrón,[15] un cuartillo de aluminio,[16] sebo
de cabra y cecina.[17]

—Andando—dijo Emeterio Ruiz Heredia.

Lope le miró. Lope tenía los ojos negros y redondos, brillantes.

—¿Qué miras? ¡Arreando!

Lope salió, zurrón al hombro. Antes,
recogió el cayado,[18] grueso y brillante por
el uso, que aguardaba, como un perro,
apoyado en la pared.

Cuando iba ya trepando por la loma de
Sagrado, lo vio don Lorenzo, el maestro.
A la tarde, en la taberna, don Lorenzo lió
un cigarrillo junto a Emeterio, que fue a
echarse una copa[19] de anís.

—He visto al Lope—dijo—. Subía
para Sagrado. Lástima de chico.

—Sí—dijo Emeterio, limpiándose los
labios con el dorso de la mano—. Va de
pastor. Ya sabe: hay que ganarse el cu-

---

[2] *no acudía a:* no asistía a.

[3] *el jornal:* el dinero que uno gana por el trabajo del
día.

[4] *asomada a la plaza:* frente a la plaza.

[5] *laderas:* declives de un monte.

[6] *bordeando los veinte:* con casi veinte años de edad.

[7] *chopo:* especie de árbol; un álamo negro.

[8] *no era de buena lengua:* siempre hablaba como si
estuviera enojada.

[9] *no le miró a derechas:* no le miró como debe haberlo mirado.

[10] *granero:* sitio en donde se guarda el grano.

[11] *los ojos pegados de legañas:* con mucho sueño; las
legañas son la materia seca que se acumula alrededor de
los ojos cuando uno duerme.

[12] *engulló:* devoró.

[13] *las lomas:* las alturas de un monte.

[14] *hogaza:* pan de más de dos libras.

[15] *zurrón:* bolsa de cuero usada por los pastores.

[16] *cuartillo de aluminio:* jarro de aluminio para llevar
un líquido.

[17] *sebo de cabra y cecina:* grasa sólida de cabra y
carne salada y secada al aire y al humo para conservarla.

[18] *el cayado:* palo o bastón corvo que utilizan los pastores.

[19] *echarse una copa:* tomar un trago.

rrusco.[20] La vida está mala. El «esgraciao»[21] del Pericote no le dejó ni una tapia
en que apoyarse y reventar.[22]

—Lo malo—dijo don Lorenzo, rascán-
dose la oreja con su uña larga y amari-
llenta—es que el chico vale. Si tuviera
medios podría sacarse partido de él.[23] Es
listo. Muy listo. En la escuela . . .

Emeterio le cortó, con la mano frente a
los ojos:

—¡Bueno, bueno! Yo no digo que no.
Pero hay que ganarse el currusco. La vida
está peor cada día que pasa.

Pidió otra de anís. El maestro dijo que
sí, con la cabeza.

Lope llegó a Sagrado, y voceando encontró a Roque el Mediano. Roque era
algo retrasado y hacía unos quince años
que pastoreaba para Emeterio. Tendría
cerca de cincuenta años y no hablaba casi
nunca. Durmieron en el mismo chozo de
barro, bajo los robles, aprovechando el
abrazo de las raíces. En el chozo sólo ca-
bían echados[24] y tenían que entrar a gatas,[25] medio arrastrándose. Pero se estaba
fresco en el verano y bastante abrigado[26]
en el invierno.

El verano pasó. Luego el otoño y el invierno. Los pastores no bajaban al pueblo,
excepto el día de la fiesta. Cada quince
días un zagal[27] les subía la «collera»:[28]
pan, cecina, sebo, ajos. A veces, una bota
de vino. Las cumbres de Sagrado eran
hermosas, de un azul profundo, terrible,
ciego. El sol, alto y redondo, como una
pupila impertérrita,[29] reinaba allí. En la
neblina del amanecer, cuando aún no se
oía el zumbar de las moscas ni crujido alguno, Lope solía despertar, con la te-
chumbre de barro encima de los ojos. Se
quedaba quieto un rato, sintiendo en el
costado el cuerpo de Roque el Mediano,
como un bulto alentante.[30] Luego, arrastrándose, salía para el cerradero.[31] En el
cielo, cruzados como estrellas fugitivas,
los gritos se perdían, inútiles y grandes.
Sabía Dios hacia qué parte caerían. Como
las piedras. Como los años. Un año, dos,
cinco.

Cinco años más tarde, una vez, Emeterio le mandó llamar, por el zagal. Hizo reconocer a Lope por el médico, y vio que
estaba sano y fuerte, crecido como un árbol.

—¡Vaya roble!—dijo el médico, que
era nuevo. Lope enrojeció y no supo qué
contestar.

Francisca se había casado y tenía tres
hijos pequeños, que jugaban en el portal
de la plaza. Un perro se le acercó, con la
lengua colgando. Tal vez le recordaba.
Entonces vio a Manuel Enríquez, el compañero de la escuela que siempre le iba a
la zaga.[32] Manuel vestía un traje gris y llevaba corbata. Pasó a su lado y les saludó
con la mano.

Francisca comentó:

—Buena carrera, ése. Su padre lo
mandó estudiar y ya va para abogado.

Al llegar a la fuente volvió a encon-
trarlo. De pronto, quiso llamarle. Pero se
le quedó el grito detenido, como una bola,
en la garganta.

—¡Eh!—dijo solamente. O algo parecido.

Manuel se volvió a mirarle, y le conoció. Parecía mentira: le conoció. Sonreía.

—¡Lope! ¡Hombre, Lope . . . !

---

[20] *ganarse el currusco:* ganarse el pan.

[21] *esgraciao:* desgraciado; una persona que vale poco
o tiene mala suerte.

[22] *una tapia en que apoyarse y reventar:* un lugar
(una pared) en que descansarse y morir.

[23] *sacarse partido de él:* aprovecharse de él.

[24] *echados:* tendidos.

[25] *a gatas:* sobre las rodillas.

[26] *abrigado:* caliente y protegido del frío.

[27] *un zagal:* pastor joven.

[28] *«collera»:* en este caso, las provisiones que necesita para vivir.

[29] *impertérrita:* difícilmente intimidada.

[30] *alentante:* que respira.

[31] *el cerradero:* lugar cerrado donde guardan los animales.

[32] *a la zaga:* detrás de él.

¿Quién podía entender lo que decía? ¡Qué acento tan extraño tienen los hombres, qué raras palabras salen por los oscuros agujeros de sus bocas! Una sangre espesa iba llenándole las venas, mientras oía a Manuel Enríquez.

Manuel abrió una cajita plana, de color de plata, con los cigarrillos más blancos, más perfectos que vio en su vida. Manuel se la tendió,[33] sonriendo.

Lope avanzó su mano. Entonces se dio cuenta de que era áspera, gruesa. Como un trozo de cecina. Los dedos no tenían flexibilidad, no hacían el juego.[34] Qué rara mano la de aquel otro: una mano fina, con dedos como gusanos grandes, ágiles, blancos, flexibles. Qué mano aquélla, de color de cera, con las uñas brillantes, pulidas. Qué mano extraña: ni las mujeres la tenían igual. La mano de Lope rebuscó, torpe. Al fin, cogió el cigarrillo, blanco y frágil, extraño, en sus dedos amazacotados:[35] inútil, absurdo, en sus dedos. La sangre de Lope se le detuvo entre las cejas. Tenía una bola de sangre agolpada, quieta, fermentando entre las cejas. Aplastó el cigarrillo con los dedos y se dio media vuelta. No podía detenerse, ni ante la sorpresa de Manuelito, que seguía llamándole:

—¡Lope! ¡Lope!

Emeterio estaba sentado en el porche, en mangas de camisa, mirando a sus nietos. Sonreía viendo a su nieto mayor, y descansando de la labor, con la bota de vino al alcance de la mano. Lope fue directo a Emeterio y vio sus ojos interrogantes y grises.

—Anda, muchacho, vuelve a Sagrado, que ya es hora . . .

En la plaza había una piedra cuadrada, rojiza. Una de esas piedras grandes como melones que los muchachos transportan desde alguna pared derruida.[36] Lentamente, Lope la cogió entre sus manos. Emeterio le miraba, reposado, con una leve curiosidad. Tenía la mano derecha metida entre la faja[37] y el estómago. Ni siquiera le dio tiempo de sacarla: el golpe sordo, el salpicar[38] de su propia sangre en el pecho, la muerte y la sorpresa, como dos hermanas, subieron hasta él, así, sin más.

Cuando se lo llevaron esposado,[39] Lope lloraba. Y cuando las mujeres, aullando como lobas, le querían pegar e iban tras él, con los mantos alzados sobre las cabezas, en señal de duelo, de indignación «Dios mío, él, que le había recogido. Dios mío, él, que le hizo hombre. Dios mío, se habría muerto de hambre si él no le recoge . . . » Lope sólo lloraba y decía:

—Sí, sí, sí . . .

(De *Historias de la Artámila*)

3.3.11 Análisis: «Pecado de omisión» de Ana María Matute

En «Pecado de omisión», el punto de vista es el del narrador omnisciente. Este narrador sabe la historia pasada de Lope y aún las conversaciones entre otros personajes cuando Lope no está presente. La acción tiene lugar en el pueblo y el campo desde la primera noche que Lope pasa en casa de Emeterio hasta un día cinco años después. Entre los personajes del cuento figuran el protagonista, Lope, y los personajes secundarios: el primo de su padre, llamado Emeterio; la mujer de Emeterio y su hija Francisca; el maestro, don Lorenzo; el pastor, Roque el Mediano; el médico; el viejo compañero de la escuela, Manuel Enríquez; y

---

[33] *se la tendió:* se presentó.
[34] *no hacían el juego:* no se coordinaban.
[35] *dedos amazacotados:* dedos toscos y rudos.
[36] *derruida:* arruinada, destruida.

[37] *la faja:* tela o tejido que se usa como cinturón.
[38] *salpicar:* esparcir o rociar en gotas un líquido.
[39] *esposado:* maniatado; es decir, con las manos juntadas y atadas por esposas como un criminal.

las mujeres del pueblo. Es posible ver que el conflicto del cuento existe entre el protagonista, Lope, y Emeterio. El catalizador de la reacción final de Lope es el encuentro con su compañero de escuela, Manuel.

Conocemos a los personajes mediante la descripción de su apariencia física, su personalidad, su relación unos con otros, su oficio y sus propias acciones. Por ejemplo, Emeterio es alcalde y hombre de cierta propiedad. Su mujer, flaca y dura, es de mala lengua. Y Lope, quien se quedó huérfano a los trece años, es poco crecido, de cabeza grande y ojos negros y brillantes. Nos enteramos del pasado del protagonista por la descripción expositiva en el primer párrafo. Allí se describe el desamparo y la pobreza primero de la madre de Lope y luego de Lope mismo. Además descubrimos que hace tres años Lope dejó de asistir a la escuela por tener que ganarse el pan.

Vamos a ver los recursos narrativos que nos dan información sobre la vida y la situación del protagonista.

(1) *Descripción expositiva:*
El huérfano sin herencia llega a casa de Emeterio. No lo tratan bien aunque es de familia. Note Vd. que Emeterio es descrito como hombre de ciertos bienes. Su casa, por ejemplo, parece tener la salud de una chiquilla «redonda y rojiza bajo el sol de agosto». Compare Vd. la situación de Emeterio con la de Lope.

(2) *Diálogo:*
Lope parece burdo y sin educación. Pero durante la conversación en la taberna entre el maestro don Lorenzo y Emeterio, nos enteramos de que el muchacho es muy listo. En la escuela sobresalía. También allí se retrata a Emeterio por sus propias palabras. A él le importa poco el futuro de Lope y mucho su falta de herencia.

(3) *Lenguajes denotativo y connotativo:*
El narrador describe en lenguaje denotativo los quehaceres de Lope durante sus cinco años en el campo. También evoca, en lenguaje connotativo, la soledad bella

y terrible a la vez del lugar. Así nos presenta, proyectado sobre la naturaleza, el sentimiento de desamparo y del destino incontrolable de Lope. En las siguientes frases fíjese en las metáforas y en las palabras que hemos subrayado. Note Vd. la sugerencia de la fatalidad, del abandono, concretizados en gritos que caen al vacío y en sintagmas cada vez más elípticos, de ritmo lento y abrupto: «En el cielo, cruzados como *estrellas fugitivas, los gritos se perdían, inútiles* y *grandes.* Sabía Dios hacia qué parte *caerían.* Como *las piedras.* Como los años. Un año, dos, cinco». (el énfasis es nuestro)

(4) *Lenguaje connotativo que anuncia el clímax:*
Aún antes del crimen final, el autor escoge un vocabulario sensorial, repite palabras y crea metáforas cuidadosamente para anticipar la acción violenta. Describe las reacciones y los pensamientos de Lope. Da énfasis a su turbación, a sus sentimientos de crisis, y de enajenación frente a Manuel. A Lope le son obvias las diferencias entre ellos, de clase y de riqueza. La manera tan extraña que utiliza Manuel al hablar con Lope se visualiza de modo grotesco. El narrador utiliza las palabras «los oscuros agujeros» de su boca y repite el vocablo «sangre» varias veces: «espesa . . . llenándole las venas», como «una bola . . . fermentando entre las cejas». La mano fina de Manuel toma una forma fea, larval: «dedos como gusanos».

(5) *Descripción dramática:*
Primero, note Vd. la descripción psíquica de la tensión que va aumentándose en Lope. Segundo, hay una descripción dramática de sus acciones. Lope se da cuenta de la suerte que ha tenido Manuel puesto que su padre le mandó a estudiar. Por eso, Manuel pudo hacerse abogado. En cambio, Lope piensa en su propio abandono. Note Vd. la falta de conciencia por parte de Emeterio de la hostilidad de Lope cuando éste se le acerca. El narrador utiliza un tono fatalista cuando personifica a

la muerte y dice que Emeterio «sonreía». Además, Emeterio descansaba cuando «la muerte y la sorpresa, como dos hermanas, subieron hasta él, así, sin más». Este acto violento lo sorprende a Emeterio y, tal vez, al lector también.

(6) *Tono irónico:*
En la breve resolución después del clímax, se oyen sólo dos voces. Una es la voz colectiva de las mujeres del pueblo; la otra es la de Lope. En las palabras de la voz colectiva, el lector verá cierta ironía: expresan un significado contrario a lo que aparentan comunicar. Es decir, las voces culpan a Lope de ser ingrato; pero el lector ya sabe cuánto ha padecido el huérfano bajo el descuido de Emeterio. El destino del protagonista se empeoró a manos de un pariente económicamente capaz de educarlo pero insensible a sus necesidades futuras.

Es relativamente fácil ver que la intriga es realista. Es decir, estos personajes, escenarios y acciones pueden ocurrir en el mundo que reconocemos como real en contraste con otro, tal vez imaginario o fantástico. Esta intriga verosímil tiene una estructura cronológica. Muchos de sus elementos crean un ritmo de paso persistente, algo acelerado después del encuentro entre Lope y Manuel. Los siguientes elementos contribuyen a este resultado: la organización lineal de sucesos; las descripciones sucintas; los trozos de diálogo; y la condensación del tiempo y del espacio en breves escenas. El crimen final sostiene en el lector una apertura porque el tema tiene que ver precisamente con el problema de la (in)justicia del acto violento cometido por el huérfano. Nos hace tomar en cuenta la circunstancia trágica en que vivía Lope.

Aunque el cuento termina, nosotros seguimos preguntándonos: ¿Quién es culpable del crimen? ¿Emeterio, quien tenía los medios para encaminar a Lope hacia una carrera? ¿O Lope, el huérfano ingrato, pobre y burdo? Por fin, fíjese Vd. en el título del cuento, «Pecado de omisión». ¿Se refiere la palabra *omisión* a

la falta de sensibilidad de Emeterio para con Lope? ¿Qué omisión puede haber cometido Lope? Y si esta omisión es un pecado, ¿de quién es el pecado? Obviamente, la autora ha decidido cuál es su punto de vista, como nosotros podemos ver en el título: la obligación moral y el pecado son de Emeterio.

Con este análisis que acabamos de empezar para Vd., debe ser más fácil añadir más información y observaciones a su lectura crítica del cuento. Cuando haya terminado, lea Vd. el cuento de la sección 3.3.12.

3.3.12 Texto y análisis: «Carta a una señorita en París» de Julio Cortázar (Argentina, siglo XX)

El cuento de Cortázar es muy diferente del de Matute. Note Vd. que a primera vista el cuento parece ser fantástico porque durante la intriga un hombre vomita conejos vivos y muy tiernos. Parece que él acepta este hecho anormal, aunque no es posible que un hombre vomite conejos vivos. Así que estos conejos deben representar o simbolizar algo. Son una forma concreta y muy viva de otra cosa, posiblemente de una obsesión del protagonista.

No vamos a analizar el cuento para Vd. Pero vamos a sugerir algunos indicios que Vd. puede tomar en cuenta durante su lectura crítica. Primero, fíjese en los elementos del cuento según el esquema del análisis en la sección 3.3. Recuerde Vd. que este cuento no es realista sino fantástico. Note Vd. cómo el autor crea varios contrastes importantes:

(1) el contraste entre el hecho fantástico de vomitar conejitos y la manera natural, sensible y detallada en que el protagonista lo narra y lo acepta;

(2) el contraste entre el orden cerrado en el departamento de la amiga del protagonista que él describe «como una reiteración visible» del alma de ella, y el orden abierto del protagonista, quien es un poco vagabundo y, últimamente, incapaz de controlar los conejos;

(3) el contraste entre la actitud del protagonista: antes de mudarse al departamento de su amiga; frente a los conejitos recién nacidos; y después de instalarse en el departamento cuando los conejos son maduros; y

(4) el contraste entre la condición del departamento antes de la existencia de los diez conejitos y después.

Es importante notar que el lenguaje connotativo muchas veces describe la ruptura del orden y el cambio. Note Vd. este fenómeno en el siguiente pasaje del cuento en el que el protagonista, después de un rato, vuelve a escribir una carta a su amiga Andrée:

> Interrumpí esta carta porque debía asistir a una tarea de comisiones. . . . Un trozo en blanco de la página será para usted el intervalo, apenas el puente que une mi letra de ayer a mi letra de hoy. Decirle que en ese intervalo todo se ha roto, donde mira usted el puente fácil oigo yo quebrarse la cintura furiosa del agua, para mí este lado del papel, este lado de mi carta no continúa la calma con que venía escribiéndole cuando la dejé para asistir a una tarea de comisiones.

Note Vd. la homogeneidad de las formas narrativas y el papel que hace «la carta» mencionada en el título. La carta es el cuento mismo, vehículo narrativo de confesión. El narrador nunca piensa mandarla a Andrée; nunca espera una respuesta. Es lo único que quedará como testamento del protagonista, quien la escribe como explicación de la destrucción del departamento de su amiga y, por asociación, de su propia destrucción. Fíjese en la sugerencia de esa destrucción final. Esta sugerencia efectúa en el lector una apertura que le hace pensar en el suicidio consumado fuera de las páginas del texto.

La principal apertura, sin embargo, resulta de la naturaleza fantástica de la situación en que se encuentra el protagonista y de su aceptación de ella. No es exactamente verosímil ni probable que un hombre engendre conejitos, vomitándolos. Por eso, el lector tal vez no puede creer en tales poderes creativos del protagonista. Entonces Vd. tiene que buscar otra explicación más lógica o simbólica. En los conejos tal vez verá Vd. una concretización del estado psíquico del narrador. Será fácil atribuir a estas concretizaciones, es decir, los conejitos, muchísimas interpretaciones, por ejemplo, alucinaciones, obsesiones o pesadillas del protagonista. Tengan cuidado de no andar demasiado lejos del texto con unas ideas que atribuyen al protagonista los sentimientos y obsesiones de Vd. Lo que sí sabemos es que

(1) antes de instalarse en el departamento de Andrée, el protagonista ya se había acostumbrado a vomitar conejos vivos, uno por uno, y los regalaba sin más problema;

(2) cuando él, por naturaleza algo vagabundo, se instala en un lugar ordenado que no refleja su carácter, se descontrola el proceso de la creación de los conejos;

(3) la certidumbre de la continuación de la producción involuntaria de los conejos le fuerza al protagonista a actuar fatalmente.

Cortázar era un escritor muy accesible al público y durante su vida dio varias entrevistas que han sido publicadas. Por eso, es posible referirse a estas entrevistas en que Cortázar mismo da la génesis de este cuento que Vd. va a leer. El autor menciona que lo escribió durante una época de mucha tensión personal cuando estudiaba para hacerse traductor público. Empezó a sentir síntomas de neurosis. Uno de estos síntomas era una náusea recurrente, como si vomitara. Como dijo Cortázar en otro libro suyo, *Ultimo Round,* todo cuento logrado y, en particular, los fantásticos, son productos de neurosis, pesadillas o alucinaciones. Al tomar forma concreta en la página, las neurosis son exorcizadas. De esta manera, este autor se salvaba de su obsesión, escribiendo el cuento. Aún sin saber las circunstancias del autor, sería posible deducir, mediante una lectura crítica, la experiencia del protagonista, creador mismo de estas pequeñas bestias que lo llegan a controlar a él.

Carta a una señorita en París

Andrée, yo no quería venirme a vivir a su departamento de la calle Suipacha.[1] No tanto por los conejitos, más bien porque me duele ingresar en un orden cerrado, construído ya hasta en las más finas mallas del aire, ésas que en su casa preservan la música de la lavanda, el aletear de un cisne con polvos, el juego del violín y la viola en el cuarteto de Rará. Me es amargo entrar en un ámbito donde alguien que vive bellamente lo ha dispuesto todo como una reiteración visible de su alma, aquí los libros (de un lado en español, del otro en francés e inglés), allí los almohadones verdes, en este preciso sitio de la mesita el cenicero de cristal que parece el corte de una pompa de jabón,[2] y siempre un perfume, un sonido, un crecer de plantas, una fotografía del amigo muerto, ritual de bandejas con té y tenacillas de azúcar[3] . . . Ah, querida Andrée, qué difícil oponerse, aun aceptándolo con entera sumisión del propio ser, al orden minucioso que una mujer instaura en su liviana residencia. Cuán culpable tomar una tacita de metal y ponerla al otro extremo de la mesa, ponerla allí simplemente porque uno ha traído sus diccionarios ingleses y es de este lado, al alcance de la mano, donde habrán de estar. Mover esa tacita vale por un horrible rojo inesperado en medio de una modulación de Ozenfant,[4] como si de golpe las cuerdas de todos los contrabajos se rompieran al mismo tiempo con el mismo espantoso chicotazo[5] en el instante más callado de una sinfonía de Mozart.[6] Mover esa tacita altera el juego de relaciones de toda la casa, de cada objeto con otro, de cada momento de su alma con el alma entera de la casa y su habitante lejana. Y yo no puedo acercar los dedos a un libro, ceñir apenas el cono de luz de una lámpara, destapar la caja de música, sin que un sentimiento de ultraje y desafío[7] me pase por los ojos como un bando de gorriones.[8]

Usted sabe por qué vine a su casa, a su quieto salón solicitado de mediodía. Todo parece tan natural, como siempre que no se sabe la verdad. Usted se ha ido a París, yo me quedé con el departamento de la calle Suipacha, elaboramos un simple y satisfactorio plan de mutua conveniencia hasta que septiembre la traiga de nuevo a Buenos Aires y me lance a mí a alguna otra casa donde quizá . . . Pero no le escribo por eso, esta carta se la envío a causa de los conejitos, me parece justo enterarla; y porque me gusta escribir cartas, y tal vez porque llueve.

Me mudé el jueves pasado, a las cinco de la tarde, entre niebla y hastío.[9] He cerrado tantas maletas en mi vida, me he pasado tantas horas haciendo equipajes que no llevaban a ninguna parte, que el jueves fué un día lleno de sombras y correas,[10] porque cuando yo veo las correas de las valijas es como si viera sombras, elementos de un látigo que me azota indirectamente, de la manera más sutil y más horrible. Pero hice las maletas, avisé a su mucama[11] que vendría a instalarme, y subí en el ascensor. Justo entre el primero y segundo piso sentí que iba a vomitar un conejito. Nunca se lo había explicado antes, no crea que por deslealtad, pero na-

---

[1] *la calle Suipacha:* una calle en Buenos Aires, Argentina.

[2] *una pompa de jabón:* una burbuja formada por el agua y el jabón.

[3] *tenacillas de azúcar:* instrumento de metal para coger o sujetar el azúcar y llevarlo a la taza.

[4] *Ozenfant:* Amédée Ozenfant (1886–1966), pintor y escritor francés.

[5] *chicotazo:* golpe dado con un látigo.

[6] *Mozart:* Wolfgang Amadeus Mozart (1756–1791), compositor austríaco.

[7] *desafío:* reto.

[8] *gorriones:* pájaros.

[9] *hastío:* aburrimiento.

[10] *correas:* tiras de cuero.

[11] *mucama:* sirviente de casa.

turalmente uno no va a ponerse a explicarle a la gente que de cuando en cuando
vomita un conejito. Como siempre me ha
sucedido estando a solas, guardaba el hecho igual que se guardan tantas constan-
cias de lo que acaece[12] (o hace uno acae-
cer) en la privacía total. No me lo reproche, Andrée, no me lo reproche. De
cuando en cuando me ocurre vomitar un
conejito. No es razón para no vivir en
cualquier casa, no es razón para que uno
tenga que avergonzarse y estar aislado y
andar callándose.

Cuando siento que voy a vomitar un
conejito, me pongo dos dedos en la boca
como una pinza[13] abierta, y espero a sentir en la garganta la pelusa tibia que sube
como una efervescencia de sal de frutas.[14]
Todo es veloz e higiénico, transcurre en
un brevísimo instante. Saco los dedos de
la boca, y en ellos traigo sujeto por las
orejas a un conejito blanco. El conejito
parece contento, es un conejito normal y
perfecto, sólo que muy pequeño, pequeño
como un conejito de chocolate pero
blanco y enteramente un conejito. Me lo
pongo en la palma de la mano, le alzo la
pelusa con una caricia de los dedos, el conejito parece satisfecho de haber nacido y
bulle[15] y pega el hocico[16] contra mi piel,
moviéndolo con esa trituración silenciosa
y cosquilleante del hocico de un conejo
contra la piel de una mano. Busca de comer y entonces yo (hablo de cuando esto
ocurría en mi casa de las afueras) lo saco
conmigo al balcón y lo pongo en la gran
maceta donde crece el trébol[17] que a propósito he sembrado.[18] El conejito alza del
todo sus orejas, envuelve un trébol tierno

con un veloz molinete[19] del hocico, y yo
sé que puedo dejarlo e irme, continuar por
un tiempo una vida no distinta a la de tantos que compran sus conejos en las granjas.[20]

Entre el primero y el segundo piso, Andrée, como un anuncio de lo que sería mi
vida en su casa, supe que iba a vomitar un
conejito. En seguida tuve miedo (¿o era
extrañeza? No, miedo de la misma extrañeza, acaso) porque antes de dejar mi
casa, sólo dos días antes, había vomitado
un conejito y estaba seguro por un mes,
por cinco semanas, tal vez seis con un
poco de suerte. Mire usted, yo tenía perfectamente resuelto el problema de los conejitos. Sembraba trébol en el balcón de
mi otra casa, vomitaba un conejito, lo po-
nía en el trébol y al cabo de un mes,
cuando sospechaba que de un momento a
otro . . . entonces regalaba el conejo ya
crecido a la señora de Molina, que creía
en un *hobby* y se callaba. Ya en otra
maceta[21] venía creciendo un trébol tierno
y propicio, yo aguardaba sin preocupación la mañana en que la cosquilla de una
pelusa[22] subiendo me cerraba la garganta,
y el nuevo conejito repetía desde esa hora
la vida y las costumbres del anterior. Las
costumbres, Andrée, son formas concretas del ritmo, son la cuota de ritmo que
nos ayuda a vivir. No era tan terrible vomitar conejitos una vez que se había entrado en el ciclo invariable, en el método.
Usted querrá saber por qué todo ese trabajo, por qué todo ese trébol y la señora
de Molina. Hubiera sido preferible matar
en seguida al conejito y . . . Ah, tendría
usted que vomitar tan sólo uno, tomarlo

---

[12] *acaece:* pasa u ocurre.

[13] *pinza:* instrumento de metal para coger o sujetar cosas pequeñas.

[14] *efervescencia de sal de frutas:* bebida gaseosa con sabor de fruta.

[15] *bulle:* se mueve agitado.

[16] *el hocico:* parte de la cabeza de un animal en que están la boca y las narices.

[17] *el trébol:* pequeña planta de hojas tripartitas; se dice que una hoja de cuatro partes lleva buena suerte.

[18] *sembrado:* plantado.

[19] *molinete:* movimiento circular como el de una molina.

[20] *granjas:* haciendas rústicas con huerta y establo.

[21] *maceta:* vaso de barro para plantas.

[22] *una pelusa:* una bola de pelos.

155 con dos dedos y ponérselo en la mano
abierta, adherido aún a usted por el acto
mismo, por el aura inefable de su proxi-
midad apenas rota. Un mes distancia
tanto; un mes es tamaño, largos pelos,
160 saltos, ojos salvajes, diferencia absoluta.
Andrée, un mes es un conejo, hace de veras a un conejo; pero el minuto inicial,
cuando el copo[23] tibio y bullente encubre
una presencia inajenable . . . Como un
165 poema en los primeros minutos, el fruto
de una noche de Idumea:[24] tan de uno que
uno mismo . . . y después tan no uno, tan
aislado y distante en su llano mundo
blanco tamaño carta.
170   Me decidí, con todo, a matar al conejito apenas naciera. Yo viviría cuatro meses en su casa: cuatro—quizá, con suerte,
tres—cucharadas de alcohol en el hocico.
(¿Sabe usted que la misericordia permite
175 matar instantáneamente a un conejito dán-
dole a beber una cucharada de alcohol? Su
carne sabe luego mejor, dicen, aunque yo
. . . Tres o cuatro cucharadas de alcohol,
luego el cuarto de baño o un paquete su-
180 mándose a los desechos.)
   Al cruzar el tercer piso el conejito se
movía en mi mano abierta. Sara esperaba
arriba, para ayudarme a entrar las valijas
. . . ¿Cómo explicarle que un capricho,[25]
185 una tienda de animales? Envolví el conejito en mi pañuelo, lo puse en el bolsillo
del sobretodo dejando el sobretodo suelto
para no oprimirlo. Apenas se movía. Su
menuda conciencia debía estarle reve-
190 lando hechos importantes: que la vida es
un movimiento hacia arriba con un *click*
final, y que es también un cielo bajo,
blanco, envolvente y oliendo a lavanda,
en el fondo de un pozo tibio.
195   Sara no vió nada, la fascinaba demasiado el arduo problema de ajustar su sen-

tido del orden a mi valija-ropero, mis papeles y mi displicencia ante sus elabora-
das explicaciones donde abunda la expresión «por ejemplo». Apenas pude me en- 200
cerré en el baño; matarlo ahora. Una fina
zona de calor rodeaba el pañuelo, el conejito era blanquísimo y creo que más
lindo que los otros. No me miraba, solamente bullía y estaba contento, lo que era 205
el más horrible modo de mirarme. Lo en-
cerré en el botiquín[26] vacío y me volví
para desempacar, desorientado pero no in-
feliz, no culpable, no jabonándome las
manos para quitarles una última convul- 210
sión.
   Comprendía que no podía matarlo.
Pero esa misma noche vomité un conejito
negro. Y dos días después uno blanco. Y
a la cuarta noche un conejito gris.   215

   Usted ha de amar el bello armario de su
dormitorio, con la gran puerta que se abre
generosa, las tablas vacías a la espera de
mi ropa. Ahora los tengo ahí. Ahí dentro.
Verdad que parece imposible; ni Sara lo 220
creería. Porque Sara nada sospecha, y el
que no sospeche nada procede de mi horrible tarea, una tarea que se lleva mis días
y mis noches en un solo golpe de
rastrillo[27] y me va calcinando por dentro y 225
endureciendo como esa estrella de mar
que ha puesto usted sobre la bañera y que
a cada baño parece llenarle a uno el
cuerpo de sal y azotes de sol[28] y grandes
rumores de la profundidad.   230
   De día duermen. Hay diez. De día
duermen. Con la puerta cerrada, el armario es una noche diurna[29] solamente para
ellos, allí duermen su noche con
sosegada[30] obediencia. Me llevo las llaves 235
del dormitorio al partir a mi empleo. Sara
debe creer que desconfío de su honradez

---

[23] *el copo:* porción de materia blanda, como lana.
[24] *Idumea:* país de Asia antigua.
[25] *un capricho:* un deseo repentino, antojo.
[26] *botiquín:* lugar donde se guardan medicinas.
[27] *rastrillo:* pieza de las armas de chispa.

[28] *azotes de sol:* aquí figurativamente, castigos del sol.
[29] *diurna:* del día.
[30] *sosegada:* tranquila.

y me mira dubitativa, se le ve todas las mañanas que está por decirme algo, pero al final se calla y yo estoy tan contento. (Cuando arregla el dormitorio, de nueve a diez, hago ruido en el salón, pongo un disco de Benny Carter[31] que ocupa toda la atmósfera, y como Sara es también amiga de saetas y pasodobles,[32] el armario parece silencioso y acaso lo esté, porque para los conejitos transcurre ya la noche y el descanso.)

Su día principia a esa hora que sigue a la cena, cuando Sara se lleva la bandeja con un menudo tintinear[33] de tenacillas de azúcar, me desea buenas noches—sí, me las desea, Andrée, lo más amargo es que me desea las buenas noches—y se encierra en su cuarto y de pronto estoy yo solo, solo con el armario condenado, solo con mi deber y mi tristeza.

Los dejo salir, lanzarse ágiles al asalto del salón, oliendo vivaces el trébol que ocultaban mis bolsillos y ahora hace en la alfombra efímeras puntillas que ellos alteran, remueven, acaban en un momento. Comen bien, callados y correctos, hasta ese instante nada tengo que decir, los miro solamente desde el sofá, con un libro inútil en la mano—yo que quería leerme todos sus Giraudoux,[34] Andrée, y la historia argentina de López que tiene usted en el anaquel más bajo—; y se comen el trébol.

Son diez. Casi todos blancos. Alzan la tibia cabeza hacia las lámparas del salón, los tres soles inmóviles de su día, ellos que aman la luz porque su noche no tiene luna ni estrellas ni faroles. Miran su triple sol y están contentos. Así es que saltan por la alfombra, a las sillas, diez manchas livianas se trasladan como una moviente constelación de una parte a otra, mientras yo quisiera verlos quietos, verlos a mis pies y quietos—un poco el sueño de todo dios, Andrée, el sueño nunca cumplido de los dioses—, no así insinuándose detrás del retrato de Miguel de Unamuno[35] en torno al jarrón verde claro, por la negra cavidad del escritorio, siempre menos de diez, siempre seis u ocho y yo preguntándome dónde andarán los dos que faltan, y si Sara se levantara por cualquier cosa, y la presidencia de Rivadavia[36] que yo quería leer en la historia de López.

No sé cómo resisto, Andrée. Usted recuerda que vine a descansar a su casa. No es culpa mía si de cuando en cuando vomito un conejito, si esta mudanza me alteró también por dentro—no es nominalismo,[37] no es magia, solamente que las cosas no se pueden variar así de pronto, a veces las cosas viran[38] brutalmente y cuando usted esperaba la bofetada[39] a la derecha—. Así, Andrée, o de otro modo, pero siempre así.

Le escribo de noche. Son las tres de la tarde, pero le escribo en la noche de ellos. De día duermen. ¡Qué alivio esta oficina cubierta de gritos, órdenes, máquinas Royal, vicepresidentes y mimeógrafos! ¡Qué alivio, qué paz, que horror, Andrée! Ahora me llaman por teléfono, son los amigos que se inquietan por mis noches recoletas,[40] es Luis que me invita a caminar o Jorge que me guarda un concierto. Casi no me atrevo a decirles que no, invento prolongadas e ineficaces historias

---

[31] *Benny Carter:* (1907-), saxofonista y compositor norteamericano de *jazz.*

[32] *saetas y pasodobles:* cantos y bailes.

[33] *tintinear:* el sonido delicado producido por dos objetos duros cuando se tocan levemente.

[34] *Giraudoux:* Jean Giraudoux (1882–1944), dramaturgo, novelista, ensayista y diplomático francés.

[35] *Miguel de Unamuno:* novelista, filósofo, poeta y ensayista español (1864–1936).

[36] *Rivadavia:* Bernardino Rivadavia (1780–1845), político, militar y primer presidente de la República Argentina (1826–1827).

[37] *nominalismo:* una doctrina opuesta al realismo; sostiene que los universales—como el concepto de la verdad o la belleza—carecen de toda existencia; no son más que meros nombres.

[38] *viran:* cambian de dirección.

[39] *la bofetada:* golpe dado con la mano.

[40] *noches recoletas:* noches en que él se queda solo, aislado de los otros.

de mala salud, de traducciones atrasadas, de evasión. Y cuando regreso y subo en el ascensor—ese tramo, entre el primero y segundo piso—me formulo noche a noche irremediablemente la vana esperanza de que no sea verdad.

Hago lo que puedo para que no destrocen sus cosas. Han roído[41] un poco los libros del anaquel más bajo, usted los encontrará disimulados para que Sara no se dé cuenta. ¿Quería usted mucho su lámpara con el vientre de porcelana lleno de mariposas y caballeros antiguos? El trizado[42] apenas se advierte, toda la noche trabajé con un cemento especial que me vendieron en una casa inglesa—usted sabe que las casas inglesas tienen los mejores cementos—y ahora me quedo al lado para que ninguno la alcance otra vez con las patas (es casi hermoso ver cómo les gusta pararse, nostalgia de lo humano distante, quizá imitación de su dios ambulando y mirándolos hosco; además usted habrá advertido—en su infancia, quizá—que se puede dejar a un conejito en penitencia contra la pared, parado, las patitas apoyadas y muy quieto horas y horas).

A las cinco de la mañana (he dormido un poco, tirado en el sofá verde y despertándome a cada carrera afelpada, a cada tintineo) los pongo en el armario y hago la limpieza. Por eso Sara encuentra todo bien aunque a veces le he visto algún asombro contenido, un quedarse mirando un objeto, una leve decoloración de la alfombra, y de nuevo el deseo de preguntarme algo, pero yo silbando las variaciones sinfónicas de Franck,[43] de manera que nones.[44] Para qué contarle, Andrée, las minucias desventuradas de ese amanecer sordo y vegetal, en que camino entredormido levantando cabos de trébol, hojas sueltas, pelusas blancas, dándome contra los muebles, loco de sueño, y mi Gide[45] que se atrasa, Troyat[46] que no he traducido, y mis respuestas a una señora lejana que estará preguntándose ya si . . . para qué seguir todo esto, para qué seguir esta carta que escribo entre teléfonos y entrevistas.

Andrée, querida Andrée, mi consuelo es que son diez y ya no más. Hace quince días contuve en la palma de la mano un último conejito, después nada, solamente los diez conmigo, su diurna noche y creciendo, ya feos y naciéndoles el pelo largo, y adolescentes y llenos de urgencias y caprichos, saltando sobre el busto de Antinoo[47] (¿es Antinoo, verdad, ese muchacho que mira ciegamente?) o perdiéndose en el living donde sus movimientos crean ruidos resonantes, tanto que de allí debo echarlos por miedo a que los oiga Sara y se me aparezca horripilada, tal vez en camisón—porque Sara ha de ser así, con camisón—y entonces . . . Solamente diez, piense usted esa pequeña alegría que tengo en medio de todo, la creciente calma con que franqueo[48] de vuelta los rígidos cielos del primero y el segundo piso.

Interrumpí esta carta porque debía asistir a una tarea de comisiones. La continúo aquí en su casa, Andrée, bajo una sorda grisalla[49] de amanecer. ¿Es de veras el día siguiente, Andrée? Un trozo en blanco de la página será para usted el intervalo, apenas el puente que une mi letra de ayer a mi letra de hoy. Decirle que en ese inter-

---

[41]*roído*: cortado con los dientes.

[42]*El trizado*: el lugar donde se cortó.

[43]*Franck*: César Auguste Franck (1822–1890), compositor belgo-francés.

[44]*nones*: una negación que aquí quiere decir que nada pasó.

[45]*Gide*: André Gide (1869–1951), escritor francés.

[46]*Troyat*: Henri Troyat (Lev Tarassov) (1911-), novelista francés nacido en la Unión Soviética.

[47]*Antinoo*: una figura de la antigüedad griega; hijo del rey de Itaca.

[48]*franqueo*: atravieso.

[49]*grisalla*: de color gris; viene del francés; describe una manera de pintar con tintes de color gris.

valo todo se ha roto, donde mira usted el puente fácil oigo yo quebrarse la cintura furiosa del agua, para mí este lado del papel, este lado de mi carta no continúa la calma con que venía yo escribiéndole cuando la dejé para asistir a una tarea de comisiones. En su cúbica noche sin tristeza duermen once conejitos; acaso ahora mismo, pero no, no ahora—En el ascensor, luego, o al entrar; ya no importa dónde, si el cuándo es ahora, si puede ser en cualquier ahora de los que me quedan.

Basta ya, he escrito esto porque me importa probarle que no fuí tan culpable en el destrozo insalvable de su casa. Dejaré esta carta esperándola, sería sórdido que el correo se la entregara alguna clara mañana de París. Anoche di vuelta los libros del segundo estante; alcanzaban ya a ellos, parándose o saltando, royeron los lomos para afilarse los dientes—no por hambre, tienen todo el trébol que les compro y almaceno[50] en los cajones del escritorio. Rompieron las cortinas, las telas de los sillones, el borde del autorretrato de Augusto Torres, llenaron de pelos la alfombra y también gritaron, estuvieron en círculo bajo la luz de la lámpara, en círculo y como adorándome, y de pronto gritaban, gritaban como yo no creo que griten los conejos.

He querido en vano sacar los pelos que estropean la alfombra, alisar el borde de la tela roída, encerrarlos de nuevo en el armario. El día sube, tal vez Sara se levante pronto. Es casi extraño que no me importe Sara. Es casi extraño que no me importe verlos brincar en busca de juguetes. No tuve tanta culpa, usted verá cuando llegue que muchos de los destrozos están bien reparados con el cemento que compré en una casa inglesa, yo hice lo que pude para evitarle un enojo . . . En

cuanto a mí, del diez al once hay como un hueco insuperable. Usted ve: diez estaba bien, con un armario, trébol y esperanza, cuántas cosas pueden construirse. No ya con once, porque decir once es seguramente doce, Andrée, doce que será trece. Entonces está el amanecer y una fría soledad en la que caben la alegría, los recuerdos, usted y acaso tantos más. Está este balcón sobre Suipacha lleno de alba, los primeros sonidos de la ciudad. No creo que les sea difícil juntar once conejitos salpicados sobre los adoquines, tal vez ni se fijen en ellos, atareados con el otro cuerpo que conviene llevarse pronto, antes de que pasen los primeros colegiales.

(De *Bestiario*)

3.4 *El Ensayo*

En general, la palabra *ensayo* se refiere a una composición de moderada extensión cuyo origen literario es atribuído al escritor francés Michel de Montaigne y sus *Essais* (1580).* El ensayo difiere de otras formas de prosa, como la novela y el cuento. Primero, no es ficción, aunque la imaginación del autor es de suma importancia. No hay personajes ni intriga, puesto que el ensayo no es una narración de anécdotas sino más bien una meditación sobre ideas. El ensayista no se esconde detrás de un narrador, como hacen el novelista y el cuentista. Su persona es central al ensayo y es abiertamente visible, como en un poema lírico.

El ensayo, sin ser ficción, es literatura. Difiere del tratado no-literario también. Sea filósofo o científico, el escritor del tratado pretende ser objetivo y, por eso, esconde su «yo» tras las fórmulas del estudio. Da énfasis a un contenido lógicamente organizado y exhaustivamente desarrollado para probar una tesis. En general, el lector del tratado es también un especialista en el asunto. El ensayo, en cambio,

---

[50] *almaceno:* guardo.

*En la preparación de esta sección hemos utilizado algunas ideas expresadas en la *Teoría del ensayo* de José Luis Gómez-Martínez (Universidad de Salamanca, 1981).

es sumamente subjetivo. Es el proceso pensante del ensayista frente a su circunstancia. Es decir, el ensayista expresa sus ideas y sentimientos con entera libertad metodológica sobre un asunto específico para convencer al lector. No atribuye valores absolutos a sus ideas. No los desarrolla exhaustivamente para comprobar una teoría ni para establecer su legitimidad. Sólo sugiere y señala caminos a un lector no necesariamente especialista, aunque probablemente culto. Al lector le incita a meditar. El ensayista presenta su perspectiva sobre un asunto limitado. Puede ser un tema que parece insignificante o importante. El ensayista desarrolla sus ideas sobre el asunto, mostrando al lector su proceso pensante.

En el ensayo hay la necesidad de comunicar algo según el punto de vista personal del ensayista. Las ideas o los problemas tratados por el ensayista pueden fácilmente ser históricamente reconocibles, o tal vez aplicables a cualquier época. Pero siempre son actualizados o revisados según la perspectiva contemporánea del ensayista. A menudo en el ensayo, abundan citas. Pero los datos históricos y culturales a que alude el ensayista no sirven tanto para comprobar una tesis como para despertar asociaciones de ideas que el autor quiere comunicarnos. A veces, estos datos son inexactos e incluso imaginarios. Este hecho, sin embargo, no disminuye el valor del ensayo, porque los datos son utilizados como soporte erudito subordinado a las intuiciones del ensayista. En la elección y el desarrollo de temas, el ensayista muestra su subjetividad y la circunstancialidad del momento en que trata el tema. Por eso, el ensayo es como un seismógrafo de la sociedad y del autor.

La estructura del ensayo es enteramente libre. El ensayista puede presentar varias ideas o una sola idea. Puede empezar a desarrollar una de ellas para luego dejarla en el aire y andar por las ramas detrás de otra. En esa asistematización, hay cierta espontaneidad. Pero esto no quiere decir que al ensayo le falta rigor meditativo y estético. En efecto, en el ensayo hay una voluntad de estilo o una preocupación con el estilo como en cualquier texto literario.

Es un paseo intelectual que busca despertar en el lector la curiosidad también intelectual.

La inspiración, la imaginación, la inventiva y el entusiasmo del autor colocan el ensayo dentro de la categoría de texto literario. A diferencia del texto no-literario, la unidad del ensayo y su atractivo intelectual no se basan ni en la rigidez de su estructura ni en su lógica sino en su emotividad. Se manifiesta ésta en sus digresiones encadenadas por asociación, y en su estructura fragmentaria e incompleta. El ensayista no se preocupa de agotar su tema. Sólo quiere presentar unas cuantas ideas y convencer con éstas.

Esta estructura y el contenido meditativo requieren la concentración del lector. Por eso, la lectura puede ser lenta. El lector tendrá que acostumbrarse a las digresiones y detener la lectura de vez en cuando para reflexionar. Incluso el lector puede sentir el deseo de discutir o dialogar con el ensayista. El autor parece buscar la reacción de sus ideas en el lector.

Los temas y tipos de ensayo varían mucho. Los hay filosóficos, sociológicos, políticos, históricos, religiosos, éticos, estéticos, culturales. Su tono también varía mucho. Puede ser, por ejemplo, serio, satírico, lírico, humorístico, agónico. Algunos ensayos presentan intuiciones sobre problemas eternos, mientras que otros, como los de la llamada Generación del 98 en España, tratan los dilemas nacionales en el presente y el futuro. Muchos ensayos de Hispanoamérica durante la Epoca Moderna a menudo exploran la realidad socioeconómica, política e histórica. Estas preocupaciones llegan a tal punto que los ensayos son considerados instrumentales por su naturaleza práctica y luchadora en forjar identidades continentales. Testimonian, se quejan, y presentan ideologías al servicio de una causa. Se trata de meditaciones concretas sobre la circunstancia propia de estos países.

3.4.1 La lectura crítica

Para emprender una lectura crítica del ensayo, fíjese en las siguientes sugerencias:

(1) Establezca cuáles son la idea principal o las ideas principales que intenta comunicar el ensayista.

(2) ¿Cómo desarrolla estas ideas? ¿En una progresión de ideas o impresiones encadenadas? ¿Hay muchas digresiones? ¿Qué y cómo añaden estas digresiones a la idea principal? ¿En antinomias u oposiciones?

(3) ¿Qué soporte cultural tiene que saber el lector para entender las ideas del ensayista? ¿La historia o la sociología? ¿La literatura? ¿Cómo son las citas que hace el autor? ¿Hay anécdotas, mitos religiosos, historia, etc.?

(4) ¿Cómo es el lenguaje? ¿Más denotativo que connotativo? ¿Hay metáforas y otros recursos poéticos?

(5) ¿Qué tipo de ensayo es? ¿Filosófico, sociológico, histórico, ético, estético, etc.?

(6) ¿Se siente la presencia del autor? ¿Cómo?

(7) ¿Le ha incitado a Vd. a meditar sobre el asunto?

3.4.2 Texto:
«Sobre la novela policial»
de Alfonso Reyes
(México, siglo XX)

Lea Vd. el siguiente ensayo en que Alfonso Reyes defiende la novela policial y nos cuenta por qué la prefiere a otras expresiones literarias más cultas. Al leer el ensayo, Vd. probablemente se dará cuenta de que Reyes se refiere a muchos autores y obras literarias.

Sobre la novela policial

De todas las feas denominaciones que han dado en emplearse para cierto género novelístico hoy más en boga que ninguno—novela de misterio, de crimen, «detectivesca», policíaca, policial—prefiero esta última. Las demás, o parecen despectivas, o limitadas, o impropias por

algún concepto. Sobre esta novela policial me atreví a decir—y lo ha recordado recientemente Jorge Luis Borges[1] en Buenos Aires—que era el género literario de nuestra época. No pretendí hacer un juicio de valor, sino una declaración de hechos: 1) es lo que más se lee en nuestros días, y 2) es el único género nuevo aparecido en nuestros días, aun cuando sus antecedentes se pierdan, como es natural, en el pasado.

Se me ocurre charlar hoy un poco sobre la novela policial, y me da ocasión una experiencia reciente. Un eminente psiquiatra mexicano me encontró una de estas mañanas con una novela policial en la mano, y hablamos así:

—¿También usted lee estas cosas?

—Soy un decidido aficionado. Me interesan sin conmoverme. En la que llamaremos «novela oficial», todo conflicto me conmueve y agita. En la policial, todo conflicto me deleita porque enriquece la investigación. En la novela oficial, una muerte puede hacer llorar, como lloraban el fallecimiento del personaje «Amadís»[2] la dama y su servidumbre, en la anécdota que todos los humanistas conocen. En la novela policial, al contrario, una muerte es bienvenida, porque da mayor relieve al problema. Descansa el corazón, y trabaja la cabeza como con un enigma lógico o una charada, como con un caso de ajedrez. Pero el trabajo no es tan intenso que fatigue, y además sabemos que, por regla, nos van a dar la solución en el último capítulo; de suerte que podemos ser un tanto pasivos si nos place, y graduar nosotros mismos la atención y la energía mental que deseamos gastar. Finalmente, el problema no conlleva el dolor de la abstracción lógica, sino que va cómodamente en-

---

[1] *Jorge Luis Borges:* (1899–1986), ensayista, poeta, novelista y cuentista argentino.

[2] *Amadís:* Amadís de Gaula (Francia), protagonista de una novela española de caballería del siglo XVI.

carnado en Pedro, Juan o Francisco. En suma, leo novelas policiales porque me ayudan a descansar, y me acompañan, sin llegar a fascinarme u obsesionarme, a lo largo de mis jornadas de trabajo, con esa música en sordina de un «sueño continuado» que no tiene nada de morboso; me permiten satisfacer esa necesidad de desdoblamiento psicológico que todos llevamos adentro (y a la que importa buscar alguna salida por buena economía del espíritu), sin poner para eso en acción todos los recursos sentimentales ni la preocupación patética que exige la novela oficial.

—Tiene usted razón—me contestó mi amigo—. En algunos casos, y por los mismos motivos que usted dice, yo aconsejo estas lecturas a mis enfermos de fatiga nerviosa. Por donde caemos en el tema de la higiene mental que trataba usted en algún artículo. ¿Y le interesa a usted igualmente la novela policial que el cuento policial?

—En principio, necesito que la obra tenga cierta extensión para que logre persuadirme con su engaño estético. Los antiguos retóricos se acercaron muchas veces (y el primero, Aristóteles[3]) a este tema de la relación entre el lícito engaño literario y la dimensión del poema. En sus comentarios sobre *El cuervo,* algo dice al respecto Edgar Allan Poe.[4] Quizá no sea posible decir más, pues el tema es resbaladizo y escapa a la razón dosimétrica. Pero hay una cierta relación entre la cantidad y la calidad poética, que puede ser de primer grado o de grado recóndito, de orden directo o de orden inverso. Y en el

tipo de ficción policial es obvia, es de primer grado y de razón directa. Victoria Ocampo,[5] también gran lectora de estos libros, me ha declarado que sólo soporta la novela y no el cuento. Yo soy un poco más ecléctico, pero suscribo, en tesis general, el mismo principio.

—¿Se ha escrito algo que merezca leerse sobre el género policial?

—Hay un buen ensayo de Roger Caillois, y hay mil notas y luminosos atisbos en Jorge Luis Borges, que, en colaboración con Adolfo Bioy,[6] está dando carta de naturalización al género en la literatura hispanoamericana y, podemos decir, en la hispana. Joseph Wood Krutch, autor de un reciente libro (¡otro más!, aunque bueno) sobre Samuel Johnson,[7] acaba de publicar un breve y agudo ensayo al respecto en *The Nation* (25 de noviembre). Si le interesa, aquí lo tiene usted.

Aunque, como ya se supondrá, mi amigo no me ha devuelto ese número de *The Nation,* no quiero privar al lector de algunas observaciones de Krutch, que me atrevo a ofrecer aquí de memoria y mezcladas con observaciones propias: El género policial—viene a decir Krutch— es un género vergonzante. Todos lo practican, pero el lector sorprendido con una de estas novelas se disculpa diciendo: «No es más que una novela policial», frase que sustituye a la de «No es más que una novela», que, en el siglo XVIII, causaba la indignación de Jane Austen.[8] Ahora bien, si muchos se creen obligados por imperativos de cultura a leer una buena novela de éxito, en cambio la novela policial se lee

---

[3]*Aristóteles:* filósofo griego (384–322 A. de C.) cuyos tratados sobre el método científico y lógico, la política, la retórica, y la poética, entre otros, influyeron en la cultura de la Edad Media.

[4]*Poe:* Edgar Allan Poe (1809–1849), poeta, crítico y cuentista norteamericano. «El cuervo» es uno de sus poemas. Influyó mucho en los poetas franceses y en los poetas y cuentistas hispanoamericanos a fines del siglo XIX y a principios del siglo XX.

[5]*Victoria Ocampo:* escritora argentina (1890–1979),

fundadora de una de las más importantes revistas literarias de Hispanoamérica, *Sur.* Es la primera mujer que ingresa a la Academia de Letras en su país (1977).

[6]*Bioy Casares:* Adolfo Bioy Casares (1914-), novelista argentino quien escribió novelas policiales en colaboración con Jorge Luis Borges.

[7]*Johnson:* Samuel Johnson (1709–1784), ensayista y poeta inglés.

[8]*Austen:* Jane Austen (1775–1817), novelista inglesa.

sin compulsión alguna, y ni siquiera se habla de ella con los vecinos. Tiene las condiciones esenciales del atractivo literario, el placer: acaso motivo más imperioso que el deseo de instruirse o la ineptitud para soportar la presión social que nos rodea. Esta novela es hasta hoy la Cenicienta de la Novela. Se la considera un tipo subliterario por dos motivos: 1ro. los autores que a ella se consagran son demasiado prolíficos, 2do. la novela policial se escribe con visible apego a cierta fórmula o canon.

Lo primero es consecuencia de la excesiva demanda, y se presta sin duda a la producción industrial de obras mediocres; pero se puede ser abundante sin ser por eso mal escritor. La objeción no es una razón necesaria en contra. Piénsese en la obra, tan copiosa como excelente, de Balzac, Dickens, Anthony Trollope, Galdós.[9] La segunda objeción carece de sentido crítico. Las obras no son buenas o malas por seguir o dejar de seguir una fórmula. Siempre siguió una preceptiva de hierro la tragedia griega y no se la desestima por eso. Y Lope de Vega[10] fue, a la vez, abundantísimo y dado a ajustarse a la fórmula fácil y económica con que él mismo organizó la Comedia Española. De suerte que este ejemplo solo (no lo trae Krutch, claro está: hoy nadie conoce, fuera de nuestra habla, la literatura española) basta para anular ambas objeciones.

Después de todo «fórmula» es «forma», y no le está mal a la novela tan orillada por naturaleza a los desbordes, y más en los últimos tiempos, un poco de forma. La gran popularidad denuncia, quiérase o no, alguna virtud en la obra que la disfruta. Claro que esta virtud podrá o no ser de orden estético. Todos devoran un libro de escándalo, aunque sea pésima literatura. Pero parece más bien que la novela policial ofreciera algunas cualidades desdeñadas por la novela oficial, y que de lejos la emparientan con la añeja novela de aventuras, amada de Paul Claudel.[11] (¡Maldición para quien olvide el gran nombre de Stevenson!)[12]

Aun cuando somos adoradores del buen estilo confesamos que no está aquí el secreto del éxito para la novela policial. Hay muchos autores adocenados que se las arreglan tan bien como la erudita y excelente escritora Dorothy Sayers.[13] El secreto, sin duda, está en la distracción: ni siquiera en la amenidad. Que, a veces, la historia es muy escueta, y, sin embargo, nos distrae.

Para esclarecerlo habría que estudiar la evolución del género, desde sus precursores definidos—Poe, Collins, Conan Doyle[14]—hasta nuestros días. Tal vez Krutch tenga razón en proponer el año de 1925 como el hito inicial del tipo específicamente contemporáneo. No lo afirmamos de fijo. Pero sí creemos poder afirmar que Louise Bogan[15] se engaña atribuyendo el secreto del éxito al sentimiento de miedo, característico de nuestra época insegura. (Y aquí de la angustia de Kafka, Kierkegaard[16] y otras honduras por este

---

[9]*Balzac:* Honoré de Balzac (1799–1850), novelista francés; *Anthony Trollope* (1815–1882), novelista inglés; *Galdós:* Benito Pérez Galdós (1843–1920), novelista y dramaturgo español.

[10]*Lope de Vega:* Félix Lope de Vega y Carpio (1562–1635), dramaturgo y poeta español.

[11]*Paul Claudel:* (1868–1955), dramaturgo, poeta y diplomático francés.

[12]*Stevenson:* Robert Louis Stevenson (1850–1894), novelista, poeta y ensayista escocés.

[13]*Dorothy Sayers:* (1893–1957), escritora inglesa de narrativas policiales.

[14]*Collins:* William Wilkie Collins (1824–1889), escritor inglés de novelas policiales; *Conan Doyle:* (1859–1930), escritor inglés de novelas policiales en que aparece Sherlock Holmes.

[15]*Louise Bogan:* (1897–1970), crítico y poeta norteamericana.

[16]*Kafka:* Franz Kafka (1883–1924), escritor de Bohemia cuya narrativa mostraba el absurdo de la existencia; *Kierkegaard:* Sören Kierkegaard (1813–1855), danés, filósofo existencialista.

tenor.) No: el miedo, ni cubre todo el campo genérico, ni cuando aparece es siempre el elemento principal en la historia. Al contrario, el tipo contemporáneo se aleja en principio de ese vaho pavoroso que envuelve las obras de Poe, de Hoffmann,[17] etc. Acaso la novela oficial realice imperfectamente la «catarsis»—que tan naturalmente se da en la novela policial—, por culpa de ciertos agobios de seriedad y de análisis, que ya Wilde censuraba en Bourget y que hoy han llegado a deliciosos extremos, demasiado sutiles sin embargo para los grandes públicos (Proust).[18] Estos agobios de seriedad fácilmente paran en pesadeces, llevan a olvidar las energías primarias del juego—y a un juego superior se reduce el disfrute estético—y carecen de aquella facultad incomparable que Nietzsche[19] llamó «la fuerza ligera». Krutch exclama (¡y con cuánta razón!):—Acaso se inicia la decadencia de la novela el día que el novelista se propone discernir conscientemente entre lo «importante» y lo «interesante». Sí: la golosina puede hartar e indigestar. Pero es un pésimo síntoma de salud preferir, en sí, la purga a la golosina.

Interés de la fábula y coherencia en la acción. Pues ¿qué más exigía Aristóteles? La novela policial es el género clásico de nuestro tiempo.

3.4.3 Análisis: «Sobre la novela policial» de Alfonso Reyes

En su defensa de y preferencia por la novela policial, Reyes empieza el ensayo con una técnica deliberadamente informal. Cuenta una conversación que había tenido con un amigo psiquiatra. Este diálogo sirve como vehículo para que el autor explique al lector porqué debe leer novelas policiales. Además Reyes usa comparaciones entre la novela policial y las novelas tradicionalmente aceptadas por su valor estético. De modo burlón, el ensayista llama a las novelas tradicionales, «novelas oficiales». Señala que la novela oficial conmueve y agita con recursos sentimentales y preocupaciones patéticas. En cambio, «la policial» deleita sin fatigar y sin doler. Y por lo tanto, ayuda a descansar sin obsesionar. Durante este mismo diálogo, Reyes declara su preferencia por la novela policial en vez del cuento policial. Para comprobar su punto de vista, el ensayista se refiere a la opinión de literatos contemporáneos como la argentina Victoria Ocampo, y a los escritos de un griego clásico de la antigüedad, Aristóteles.

Al terminar la conversación informativa, en que el psiquiatra dice muy poco, Reyes entra en materia más erudita. Nombra a los estudiosos de la novela policial como Caillois. Y se detiene específicamente en un ensayo de Joseph Wood Krutch. Durante varios párrafos, el ensayista nos ofrece comentarios sobre las ideas de Krutch. Incluso a veces, no está claro si las observaciones son de Krutch o del mismo Reyes. Sin embargo, lo que sí está claro, es que Reyes propone elevar la novela policial de su estado inferior—de «género vergonzante», de «Cenicienta de la Novela» y de «sub-literatura»—a un nivel respetable. Lo hace atacando las dos razones que en general se dan para menospreciar la novela policial: que los autores de novelas policiales son demasiado prolíficos, y que escriben siguiendo una fórmula, o sea, normas específicas e inflexibles.

En defensa de la crítica de la abundancia de novelas policiales, Reyes señala la obra abundante de los mejores novelistas europeos como Balzac, Dickens y Galdós. Y en defensa de la fórmula que utilizan los autores de novelas policiales, nombra también al prolífico y popular dramaturgo del Siglo de Oro, Lope de Vega, por su afición a la fórmula en sus come-

---

[17] *Hoffmann:* Ernst Theodor Wilhelm Hoffmann (1776–1822), escritor y compositor alemán.

[18] *Wilde . . . (Proust):* Oscar Wilde (1856–1900), escritor inglés; *Bourget:* Paul Bourget (1852–1935), novelista y poeta francés; *Proust:* Marcel Proust (1871–1922), novelista francés, famoso por *En busca del tiempo perdido.*

[19] *Nietzsche:* Friedrich Nietzsche (1844–1900), filósofo y poeta alemán.

dias. Reyes añade que no sería mala la idea de «una fórmula», que él define como «forma», pues la tragedia clásica de los griegos exigía normas específicas también.

El ensayo de Reyes es literario y estético por su tema. Desde el principio del ensayo, el autor afirma que considera la novela policial el género literario de nuestra época porque es el género mas leído y es el único nuevo. Se atreve a criticar la novela oficial. Sostiene que ésta es demasiado seria y pesada y que sus autores también han olvidado el sentimiento del juego y de lo interesante, dos elementos importantes para que gocemos de la literatura. Es aquí hacia el final del ensayo donde Reyes utiliza el lenguaje connotativo en una metáfora sobre «la golosina» (la novela policial) y «la purga» (la novela oficial): «Sí: la golosina puede hartar e indigestar. Pero es un pésimo síntoma de salud preferir, en sí, la purga a la golosina». La mayoría del ensayo, sin embargo, está escrito en un lenguaje denotativo, sencillo y sin lirismo.

Reyes se refiere varias veces a la literatura tradicional de épocas anteriores. Y muestra semejanzas con la novela policial; por ejemplo, la presencia de fórmulas o normas, ya mencionadas, que aparecen en la tragedia griega clásica y en la comedia española de Lope de Vega en el siglo XVII. Con brevedad nombra a los escritores de la novela policial y a sus precursores: Poe, Collins, Conan Doyle, Borges y Bioy Casares. Comenta y critica la obra de los que han estudiado la novela policial como Louise Bogan. Y luego continúa con su propia opinión. No compara la novela policial con otros géneros populares de su época sino con géneros ya establecidos y tradicionalmente reverenciados. En su conclusión, otra vez aparecen características atribuídas a un griego clásico como modelo (Aristóteles). Estas características, según el ensayista, no son de la alta cultura sino de la cultura popular, es decir, de la novela policial. Así Alfonso Reyes lleva a cabo el propósito de su ensayo: enaltecer un género popular y frecuentemente desdeñado.

3.4.4 Texto: «La ausencia de los mejores» de José Ortega y Gasset (España, siglos XIX-XX)

Este ensayo de Ortega y Gasset forma parte de un libro más extenso titulado *España invertebrada*. El proceso que utiliza Ortega para proponer una revisión del concepto histórico de España difiere del método que usa Alfonso Reyes para enaltecer la novela policial. El estilo personal de Ortega es desapasionado y disciplinado, aunque no científico. Su escritura carece de lirismo y tiende hacia el lenguaje denotativo. Pero expresa sus ideas de manera más densa que Reyes. Ortega no hace el papel de un hombre que agoniza ante la circunstancia que describe. En cambio, organiza deliberada e inflexiblemente cada faceta de su discusión según su lógica subjetiva. La densidad del ensayo no se debe a la variedad y profundidad de las ideas y de la imaginería. Es consecuencia, más bien, del inexorable encadenamiento de ideas polémicas hacia un fin específico.

Debido al hecho de que el ensayo es tan denso, sería buena idea leerlo párrafo por párrafo. Escriba Vd. unas frases en que Vd. resume, en sus propias palabras, las ideas más importantes de cada párrafo.

Para una lectura crítica del ensayo, guíese por las siguientes preguntas:

(1) ¿Cómo y por qué ofrece Ortega comentarios sobre su actualidad basándose en la lejana historia de la Edad Media? ¿Cómo y por qué establece una equivalencia entre (a) la escasez de una minoría selecta de superior intelecto en su época, y (b) la escasez de una minoría feudal de los nobles en la Edad Media?

(2) ¿Qué comparaciones hace con otros países europeos? ¿Con qué finalidad?

(3) Hace varios contrastes. ¿Cómo contrasta el arte popular con el arte culto de España? ¿El sistema socio-político de los romanos con el de los visigodos en España? ¿Los visigodos que invadieron a España con los francos que invadieron a

Galia? ¿La civilización con la cultura? ¿La colonización de América por España con la colonización de América por Inglaterra?

(4) Note Vd. cómo formula sus propias definiciones de los términos que utiliza. ¿Cuáles son las definiciones que da del pueblo, del arte popular, del feudalismo, de la civilización, de la vitalidad, del señorío, de la decadencia, de la minoría selecta o los mejores?

(5) ¿Por qué alude, de vez en cuando, a otras disciplinas científicas—biología, zoología y fisiología—al hablar de la historia? ¿Qué tienen que ver estas disciplinas con su comentario inicial del carácter de una nación? ¿y con su descripción final del labriego español?

(6) Según Ortega ¿cómo serán consideradas por otros estas ideas sobre los defectos graves de la raza española?

(7) Según Ortega ¿cuáles eran las fuerzas y las debilidades de la unificación peninsular de España bajo el rey? y ¿las de la colonización española de América?

(8) ¿Qué quiere decir Ortega con las palabras «en España lo ha hecho todo el ‹pueblo›, y lo que no ha hecho el ‹pueblo›, se ha quedado sin hacer»?

(9) ¿Qué espera Ortega de los estudiosos de la historia de España?

(10) Según Ortega ¿cómo ha afectado a las masas la relativa falta de una tradición de «una minoría selecta»? ¿Al carácter del país?

(11) Note Vd. cómo el ensayista utiliza su perspectiva sobre la historia para definir y explicar la salud del carácter constitucional de la sociedad actual española.

(12) Note Vd. la subjetividad de sus opiniones éticas sobre el pueblo y las minorías selectas.

(13) Note Vd. la relativa escasez del lenguaje connotativo.

La ausencia de los mejores

Lo primero que el historiador debiera hacer para definir el carácter de una nación o de una época es fijar la ecuación peculiar en que las relaciones de sus masas con las minorías selectas se desarrollan dentro de ella. La fórmula que descubra será una clave secreta para sorprender las más recónditas palpitaciones de aquel cuerpo histórico.

Hay razas que se han caracterizado por una abundancia casi monstruosa de personalidades ejemplares, tras de las cuales sólo había una masa exigua, insuficiente e indócil. Este fué el caso de Grecia, y éste el origen de su inestabilidad histórica. Llegó un momento en que la nación helénica vino a ser como una industria donde sólo se elaborasen modelos, en vez de contentarse con fijar unos cuantos *standard* y fabricar conforme a ellos abundante mercancía humana. Genial como cultura, fué Grecia inconsistente como cuerpo social y como Estado.

Un caso inverso es el que ofrecen Rusia y España, los dos extremos de la gran diagonal europea. Muy diferentes en otra porción de calidades, coinciden Rusia y España en ser las dos razas «pueblo»: esto es, en padecer una evidente y perdurable escasez de individuos eminentes. La nación eslava es una enorme masa popular sobre la cual tiembla una cabeza minúscula. Ha habido siempre, es cierto, una exquisita minoría que actuaba sobre la vida rusa; pero de dimensiones tan exiguas en comparación con la vastedad de la raza, que no ha podido nunca saturar de su influjo organizador el gigantesco plasma popular. De aquí el aspecto protoplasmático amorfo, persistentemente primitivo, que la existencia rusa ofrece.

En cuanto a España . . . Es extraño que de nuestra larga historia no se haya espumado cien veces el rasgo más característico, que es, a la vez, el más evidente y a la mano: la desproporción casi incesante entre el valor de nuestro vulgo y el de nuestras minorías selectas. La personalidad autónoma, que adopta ante la vida una actitud individual y consciente, ha sido rarísima en nuestro país. Aquí lo ha hecho todo el «pueblo», y lo que el «pueblo» no ha podido hacer se ha quedado sin hacer. Ahora bien: el «pueblo» sólo puede ejercer funciones elementales de vida; no puede hacer ciencia, ni arte superior, ni crear una civilización pertrechada de complejas técnicas, ni organizar un estado de prolongada consistencia, ni destilar de las emociones mágicas una elevada religión.

Y, en efecto, el arte español es maravilloso en sus formas populares y anónimas—cantos, danzas, cerámica—y es muy pobre en sus formas eruditas y personales. Alguna vez ha surgido un hombre genial, cuya obra aislada y abrupta no ha conseguido elevar el nivel medio de la producción. Entre él, solitario individuo, y la masa llana no había intermediarios y, por lo mismo, no había comunicación. Y eso que aun estos raros genios españoles han sido siempre medio «pueblo», sin que su obra haya conseguido nunca libertarse por completo de una ganga plebeya o vulgar.

La nota que diferencia la obra ejecutada por la masa de la que produce el esfuerzo personal es la «anonimidad». Pues bien: compárese el conjunto de la historia de Inglaterra o de Francia con nuestra historia nacional, y saltará a la vista el carácter anónimo de nuestro pasado frente a la pululación de personalidades sobre el escenario de aquellas naciones.

Mientras la historia de Francia o de Inglaterra es una historia hecha principalmente por minorías, todo lo ha hecho aquí la masa, directamente o por medio de su condensación virtual en el Poder público, político o eclesiástico. Cuando entramos en nuestras villas milenarias vemos iglesias y edificios públicos. La creación individual falta casi por completo. ¿No se advierte la pobreza de nuestra arquitectura civil privada? Los «palacios» de las viejas ciudades son, en rigor, modestísimas habitaciones en cuya fachada gesticula pretenciosamente la vanidad de unos blasones. Si se quita a Toledo, a la imperial Toledo, el Alcázar y la Catedral, queda una mísera aldea.

De suerte que, así como han escaseado los hombres de sensibilidad artística poderosa, capaces de crearse un estilo personal, han faltado también los fuertes temperamentos que logran concentrar en su propia persona una gran energía social y merced a ello pueden realizar grandes obras de orden material o moral.

Mírese por donde plazca, el hecho español de hoy, de ayer o de anteayer, y siempre sorprenderá la anómala ausencia de una minoría suficiente. Este fenómeno explica toda nuestra historia, inclusive aquellos momentos de fugaz plenitud.

Pero hablar de la historia de España es hablar de lo desconocido. Puede afirmarse que casi todas las ideas sobre el pasado nacional que hoy viven alojadas en las cabezas españolas son ineptas y, a menudo, grotescas. Ese repertorio de concepciones, no sólo falsas, sino intelectualmente monstruosas, es precisamente una de las grandes rémoras que impiden el mejoramiento de nuestra vida.

Yo no quisiera aventurarme a exponer ahora con excesiva abreviatura lo que, a mi juicio, constituye el perfil esencial de la historia española. Son de tal modo heterodoxos mis pensamientos; dan de tal modo en rostro al canon usual, que parecería lo que dijese una historia de España vuelta del revés.

Pero hay un punto que me es forzoso tocar. Hemos oído constantemente decir que una de las virtudes preclaras de nuestro pasado consiste en que no hubo en España feudalismo. Por esta vez, la opinión reiterada es, en parte, exacta: en España no ha habido apenas feudalismo; sólo que esto, lejos de ser una virtud, fué nuestra primera gran desgracia y la causa de todas las más.

145 España es un organismo social, por decirlo así; un animal histórico que pertenece a una especie determinada, a un tipo de sociedades o «naciones» germinadas en el centro y occidente de Europa cuando 150 el Imperio romano sucumbe. Esto quiere decir que España posee una estructura específica idéntica a la de Francia, Inglaterra e Italia. Las cuatro naciones se forman por la conjunción de tres elementos, dos de 155 los cuales son comunes a todas y sólo uno varía. Estos tres elementos son: la raza relativamente autóctona, el sedimento civilizatorio romano y la inmigración germánica. El factor romano, idéntico en todas 160 partes, representa un elemento neutro en la evolución de las naciones europeas. A primera vista parece lógico buscar el principio decisivo de diferenciación entre ellas en la base autóctona, de modo que 165 Francia se diferenció de España lo que la raza gala se diferenciase de la ibérica. Pero esto es un error. No pretendo, claro está, negar la influencia diferenciadora de galos e iberos en el desarrollo de Francia 170 y España; lo que niego es que sea ella la decisiva. Y no lo es, por una razón sencilla. Ha habido naciones que se formaron por fusión de varios elementos en un mismo plano. A este tipo pertenecen casi 175 todas las naciones asiáticas. El pueblo A y el pueblo B se funden sin que en el mecanismo de esa fusión corresponda a uno de ellos un rango dinámico superior. Pero nuestras naciones europeas tienen una 180 anatomía y una fisiología históricas muy diferentes de las de esos cuerpos orientales. Como antes decía, pertenecen a una especie zoológica distinta y tienen su peculiar biología. Son sociedades nacidas de 185 la conquista de un pueblo por otro—no de un pueblo por un ejército, como aconteció en Roma—. Los germanos conquistadores no se funden con los autóctonos vencidos, en un mismo plano, horizontalmente, sino verticalmente. Podrán recibir 190 influjos del vencido, como los recibieron

de la disciplina romana; pero en lo esencial son ellos quienes imponen su estilo social a la masa sometida; son el poder plasmante y organizador; son la «forma», 195 mientras los autóctonos son la «materia». Son el ingrediente decisivo; son los que «deciden». El carácter vertical de las estructuras nacionales europeas que, mientras se van formando, las mantiene arti- 200 culadas en dos pisos o estratos, me parece ser el rasgo típico de su biología histórica.

Siendo, pues, los germanos el ingrediente decisivo, también lo será para los efectos de la diferenciación, con lo cual 205 llego a un pensamiento que parecerá escandaloso, pero que me interesa dejar aquí someramente formulado, a saber: la diferencia entre Francia y España se deriva, no tanto de la diferencia entre galos e ibe- 210 ros, como de la diferente calidad de los pueblos germánicos que invadieron ambos territorios. Va de Francia a España lo que va del franco al visigodo.

Por desgracia, del franco al visigodo va 215 una larga distancia. Si cupiese acomodar los pueblos germánicos inmigrantes en una escala de mayor a menor vitalidad histórica, el franco ocuparía el grado más alto, el visigodo un grado muy inferior. 220 ¿Esta diferente potencialidad de uno y otro era originaria, nativa? No es ello cosa que ahora podamos averiguar ni importa para nuestra cuestión. El hecho es que al entrar el franco en las Galias y el visigodo 225 en España representan ya dos niveles distintos de energía humana. El visigodo era el pueblo más viejo de Germania: había convivido con el Imperio romano en su hora más corrupta: había recibido su in- 230 flujo directo y envolvente. Por lo mismo, era el más «civilizado», esto es, el más reformado, deformado y anquilosado. Toda «civilización» recibida es fácilmente mortal para quien la recibe. Porque la «ci- 235 vilización»—a diferencia de la cultura— es un conjunto de técnicas mecanizadas, de excitaciones artificiales, de lujos o «luxuria» que se va formando por decantación en la vida de un pueblo. Inoculado a 240 otro organismo popular es siempre tóxico, y en altas dosis es mortal. Un ejemplo: el alcohol fué una «luxuria» aparecida en las civilizaciones de raza blanca, que, aunque sufra daños con su uso, se han mostrado capaces de soportarlo. En cambio, transmitido a Oceanía y al Africa negra, el alcohol aniquila razas enteras.

Eran, pues, los visigodos germanos alcoholizados de romanismo, un pueblo decadente que venía dando tumbos por el espacio y por el tiempo cuando llega a España, último rincón de Europa, donde encuentra algún reposo. Por el contrario, el franco irrumpe intacto en la gentil tierra de Galia vertiendo sobre ella el torrente indómito de su vitalidad.

Hay personas que cuando oyen hablar de vitalidad se representan una figura humana dotada de enormes músculos, capaz de comerse un oso y de trasegar una arroba de vino. Para estas personas vitalidad es sinónimo de brutalidad. Yo quisiera que mis lectores entendiesen por vitalidad simplemente el poder de creación orgánica en que la vida consiste, cualquiera que sea su misterioso origen. Vitalidad es el poder que la célula sana tiene de engendrar otra célula, y es igualmente vitalidad la fuerza arcana que crea un gran imperio histórico. En cada especie y variedad de seres vivos la vitalidad o poder de creación orgánica toma una dirección o estilo peculiar.

Como el semita y el romano tuvieron su estilo propio de vitalidad, también lo tiene el germano. Creó arte, ciencia, sociedad de una cierta manera, y sólo de ella, según un determinado módulo, y sólo según él. Cuando en la historia de un pueblo se advierte la ausencia o escasez de ciertos fenómenos típicos, puede asegurarse que es un pueblo enfermo, decadente, desvitalizado. Un pueblo no puede elegir entre varios estilos de vida: o vive conforme al suyo, o no vive. De un avestruz que no puede correr es inútil esperar que, en cambio, vuele como las águilas.

Pues bien: en la creación de formas so-ciales el rasgo más característico de los germanos fué el feudalismo. La palabra es impropia y da ocasión a confusiones, pero el uso la ha impuesto. En rigor, sólo debiera llamarse feudalismo al conjunto de fórmulas jurídicas que desde el siglo XI se emplean para definir las relaciones entre los «señores» o «nobles». Pero lo importante no es el esquematismo de esas fórmulas, sino el espíritu que preexistía a ellas y que luego de arrumbadas continuó operando. A ese espíritu llamo feudalismo. El espíritu romano, para organizar un pueblo, lo primero que hace es fundar un Estado. No concibe la existencia y la actuación de los individuos sino como miembros sumisos de ese Estado, de la «Civitas». El espíritu germano tiene un estilo contrapuesto. El pueblo consiste para él en unos cuantos hombres enérgicos que con el vigor de su puño y la amplitud de su ánimo saben imponerse a los demás, y haciéndose seguir de ellos, conquistar territorios, hacerse «señores» de tierras. El romano no es «señor» de su gleba: es, en cierto modo, su siervo. El romano es agricultor. Opuestamente, el germano tardó mucho en aprender y aceptar el oficio agrícola. Mientras tuvo ante sí en Germania vastas campiñas y anchos bosques donde cazar desdeñó el arado. Cuando la población creció y cada tribu o nación se sintió apretada por las confinantes tuvo que resignarse un momento y poner la mano hecha a la espada en la curva mancera. Poco duró su sujeción a la pacífica faena. Tan pronto como el valladar de las legiones imperiales se debilitó, los germanos resolvieron ganar los feraces campos del Sur y el Oeste y encargar a los pueblos vencidos de cultivárselos. Este dominio sobre la tierra, fundado precisamente en que no se la labra, es el «señorío».

Los «señores» van a ser el poder organizador de las nuevas naciones. No se parte, como en Roma, de un Estado municipal, de una idea colectiva e impersonal, sino de unas personas de carne y hueso. El Estado germánico consiste en una serie de relaciones personales y privadas entre los señores. Para la conciencia contemporánea es evidente que el derecho es anterior a la persona, y, como el derecho supone sanción, el Estado será también anterior a la persona. Hoy un individuo que no pertenezca a ningún Estado no tiene derechos. Para el germano, lo justo es lo inverso. El derecho sólo existe como atributo de la persona. El Cid,[1] cuando es arrojado de Castilla, no es ciudadano de ningún Estado, y, sin embargo, posee todos sus derechos. Lo único que perdió fué su relación privada con el rey y las prebendas que de ella se derivaban.

Esta acción personal de los señores germanos ha sido el cincel que esculpió las nacionalidades occidentales. Cada cual organizaba su señorío, lo saturaba de su influjo individual. Luchas, amistades, enlaces con los señores colindantes, fueron produciendo unidades territoriales cada vez más extensas, hasta formarse los grandes ducados. El rey, que originariamente no era sino el primero entre los iguales, «primus inter pares», aspira de continuo a debilitar esta minoría poderosa. Para ello se apoya en el «pueblo» y en las ideas romanas. En ciertas épocas parecen los «señores» vencidos y el unitarismo monárquico-plebeyo-sacerdotal triunfa. Pero el vigor de los señores francos se recupera y reaparece a poco la estructura feudal.

Quien crea que la fuerza de una nación consiste sólo en su unidad juzgará pernicioso el feudalismo. Pero la unidad sólo es definitivamente buena cuando unifica grandes fuerzas preexistentes. Hay una unidad muerta, lograda merced a la falta de vigor en los elementos que son unificados.

Por esto es un grandísimo error suponer que fué un bien para España la debilidad de su feudalismo. Cuando oigo lo contrario me produce la misma impresión que si oyese decir: es bueno que en la España actual haya pocos sabios, pocos artistas, y, en general, pocos hombres de mucho talento, porque el vigor intelectual promueve grandes discusiones y lleva a contiendas y trapatiestas. Pues bien: lo que en la sociedad actual representa la minoría de superior intelecto, fué en la hora germinal de nuestras naciones la minoría de los feudales. En Francia hubo muchos y poderosos; lograron plasmar históricamente, saturar de nacionalización hasta el último átomo de masa popular. Para esto fué preciso que viviese largos siglos dislocado el cuerpo francés en moléculas innumerables, las cuales, conforme llegaban a madurez de cohesión interior, se trababan en texturas más complejas y amplias hasta formar las provincias, los condados, los ducados. El poder de los «señores» defendió ese necesario pluralismo territorial contra una prematura unificación en reinos.

Pero los visigodos, que arriban ya extenuados, degenerados, no poseen esa minoría selecta. Un soplo de aire africano los barre de la Península y cuando luego la marea musulmana cede, se forman desde luego reinos, con monarca y plebe, pero sin suficiente minoría de nobles. Se me dirá que, a pesar de esto, supimos dar cima a nuestros gloriosos ocho siglos de Reconquista. Y a ello respondo ingenuamente que yo no entiendo cómo se puede llamar Reconquista a una cosa que dura ocho siglos. Si hubiera habido feudalismo probablemente habría habido verdadera Reconquista, como hubo en otras partes Cruzadas, ejemplos maravillosos de lujo vital, de energía superabundante, de sublime deportismo histórico.

La anormalidad de la historia española ha sido demasiado permanente para que obedezca a causas accidentales. Hace cin-

---

[1] *El Cid:* el guerrero Rodrigo Díaz de Vivar (m. 1099), protagonista del *Cantar de Mío Cid.*

cuenta años se pensaba que la decadencia nacional venía sólo de unos lustros atrás. Costa[2] y su generación comenzaron a entrever que la decadencia tenía dos siglos de fecha. Va para quince años, cuando yo comenzaba a meditar sobre estos asuntos, intenté mostrar que la decadencia se extendía a toda la edad moderna de nuestra historia. Razones de método, que no es útil reiterar ahora, me aconsejaban limitar el problema a ese período, el mejor conocido de la historia europea, a fin de precisar más fácilmente el diagnóstico de nuestra debilidad. Luego, mayor estudio y reflexión me han enseñado que la decadencia española no fué menor en la Edad Media que en la Moderna y contemporánea. Ha habido algún momento de suficiente salud; hasta hubo horas de esplendor y de gloria universal; pero siempre salta a los ojos el hecho evidente de que en nuestro pasado la anormalidad ha sido lo normal. Venimos, pues, a la conclusión de que la historia de España entera, y salvas fugaces jornadas, ha sido la historia de una decadencia.

Esto, claro está, es absurdo. La decadencia es un concepto relativo a un estado de salud; y como España no ha tenido nunca salud—ya veremos que su hora mejor tampoco fué saludable—, no cabe decir que ha decaído.

¿No es esto un juego de palabras? Yo creo que no. Si se habla de decadencia, como si se habla de enfermedad, tenderemos a buscar las causas de ella en acontecimientos, en desventuras sobrevenidas a quien las padece. Buscaremos el origen del mal fuera del sujeto paciente. Pero si nos convencemos de que éste no fué nunca sano, renunciaremos a hablar de decadencia y a inquirir sus causas; en vez de ello, hablaremos de defectos de constitución, de insuficiencias originarias, nativas, y este nuevo diagnóstico nos llevará a buscar causas de muy otra índole, a saber: no externas al sujeto, sino íntimas, constitucionales.

Este es el valor que tiene para mí transferir toda la cuestión de la Edad Moderna a la Edad Media, época en que España se constituye. Y si yo gozase de alguna autoridad sobre los jóvenes capaces de dedicarse a la investigación histórica, me permitiría recomendarles que dejasen de andar por las ramas y estudiasen los siglos medios y la generación de España. Todas las explicaciones que se han dado de su decadencia no resisten cinco minutos al más tosco análisis. Y es natural, porque mal puede darse con la causa de una decadencia cuando esta decadencia no ha existido.

El secreto de la desdicha española está en la Edad Media. Ensaye quienquiera la lectura paralela de nuestras crónicas medievales y de las francesas. El resultado será pavoroso por su misma evidencia y luminosidad. Esa comparación revela que, poco más o menos, la misma distancia hoy existente entre la vida española y la francesa existía entonces.

Pero dejemos esto. En el índice de pensamientos que es este ensayo, yo me proponía tan sólo subrayar uno de los defectos más graves y permanentes de nuestra raza: la ausencia de una minoría selecta, suficiente en número y calidad. La caquexia del feudalismo español nos significa que esa ausencia fué inicial; que los «mejores» faltaron ya en la hora augural de nuestra génesis; que nuestra nacionalidad, en suma, tuvo una embriogenia defectuosa.

La mejor comprobación que puede recibir una idea es que sirva para explicar, además de la regla, la excepción. La escasez y debilidad de los «señores» explica la carencia de vigor que aqueja a nuestra Edad Media. Pues bien, ella misma, sin añadidura, explica también nuestra sobra

---

[2] *Costa:* Joaquín Costa (1844–1911), historiador, jurista y crítico español. Escribió sobre la esencia de la cultura hispana.

de vigor de 1480 a 1600, el gran siglo de España.

Siempre ha sorprendido que del estado miserable en que nuestro pueblo se hallaba hacia 1450 se pase, en cincuenta años o pocos más, a una prepotencia desconocida en el mundo nuevo y sólo comparable a la de Roma en el antiguo. ¿Brotó de súbito en España una poderosa floración de cultura? ¿Se improvisó en tan breve período una nueva civilización con técnicas poderosas e insospechadas? Nada de esto. Entre 1450 y 1500 sólo un hecho nuevo de importancia acontece: la unificación peninsular.

Tuvo España el honor de ser la primera nacionalidad que logra ser una, que concentra en el puño de un rey todas sus energías y capacidades. Esto basta para hacer comprensible su inmediato engrandecimiento. La unidad es un aparato formidable que, por sí mismo y aun siendo muy débil quien lo maneja, hace posibles las grandes empresas. Mientras el pluralismo feudal mantenía desparramado el poder de Francia, de Inglaterra, de Alemania, y un atomismo municipal disociaba a Italia, España se convierte en un cuerpo compacto y elástico.

Mas con la misma subitaneidad que la ascensión de nuestro pueblo en 1500, se produce su descenso en 1600. La unidad obró como una inyección de artificial plenitud, pero no fué un síntoma de vital poderío. Al contrario: la unidad se hizo tan pronto porque España era débil, porque faltaba un fuerte pluralismo sustentado por grandes personalidades de estilo feudal. El hecho, en cambio, de que todavía en pleno siglo XVII sacudan el cuerpo de Francia los magníficos estremecimientos de la Fronda, lejos de ser un síntoma morboso descubre los tesoros de vitalidad aún intactos que el francés conservaba del franco.

Convendría, pues, invertir la valoración habitual. La falta del feudalismo, que se estimó salud, fué una desgracia para España; y la pronta unidad nacional,

que parecía un glorioso signo, fué propiamente la consecuencia del anterior desmedramiento.

Con el primer siglo de unidad peninsular coincide el comienzo de la colonización americana. Aun no sabemos lo que propiamente fué este maravilloso acontecimiento. Yo no conozco ni siquiera un intento de reconstruir sus caracteres esenciales. La poca atención que se le ha dedicado fué absorbida por la conquista, que es sólo su preludio. Pero lo importante, lo maravilloso, no fué la conquista—sin que yo pretenda mermar a ésta su dramática gracia—; lo importante, lo maravilloso, fué la colonización. A pesar de nuestra ignorancia sobre ella, nadie puede negar sus dimensiones como hecho histórico de alta cuantía. Para mí, es evidente que se trata de lo único verdadera, substantivamente grande, que ha hecho España. ¡Cosa peregrina! Basta acercarse un poco al gigantesco suceso, aun renunciando a perescrutar su fondo secreto, para advertir que *la colonización española de América fué una obra popular*. La colonización inglesa es ejecutada por minorías selectas y poderosas. Desde luego toman en su mano la empresa grandes Compañías. Los «señores» ingleses habían sido los primeros en abandonar el exclusivo oficio de la guerra y aceptar como faenas nobles el comercio y la industria. En Inglaterra, el espíritu audaz del feudalismo acertó muy pronto a desplazarse hacia otras empresas menos bélicas, y, como Sombart[3] ha mostrado, contribuyó grandemente a crear el moderno capitalismo. La empresa guerrera se transforma en empresa industrial, y el paladín, en empresario. La mutación se comprende fácilmente: durante la Edad Media era Inglaterra un país muy pobre. El «señor» feudal tenía periódicamente que caer sobre el continente en busca de

---

[3] *Sombart:* Werner Sombart (1863–1941), economista y sociólogo alemán.

botín. Cuando éste se consumía, a la hora de comer, la dama del feudal le hacía servir en una bandeja una espuela. Ya sabía el caballero lo que esto significaba: despensa vacía. Calzaba la espuela, y saltaba a Francia, tierra ubérrima.

La colonización inglesa fué la acción reflexiva de minorías, bien en consorcios económicos, bien por secesión de un grupo selecto, que busca tierras donde servir mejor a Dios. En la española, es el «pueblo» quien directamente, sin propósitos conscientes, sin directores, sin táctica deliberada, engendra otros pueblos. La grandeza y la miseria de nuestra colonización vienen ambas de aquí. Nuestro «pueblo» hizo todo lo que tenía que hacer: pobló, cultivó, cantó, gimió, amó. Pero no podía dar a las naciones que engendraba lo que no tenía: disciplina superior, cultura vivaz, civilización progresiva.

Creo que ahora se entenderá mejor lo que más arriba he dicho: en España lo ha hecho todo el «pueblo», y lo que no ha hecho el «pueblo», se ha quedado sin hacer. Pero una nación no puede ser sólo «pueblo»; necesita una minoría egregia, como un cuerpo vivo no es sólo músculo, sino, además, ganglio nervioso y centro cerebral.

La ausencia de los «mejores», o, cuando menos, su escasez, actúa sobre toda nuestra historia, y ha impedido que seamos nunca una nación suficientemente normal, como lo han sido las demás nacidas de parejas condiciones. Ni extrañe que yo atribuya a una ausencia, a una negación, una actuación positiva. Nietzsche sostenía, con razón, que en nuestra vida influyen, no sólo las cosas que nos pasan, sino también, y acaso más, las que no nos pasan.

La ausencia de los «mejores» ha creado en la masa, en el «pueblo», una centenaria ceguera para distinguir el hombre mejor del hombre peor; de suerte que cuando en nuestra tierra aparecen individuos privilegiados, la «masa» no sabe aprovecharlos, y a menudo los aniquila.

Somos un pueblo «pueblo», raza agrícola, temperamento rural. Es el signo más característico de las sociedades sin minoría esto que llamo ruralismo. Cuando se atraviesan los Pirineos y se ingresa en España, se tiene siempre la impresión de que se llega a un pueblo de labriegos. La figura, el gesto, el repertorio de ideas y sentimientos, las virtudes y los vicios son típicamente rurales. En Sevilla, ciudad de tres mil años, apenas si se encuentran por la calle más que fisonomías de campesinos. Podréis distinguir entre el campesino rico y el campesino pobre; pero echaréis de menos ese afinamiento de rasgos que la urbanización, que la selección debía haber fijado en un tipo de hombre, producto de una ciudad tres veces milenaria.

Hay pueblos que se quedan por siempre en ese estadio elemental de la evolución, que es la aldea. Podrá ésta contener un enorme vecindario; pero su espíritu será siempre labriego. Existen en el Sudán ciudades—Kano, Bida, por ejemplo—de doscientos mil y más habitantes, las cuales arrastran inmutables su existencia rural desde cientos y cientos de años.

Hay pueblos labriegos, «felahs»,[4] «muyiks» . . . ,[5] es decir, pueblos sin «aristocracia».

(De *España invertebrada*)

---

[4] *felahs:* un pueblo del Africa central y occidental; en árabe, quiere decir «labriego».

[5] *muyiks:* siervos o campesinos rusos.

Capítulo IV
El teatro

4.1 El drama y el teatro

La obra dramática que se lee es un género literario incompleto por definición. Sólo se completa con una participación colectiva del público. El drama escrito exige una realización en escena, en un teatro frente a un público. La lectura del drama, entonces, es muy diferente del drama que observamos como espectadores en un teatro. ¿Por qué? El drama escrito es un guión que utiliza un director del teatro. Si asistiéramos a una puesta en escena en el teatro, aquel drama serviría sólo de guía para el director. Con el director, que utiliza el guión del drama, empieza la colaboración de muchas otras personas. Entre ellas hay técnicos y actores, que influyen en la representación en escena de la pieza escrita. Cada uno de estos par-

ticipantes—el director, los técnicos y los actores—tiene un papel importante y variable. Con sus talentos completan el drama. Y por lo tanto, cada representación en un teatro de cualquier drama específico es una realización colectiva y distinta ante un público también distinto—de ahí la dependencia del teatro de su público, y la naturaleza colectiva de este género.

Es importante tomar en cuenta esta naturaleza colectiva. Indica que cualquier lectura, sea crítica o no, siempre es incompleta. Además, la lectura del drama requiere del lector la capacidad de visualizar la puesta en escena. Requiere que el lector se imagine en el teatro. Algunos dramaturgos más que otros guían al director, a los técnicos y a los actores por medio de acotaciones detalladas dentro del

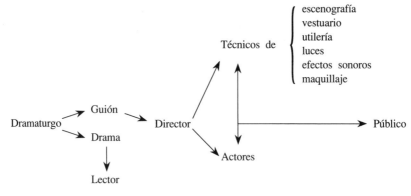

3. El teatro

texto. Las acotaciones no son parte de los parlamentos (palabras) que presentan los actores sino instrucciones que describen cómo debe ser la escenografía—por ejemplo, el decorado o las luces—y las formas de actuar de los actores. Pero aún con estas acotaciones, todavía hay libertad por parte de los que ayudan a poner en escena la obra. Para nosotros, los lectores, sin embargo, las acotaciones nos pueden ayudar a imaginar la experiencia teatral. Nos describen los gestos y ademanes o movimientos de los actores y el medio ambiente en que tiene lugar la acción. En nuestra lectura del texto del drama, nos serviremos de las acotaciones para recrear visualmente la puesta en escena.

El drama en sí es una ilusión. Aún cuando parece ser verosímil, el drama no equivale a la vida. Es sólo una ilusión que posee una intensidad y compresión que no existe en la vida. Por ejemplo, el diálogo en el drama es económico y preciso en comparación con nuestras conversaciones. En el drama son necesarios ciertos elementos para atraer la atención del público en el teatro. Entre ellos hay la compresión de pensamientos, la intensidad de sentimientos y la lógica progresión hacia un final. El diálogo es controlado para avanzar la intriga y para revelar el carácter de los personajes. Al leer un drama, entramos en un juego de convenciones con el dramaturgo y los personajes/actores. Aceptamos la verosimilitud o la posibilidad de la acción.

Si estuviéramos en el teatro, sería más fácil reaccionar espontáneamente al drama. Tal vez nos identificaríamos con los personajes del drama o sentiríamos cierta hostilidad ante ellos. La lectura también exige una reacción que, con toda probabilidad, será de empatía o de alienación. **La empatía** es una reacción en que el lector/observador participa de la acción teatral, proyectándose en ella e identificándose con los personajes. Por otro lado, el lector puede experimentar **la alienación o enajenación**. Esta es una reacción incómoda y aún hostil de desorientación ante un drama en que el diálogo parece ser ilógico, los personajes no se retratan claramente y la intriga tiende a ser acronológica. El lector no puede identificarse

con los personajes y su situación. Sentir empatía conlleva un obstáculo: el lector pierde la distancia necesaria para una lectura crítica y, por lo tanto, olvida que el drama es una ilusión. Sentir alienación conlleva otro obstáculo: el lector no comprende el drama y por lo tanto, como mecanismo defensivo, pierde interés.

El lector crítico debe tener conciencia de estas dos reacciones polares, porque hay más peligro en el teatro que en otras formas literarias de imponer ideas y prejuicios personales. Todos creemos en valores basados en nuestro oficio, política, etnicidad, sexualidad, psicología o religión. Hay que saber suspender y controlar este personalismo para llevar a cabo una lectura crítica, para acercarse a la perspectiva del dramaturgo y su época y para aceptar ciertas convenciones teatrales.

4.2 La verosimilitud

La verosimilitud del texto nos hace creer que lo que pasa en el drama puede ocurrir en la realidad. Por eso se debe recordar que hay mayor intensidad en el drama que en la vida.

4.3 La escenografía

La escenografía se compone del decorado (*scenery*) y de la utilería (*props*). Sirve para aislarnos de nuestro medio ambiente, rodeándonos con otro, el del drama. Junto con otras acotaciones sobre el vestuario, por ejemplo, nos enteramos del lugar y del tiempo en que ocurre la acción.

4.4 El tono

El tono del drama tiene tantas formas como en cualquier otro texto literario. Puede ser trágico, cómico, tragicómico, frívolo, absurdo, serio, moralizador, filosófico, etc. En sus orígenes clásicos, existía la tragedia. El resultado de la tragedia clásica era **la catarsis** del público: un sentimiento de purificación de las pasiones. En la tragedia se representaba la destrucción del protagonista. Y la catarsis obraba una purgación de pasiones en el público.

4.5 Los personajes

Los personajes varían según la concepción de ellos que tiene el dramaturgo. También varían en el teatro según la representación de cada actor, guiado por un director. En el drama más tradicional, hay continuidad de carácter. Puede haber un solo protagonista o varios personajes importantes. En general, el protagonista es el que tiene que resolver un conflicto.

4.6 El lenguaje

El lenguaje del teatro puede aparecer en prosa o poesía. Si es prosa, debe conformarse al ambiente de la acción y a los personajes. Por natural que parezca, sin embargo, el lenguaje dramático dista mucho del lenguaje que se utiliza en vida. En éste hay mayor libertad de hacer digresiones, emitir frases incompletas y repetirse. Una conversación con tantas digresiones no atraería al público en el teatro, ni avanzaría la intriga. En el drama, las principales formas narrativas son el diálogo, entre dos o más personajes; el monólogo, un parlamento de cierta extensión por un solo personaje; y el soliloquio, en que un personaje revela sus pensamientos y sentimientos como si hablara en voz alta consigo mismo porque nadie está en escena con él.

4.7 El conflicto

El conflicto puede ser de muchas maneras. Hay conflictos entre seres humanos; entre un ser humano y una fuerza externa a él, como, por ejemplo, una guerra; y conflictos dentro de un solo protagonista en forma de un antagonismo psicológico o ético. El conflicto no reside necesariamente en la acción del drama. Tal vez de mayor importancia es la tensión que se mantiene durante el drama. Esta tensión depende de las alternativas que se presentan al protagonista para resolver su conflicto.

4.8 La estructura

La estructura del drama varía mucho. Hay dramas de un solo acto o de varios actos que, a veces, se dividen en escenas. Las divisiones formales en actos y escenas son menos importantes que los elementos que aumentan la tensión. Entre estos elementos hay la progresión de la intriga y la postergación de información. En tiempos clásicos y en el drama tradicional, prevalecía una estructura dramática específica. Vale la pena describirla porque le puede ser útil como punto de partida en la lectura crítica del drama.

La estructura clásica era de cuatro partes:
(1) el prólogo;
(2) la intensificación del conflicto;
(3) el momento obligatorio o clímax; y
(4) la resolución.

El prólogo ofrece una exposición que nos ayuda a conocer mejor a los personajes y plantea los principios del conflicto. **La intensificación del conflicto** ocurre durante una serie de episodios en que se disminuyen las alternativas que tiene el protagonista para resolver el conflicto. **El momento obligatorio** o el **clímax** es el momento culminante de tensión en que al protagonista le queda una sola alternativa. Después de la intensificación y el clímax del conflicto, en **la resolución** se recobra el equilibrio. En el drama clásico la resolución servía como fin moralizador. En tiempos modernos, muchas veces no hay una resolución sino un final abierto parecido al final de la novela abierta.

4.9 El tema

El tema es la idea central alrededor de la cual giran los personajes, el conflicto y la intriga. También puede haber sub-temas.

4.10 La lectura crítica

Para una lectura crítica, fíjese en

(1) las acotaciones. En ellas hay que descubrir cómo es la escenografía (la utilería y las luces), y cómo son el vestuario, la apariencia, los movimientos y los gestos de los personajes. Sin estos indicios, sería difícil visualizar el drama

puesto en escena en un teatro. Las acotaciones pueden proporcionar mucha información valiosa; por ejemplo, dónde y cuándo tiene lugar la acción, cómo es el tono del drama y cómo es el carácter de los personajes.

(2) el escenario.

(3) el protagonista y su conflicto. ¿ Es héroe o anti-héroe?

(4) los otros personajes y su papel en el conflicto. ¿Hay personajes colectivos? ¿simbólicos?

(5) el lenguaje del drama: poesía o prosa; vulgar o intelectual; lírico o coloquial; diálogo y/o monólogo.

(6) la estructura. ¿Es posible identificar la progresión clásica? ¿Hay escenas retrospectivas?

(7) la verosimilitud de la intriga dentro de su contexto (época y lugar).

(8) el papel de la música, el baile, la pantomima.

(9) el tono.

(10) el tema y, tal vez los sub-temas.

4.11 El drama en un acto

Por la extensión del género, nos es imposible incluir aquí el texto de un drama entero. Es de esperar que durante la próxima lectura de un drama, tomará Vd. en cuenta las sugerencias de la sección 4.10. Ofrecemos a continuación dos dramas en un acto: *El delantal blanco* del chileno Sergio Vodanović; y un entremés del español Miguel de Cervantes, *El retablo de las maravillas*. Los dos dramaturgos, en períodos muy diferentes—el Chile contemporáneo y la España a principios del siglo XVII—critican su sociedad por medio del teatro.

Por naturaleza breve, el drama en un acto es de estructura más sencilla y de escenografía más homogénea que el drama que hemos tratado hasta aquí. A veces el número de personajes es reducido, el desarrollo del carácter es menos complicado y los personajes son concebidos genéricamente como representantes de grupos específicos. Las peripecias y los conflictos son, por supuesto, desarrollados con mayor rapidez.

4.12 Texto: El delantal blanco de Sergio Vodanović (Chile, siglo XX)

El delantal blanco

La playa.
Al fondo, una carpa.[1]
Frente a ella, sentadas a su sombra, la señora y la empleada.

La señora está en traje de baño y, sobre él, usa un blusón de toalla blanca que le cubre hasta las caderas. Su tez[2] está tostada por un largo veraneo. La empleada viste su uniforme blanco. La señora es una mujer de 30 años, pelo claro, rostro atrayente, aunque algo duro. La empleada tiene 20 años, tez blanca, pelo negro, rostro plácido y agradable.

LA SEÑORA *(gritando hacia su pequeño hijo, a quien no ve y que se supone está a la orilla del mar, justamente, al borde del escenario).* ¡Alvarito! ¡Alvarito! ¡No le tire arena a la niñita! ¡Métase al agua! Está rica[3] . . .¡Alvarito, no! ¡No le deshaga el castillo a la niñita! Juegue con ella . . . Sí, mi hijito . . . juegue . . .

LA EMPLEADA. Es tan peleador . . .

LA SEÑORA. Salió al padre[4] . . . Es inútil corregirlo. Tiene una personalidad dominante que le viene de su padre, de su abuelo, de su abuela . . . ¡sobre todo de su abuela!

LA EMPLEADA. ¿Vendrá el caballero[5] mañana?

---

[1] *carpa:* toldo o tienda de tela gruesa que utilizan en la playa para cambiarse de ropa.

[2] *tez:* la piel del rostro humano.

[3] *Está rica:* Está buenísima.

[4] *Salió al padre:* Es como su padre.

[5] *el caballero:* aquí se refiere al marido de La Señora.

30 LA SEÑORA *(se encoge de hombros con desgano).*[6] ¡No sé! Ya estamos en marzo, todas mis amigas han regresado y Alvaro me tiene todavía aburriéndome en la playa. El dice que quiere que el niño apro-
35 veche las vacaciones, pero para mí que es él quien está aprovechando. *(Se saca el blusón y se tiende a tomar sol).* ¡Sol! ¡Sol! Tres meses tomando sol. Estoy intoxicada de sol. *(Mirando inspectivamente a la em-*
40 *pleada).* ¿Qué haces tú para no quemarte?
    LA EMPLEADA. He salido tan poco de la casa . . .
    LA SEÑORA. ¿Y qué querías? Viniste a trabajar, no a veranear. Estás recibiendo
45 sueldo.[7] ¿No?
    LA EMPLEADA. Sí, señora. Yo sólo contestaba su pregunta . . .

    (La señora permanece tendida reci-biendo el sol. La empleada saca de una
50 *bolsa de género*[8] *una revista de historietas fotografiadas*[9] *y principia a leer).*

    LA SEÑORA. ¿Qué haces?
    LA EMPLEADA. Leo esta revista.
    LA SEÑORA. ¿La compraste tú?
55 LA EMPLEADA. Sí, señora.
    LA SEÑORA. No se te paga tan mal, en-tonces, si puedes comprarte tus revistas, ¿eh?

    (La empleada no contesta y vuelve a mi-
60 *rar la revista).*

    LA SEÑORA. ¡Claro! Tú leyendo y que Alvarito reviente,[10] que se ahogue . . .[11]
    LA EMPLEADA. Pero si está jugando con la niñita . . .
65 LA SEÑORA. Si te traje a la playa es para que vigilaras a Alvarito y no para que te pusieras a leer.

    (La empleada deja la revista y se incor-pora para ir donde está Alvarito).

    LA SEÑORA. ¡No! Lo puedes vigilar 70
    desde aquí. Quédate a mi lado, pero ob-serva al niño.
    ¿Sabes? Me gusta venir contigo a la playa.
    LA EMPLEADA. ¿Por qué? 75
    LA SEÑORA. Bueno . . . no sé . . . Será por lo mismo que me gusta venir en el auto, aunque la casa esté a dos cuadras. Me gusta que vean el auto. Todos los días, hay alguien que se para al lado de él y lo 80
    mira y comenta. No cualquiera tiene un auto como el de nosotros . . . Claro, tú no te das cuenta de la diferencia. Estás de-masiado acostumbrada a lo bueno . . . Dime . . . ¿Cómo es tu casa? 85
    LA EMPLEADA. Yo no tengo casa.
    LA SEÑORA. No habrás nacido em-pleada, supongo. Tienes que haberte criado en alguna parte, debes haber tenido padres . . . ¿Eres del campo? 90
    LA EMPLEADA. Sí.
    LA SEÑORA. Y tuviste ganas de conocer la ciudad, ¿ah?
    LA EMPLEADA. No. Me gustaba allá.
    LA SEÑORA. ¿Por qué te viniste, enton- 95
    ces?
    LA EMPLEADA. Tenía que trabajar.
    LA SEÑORA. No me vengas con ese cuento. Conozco la vida de los in-quilinos[12] en el campo. Lo pasan bien. Les 100
    regalan una cuadra para que cultiven. Tie-nen alimentos gratis y hasta les sobra para vender. Algunos tienen hasta sus vaquitas . . . ¿Tus padres tenían vacas?
    LA EMPLEADA. Sí, señora. Una. 105
    LA SEÑORA. ¿Ves? ¿Qué más quieren?

---

[6]*Se encoge con desgano:* hacer un gesto con los hombros como si no le importara.

[7]*sueldo:* el dinero que se recibe por el trabajo.

[8]*bolsa de género:* bolsa de tela.

[9]*historietas fotografiadas:* revistas populares de La-tinoamérica con historias de amor, como las de las teleno-velas (*soap operas*).

[10]*reviente:* que pasa lo que pase sin que nadie preste atención.

[11]*se ahogue:* se muera debajo del agua por falta de oxígeno.

[12]*inquilinos:* las personas que viven en una finca rús-tica en la cual se les de habitación y un trozo de terreno, con la obligación de trabajar en el mismo campo a benefi-cio del propietario.

¡Alvarito! ¡No se meta tan allá que puede venir una ola!

¿Qué edad tienes?

110 LA EMPLEADA. ¿Yo?

LA SEÑORA. A ti te estoy hablando. No estoy loca para hablar sola.

LA EMPLEADA. Ando en los veintiuno[13] . . .

115 LA SEÑORA. ¡Veintiuno! A los veintiuno yo me casé. ¿No has pensado en casarte?

(La empleada baja la vista y no contesta).

120 LA SEÑORA. ¡Las cosas que se me ocurre preguntar! ¿Para qué querrías casarte? En la casa tienes de todo: comida, una buena pieza, delantales limpios . . . Y si te casaras . . . ¿Qué es lo que tendrías? Te 125 llenarías de chiquillos, no más.

LA EMPLEADA *(como para sí).* Me gustaría casarme.

LA SEÑORA. ¡Tonterías! Cosas que se te ocurren por leer historias de amor en las 130 revistas baratas . . . Acuérdate de esto: los príncipes azules ya no existen. No es el color lo que importa, sino el bolsillo. Cuando mis padres no me aceptaban un pololo[14] porque no tenía plata, yo me in135 dignaba, pero llegó Alvaro con sus industrias y sus fundos[15] y no quedaron contentos hasta que lo casaron conmigo. A mí no me gustaba porque era gordo y tenía la costumbre de sorberse los mocos,[16] pero 140 después en el matrimonio, uno se acostumbra a todo. Y llega a la conclusión que todo da lo mismo,[17] salvo la plata. Sin la plata no somos nada. Yo tengo plata, tú no tienes. Esa es toda la diferencia, entre no145 sotras. ¿No te parece?

LA EMPLEADA. Sí, pero . . .

LA SEÑORA. ¡Ah! Lo crees ¿eh? Pero es mentira. Hay algo que es más importante que la plata: la clase. Eso no se compra. Se tiene o no se tiene. Alvaro no tiene 150 clase. Yo sí la tengo. Y podría vivir en una pocilga[18] y todos se darían cuenta de que soy alguien. No una cualquiera. Alguien.

Te das cuenta, ¿verdad?

LA EMPLEADA. Sí, señora. 155

LA SEÑORA. A ver . . . Pásame esa revista.

(La empleada lo hace. La señora la hojea. Mira algo y lanza una carcajada).[19]

¿Y esto lees tú? 160

LA EMPLEADA. Me entretengo, señora.

LA SEÑORA. ¡Qué ridículo! ¡Qué ridículo! Mira a este roto[20] vestido de smoking.[21] Cualquiera se da cuenta que está tan incómodo en él como un hipopótamo 165 con faja . . . *(Vuelve a mirar en la revista).* ¡Y es el conde de Lamarquina! ¡El conde de Lamarquina! A ver . . . ¿Qué es lo que dice el conde? *(Leyendo).* «Hija mía, no permitiré jamás que te cases con 170 Roberto. El es un plebeyo. Recuerda que por nuestras venas corre sangre azul». ¿Y esta es la hija del conde?

LA EMPLEADA. Sí. Se llama María. Es una niña sencilla y buena. Está enamorada 175 de Roberto, que es el jardinero del castillo. El conde no lo permite. Pero . . . ¿sabe? Yo creo que todo va a terminar bien. Porque en el número anterior Roberto le dijo a María que no había cono180 cido a sus padres y cuando no se conoce a los padres, es seguro que ellos son gente rica y aristócrata que perdieron al niño de chico o lo secuestraron.

---

[13] *Ando en los veintiuno:* tengo más o menos veintiún años de edad.

[14] *un pololo:* un novio.

[15] *fundos:* fincas.

[16] *sorberse los mocos:* hacer un ruido con la nariz, aspirando.

[17] *todo da lo mismo:* todo es igual; no importa.

[18] *pocilga:* lugar sucio que huele mal.

[19] *lanza una carcajada:* se rompe a reír con mucho ruido.

[20] *roto:* en Chile, una persona de la clase urbana pobre.

[21] *smoking:* chaqueta formal del hombre (*smoking jacket*).

185   LA SEÑORA. ¿Y tú crees todo eso?
    LA EMPLEADA. Es bonito, señora.
    LA SEÑORA. ¿Qué es tan bonito?
    LA EMPLEADA. Que lleguen a pasar cosas así. Que un día cualquiera, uno sepa
190 que es otra persona, que en vez de ser pobre, se es rica; que en vez de ser nadie se es alguien, así como dice Ud. . . .
    LA SEÑORA. Pero no te das cuenta que no puede ser . . . Mira a la hija . . . ¿Me
195 has visto a mí alguna vez usando unos aros[22] así? ¿Has visto a alguna de mis amigas con una cosa tan espantosa? ¿Y el peinado? Es detestable. ¿No te das cuenta que una mujer así no puede ser aristó-
200 crata? . . . ¿A ver? Sale fotografiado aquí el jardinero . . .
    LA EMPLEADA. Sí. En los cuadros del final.

    (Le muestra en la revista. La señora ríe
205 *encantada).*

    LA SEÑORA. ¿Y éste crees tú que puede ser un hijo de aristócrata? ¿Con esa nariz? ¿Con ese pelo? Mira . . . Imagínate que mañana me rapten a Alvarito. ¿Crees tú
210 que va a dejar por eso de tener su aire de distinción?
    LA EMPLEADA. ¡Mire, señora! Alvarito le botó[23] el castillo de arena a la niñita de una patada.
215   LA SEÑORA. ¿Ves? Tiene cuatro años y ya sabe lo que es mandar, lo que es no importarle los demás. Eso no se aprende. Viene en la sangre.
    LA EMPLEADA *(incorporándose).*[24] Voy
220 a ir a buscarlo.
    LA SEÑORA. Déjalo. Se está divirtiendo.

    (La empleada se desabrocha el primer botón de su delantal y hace un gesto en el
225 *que muestra estar acalorada).*

    LA SEÑORA. ¿Tienes calor?
    LA EMPLEADA. El sol está picando fuerte.[25]
    LA SEÑORA. ¿No tienes traje de baño?
    LA EMPLEADA. No.   230
    LA SEÑORA. ¿No te has puesto nunca traje de baño?
    LA EMPLEADA. ¡Ah, sí!
    LA SEÑORA. ¿Cuándo?
    LA EMPLEADA. Antes de emplearme. A 235 veces, los domingos, hacíamos excursiones a la playa en el camión del tío de una amiga.
    LA SEÑORA. ¿Y se bañaban?
    LA EMPLEADA. En la playa grande de 240 Cartagena. Arrendábamos[26] trajes de baño y pasábamos todo el día en la playa. Llevábamos de comer y . . .
    LA SEÑORA *(divertida).* ¿Arrendaban trajes de baño?   245
    LA EMPLEADA. Sí. Hay una señora que arrienda en las misma playa.
    LA SEÑORA. Una vez con Alvaro, nos detuvimos en Cartagena a echar bencina al auto y miramos a la playa. ¡Era tan gra- 250 cioso! ¡Y esos trajes de baño arrendados! Unos eran tan grandes que hacían bolsas[27] por todos los lados y otros quedaban tan chicos que las mujeres andaban con el traste afuera. ¿De cuáles arrendabas tú? 255 ¿De los grandes o de los chicos?

    (La empleada mira al suelo taimada).[28]

    LA SEÑORA. Debe ser curioso . . . Mirar el mundo desde un traje de baño arrendado o envuelta en un vestido barato . . . 260 o con uniforme de empleada, como el que usas tú . . . Algo parecido le debe suceder a esta gente que se fotografía para estas historietas: se ponen smoking o un traje de baile y debe ser diferente la forma como 265

---

[22] *aros:* aretes.
[23] *botó:* echar abajo con el pie.
[24] *Incorporándose:* levantándose.
[25] *El sol está picando fuerte:* siente el sol quemar la piel.

[26] *Arrendábamos:* alquilábamos.
[27] *hacían bolsas:* sobraba tela que colgaba como bolsas.
[28] *taimada:* baja la cabeza obstinada en no hablar.

miran a los demás, como se sienten ellos mismos . . . Cuando yo me puse mi primer par de medias, el mundo entero cambió para mí. Los demás eran diferen-
270 tes; yo era diferente y el único cambio efectivo era que tenía puesto un par de medias . . .

Dime . . . ¿Cómo se ve el mundo cuando se está vestida con un delantal
275 blanco?

LA EMPLEADA (*tímidamente*). Igual . . . La arena tiene el mismo color . . . las nubes son iguales . . . Supongo.

LA SEÑORA. Pero no . . . Es diferente.
280 Mira. Yo con este traje de baño, con este blusón de toalla, tendida sobre la arena, sé que estoy en «mi lugar», que esto me pertenece . . . En cambio tú, vestida como empleada sabes que la playa no es tu lugar,
285 que eres diferente . . . Y eso, eso te debe hacer ver todo distinto.

LA EMPLEADA. No sé.

LA SEÑORA. Mira. Se me ha ocurrido algo. Préstame tu delantal.
290 LA EMPLEADA. ¿Cómo?

LA SEÑORA. Préstame tu delantal.

LA EMPLEADA. Pero . . . ¿Para qué?

LA SEÑORA. Quiero ver cómo se ve el mundo, qué apariencia tiene la playa
295 cuando se la ve encerrada en un delantal de empleada.

LA EMPLEADA. ¿Ahora?

LA SEÑORA. Sí, ahora.

LA EMPLEADA. Pero es que . . . No
300 tengo un vestido debajo.

LA SEÑORA (*tirándole el blusón*). Toma . . . Ponte esto.

LA EMPLEADA. Voy a quedar en calzones . . .
305 LA SEÑORA. Es lo suficientemente largo como para cubrirte. Y en todo caso vas a mostrar menos que lo que mostrabas con los trajes de baño que arrendabas en Cartagena.

310 (*Se levanta y obliga a levantarse a la empleada*).

Ya. Métete en la carpa y cámbiate.

(*Prácticamente obliga a la empleada a entrar a la carpa y luego lanza al interior de ella el blusón de toalla. Se dirige al* 315 *primer plano y le habla a su hijo*).

LA SEÑORA. Alvarito, métase un poco al agua. Mójese las patitas siquiera . . . No sea tan de rulo . . . [29] ¡Eso es! ¿Ves que es rica el agüita? 320

(*Se vuelve hacia la carpa y habla hacia dentro de ella*).

¿Estás lista?

(*Entra a la carpa. Después de un instante, sale la empleada vestida con el blu-* 325 *són de toalla. Se ha prendido el pelo hacia atrás y su aspecto ya difiere algo de la tímida muchacha que conocemos. Con delicadeza se tiende de bruces[30] sobre la arena. Sale la señora abotonándose aún* 330 *su delantal blanco. Se va a sentar delante de la empleada, pero vuelve un poco más atrás.*)

LA SEÑORA. No. Adelante no. Una empleada en la playa se sienta siempre un 335 poco más atrás que su patrona.

(*Se sienta sobre sus pantorrillas[31] y mira, divertida, en todas direcciones. La empleada cambia de postura con displicencia. La señora toma la revista de la* 340 *empleada y principia a leerla. Al principio, hay una sonrisa irónica en sus labios, que desaparece luego al interesarse por la lectura. Al leer mueve los labios. La empleada, con naturalidad, toma de la bolsa* 345 *de playa de la señora un frasco de aceite bronceador[32] y principia a extenderlo con*

---

[29]*No sea tan de rulo:* aquí quiere decir, no temas entrar al agua; «rulo» significa tierra de labor sin riego, es decir, tierra árida.

[30]*de bruces:* con la boca hacia el suelo.

[31]*pantorrillas:* parte carnosa de la pierna por debajo de la corva.

[32]*aceite bronceador:* un líquido que se utiliza cuando se pone al sol para broncear la piel.

lentitud por sus piernas. La señora la ve.
Intenta una reacción reprobatoria,[33] *pero*
350 *queda desconcertada.)*

LA SEÑORA. ¿Qué haces?

(La empleada no contesta. La señora
opta por seguir la lectura. Vigilando de
vez en vez con la vista lo que hace la em-
355 *pleada. Esta ahora se ha sentado y se*
mira detenidamente las uñas.)

LA SEÑORA. ¿Por qué te miras las uñas?
LA EMPLEADA. Tengo que arreglárme-
las.
360 LA SEÑORA. Nunca te había visto antes
mirarte las uñas.
LA EMPLEADA. No se me había ocurrido.
LA SEÑORA. Este delantal acalora.
365 LA EMPLEADA. Son los mejores y los
más durables.
LA SEÑORA. Lo sé. Yo los compré.
LA EMPLEADA. Le queda bien.
LA SEÑORA *(divertida).* Y tú no te ves
370 nada de mal con esa tenida.[34] *(Se ríe).*
Cualquiera se equivocaría. Más de un jo-
vencito te podría hacer la corte . . . ¡Sería
como para contarlo![35]
LA EMPLEADA. Alvarito se está me-
375 tiendo muy adentro. Vaya a vigilarlo.
LA SEÑORA *(se levanta inmediatamente*
y se adelanta). ¡Alvarito! ¡Alvarito! No se
vaya tan adentro . . . Puede venir una ola.

380 *(Recapacita*[36] *de pronto y se vuelve des-*
concertada hacia la empleada.)

LA SEÑORA. ¿Por qué no fuiste tú?
LA EMPLEADA. ¿Adónde?
LA SEÑORA. ¿Por qué me dijiste que yo
385 fuera a vigilar a Alvarito?
LA EMPLEADA *(con naturalidad).* Ud.
lleva el delantal blanco.
LA SEÑORA. Te gusta el juego, ¿ah?

(Una pelota de goma, impulsada por un
niño que juega cerca, ha caído a los pies 390
de la empleada. Ella la mira y no hace
ningún movimiento. Luego mira a la se-
ñora. Esta, instintivamente, se dirige a la
pelota y la tira en la dirección en que vino.
La empleada busca en la bolsa de playa 395
de la señora y se pone sus anteojos para
el sol.)

LA SEÑORA *(molesta).* ¿Quién te ha au-
torizado para que uses mis anteojos?
LA EMPLEADA. ¿Comó se ve la playa 400
vestida con un delantal blanco?
LA SEÑORA. Es gracioso. ¿Y tú?
¿Cómo ves la playa ahora?
LA EMPLEADA. Es gracioso.
LA SEÑORA *(molesta).*¿Dónde está la 405
gracia?
LA EMPLEADA. En que no hay diferen-
cia.
LA SEÑORA. ¿Cómo?
LA EMPLEADA. Ud. con el delantal 410
blanco es la empleada; yo con este blusón
y los anteojos oscuros soy la señora.
LA SEÑORA. ¿Cómo? . . . ¿Cómo te
atreves a decir eso?
LA EMPLEADA. ¿Se habría molestado 415
en recoger la pelota si no estuviese vestida
de empleada?
LA SEÑORA. Estamos jugando.
LA EMPLEADA. ¿Cuándo?
LA SEÑORA. Ahora.   420
LA EMPLEADA. ¿Y antes?
LA SEÑORA. ¿Antes?
LA EMPLEADA. Sí. Cuando yo estaba
vestida de empleada . . .
LA SEÑORA. Eso no es juego. Es la rea- 425
lidad.
LA EMPLEADA. ¿Por qué?
LA SEÑORA. Porque sí.
LA EMPLEADA. Un juego . . . un juego
más largo . . . como el «paco-ladrón».[37] 430

---

[33] *reacción reprobatoria:* una reacción en que uno no
aprueba.
[34] *tenida:* aquí quiere decir ropa.
[35] *¡Sería como para contarlo!:* Valdría la pena verlo.

[36] *Recapacita:* recorre en la memoria.
[37] *«paco-ladrón»:* como el juego de *cops and rob-*
bers.

A unos les corresponde ser «pacos», a otros «ladrones».

LA SEÑORA *(indignada).* ¡Ud. se está insolentando!

435   LA EMPLEADA. ¡No me grites! ¡La insolente eres tú!

LA SEÑORA. ¿Qué significa eso? ¿Ud. me está tuteando?

LA EMPLEADA. ¿Y acaso tú me tratas de 440   Ud.?

LA SEÑORA. ¿Yo?

LA EMPLEADA. Sí.

LA SEÑORA. ¡Basta ya! ¡Se acabó este juego!

445   LA EMPLEADA. ¡A mí me gusta!

LA SEÑORA. ¡Se acabó!

(Se acerca violentamente a la empleada).

LA EMPLEADA *(firme).* ¡Retírese!

450   *(La señora se detiene sorprendida.)*

LA SEÑORA. ¿Te has vuelto loca?

LA EMPLEADA. Me he vuelto señora.

LA SEÑORA. Te puedo despedir en cualquier momento.

455   *(La empleada explota en grandes carcajadas, como si lo que hubiera oído fuera el chiste más gracioso que jamás ha escuchado.)*

LA SEÑORA. ¿Pero de qué te ríes?

460   LA EMPLEADA *(sin dejar de reír).* ¡Es tan ridículo!

LA SEÑORA. ¿Qué? ¿Qué es tan ridículo?

LA EMPLEADA. Que me despida . . . 465   ¡Vestida así! ¿Dónde se ha visto a una empleada despedir a su patrona?

LA SEÑORA. ¡Sácate esos anteojos! ¡Sácate el blusón! ¡Son míos!

LA EMPLEADA. ¡Vaya a ver al niño!

470   LA SEÑORA. Se acabó el juego, te he dicho. O me devuelves mis cosas o te las saco.

LA EMPLEADA. ¡Cuidado! No estamos solas en la playa.

475   LA SEÑORA. ¿Y qué hay con eso? ¿Crees que por estar vestida con un uni-

forme blanco no van a reconocer quién es la empleada y quién la señora?

LA EMPLEADA *(serena).* No me levante la voz.   480

(La señora exasperada se lanza sobre la empleada y trata de sacarle el blusón a viva fuerza.)

LA SEÑORA *(mientras forcejea).* ¡China![38] ¡Ya te voy a enseñar quién soy!   485 ¿Qué te has creído? ¡Te voy a meter presa!

(Un grupo de bañistas han acudido al ver la riña.[39] Dos jóvenes, una muchacha y un señor de edad madura y de apariencia muy distinguida. Antes que puedan in-   490 *tervenir la empleada ya ha dominado la situación manteniendo bien sujeta a la señora contra la arena. Esta sigue gritando ad libitum[40] expresiones como: «rota cochina» . . . «ya te la vas a ver con mi ma-*   495 *rido» . . . [41] «te voy a mandar presa» . . . «esto es el colmo», etc.)[42]*

UN JOVEN. ¿Qué sucede?

EL OTRO JOVEN. ¿Es un ataque?

LA JOVENCITA. Se volvió loca.   500

UN JOVEN. Puede que sea efecto de una insolación.[43]

EL OTRO JOVEN ¿Podemos ayudarla?

LA EMPLEADA. Sí. Por favor. Llévensela. Hay una posta por aquí cerca . . .   505

EL OTRO JOVEN. Yo soy estudiante de Medicina. Le pondremos una inyección para que se duerma por un buen tiempo.

LA SEÑORA. ¡Imbéciles! ¡Yo soy la patrona! Me llamo Patricia Hurtado, mi ma-   510 rido es Alvaro Jiménez, el político . . .

LA JOVENCITA *(riéndose).* Cree ser la señora.

---

[38] *¡China!:* se refiere a la muchacha india que se dedica al servicio doméstico.

[39] *la riña:* una disputa acalorada.

[40] *ad libitum:* latín por «con libertad».

[41] *te la vas a ver con mi marido:* tendrás que explicar todo eso a mi marido.

[42] *esto es el colmo:* ya es insoportable la situación.

[43] *una isolación:* enfermedad cerebral causada por exponerse excesivamente al calor del sol.

515 UN JOVEN. Está loca.

EL OTRO JOVEN. Un ataque de histeria.

UN JOVEN. Llevémosla.

LA EMPLEADA. Yo no los acompaño . . . Tengo que cuidar a mi hijito . . . Está ahí, bañándose . . .

520 LA SEÑORA. ¡Es una mentirosa! ¡Nos cambiamos de vestido sólo por jugar! ¡Ni siquiera tiene traje de baño! ¡Debajo del blusón está en calzones! ¡Mírenla!

EL OTRO JOVEN (*haciéndole un gesto al* 525 *joven*). ¡Vamos! Tú la tomas por los pies y yo por los brazos.

LA JOVENCITA. ¡Qué risa! ¡Dice que está en calzones!

(*Los dos jóvenes toman a la señora y se* 530 *la llevan, mientras ésta se resiste y sigue gritando.*)

LA SEÑORA. ¡Suéltenme! ¡Yo no estoy loca! ¡Es ella! ¡Llamen a Alvarito! ¡El me reconocerá!

535 (*Mutis de los dos jóvenes llevando en peso*[44] *a la señora*).

(*La empleada se tiende sobre la arena, como si nada hubiera sucedido, aprontándose*[45] *para un prolongado baño* 540 *de sol.*)

EL CABALLERO DISTINGUIDO. ¿Está Ud. bien, señora? ¿Puedo serle útil en algo?

LA EMPLEADA (*mira inspectivamente al* 545 *señor distinguido y sonríe con amabilidad*). Gracias. Estoy bien.

EL CABALLERO DISTINGUIDO. Es el símbolo de nuestro tiempo. Nadie parece darse cuenta, pero a cada rato, en cada 550 momento sucede algo así.

LA EMPLEADA. ¿Qué?

EL CABALLERO DISTINGUIDO. La sub-

versión del orden establecido. Los viejos quieren ser jóvenes; los jóvenes quieren ser viejos; los pobres quieren ser ricos y 555 los ricos quieren ser pobres. Sí, señora. Asómbrese Ud. También hay ricos que quieren ser pobres. Mi nuera va todas las tardes a tejer con mujeres de poblaciones callampas.[46] ¡Y le gusta hacerlo! (*Transi-* 560 *ción*). ¿Hace mucho tiempo que está con Ud.?

LA EMPLEADA. ¿Quién?

EL CABALLERO DISTINGUIDO (*haciendo un gesto hacia la dirección en que* 565 *se llevaron a la señora*). Su empleada.

LA EMPLEADA (*Dudando. Haciendo memoria*).[47] Poco más de un año.

EL CABALLERO DISTINGUIDO. ¡Y así le paga a Ud.! ¡Queriéndose hacer pasar por 570 una señora! ¡Cómo si no se reconociera a primera vista quién es quién!

(*Transición.*) ¿Sabe Ud. por qué suceden estas cosas?

LA EMPLEADA. ¿Por qué? 575

EL CABALLERO DISTINGUIDO (*con aire misterioso*). El comunismo . . .

LA EMPLEADA. ¡Ah!

EL CABALLERO DISTINGUIDO (*tranquilizador*). Pero no nos inquietemos.[48] El 580 orden está restablecido. Al final, siempre el orden se restablece . . . Es un hecho . . . Sobre eso no hay discusión . . . (*Transición.*) Ahora, con permiso señora. Voy a hacer mi footing diario.[49] Es muy 585 conveniente a mi edad. Para la circulación, ¿sabe? Y Ud. quede tranquila. El sol es el mejor sedante. (*Ceremoniosamente.*) A sus órdenes, señora. (*Inicia el mutis. Se vuelve.*) Y no sea muy dura con su em- 590 pleada, después que se haya tranquilizado . . . Después de todo . . . Tal vez, tengamos algo de culpa nosotros mismos . . . ¿Quién puede decirlo?

---

[44] *llevando en peso:* llevando el cuerpo de La Señora.

[45] *aprontándose:* disponiéndose o preparándose.

[46] *poblaciones callampas:* grandes extensiones urbanas donde viven los pobres.

[47] *Haciendo memoria:* como si tratara de recordar.

[48] *no nos inquietemos:* no vamos a preocuparnos.

[49] *footing diario:* hacer ejercicio, caminando o corriendo todos los días.

595 (*El caballero distinguido, hace mutis.
La empleada cambia de posición. Se
tiende de espaldas para recibir el sol en la
cara. De pronto se acuerda de Alvarito.
Mira hacia donde él está.*)

600 LA EMPLEADA. ¡Alvarito! ¡Cuidado
con sentarse en esa roca! Se puede hacer
una nana en el pie . . . [50] Eso es, corra por
la arenita . . . Eso es, mi hijito . . .

605 (*Y mientras la empleada mira con ternura y delectación maternal cómo Alvarito juega a la orilla del mar, se cierra lentamente el Telón.*)

4.13 Análisis: El delantal blanco de Sergio Vodanović

En *El delantal blanco* la escenografía se
limita a la playa durante el verano. Las dos
mujeres—La Señora y La Empleada—son
protagonistas de un conflicto entre sí. Su diálogo sirve de vehículo para comunicarnos las
personalidades de dos mujeres de clases distintas. El vestuario—el delantal blanco y el blusón de toalla—y la utilería—una revista de
historietas y la carpa—hacen papeles importantes en el desarrollo de la intriga.

La Señora se muestra altiva, hablando
despectivamente a La Empleada, y burlándose
de ella cuando sea posible. La Empleada, en
cambio, es humilde y algo tímida. En esa relación se nota, de inmediato, cierto conflicto,
impuesto además por La Señora. Esa cree saberlo todo, incluso cómo es la vida de los pobres en el campo y la vida que le tocaría a La
Empleada si se casara. Instigada por cierta curiosidad, La Señora toma la iniciativa para desafiar a La Empleada a que se cambien vestidos. De ese modo La Señora, encerrada en el
delantal blanco de una empleada, quiere averiguar cómo una mujer pobre ve el mundo.

Esta intensificación de la intriga ocurre
después de varios comentarios de La Señora,

los que aumentan la tensión: que sin plata uno
no es nada; que una no adquiere clase sino que
nace con ella. Se agrava la actitud de superioridad de La Señora ante La Empleada cada vez
que se burla aquélla de ésta y de su situación:
el haber llegado del campo para trabajar; el
querer casarse; lo ridículo de las historietas
que lee; el tener que arrendarse un traje de
baño en la playa.

La intensificación sigue adelante después
del pequeño interludio en el que La Empleada
se pone el blusón de toalla y La Señora atiende
a Alvarito, el hijo nunca visto durante el
drama. En aquel momento, el conflicto se altera. Ahora es La Empleada quien manda a La
Señora. La Señora poco a poco se da cuenta de
que La Empleada le está tuteando, lo cual
quiere decir que le falta al respeto debido a la
diferencia de clases sociales. La tensión aumenta cuando el juego iniciado por La Señora
a expensas de La Empleada se pone peligroso.
El desafío vuelve a repetirse en boca de La Señora, quien cree todavía mandar: «¿Crees que
por estar vestida con un uniforme blanco no
van a reconocer quién es la empleada y quién
la señora?»

Se presenta el momento obligatorio
cuando un grupo acude a la riña entre las dos
mujeres. El grupo se pone del lado de La Empleada, creyéndola la patrona en parte porque
La Señora lleva el delantal blanco. Acaban por
llevar a La Señora fuera de escena. La resolución del drama cobra un tono irónico cuando
El Caballero Distinguido le asegura a La Empleada: «¡Cómo si no se reconociera a primera
vista quién es quién!» El juego se ha hecho
realidad. Una no nace con clase, como lo había
mantenido La Señora. Se puede pasar por rica
vistiéndose de señora, y se puede perder su
aire de superioridad vistiéndose del delantal
blanco de una empleada.

Los personajes son obviamente genéricos,
porque no tienen nombre ni apellido propios.
Son representantes de grupos sociales, colectivos. Los personajes secundarios son absolu-
tamente necesarios a la acción. Son ellos quienes, inadvertidamente, niegan la teoría de clases que mantiene La Señora, permitiendo salir

---

[50] *hacer una nana en el pie:* dañar el pie.

adelante a La Empleada. Es claro que el conflicto personal entre las dos mujeres simboliza un problema social más amplio. Es posible notar eso precisamente por los comentarios de El Caballero Distinguido cuando dice que hay una subversión del orden entre los pobres y los ricos, y que es posible que los ricos tengan alguna culpa por la situación.

El diálogo es el sostén principal del drama, junto con las acotaciones sobre los ademanes y gestos que perfilan el cambio de actitud entre las mujeres. El asunto de la historieta que lee La Empleada se relaciona al resultado de la intriga. En particular note Vd. las palabras de La Empleada al comentar sobre ella: «Es bonito, señora . . . . Que lleguen a pasar cosas así. Que un día cualquiera, uno sepa que es otra persona, que en vez de ser pobre, se es rica; que en vez de ser nadie se es alguien, así como dice Vd. . . . » El monólogo final de La Empleada nos deja algo aturdidos. Parece que La Empleada, con calma, se ha instalado en su nuevo rol como madre del pequeño Alvarito, quien juega a la orilla del mar.

4.14 Texto y análisis:
El retablo de las maravillas
de Miguel de Cervantes
(España, siglos XVI–XVII)

Durante la lectura crítica de *El retablo de las maravillas,* hay que tomar en cuenta que el entremés era una obra de un solo acto, puesto en escena entre los actos de otro drama más extenso. Su naturaleza dictaba un tono cómico y burlón. Hemos incluido muchas notas al pie de la página para ayudarles con el vocabulario y con los juegos de palabras. Note Vd. cómo utiliza Cervantes estos juegos para burlarse de lo poco cultos que son los campesinos. Los nombres de los personajes son cómicos, por ejemplo, Benito Repollo (Benito Cabbagehead) y Juan Castrado (John the Castrated). El escribano muy a menudo tiene que explicar al alcalde el significado de algo que éste había malentendido. Busque Vd. las numerosas oca-

siones en que ocurren estos juegos y malentendidos.

El tema del entremés se basa fundamentalmente en una burla que la pareja, Chanfalla y La Chirinos, hace de las autoridades de un pueblo. Esta pareja viaja de pueblo en pueblo con su pequeño «teatro» de las maravillas, una especie de teatro de títeres. La pareja establece ciertas condiciones para la representación de su retablo de las maravillas. Parece que sólo los cristianos viejos y los hijos legítimos pueden ver las maravillas que en el retablo se presentan. Si uno es converso o hijo ilegítimo, no puede ver lo que pasa en el retablo.

Hay que entender el contexto de estas condiciones en la España de los siglos XVI y XVII, bajo la Inquisición. Cervantes se burla de la preocupación fanática de su época en que las personas trataban de comprobar que no eran conversos, es decir, que no tenían ni una sola gota de sangre judía. En 1492, los Reyes Católicos habían expulsado a los judíos del reino. Si un judío quería quedarse, tenía que convertirse a la religión católica. Se llamaban entonces judíos conversos, o simplemente conversos. Era gente de segunda categoría en la sociedad. La Inquisición servía como autoridad para perseguir a los que no profesaban la fe católica (V. Capítulo VI para más información).

En el pueblo donde Chanfalla y La Chirinos van a presentar su retablo, la gente quiere conservar su «honra»; es decir, no quiere ser conocida como conversos ni como hijos ilegítimos. Por eso, los personajes pretenden ver las maravillas invisibles que Chanfalla conjura frente a un retablo vacío. Los del pueblo no quieren que los demás les crean conversos o ilegítimos. Note Vd. que faltan acotaciones para informar al lector de la invisibilidad de la representación. El Gobernador, por ejemplo, no quiere perder su honra de cristiano viejo y, por eso, él, como los demás, finge ver lo que pasa en el retablo. Pero hay una gran diferencia. El Gobernador confiesa al público y al lector que realmente no ve nada en el retablo. En un aparte dice lo siguiente: «Basta; que todos ven lo que yo no veo; pero al fin habré de decir que lo veo, por la negra honrilla». Es El Gobernador quien nos llama la atención a la invisibilidad de las maravillas. **Los apartes** son breves parlamentos que un personaje dirige en voz baja al público, como si sus palabras fueran inaudibles a los demás personajes en escena. La intención es compartir pensamientos y dudas con el público, pero no con los demás personajes del drama. En general, en estos apartes se revelan los verdaderos pensamientos del personaje solamente al público y al lector. Nosotros llegamos a ser cómplices de información desconocida por los otros personajes del drama.

Mucho en el entremés depende de la ilusión que crean Chanfalla y La Chirinos ante un doble público: (1) el público de personajes dentro de la farsa quienes están en casa de Juan Castrado y asisten al retablo de Chanfalla y La Chirinos; y (2) el público que asiste al entremés escrito por Cervantes mismo, *El retablo de las maravillas,* que leemos nosotros. Hay un drama dentro de otro, y un público dentro de otro. Fíjese en el hecho de que, por extensión, al cerrar el acto, Chanfalla promete mostrar el retablo al resto del pueblo al día siguiente. Puede ser que «el resto del pueblo» se refiera a los mismos espectadores del entremés cervantino, y que el blanco de esta farsa sea la vanidad y crueldad insensatas del público auténtico. La aparente sencillez de la estructura del entremés se hace más compleja si se la ve como una ilusión dentro de otra ilusión, o sea, un retablo dentro de otro. Cervantes se sirve de varios medios para llevar a cabo la burla cómica y crítica de su sociedad. Note Vd. entre ellos

(1) los nombres y el carácter de los personajes que representan oficialmente a las autoridades del pueblo;

(2) la figura graciosa de Rabelín;

(3) los juegos de palabras, como el que se refiere al sabio que compuso el retablo, Tontonelo;

(4) el baile que hace el Sobrino con una Herodías invisible; y

(5) la viveza de los personajes y el diálogo y

la acción exagerados en contraste con la realidad del retablo invisible.

Entremés[1] *del Retablo de las maravillas*[2]

(*Salen*[3] CHANFALLA Y LA CHIRINOS.[4])

CHANFALLA. No se te pasen de la memoria,[5] Chirinos, mis advertimientos, principalmente los que te he dado para este nuevo embuste,[6] que ha de salir tan a luz como el pasado del llovista.[7] ⁅5⁆

CHIRINOS. Chanfalla ilustre, lo que en mí fuere[8] tenlo como de molde;[9] que tanta memoria tengo como entendimiento, a quien se junta una voluntad de acertar a ⁅10⁆ satisfacerte, que excede a las demás potencias; pero dime: ¿de qué te sirve este Rabelín[10] que hemos tomado? Nosotros dos solos, ¿no pudiéramos salir con[11] esta empresa? ⁅15⁆

---

[1] *entremés:* una farsa de un solo acto, de naturaleza cómica y burlesca; se ponían en escena entre los actos de otro drama de mayor extensión.

[2] *retablo de las maravillas:* un espectáculo de milagros. «Retablo» tiene dos definiciones, y Cervantes lo utiliza con doble intención. En una iglesia es parte de la arquitectura del altar donde se agrupan varias figuras u ornamentos sagrados. Según otra definición, es un escenario portátil, desde el cual se puede armar un espectáculo de títeres (*puppet show*). Cervantes hace un juego entre estas dos definiciones: la religiosa y la vulgar.

[3] *salen:* en el teatro, quiere decir entrar.

[4] *Chirinos:* posiblemente de «chirinola»; «estar de chirinola» equivale a estar de fiesta o de buen humor.

[5] *No se te pasen de la memoria:* no olvides.

[6] *embuste:* mentira disfrazada con artificio.

[7] *llovista:* el hombre que hace creer a los espectadores que llueve.

[8] *lo que en mí fuere:* cualquier cosa que yo pueda hacer.

[9] *tenlo como de molde:* puedes contar conmigo.

[10] *Rabelín:* el nombre de este personaje es un juego de palabras. El rabel es un antiguo instrumento de música con sólo tres cuerdas que se tocan con arco. Rabelín es el diminutivo de rabel.

[11] *salir con:* lograr hacer.

CHANFALLA. Habíamosle[12] menester como el pan de la boca, para tocar en los espacios que tardaren en salir las figuras del Retablo de las Maravillas.[13]

20 CHIRINOS. Maravilla será si no nos apedrean por solo el Rabelín, porque tan desventurada criaturilla no la he visto en todos los días de mi vida.

(Entra EL RABELÍN.*)*

25 RABELÍN. ¿Hase de hacer algo en este pueblo, señor Autor?[14] Que ya me muero porque vuestra merced vea que no me tomó a carga cerrada.[15]

CHIRINOS. Cuatro cuerpos de los vuestros 30 no harán un tercio, cuanto más una carga.[16] Si no sois más gran músico que grande, medrados estamos.[17]

RABELÍN. Ello dirá;[18] que en verdad que me han escrito para entrar en una compañía 35 de partes,[19] por chico que soy.

CHANFALLA. Si os han de dar la parte a medida del cuerpo, casi será invisible.— Chirinos, poco a poco estamos ya en el pueblo, y éstos que aquí vienen deben de 40 ser, como lo son sin duda, el Gobernador y los Alcaldes. Salgámosles al encuentro, y date un filo a la lengua en la piedra de la adulación;[20] pero no despuntes de aguda.[21]

(Salen el GOBERNADOR *y* BENITO REpollo, *alcalde,* JUAN CASTRADO, *regidor,* 45 *y* PEDRO CAPACHO, *escribano.*)[22]

Beso a vuestras mercedes las manos. ¿Quién de vuestras mercedes es el Gobernador deste pueblo?

GOBERNADOR. Yo soy el Gobernador. 50 ¿Qué es lo que queréis, buen hombre?

CHANFALLA. A tener yo dos onzas de entendimiento, hubiera echado de ver que esa peripatética[23] y anchurosa presencia no podía ser de otro que del dignísimo Go- 55 bernador deste honrado pueblo, que, con venirlo a ser de las Algarrobillas,[24] los deseche vuestra merced.

CHIRINOS. En vida de la señora y de los señoritos,[25] si es que el señor Gobernador 60 los tiene.

CAPACHO. No es casado el señor Gobernador.

CHIRINOS. Para cuando lo sea, que no se perderá nada. 65

GOBERNADOR. Y bien, ¿qué es lo que queréis, hombre honrado?

CHIRINOS. Honrados días viva vuestra merced, que así nos honra. En fin, la encina da bellotas; el pero, peras; la parra, 70 uvas, y el honrado, honra, sin poder hacer otra cosa.

---

[12]*Habíamosle:* le habíamos.

[13]Los grupos ambulantes que armaban espectáculos de títeres utilizaban música durante el espectáculo para excitar al público.

[14]*autor:* el que dirige grupos teatrales durante los siglos XVI y XVII.

[15]*no me tomó a carga cerrada:* no hizo mal en invitarme a formar parte del grupo.

[16]*Cuatro . . . carga:* juego de palabras para subrayar el tamaño pequeño de Rabelín. Cuatro de sus cuerpos no equivaldrían a la mitad de la carga de una bestia, o al ataque de infantería militar.

[17]*medrados estamos:* ¡qué disgusto nos espera!

[18]*Ello dirá:* veremos.

[19]*una compañía de partes:* compañía ambulante de actores que compartían proporcionalmente entre sí lo que ganaron.

[20]*date . . . adulación:* ponte listo y adulador, es decir, hay que decir cosas buenas y exageradas de la gente, alabándola.

[21]*no despuntes de aguda:* no seas demasiado listo. Juego de palabras entre «un filo a la lengua» y «de aguda».

[22]*Benito Repollo, Juan Castrado, Pedro Capacho:* juegos de palabras que hacen una burla de los apellidos de las autoridades del pueblo. Un «repollo» es «*cabbage*» (Benito Cabbagehead); «castrado» es «*castrated*» (John the Castrated); y «capacho» es «*baggy-pants*» (Peter Baggy-Pants).

[23]*peripatética:* peripatético quiere decir el que anda; pero también se refiere a los que seguían la filosofía del griego Aristóteles. Chanfalla se burla del Gobernador al sugerir que es muy sabio.

[24]*Algarrobillas:* un pueblo conocido por sus jamones, carne prohibida a los judíos.

[25]*señoritos:* los hijos.

BENITO. Sentencia ciceronianca,[26] sin quitar ni poner un punto.

CAPACHO. *Ciceroniana* quiso decir el señor alcalde Benito Repollo.

BENITO. Siempre quiero decir lo que es mejor, sino que las más veces no acierto. En fin, buen hombre, ¿qué queréis?

CHANFALLA. Yo, señores míos, soy Montiel, el que trae el Retablo de las Maravillas. Hanme enviado a llamar de la corte los señores cofrades de los hospitales, porque no hay autor de comedias en ella, y perecen los hospitales,[27] y con mi ida se remediará todo.

GOBERNADOR. ¿Y qué quiere decir *Retablo de las Maravillas*?

CHANFALLA. Por las maravillosas cosas que en él se enseñan y muestran, viene a ser llamado Retablo de las Maravillas; el cual fabricó y compuso el sabio Tontonelo[28] debajo de tales paralelos, rumbos, astros y estrellas,[29] con tales puntos, caracteres y observaciones, que ninguno puede ver las cosas que en él se muestran, que tenga alguna raza de confeso,[30] o no sea habido[31] y procreado de sus padres de legítimo matrimonio; y el que fuere contagiado destas dos tan usadas enfermedades, despídase[32] de ver las cosas, jamás vistas ni oídas, de mi retablo.

BENITO. Ahora echo de ver que cada día se ven en el mundo cosas nuevas. ¡Y qué! ¿Se llamaba Tontonelo el sabio que el Retablo compuso?

CHIRINOS. Tontonelo se llamaba, nacido en la ciudad de Tontonela; hombre de quien hay fama que le llegaba la barba a la cintura.

BENITO. Por la mayor parte, los hombres de grandes barbas son sabihondos.[33]

GOBERNADOR. Señor regidor Juan Castrado, yo determino, debajo de su buen parecer, que esta noche se despose[34] la señora Teresa Castrada, su hija, de quien yo soy padrino,[35] y, en regocijo de la fiesta, quiero que el señor Montiel muestre en vuestra casa su Retablo.

JUAN. Eso tengo yo[36] por servir al señor Gobernador, con cuyo parecer me convengo, entablo y arrimo,[37] aunque haya otra cosa en contrario.

CHIRINOS. La cosa que hay en contrario es que, si no se nos paga primero nuestro trabajo, así verán las figuras como por el cerro de Úbeda.[38] ¿Y vuestras mercedes, señores Justicias, tienen conciencia y alma en esos cuerpos? ¡Bueno sería que entrase esta noche todo el pueblo en casa del señor Juan Castrado, o como es su gracia, y viese lo contenido en el tal Retablo, y mañana, cuando quisiésemos mostralle al pueblo, no hubiese ánima que[39] le viese! No, señores; no, señores; *ante omnia*[40] nos han de pagar lo que fuere justo.

---

[26] *ciceronianca:* hay varios lugares en este entremés donde los del pueblo tratan de parecer educados; utilizan palabras cultas, pero las pronuncian mal o las usan mal. Aquí Benito trata de decir «ciceroniana», refiriéndose a la característica del orador y literato romano Cicerón (106–43 A. de C.).

[27] *cofrades de hospitales:* religiosos que administraban hospitales y también espectáculos teatrales primitivos, con cuyas ganancias se mantenían.

[28] *Tontonelo:* juego de palabras con «tonto»; parodia de los «magos» encantadores de los libros de caballería.

[29] *paralelos . . . estrellas:* se refiere a la astrología, que parece utilizar Tontonelo; según la astrología se leía el destino del hombre.

[30] *confeso:* judío converso.

[31] *sea habido:* sea nacido.

[32] *despídase:* olvídase.

[33] *sabihondos:* otro uso equivocado; quiere decir, alguien que lo sabe todo.

[34] *se despose:* contrae matrimonio.

[35] *padrino:* el que protege al hijo de un buen amigo.

[36] *Eso tengo yo:* yo lo haré.

[37] *me convengo, entablo y arrimo:* son sinónimos; es una exageración cómica.

[38] *el cerro de Úbeda:* quiere decir que no verá nada.

[39] *ánima:* alma o persona.

[40] *ante omnia:* latín, «antes de cualquier cosa»; la Chirinos pide el dinero por adelantado.

BENITO. Señora Autora, aquí no os ha de pagar ninguna Antona ni ningún Antoño;[41] el señor regidor Juan Castrado os pagará más que honradamente, y si no, el Concejo. ¡Bien conocéis el lugar, por cierto! Aquí, hermana, no aguardamos a que ninguna Antona pague por nosotros.

CAPACHO. ¡Pecador de mí, señor Benito Repollo, y qué lejos da del blanco! No dice la señora Autora que pague ninguna Antona, sino que le paguen adelantado y ante todas cosas, que eso quiere decir *ante omnia*.

BENITO. Mirad, escribano Pedro Capacho, haced vos que me hablen a derechas, que yo entenderé a pie llano.[42] Vos, que sois leído y escribido, podéis entender esas algarabías de allende,[43] que yo no.

JUAN. Ahora bien, ¿contentarse ha[44] el señor Autor con que yo le dé adelantados media docena de ducados? Y más, que se tendrá cuidado que no entre gente del pueblo esta noche en mi casa.

CHANFALLA. Soy contento, porque yo me fío de la diligencia de vuestra merced y de su buen término.[45]

JUAN. Pues véngase conmigo. Recibirá el dinero, y verá mi casa y la comodidad que hay en ella para mostrar ese Retablo.

CHANFALLA. Vamos, y no se les pase de las mientes[46] las calidades que han de tener los que se atrevieren a mirar el maravilloso Retablo.

BENITO. A mi cargo queda eso, y séle decir que, por mi parte, puedo ir seguro a juicio, pues tengo el padre alcalde; cuatro dedos de enjundia de cristiano viejo rancioso[47] tengo sobre los cuatro costados de mi linaje:[48] ¡miren si veré el tal Retablo!

CAPACHO. Todos le pensamos ver, señor Benito Repollo.

JUAN. No nacimos acá en las malvas,[49] señor Pedro Capacho.

GOBERNADOR. Todo será menester, según voy viendo, señores Alcalde, Regidor y Escribano.

JUAN. Vamos, Autor, y manos a la obra, que Juan Castrado me llamo, hijo de Antón Castrado y de Juana Macha;[50] y no digo más, en abono y seguro que podré ponerme cara a cara y a pie quedo[51] delante del referido retablo.

CHIRINOS. ¡Dios lo haga!

(*Entranse*[52] JUAN CASTRADO Y CHANFALLA.)

GOBERNADOR. Señora Autora, ¿qué poetas se usan[53] ahora en la corte, de fama y rumbo, especialmente de los llamados cómicos? Porque yo tengo mis puntas y collar[54] de poeta, y pícome de la farándula y carátula.[55] Veinte y dos comedias tengo, todas nuevas, que se veen las unas a las otras,[56] y estoy aguardando coyuntura[57] para ir a la corte y enriquecer con ellas media docena de autores.

---

[41]*Antona . . . Antoño:* Benito no entiende latín y confunde los sonidos de *ante omnia* con los nombres Antona y Antoño. Capacho se lo explica.

[42]*a pie llano:* sin dificultad.

[43]*algarabías de allende:* lengua ininteligible de otro lado del mar, o sea el estrecho de Gibraltar.

[44]*contentarse ha:* se contentará.

[45]*buen término:* su buen modo de portarse y hablar.

[46]*no se les pase de las mientes:* no olvide.

[47]*cristiano viejo rancioso:* viejo cristiano; juego de palabras con «rancioso», que quiere decir grasiento. En la religión judía, se prohibía comer carne de puerco, en general, muy grasienta. Un cristiano sin sangre judía podía comer de esa carne rancia. Aquí el autor se burla de la exagerada preocupación por la sangre pura.

[48]*linaje:* mi familia y antepasados.

[49]*en las malvas:* en el campo y de familia pobre.

[50]*Antón Castrado . . . Juana Macha:* se burla del linaje de Juan Castrado, pues además del apellido humorístico del padre, el de su madre quiere decir «masculina».

[51]*y a pie quedo:* con firmeza.

[52]*Entranse:* en el teatro indica que un actor sale.

[53]*¿qué poetas se usan ahora:* ¿cuáles poetas son de moda?

[54]*tengo mis puntas y collar de poeta:* tengo las inclinaciones de un poeta.

[55]*farándula y carátula:* companía de actores o cómicos ambulantes.

[56]*que se veen las unas a las otras:* escritas unas después de otras sin interrupción.

[57]*coyuntura:* una circunstancia propicia.

205 CHIRINOS. A lo que vuestra merced, señor gobernador, me pregunta de los poetas, no le sabré responder; porque hay tantos que quitan el sol, y todos piensan que
son famosos. Los poetas cómicos son los
210 ordinarios y que siempre se usan, y así no
hay para qué nombrallos. Pero dígame
vuestra merced, por su vida: ¿cómo es su
buena gracia? ¿Cómo se llama?

GOBERNADOR. A mí, señora Autora,
215 me llaman el Licenciado Gomecillos.

CHIRINOS. ¡Válame Dios![58] ¡Y que
vuesa merced es el señor Licenciado Gomecillos, el que compuso aquellas coplas
tan famosas de *Lucifer estaba malo y Tó-*
220 *male mal de fuera!*[59]

GOBERNADOR. Malas lenguas hubo que
me quisieron ahijar[60] esas coplas, y así
fueron mías como del Gran Turco.[61] Las
que yo compuse, y no lo quiero negar,
225 fueron aquellas que trataron del diluvio de
Sevilla; que, puesto que los poetas son ladrones unos de otros, nunca me precié de
hurtar[62] nada a nadie: con mis versos me
ayude Dios, y hurte el que quisiere.

230 (*Vuelve* CHANFALLA.)

CHANFALLA. Señores, vuestras mercedes vengan, que todo está a punto, y no
falta más que comenzar.

CHIRINOS. ¿Está ya el dinero *in cor-*
235 *bona?*[63]

CHANFALLA. Y aun entre las telas del
corazón.

CHIRINOS. Pues doite por aviso, Chanfalla, que el Gobernador es poeta.

240 CHANFALLA. ¿Poeta? ¡Cuerpo del

mundo![64] Pues dale por engañado, porque
todos los de humor[65] semejante son hechos a la mazacona:[66] gente descuidada,
crédula y no nada maliciosa.

BENITO. Vamos, Autor, que me saltan 245
los pies por ver esas maravillas.

(*Éntranse todos.*)

(*Salen* JUANA CASTRADA y TERESA RE-
POLLA, *labradoras: la una como despo-*
sada, que es la CASTRADA.) 250

CASTRADA. Aquí te puedes sentar, Teresa Repolla amiga, que tendremos el Retablo enfrente; y pues sabes las condiciones que han de tener los miradores del Retablo, no te descuides, que sería una gran 255
desgracia.

TERESA. Ya sabes, Juana Castrada, que
soy tu prima, y no digo más. ¡Tan cierto
tuviera yo el cielo como tengo cierto ver
todo aquello que el Retablo mostrare! ¡Por 260
el siglo de mi madre, que me sacase los
mismos ojos de mi cara si alguna desgracia me aconteciese! ¡Bonita soy yo para
eso![67]

CASTRADA. Sosiégate,[68] prima, que 265
toda la gente viene.

(*Entran el* GOBERNADOR, BENITO RE-
POLLO, JUAN CASTRADO, PEDRO CAPA-
CHO, EL AUTOR y LA AUTORA, y EL MÚ-
sico, *y otra gente del pueblo, y* UN SO- 270
BRINO *de Benito, que ha de ser aquel*
gentil hombre que baila.)

CHANFALLA. Siéntense todos; el Retablo ha de estar detrás deste repostero,[69] y
la Autora también, y aquí el músico. 275

---

[58] *¡Válame Dios:* válgame Dios.

[59] *Lucifer . . . fuera:* expresiones representativas de
los clichés de poemas de la época.

[60] *me . . . ahijar:* atribuir a mí como autor.

[61] *como del Gran Turco:* se utiliza para negar un hecho. El Gran Turco era el Sultán de Constantinopla.

[62] *nunca me precié de hurtar:* nunca me jacté de ser-
virme de dichos o versos ajenos.

[63] *in corbona:* en latín de la Biblia; aquí quiere decir
guardado con seguridad.

[64] *¡Cuerpo del mundo!:* eufemismo por «¡Cuerpo de
Dios!», una exclamación parecida a *«¡Damn it!»*

[65] *humor:* líquido del cuerpo humano. Según la medicina de aquella época, los humores determinaban la personalidad de una persona.

[66] *a la mazacona:* al azar.

[67] *¡Bonita soy yo para eso!:* Es lo que menos me conviene.

[68] *Sosiégate:* cálmate.

[69] *repostero:* una tapicería elegante utilizada como
cortina para un escenario pequeño. Chirinos, en cambio,
utiliza una manta para su retablo.

BENITO. ¿Músico es éste? Métanle también detrás del repostero, que, a trueco de no velle, daré por bien empleado el no oílle.

280 CHANFALLA. No tiene vuestra merced razón, señor alcalde Repollo, de descontentarse del músico, que en verdad que es muy buen cristiano, y hidalgo de solar conocido.[70]

285 GOBERNADOR. ¡Calidades son bien necesarias para ser buen músico!

BENITO. De solar, bien podrá ser; mas de sonar, *abrenuncio*.[71]

RABELIN. ¡Eso se merece el bellaco que
290 se viene a sonar delante de . . . !

BENITO. ¡Pues por Dios, que hemos visto aquí sonar a otros músicos tan . . . !

GOBERNADOR. Quédese esta razón en el *de* del señor Rabel y en el *tan* del Alcalde,
295 que será proceder en infinito, y el señor Montiel comience su obra.

BENITO. ¡Poca balumba[72] trae este autor para tan gran Retablo!

JUAN. Todo debe de ser de maravillas.

300 CHANFALLA. ¡Atención, señores, que comienzo!—¡Oh tú, quien quiera que fuiste, que fabricaste este Retablo con tan maravilloso artificio, que alcanzó renombre *de las Maravillas:* por la virtud que en
305 él se encierra, te conjuro, apremio y mando que luego incontinenti[73] muestres a estos señores algunas de las tus maravillosas maravillas, para que se regocijen y tomen placer sin escándalo alguno![74] Ea,
310 que ya veo que has otorgado mi petición,

pues por aquella parte asoma la figura del valentísimo Sansón, abrazado con las colunas del templo para derriballe por el suelo y tomar venganza de sus enemigos.[75] ¡Tente, valeroso caballero; tente, 315
por la gracia de Dios Padre! ¡No hagas tal desaguisado,[76] porque no cojas debajo y hagas tortilla[77] tanta y tan noble gente como aquí se ha juntado!

BENITO. ¡Téngase, cuerpo de tal con- 320
migo![78] ¡Bueno sería que , en lugar de habernos venido a holgar, quedásemos aquí hechos plasta! ¡Téngase, señor Sansón, pesia a[79] mis males, que se lo ruegan buenos! 325

CAPACHO. ¿Veisle vos, Castrado?

JUAN. ¿Pues no le había de ver? ¿Tengo yo los ojos en el colodrillo?[80]

GOBERNADOR. [*Aparte.*] ¡Milagroso caso es éste! Así veo yo a Sansón ahora, 330
como el Gran Turco. Pues en verdad que me tengo por legítimo y cristiano viejo.

CHIRINOS. ¡Guárdate, hombre, que sale el mesmo toro que mató al ganapán[81] en Salamanca! ¡Échate, hombre; échate, 335
hombre; Dios te libre, Dios te libre!

CHANFALLA. ¡Échense todos, échense todos! ¡Húcho ho!,[82] ¡húcho ho!, ¡húcho ho!

(Échanse todos, y alborótanse.) 340

BENITO. ¡El diablo lleva en el cuerpo el torillo! Sus partes tiene de hosco y de bragado.[83] Si no me tiendo, me lleva de vuelo.

---

[70] *hidalgo de solar conocido:* noble de una familia de bienes, es decir, de linaje puro. Aquí hay otra burla de Cervantes, quien parodia la preocupación de la gente de su época.

[71] *abrenuncio:* latin; «lo niego».

[72] *balumba:* bulto; aquí se refiere a la utilería que llevan Chanfalla y la Chirinos.

[73] *incontinenti:* latín por «inmediatamente».

[74] Chanfalla pretende conjurar a los demonios mientras la Chirinos pretende armar los títeres detrás de la cortina. Sin embargo, todo es pretensión: no hay títeres y el espectáculo es invisible. Pero los espectadores no quieren confesar que no ven nada, pues eso supondría que tuvieran sangría judía o que fueran hijos ilegítimos.

[75] *Sansón:* en el Antiguo Testamento, fue conocido por su poder físico contra los filisteos. Cuando Dalila le cortó el pelo, Sansón perdió su fuerza y fue captado por sus enemigos, pero se vengó al derribar su templo.

[76] *desaguisado:* agravio.

[77] *no hagas tortilla:* no aplastes.

[78] *cuerpo de tal:* V. nota 64.

[79] *pesia a:* pese a.

[80] *en el colodrillo:* en la parte posterior de la cabeza.

[81] *ganapán:* hombre que gana la vida haciendo mandados.

[82] *Húchoho:* unos sonidos para espantar al toro.

[83] *de hosco y de bragado:* de color moreno muy oscuro con piernas de diferentes colores.

345 JUAN. Señor Autor, haga, si puede, que no salgan figuras que nos alboroten; y no lo digo por mí, sino por estas mochachas, que no les ha quedado gota de sangre en el cuerpo, de la ferocidad del toro.

350 CASTRADA. ¡Y cómo, padre! No pienso volver en mí en tres días; ya me vi en sus cuernos, que los tiene agudos como una lesna.[84]

JUAN. No fueras tú mi hija, y no lo vie-355 ras.[85]

GOBERNADOR. [*Aparte.*] Basta; que todos ven lo que yo no veo; pero al fin habré de decir que lo veo, por la negra honrilla.

CHIRINOS. Esa manada de ratones que 360 allá va, deciendo por línea recta de aquellos que se criaron en el arca de Noé; dellos son blancos, dellos albarazados, dellos jaspeados[86] y dellos azules; y, finalmente, todo son ratones.

365 CASTRADA. ¡Jesús! ¡Ay de mí! ¡Ténganme, que me arrojaré por aquella ventana! ¿Ratones? ¡Desdichada! Amiga, apriétate las faldas, y mira no te muerdan; ¡Y monta que son pocos![87] ¡Por el siglo de 370 mi abuela,[88] que pasan de milenta![89]

REPOLLA. Yo sí soy la desdichada, porque se me entran sin reparo ninguno. Un ratón morenico me tiene asida de una rodilla. ¡Socorro venga del cielo, pues en la 375 tierra me falta!

BENITO. Aun bien que tengo gregüescos:[90] que no hay ratón que se me entre, por pequeño que sea.

CHANFALLA. Esta agua, que con tanta 380 priesa se deja descolgar de las nubes, es de la fuente que da origen y principio al río Jordán.[91] Toda mujer a quien tocare en el rostro, se le volverá como de plata bruñida, y a los hombres se les volverán las barbas como de oro. 385

CASTRADA. ¿Oyes, amiga? Descubre el rostro, pues ves lo que te importa. ¡Oh, qué licor tan sabroso! Cúbrase, padre; no se moje.

JUAN. Todos nos cubrimos, hija. 390

BENITO. Por las espaldas me ha calado el agua hasta la canal maestra.[92]

CAPACHO. Yo estoy más seco que un esparto.[93]

GOBERNADOR. [*Aparte.*] ¿Qué diablos 395 puede ser esto, que aún no me ha tocado una gota donde todos se ahogan? ¿Mas si viniera yo a ser bastardo entre tantos legítimos?

BENITO. Quítenme de allí aquel mú- 400 sico; si no, voto a Dios que me vaya sin ver más figura. ¡Válgate el diablo por músico aduendado,[94] y qué hace de menudear sin cítola[95] y sin son!

RABELÍN. Señor alcalde, no tome con- 405 migo la hincha,[96] que yo toco como Dios ha sido servido de enseñarme.

BENITO. ¿Dios te había de enseñar, sabandija?[97] Métete tras la manta; si no, por Dios que te arroje este banco! 410

RABELÍN. El Diablo creo que me ha traído a este pueblo.

CAPACHO. ¡Fresca es el agua del santo río Jordán! Y aunque me cubrí lo que pude, todavía me alcanzó un poco en los 415 bigotes, y apostaré que los tengo rubios como un oro.

---

[84] *como una lesna:* una lezna es un instrumento que usan los zapateros para hacer agujas y coser.

[85] *No fueras . . . vieras:* No podrías ser mi hija si no vieras el toro.

[86] *albarazados . . . jaspeados:* de color mezclado . . . veteado como el jaspe.

[87] *¡Y monta . . . pocos!:* ¡Y no hay pocos, sino muchos!

[88] *Por . . . abuela:* por el alma de mi abuela.

[89] *milenta:* vulgar por «millar».

[90] *Aun bien . . . gregüescos:* Qué suerte que tengo calzones muy anchos.

[91] Se pensaba que las aguas del río Jordán tenían poderes para rejuvenecer a la gente.

[92] *la canal maestra:* eufemismo por ano.

[93] *esparto:* planta.

[94] *aduendado:* poseído por los espíritus.

[95] *que . . . cítola:* Rabelín hace movimientos como si tocara una cítola invisible. Esta es un instrumento musical parecido a la guitarra.

[96] *la hincha:* antipatía.

[97] *sabandija:* persona despreciable.

BENITO. Y aun peor cincuenta veces.

CHIRINOS. Allá van hasta dos docenas
420 de leones rapantes y de osos colmeneros.[98]
Todo viviente se guarde, que, aunque fantásticos, no dejarán de dar alguna pesadumbre, y aun de hacer las fuerzas de Hér-
cules, con espadas desenvainadas.

425 JUAN. Ea, señor Autor, ¡cuerpo de
nosla![99] ¿Y agora nos quiere llenar la casa
de osos y de leones?

BENITO. ¡Mirad qué ruiseñores y calan-
drias nos envía Tontonelo, sino leones y
430 dragones! Señor Autor, [o] salgan figuras
más apacibles, o aquí nos contentamos
con las vistas, y Dios le guíe, y no pare
más en el pueblo un momento.

CASTRADA. Señor Benito Repollo, deje
435 salir ese oso y leones, siquiera por noso-
tras, y recebiremos mucho contento.

JUAN. Pues, hija, ¿de antes te espanta-
bas de los ratones, y agora pides osos y
leones?

440 CASTRADA. Todo lo nuevo aplace, señor padre.

CHIRINOS. Esa doncella que agora se
muestra tan galana y tan compuesta es la
llamada Herodías, cuyo baile alcanzó en
445 premio la cabeza del Precursor de la
vida.[100] Si hay quien la ayude a bailar, verán maravillas.

BENITO. ¡Esta sí, cuerpo del mundo!,
que es figura hermosa, apacible y relu-
450 ciente. ¡Hideputa,[101] y cómo que se vuelve
la mochac[h]a!—Sobrino Repollo, tú que
sabes de achaque de castañetas, ayúdala,
y será la fiesta de cuatro capas.[102]

SOBRINO. Que me place, tío Benito Repollo. 455

(Tocan la zarabanda.)[103]

CAPACHO. ¡Toma mi abuelo,[104] si es
antiguo el baile de la zarabanda y de la
chacona![105]

BENITO. Ea, sobrino, ténselas tiesas[106] 460
a esa bellaca jodía. Pero, si ésta es jodía,
¿cómo vee estas maravillas?

CHANFALLA. Todas las reglas tienen
excepción, señor Alcalde.

(Suena una trompeta o corneta dentro 465
del teatro, y entra UN FURRIER[107] *de com-*
pañías.)

FURRIER. ¿Quién es aquí el señor Gobernador?

GOBERNADOR. Yo soy. ¿Qué manda 470
vuestra merced?

FURRIER. Que luego, al punto, mande
hacer alojamiento para treinta hombres de
armas que llegarán aquí dentro de media
hora, y aun antes, que ya suena la trom- 475
peta; y adiós.

[*Vase.*]

BENITO. Yo apostaré que los envía el
sabio Tontonelo.

CHANFALLA. No hay tal; que ésta es 480
una compañía de caballos que estaba alo-
jada dos leguas de aquí.

BENITO. Ahora yo conozco bien a Tontonelo, y sé que vos y él sois unos gran-
dísimos bellacos, no perdonando al mú- 485
sico; y mirá que os mando que mandéis a

---

[98]*osos colmeneros:* osos que comen miel de abejas.

[99]*cuerpo de nosla:* parecido a nota 64.

[100]*Herodías . . . vida:* Herodias era la madre de Salomé y la esposa de Herod Antipas. El matrimonio de Herod y Herodias fue censurado por Juan el Bautista. A instancias de su madre, Salomé sugirió que Herod mandara a
decapitar a Juan, y como consecuencia, le llevaron su cabeza en un plato (San Mateo, 14:10–11).

[101]*Hideputa:* una palabrota que quiere decir hijo de
una prostituta; semejante a *son of a bitch.*

[102]*la fiesta de cuatro capas:* fiesta religiosa muy solemne durante la cual los sacerdotes llevan capas largas.

[103]*la zarabanda:* danza de los siglos XVI y XVII en
Europa de movimientos muy vivos y algo sensuales; la
consideraban inmoral.

[104]*¡Toma mi abuelo:* Una exclamación de sorpresa.

[105]*la chacona:* danza popular también sensual; como
la zarabanda, considerada inmoral por sus pasos lascivos.

[106]*ténselas tiesas:* agárrala bien.

[107]*Furrier:* el que tiene a su cargo en cada compañía
de soldados la distribución del pan y cebada, y el alojamiento de las tropas. Por eso no fue una figura popular con
el pueblo.

Tontonelo no tenga atrevimiento de enviar estos hombres de armas, que le haré dar docientos azotes en las espaldas, que se vean unos a otros.[108]

CHANFALLA. ¡Digo, señor alcalde, que no los envía Tontonelo!

BENITO. Digo que los envía Tontonelo, como ha enviado las otras sabandijas que yo he visto.

CAPACHO. Todos las habemos visto, señor Benito Repollo.

BENITO. No digo yo que no, señor Pedro Capacho.—¡No toques más, músico de entre sueños,[109] que te romperé la cabeza!

(Vuelve el FURRIER*)*

FURRIER. Ea, ¿está ya hecho el alojamiento? Que ya están los caballos en el pueblo.

BENITO. ¡Qué, todavía ha salido con la suya Tontonelo! ¡Pues yo os voto a tal, Autor de humos y de embelecos,[110] que me lo habéis de pagar!

CHANFALLA. Séanme testigos que me amenaza el Alcalde.

CHIRINOS. Séanme testigos que dice el Alcalde que, lo que manda S.M., lo manda el sabio Tontonelo.

BENITO. ¡Atontoneleada[111] te vean mis ojos, plega a Dios Todopoderoso!

GOBERNADOR. Yo para mí tengo que verdaderamente estos hombres de armas no deben de ser de burlas.

FURRIER. ¿De burlas habían de ser, señor Gobernador? ¿Está en su seso?

JUAN. Bien pudieran ser atontonelea-

dos; como esas cosas habemos visto aquí. Por vida del Autor, que haga salir otra vez a la doncella Herodías, porque vea este se- 525 ñor lo que nunca ha visto; quizá con esto le cohecharemos[112] para que se vaya presto del lugar.

CHANFALLA. Eso en buen hora, y véisla aquí a do vuelve, y hace de señas a 530 su bailador a que de nuevo la ayude.

SOBRINO. Por mí no quedará, por cierto.

BENITO. ¡Eso sí, sobrino, cánsala, cánsala; vueltas y más vueltas; ¡vive Dios, 535 que es un azogue[113] la muchacha! ¡Al hoyo, al hoyo! ¡A ello, a ello!

FURRIER. ¿Está loca esta gente? ¿Qué diablos de doncella es ésta, y qué baile, y qué Tontonelo? 540

CAPACHO. ¿Luego no vee la doncella herodiana el señor Furrier?

FURRIER. ¿Qué diablos de doncella tengo de ver?

CAPACHO. Basta: de *ex il[l]is* es.[114] 545

GOBERNADOR. De *ex il[l]is* es, de *ex il[l]is* es.

JUAN. Dellos es, dellos el señor Furrier; dellos es.

FURRIER. ¡Soy de la mala puta que los 550 parió;[115] y, por Dios vivo, que, si echo mano a la espada, que los haga salir por las ventanas, que no por la puerta!

CAPACHO. Basta: de *ex il[l]is* es.

BENITO. Basta: dellos es, pues no vee 555 nada.

FURRIER. ¡Canalla barretina!:[116] si otra vez me dicen que soy dellos, no les dejaré hueso sano!

---

[108] *que se vean unos a otros:* uno tan fuerte como el otro (V. nota 56).

[109] *de entresueños:* de pesadilla.

[110] *autor de humos y de embelecos:* autor presuntuoso y engañoso.

[111] *Atontonelada:* juego con las palabras «tonto» y «Tontonelo».

[112] *lo cohecharemos:* lo sobornaremos; ofrecer dinero ilícitamente a cambio de un favor.

[113] *un azogue:* mercurio; sugiere que ella mueve como aquel metal líquido que brilla como plata.

[114] *ex il[l]lis:* latín de la Biblia; quiere decir «de ellos eres». Son las palabras de la criada de Caifás a San Pedro cuando éste negaba a Cristo. Puesto que el Furrier no ve el baile de Herodias, los otros le gritan que es judío.

[115] *¡Soy . . . parió!:* V. nota 101. Con estas palabrotas, el Furrier niega la acusación de que tenga sangre judía.

[116] *canalla barretina:* gente despreciable que lleva una barretina, es decir, un gorro que llevan los judíos. Los insultan así.

560   BENITO. Nunca los confesos ni bastardos fueron valientes;[117] y por eso no podemos dejar de decir: dellos es, dellos es.

     FURRIER. ¡Cuerpo de Dios con los villanos! ¡Esperad!

565   *(Mete mano a la espada, y acuchíllase con todos; y el* Alcalde *aporrea*[118] *al* RABELLEJO; *y la* CHIRINOS *descuelga la manta y dice.)*

570   CHIRINOS. El diablo ha sido la trompeta y la venida de los hombres de armas; parece que los llamaron con campanilla.

     CHANFALLA. El suceso ha sido extraordinario; la virtud del Retablo se queda en su punto, y mañana lo podemos mostrar al 575 pueblo; y nosotros mismos podemos cantar el triunfo desta batalla, diciendo: ¡Vivan Chirinos y Chanfalla!

---

[117]*Nunca los . . . valientes:* en la literatura de aquella época, se retrataba a los judíos de cobardes.

[118]*aporrea:* golpea.

Tercera Parte

*La literatura
y sus contextos
históricos y culturales*

Capítulo V
Los orígenes y la Edad Media

5.1 Los orígenes

La literatura hispánica—tanto la española como la americana[1]—se desarrolla inicialmente entre conflictos guerreros y encuentros culturales y religiosos. En breve, la expresión literaria de los países hispánicos nace en un ambiente conflictivo; la literatura temprana es el producto de él y de los consiguientes cruces y transformaciones culturales. Debido a éstas, se genera el proceso inicial de la formación de la nacionalidad y la búsqueda de una nueva y distintiva identidad cultural.

Se ha dicho que la literatura de la Península Ibérica aparece en el siglo XII. Este es el momento en que los pueblos y reinos cristianos, fragmentados por la invasión árabe de 711, empiezan los movimientos de reconquista en que durante unos setecientos años, los cristianos tratan de conquistar las tierras que habían caído bajo el poder del reino musulmán. A este largo proceso de lucha armada—con períodos de tregua, paz y convivencia con los moros—le damos el nombre la Reconquista. Con ella se da principio a un período turbulento, complejo y de incipiente cohesión política que desembocará en España, y en Europa generalmente, en el Renacimiento (siglos XVI a XVIII), la era de la construcción de las nacionalidades modernas.

5.2 La invasión árabe

El aludido año de 711, no sólo marca la fecha de la invasión árabe en España, sino el comienzo de la Edad Media de su historia y literatura. También abre una etapa de inestabilidad política y social, y de corrientes culturales, religiosas y lingüísticas cruzadas. La Península Ibérica está dividida en dos: los reinos cristianos al norte, los árabes o musulmanes al sur (V. Ilustración 4).

La presencia árabe en la península significa la multiplicidad étnica, cultural y religiosa, en contraste con la unidad de la civilización visigótica que predomina en la península antes de 711.[2] Con la conquista musulmana se inicia un largo y fructífero capítulo en la historia literaria, científica y filosófica de los pueblos hispánicos. La convivencia de musulmanes, cristianos, mozárabes, mudéjares,[3] judíos y otros extranjeros crea nuevos grupos

---

[1] El adjetivo «americano» se refiere a la literatura del Mundo Nuevo, cuya producción hispánica se inicia en el siglo XVI, en lo que hoy día es México, Centro América, Sud América y varias islas del Caribe como Cuba y la República Dominicana.

[2] *civilización visigótica:* se refiere a los pueblos de origen germano que conquistaron la España del imperio romano y reinaban en la península cuando los árabes la invadieron en 711.

[3] *mozárabes:* cristianos que conservan su religión entre los árabes; *mudéjares:* musulmanes que conservan su religión entre los cristianos.

4. España: siglos XI–XII

étnicos y muchas percepciones culturales distintas de las de otras culturas medievales en Europa. Los estilos de vida de los pueblos hispánicos se enriquecen como consecuencia del contacto con la cultura altamente desarrollada de los centros musulmanes de Al-Andalus: Toledo, Córdoba, Sevilla y Granada.[4] Frente a la riqueza literaria, arquitectónica, filosófica y científica de la cultura oriental de Al-Andalus, la de los reinos cristianos es más austera y limitada: el producto de las culturas románica,[5] latina y eclesiástica.

El sistema social y político que predomina en la Edad Media es el feudalismo. La economía, fundamentalmente agrícola y natural, está organizada para satisfacer el uso inmediato. En ella tienen un papel relativamente

---

[4] *Al-Andalus:* nombre que se aplica a la España árabe.

[5] El arte *románico* se refiere al estilo que los monjes de Cluny en Francia trajeron a España en el siglo XI. Es el producto de la civilización cristiano-romana. El estilo arquitectónico se manifiesta en iglesias y monasterios.

fijo el rey, los nobles, la Iglesia (terratenientes los tres) y los campesinos (sus servidores y trabajadores). En esta era, y hasta el siglo XII, todo está determinado de tal modo que el elemento individual tiene menos valor que la comunidad en su conjunto. Sólo cuando aparecen el comercio, las ciudades, y el valor monetario (siglos XII–XIII), empiezan los conflictos y las crisis de esta edad histórica. Se abren las rutas hacia Europa con el camino de Santiago[6] y la presencia de los burgueses (pequeños proprietarios, comerciantes y campesinos libres).

5.3 La Iglesia en la Edad Media

A pesar de sus conflictos internos, la Iglesia, durante este período de lucha religiosa (contra los árabes), representaba una institución de gran poder. Cooperó con los reyes, de los cuales dependía, para recuperar terrenos que había perdido con la invasión árabe.

La Iglesia era poderosa como arma espiritual, pues la cultura medieval era fundamentalmente religiosa. Pero también era un poder económico y militar. En la Reconquista, por ejemplo, luchó en la «guerra santa». Recibió vastos territorios mediante donativos—la quinta parte de la herencia de los fieles—los cuales la Iglesia fue acumulando. Estableció monasterios y abadías. Y para proteger y trabajar estos terrenos, organizó su propio sistema feudal, que a veces entró en conflicto con el de los terratenientes seculares.

5.4 Los orígenes literarios: la muwassaha

No es fácil presentar una idea coherente de la literatura que nace entre múltiples y a veces contradictorias corrientes de civilización. Habría que decir que los primeros textos no son hispánicos en el sentido estricto de la palabra, ni revelan características homogéneas, bien perfiladas. Al contrario, las primeras manifestaciones de la poesía hispánica no pertenecen a la cultura del norte, sino a la relación de ésta con la poesía árabe y judía.

Decimos «la poesía», porque al igual que otras literaturas en su período primitivo, la hispánica surge oralmente en verso. Los textos de esta primera poesía se producen en una sociedad de desplazamientos, trastornos y conflictos. Esta literatura aparece en una región cuyos pueblos—árabes, cristianos, judíos—contribuyen a una cultura riquísima. En estas sociedades, hay cambios y reajustes constantes de grupos que a veces se toleran; otras veces se persiguen; y a ratos respetan sus diferentes costumbres, lenguas y religiones.

Las primeras manifestaciones de la poesía española (ca. 1040) constituyen un testimonio a esta diversidad cultural y, más que nada, a sus conyunciones. Nos referimos a la poesía mozárabe llamada la *muwassaha*,[7] la cual se cultiva unos ciento cincuenta años antes de las primeras manifestaciones de la poesía épica. Esta poesía mozárabe representa la unión de lo cristiano/árabe/hebreo con la lengua vulgar de los cristianos—el español primitivo. La *muwassaha* es un poema escrito en hebreo o en árabe con un final en dialecto primitivo español. El final (o estribillo) se llama una jarcha y es casi siempre de tema amoroso, en que una mujer, la hablante del poema, expresa su amor por el amado o su angustia por el desaire o la ausencia de él (§2).

Esta expresión poética, la más antigua de la lírica en lengua romance, o sea español, se cantaba y, a veces, el público que escuchaba contribuía con su participación coral. El sentimiento personal del ser humano individual en

---

[6]*El camino de Santiago:* ruta de peregrinos a la tumba del apóstol Santiago en Compostela en el norte de España (Galicia). El culto a Santiago se origina en la visión de su descenso del cielo, espada en mano y sobre un caballo blanco, para dar ánimo a los cristianos en su lucha contra los moros. En el siglo XI, los monjes de Cluny, de Francia, popularizaron el culto a Santiago y la peregrinación a su tumba; y así creció el contacto con las ideas y las instituciones europeas.

[7]También se puede usar la forma hispanizada *moaxaja.*

contraste con la colectividad feudal de la cultura cristiana es el foco de su atención. Este personalismo, más acentuado hacia fines de la Edad Media (siglo XV), por razones que después veremos, no es la nota común de los textos literarios posteriores. En ellos, a diferencia de las jarchas, tienden a predominar los temas y sentimientos colectivos, comunes a toda la sociedad o, cuando menos, a la clase o la institución religiosa dominante a que pertenece el escritor, con frecuencia anónimo.

5.5 El arte poético de la Edad Media

Los poetas de la Edad Media son de tres tipos:

(1) el juglar: el poeta de las plazas públicas que recita versos aprendidos de memoria. Este poeta, que se dirige al pueblo, también recita a veces en los palacios de los señores o en las iglesias. Es poeta vagamundos que en sus andanzas crea o reelabora el material poético. Más tarde, lo que recita se dará en forma escrita y se conservará hasta nuestros días en la forma del poema épico o los cantares de gesta.[8] Acompaña su recital con instrumento(s) de música y canta la letra de los últimos triunfos o las derrotas militares. En su compañía vienen a veces bailadores, acróbatas y hasta animales amaestrados, o sea, era un espectáculo parecido al circo.

(2) el trovador: el poeta de las cortes feudales. Es poeta de las clases altas. Canta historias amorosas de caballeros y damas. A veces, crea versos difíciles de entender, los cuales pertenecen a un arte de trobar clus. Los centros de estos poetas son las regiones del norte de España como Galicia y Cataluña.

(3) el clérigo: el poeta del monasterio o de la Iglesia. Cultiva un arte basado en materia religiosa o en la del mundo clásico de la antigüedad. A diferencia del juglar, el clérigo cuida la medida métrica y crea el mester de clerecía.[9]

En la ordenación de la literatura primigenia de los territorios y reinos de la «España» de la Edad Media, la poesía lírica anticipa a la poesía épica, o la epopeya, por más de un siglo, como ya hemos observado. La mezcla y la síntesis de culturas y religiones es la nota predominante, tratándose de reinos y territorios que en el siglo XII todavía no han conseguido una cohesión política o social. En armonía con esta misma diversidad, la lengua, llamada «romance», va evolucionando con formas y palabras de procedencia varia: germánica, árabe, latina.

5.6 La epopeya: El Cid

Una sociedad en estado de formación es, al mismo tiempo, una sociedad que se desintegra, pues busca nuevos patrones. Así es en el caso de la cultura medieval del siglo XII. Frente a la lucha de los territorios cristianos por reconquistar la península y ampliar terrenos individuales, nace una expresión poética distinta de la *muwassaha*. Son poemas que recitan o cantan los juglares sobre las luchas armadas y sobre los héroes de las batallas entre cristianos y moros. Es una literatura de la clase dominante feudal. En su forma es fragmentaria y fluctuante, pues, no se canta siempre de la misma manera. Los juglares van elaborando y cambiando los poemas en sus andanzas hasta que un escribano le da forma escrita.[10] Este es el caso del poema heroico «nacional» de España, *El Cid*.

El Cid es la única canción de gesta que ha

---

[8]La palabra *gesta* se refiere a hechos, a cosas sucedidas, en contraste con la lírica que suponía imaginación y/o fantasía.

[9]*mester de clerecía:* significa «ministerio u ocupa-

ción de hombres cultos», pues los clérigos estaban identificados con la «alta» cultura.

[10]Es esta etapa de la poesía que R. Menéndez Pidal llama de «poesía latente».

sobrevivido en forma que nos permite estudiarla como texto literario. La fecha que se asigna al poema es 1140, con un manuscrito copiado en 1307. Este poema es sobre una figura guerrera retratada como símbolo de la sociedad total. Refleja los patrones o normas de otras canciones de gesta de España por su espíritu nacional y popular, su carácter fundamentalmente historicista pero no enteramente fiel a los hechos y su versificación irregular. Ofrece no sólo una visión del guerrero Rodrigo Díaz de Vivar (el Cid Campeador), sino del reino (mejor dicho, condado) de Castilla durante la Reconquista. La figura del Cid, además, caracteriza el ambiente de lucha entre la nobleza, los reajustes sociales de una sociedad evolucionante y las tensiones entre aristócratas e infanzones,[11] las cuales se irán intensificando en el siglo XIV.

Todo esto se evidencia en este poema mediante los acontecimientos de la vida del Cid, miembro de la nobleza inferior, víctima de celos y acusaciones de la nobleza leonesa en la corte. A pesar de su mala suerte, el Cid sigue fiel a su rey y triunfa como guerrero. También desafía la inmobilidad social del feudalismo al casar a sus hijas con la nobleza más alta. Sirviéndose de las diferencias de clase entre el Cid y los nobles de la corte, el juglar eleva al Cid a símbolo nacional, dignifica a los infanzones y las crecientes clases burguesas y hasta introduce una nota «democrática», contracultural, al mostrar cómo el Cid trataba de igual a igual a sus soldados.

Los tres cantares en que se divide este poema de 3.730 versos son de medida irregular (hemistiquios de 7 + 7 sílabas; o 6 + 7, 7 + 8, 6 + 8, 8 + 8) (§2).

5.7 Los romances

De cantares de gesta como *El Cid,* con el tiempo se desglosarán fragmentos, sobre todo,

por la imposibilidad de conservar todos los versos en la memoria. A esta dificultad se une la preferencia del público por ciertas secciones de poemas extensos, o por episodios atractivos. Se inicia un proceso de acortamiento y fragmentación del cual nace el romance a fines del siglo XIV, comienzos del XV. Su forma métrica viene directamente de la epopeya, o sea, es el resultado de recitar (y luego escribir) como versos diferentes los dos hemistiquios de un solo verso del poema épico. De un verso de aproximadamente dieciséis sílabas en el poema épico, hacen dos versos de ocho sílabas cada uno, con rima asonante los pares y sin rima los impares. El romance entonces, adquiere la forma tradicional del octosílabo rimado en asonante. Como la epopeya, el romance, de autor anónimo originalmente, se canta o se recita al son de un instrumento musical.

Los romances suelen llamarse viejos o nuevos. Los **viejos** (siglos XIV y XV) son fragmentos de los viejos poemas de gesta; los **nuevos** (del XVI en adelante) son escritos por poetas cultos y, por eso, se llaman nuevos o artísticos. Debido a su transmisión oral, en un principio, los romances viejos son modificados por el juglar o los oyentes. Hay una gran variedad de romances: históricos, sobre temas y figuras de la época; carolingios y bretones, cuyo origen son las gestas francesas y bretonas; los fronterizos, inspirados por las luchas entre moros y cristianos en las últimas etapas de la Reconquista; y, por fin, novelescos y líricos, de tema variado y no específicamente español (§2).

5.8 El estilo gótico: sociedad y literatura del siglo XIII

Frente al arte juglaresco de la poesía épica, surge otra expresión poética en el siglo XIII. Es una expresión culta en verso y, a la vez, una prosa erudita y moral. Surge en un período de desarrollo cultural en que el estilo gótico reemplaza al románico, cambio que se evidencia en las catedrales góticas de Burgos, León y Toledo (V. Ilustración 5).

---

[11] Los infanzones eran pequeños nobles, o nobles socialmente menos importantes que los nobles más aristocráticos y privilegiados de las cortes. Los infanzones estaban ligados a la economía agraria.

5. La Catedral de Burgos (estilo gótico)

El cambio de estilo arquitectónico refleja la iniciación de un período de transformaciones en que se amplían los valores y conceptos que forman parte de la Verdad. Es decir, la Verdad no se entiende ahora exclusivamente en términos de lo que la Iglesia legisla. Para determinar la Verdad, se toma en cuenta fuentes varias y hasta contradictorias; por ejemplo, fe/conocimiento, autoridad/razón, teología/filosofía. Lo gótico expresa esta multiplicidad mediante sus formas profusas pero fragmentadas.

Es imposible captar, en su totalidad y de una sola vista, todos los detalles del estilo gótico de una catedral como la de Burgos. En cambio, en el caso de una iglesia románica, su sencillez lo permite. Note Vd. que el estilo románico tiene líneas limpias, sencillas y sólidas. El estilo gótico, en cambio, tiene líneas

complejas y construcciones dispersas (V. Ilustraciones 6–9). Queda así destruida la idea total u orgánica tanto de la construcción arquitectónica como del feudalismo como sistema social. Además, el individuo cobra más significación, pues como individuo necesita percibir los detalles de un edificio magno y complejo. El estilo gótico es un arte exuberante, a veces con una abundancia decorativa (como es el gótico florido) en lugar del arte ascético del estilo románico. El estilo gótico es un arte urbano, expresión de los burgueses, arte basado en la experiencia del ser humano y de la naturaleza como medio de descubrir la presencia de Dios.

El gótico importado desde Francia a veces se mezcla con la arquitectura mudéjar, sobretodo en los interiores trabajados por artesanos árabes en territorios reconquistados. Y en esta forma simbiótica se crea un estilo cruzado, típico de la Edad Media de España (V. Ilustración 10).

5.9 El mester de clerecía

El fervor de la Reconquista con su movimiento y cambios geográficos, las transformaciones en las instituciones sociales y comerciales del siglo XIII y el mayor contacto con los pueblos europeos resultan en la creación de centros de cultura parecidos a los ya existentes en tierra musulmana—por ejemplo, Córdoba, Toledo y Granada. En el territorio cristiano estos centros se establecen en algunas de las cortes reales, pero con mucha frecuencia, los monasterios llegan a ser los depositarios del saber.

En las cortes, tanto los nobles como el rey se ocupan de la política y la guerra sin preocuparse a veces mayormente por la cultura. En muchos casos, miembros de las clases dominantes son analfabetos. Tampoco hay un ávido interés en la cultura entre el pueblo hasta que crecen los valores burgueses en las ciudades (siglo XIV)—de ahí, la concentración de la cultura monástica en este período intermedio de la Edad Media, y la aparición de los poetas-

6. Arquitectura románica

clérigos, que cultivan el mester de clerecía. La palabra *clerecía* se usa como equivalente de *saber,* pues no todos los que escriben estos textos son eclesiásticos. Todos, sin embargo, son conscientes de una tradición «culta» —la del pasado clásico— de una presencia religiosa, filosófica y moral, y de la necesidad de llegar al pueblo, el cual, con el pasar de los años, menos entiende el latín. Como dice el mayor representante de esta expresión poética, Gonzalo de Berceo,

Quiero fer una prosa en román paladino[12]
en el qual suele el pueblo fablar a su veçino. . .

Los *Milagros de Nuestra Señora* es su obra más conocida (§2). Tiene versos típicos de este mester de clerecía: estrofas de cuatro versos alejandrinos,[13] o sea, catorce sílabas divididas en dos hemistiquios de siete, con una sola rima consonante. Esta combinación de medida y rima se designa **la cuaderna vía.**

Sabemos que el juglar en la poesía épica narraba acontecimientos familiares a los oyentes con fines informativos o propagandísticos, y que los hechos de estos poemas eran de interés y accesibles al pueblo. ¿A quiénes se dirigían los poetas clérigos? No se sabe exactamente. Pero se sospecha que recitaban sus versos a un público selecto —amigos, gentes de la parroquia, aldeanos. El público tenía que ser limitado a juzgar por los temas de la antigüedad clásica de poemas como el *Libro de Apolonio,* o el *Libro de Alexandre.*

En éstos y otros libros del mester de clerecía descubrimos una mezcla y síntesis de elementos antitéticos: el ideal ascético de la vida contemplativa; elementos de las novelas bizantinas;[14] lo religioso y lo pagano; lo caballeresco y lo religioso. Estas interrelaciones sin-

---

[12] *prosa:* poema
[13] El nombre *alejandrino* vino de la frecuencia con que en la Edad Media se empleó este verso para cantar la vida de Alejandro.

[14] *novelas bizantinas:* de viajes y aventuras complicadas, de origen griego.

7. Arquitectura gótica

5.10 La cultura y la literatura alfonsinas

En la prosa alfonsina se evidencia el deseo de explorar y describir el mundo, de hacer llegar la prosa a todos mediante el uso de la lengua vernacular y de secularizar la cultura. En esta labor los modelos son los de los traductores y eruditos árabes, en especial de la Escuela de Traductores de Toledo. En ella colaboran cristianos, moros y conversos en la traducción (en prosa) de muchísimos libros del mundo greco-latino y oriental (árabe).

La marcha hacia la secularización de la cultura de la Edad Media es notable bajo Alfonso X; se evidencia con el interés en las diversas facetas del conocimiento, en contraste con la verdad exclusiva y estática de la Iglesia. Pero tal proceso no debe entenderse como una prueba del abandono del poder espiritual de la Iglesia medieval. Bajo el reinado de Alfonso X, crece el cultivo de la prosa como vehículo para desarrollar los estudios seculares y compartir con la Iglesia el papel de conservar y adelantar el saber universal: astronomía, derecho, historia, filosofía, todo en lengua vulgar (español primitivo o gallego), por ejemplo, las *Tablas Alfonsíes,* el *Libro de la escala,* el *Libro de las leyes,* o *Las siete partidas.* A este mismo rey se debe la «castellanización» de la cultura, el movimiento hacia el centro geográfico, Castilla, como eje de la vida cultural de los territorios hispánicos. En su corte son numerosos los sabios judíos que ayudan a escribir compendios que arrojan luz sobre la vida y las instituciones de la época: *Estoria de España* o *Primera crónica general,* y las *Cantigas.*

5.11 El siglo XIV: crisis y expresión literaria

La inestabilidad del siglo XIII se agudiza en el XIV. Se producen sublevaciones y huelgas de campesinos frente a la disgregación del sistema feudal. La peste hace que muchos de ellos se trasladen a las ciudades, abandonando

créticas constituyen otra manifestación de los múltiples caminos hacia la verdad de la cultura del siglo XIII. Frente a la cultura religiosa y clásica, o sea, la de las iglesias románicas y la de la poesía medieval hasta el siglo XIII, crece una cultura de los sentidos humanos. Se estudia la naturaleza, la experiencia humana (en relación con, y como reflejo de, la divina). Este nuevo fermento en la ciencia y la filosofía aparece en el mester de clerecía. También lo veremos en la prosa medieval patrocinada y escrita, en parte, por Alfonso X, el Sabio (1221–1284), en la prosa alfonsina.

su labor agrícola. Crece la cultura urbana, la importancia del comercio y del dinero. Hasta la Iglesia se suma al deseo de lucrar, lo cual explica las críticas de escritores como el Arcipreste de Hita de la avaricia de los eclesiásticos. Hay cambios en la estructura jerárquica de la Iglesia, inclusive el traslado de la corte pontífica a Avignon en Francia. El caos de la Iglesia es tal que en cierto momento hay tres papas simultáneos. Los reyes establecen nuevas relaciones con los campesinos (protección de sus derechos) y con la nobleza frente a su rebeldía y discordia. Se buscan formularios para tratar a la clase creciente de la burguesía (el Tercer Estado), con su sede en las ciudades. El rey con frecuencia buscará el apoyo y la ayuda populares en sus luchas con la nobleza.

En la cultura, la tendencia, ya señalada, de extender la visión humana, de abarcarlo todo, de hacer compendios (como, por ejemplo, la obra de Alfonso el Sabio), se intensifica con el creciente ritmo del comercio y los contactos más amplios con Europa, sin que, por eso, disminuya la influencia peninsular de los hispano-hebreos. La tendencia manifiesta en el siglo XIII de observar el mundo natural y las costumbres de sus habitantes se intensifica en la prosa del XIV con un creciente autobiografismo (don Juan Manuel y el Arcipreste de Hita). Esta característica es una clara prefiguración del concepto renacentista de la importancia del ser humano como centro del universo. Y, junto con el autobiografismo, hay una nota de desgarradora soledad, melancolía y desorientación—síntomas del próximo derrumbe del feudalismo medieval. En la poesía, vemos un mayor tono íntimo y una preocupación por los valores morales más que los teológicos.

Tal es el caso de las obras de don Juan Manuel (1282–1349)—*Libro del caballero y el escudo, Libro de los estados* y el *Conde Lucanor*—escritas por este representante de una nueva nobleza. Su mundo es de gran lujo (justas, torneos). En el escritor predomina la idea de conservar y mantener este estilo de vida de clase. En su *Conde Lucanor*, le preocupa, por

8. *San Pedro de la Nave, Zamora, España (¿siglo VIII?, interior románico)*

eso, la conducta apropiada del caballero y el adoctrinamiento de la clase poderosa (§2).

En contraste con el espíritu aristocrático que se evidencia en la obra de don Juan Manuel, hay una literatura de la realidad observada de todas las clases de la sociedad medieval en el poema de intención didáctico-moral, el *Libro de buen amor* del Arcipreste de Hita. En esta obra, hay un contraste entre el amor divino—el buen amor—y el amor humano—el loco amor. No sólo se evidencia el énfasis sobre *este mundo* (el juego y el amor hacia la vida y el arte), sino el ya aludido autobiografismo, la desorientación y aislamiento del hombre y el peso de un mundo determinista.

9. *Lonja de la Seda, Valencia, España (siglo XV, interior gótico)*

En el poema se manifiesta el carácter de síntesis de las obras artísticas de este período—es decir, las de tradición y fuentes mixtas producidas en una cultura en desarrollo, con corrientes y fuentes no sólo variadas sino heterogéneas: la clásica, latino-eclesiástica, judía, árabe, europea. El *Libro de buen amor* refleja todos estos elementos y, según muchos, revela una falta de unidad, como quizá es de esperar en un texto producido en una sociedad sin ella, una sociedad que va en busca de su propia identidad. De ahí que, según Menéndez y Pelayo, el *Libro de buen amor* sea o contenga

(1) novela autobiográfica de aventuras amorosas, que forma la trama;

(2) colección de «ejemplos», fábulas y cuentos;

(3) paráfrasis del *Arte de amar* de Ovidio;

(4) imitación—en el episodio de don Melón y doña Endrina—de *Pamphilus,* comedia latina del siglo XII;

(5) parodias de poemas burlescos y alegóricos, como la batalla de don Carnal y doña Cuaresma y el triunfo del amor;

(6) varias sátiras y elogios—propiedades del dinero, alabanza de las dueñas chicas, etc.;

(7) poesías líricas religiosas y profanas, morales y ascéticas, y, también, añadiríamos,

(8) ideas de la España musulmana y judía.

El Arcipreste es un verdadero maestro de la cuaderna vía, y en su poema se refleja una época que se desmiembra y otra que pronto va a nacer (§2).

5.12 La conclusión de la Edad Media

El siglo XV marca la conclusión de la Edad Media y el comienzo de una nueva época histórico-social, más parecida a la moderna. En España se inicia con el reinado de los Reyes Católicos (1479). En contraste con el fraccionamiento del período cristiano-árabe, empieza el proceso de la unificación católica, sin que desaparezcan de inmediato los judíos y los mozárabes.

Es un siglo de guerras civiles, de luchas entre los nobles, los reyes, los burgueses y la Iglesia por la ascendencia en el poder. En 1492, se toma Granada, batalla que marca la conclusión de la Reconquista; se descubre América; se promulga la expulsión de los judíos no convertidos, después de un período largo de tensiones religiosas. Empieza la obra de unificación territorial y se prepara el camino para el futuro imperio español con su ambiente de intolerancia y absolutismo.

Los contactos europeos, más la influencia de la lírica de Galicia y Portugal, siguen ro-

10. Colegio de San Gregorio, Valladolid, España
(estilo gótico con influencia mudéjar)

busteciéndose y se reflejan en una tradición castellana evidente en un libro antológico con poemas del amor cortés,[15] alegorías y verso doctrinal, *El cancionero de Baena* (ca. 1445),

reunido por el converso[16] Juan Alfonso de Baena. Este cancionero y otros del siglo XV, compilados bajo la protección de nobles y reyes, recogen la obra de poetas de muchas ca-

---

[15] *amor cortés:* actitud medieval hacia el amor según la cual el caballero adoraba y respetaba a una dama bella, inteligente y noble, sin que se consumara el amor físico. El verdadero amor y el matrimonio se consideraban incompatibles.

[16] Muchos judíos aceptaron la conversión al catolicismo para escapar de persecuciones a veces masivas y públicas.

pas sociales, desde el rey hasta el morisco. Y su lectura, en un período anterior a la invención de la imprenta, llena un deseo manifiesto de cultura característico de este siglo.

Estos cancioneros—por ejemplo, los de Stúñiga, Vaticana, Brancuti, Ixar—contienen una variedad poética, tan amplia como los poetas representados en ellos. En común tienen la presentación de un tema o corriente que no hemos comentado todavía: la corriente misógina (en contra de la mujer), muy frecuente en la literatura medieval, no sólo hispánica, sino europea. En España se evidencia en *El Sendebar o Libro de los engaños et asayamientos de las mugeres* (colección de cuentos de origen persa traducidos del árabe en 1253); o en *El Corbacho* de Alfonso Martínez de Toledo, Arcipreste de Talavera (¿1398?–¿1470?). Es particularmente notable la segunda parte de este libro de prosa, donde el moralista describe «los vicios, tachos, e malas condiciones de las malas e viciosas mujeres, las buenas en sus virtudes aprobando».

El conflicto entre bien y mal, virtud y pecado caracteriza esta literatura misógina, pues en ella las mujeres son vistas como tentadoras «que merecen del mundo la victoria» como dijo el autor de *El Corbacho*. Pero la mujer es, también el objeto del deseo y, como tal, la enumeración de sus «tachas» parece un recreo y un pretexto para ocuparse de ella.

Además de los cancioneros, en la creación poética de este siglo, se destaca la poesía de Jorge Manrique (ca. 1440–1479), especialmente sus «Coplas por la muerte de su padre»,

cuyo doloroso lirismo y meditación melancólica descubren preocupaciones e ideas típicas de la Edad Media: la muerte, la fama, la fugacidad de la vida ejemplar (§2).

En la prosa, a fines de la Edad Media, descubrimos el comienzo de la crítica histórico-literaria en lengua española en el *Prohemio e Carta* del marqués de Santillana; la prosa didáctica del Arcipreste de Talavera en *El Corbacho o reprobación del amor mundano;* la prosa histórica de retratos personales, por ejemplo, *Crónica de Juan II* o *Generaciones y semblanzas;* y la novela sentimental o amorosa. Las formas embrionarias de la narrativa existen en el siglo XIII en el cuento-apólogo de origen oriental (árabe) o en relatos de las Cruzadas. Cuando en el siglo XV por fin aparece la novela, es sentimental, de índole subjetiva: la novela amorosa, exploración del sentimiento ideal, o sea, un texto elaborado en torno al individuo y no la colectividad. Es una de muchas transiciones hacia el individuo en lugar del anonimato que marcan la disgregación del sistema medieval.

En una sociedad en estado de desarrollo es de esperar que haya teatro abundante. Y se teoriza que lo había. Pero, hasta nuestros días no han llegado muchos ejemplos de esta probable actividad teatral. Son notables las excepciones como el *Auto* o *Misterio de los Reyes Magos* (siglo XII), una de las piezas teatrales más antiguas en lengua vulgar, y las obras del primer teatrista conocido (siglo XV), Gómez Manrique, autor de teatro sacro.

Capítulo VI
El Renacimiento y la Era de Descubrimiento

6.1 El siglo XVI: el Renacimiento

El siglo XVI marca el comienzo de un período largo de expansión y cambio, tanto en España como en el Nuevo Mundo. Es el período en que España se organiza políticamente como estado moderno y se establece como potencia mundial. Es también un período de viajes, descubrimientos e invenciones: la imprenta, la pólvora, la brújula. Bajo los Reyes Católicos, Fernando e Isabel (1479–1504), es la época de la monarquía absoluta y del imperio. El poder de España se extiende a otras partes de Europa (los Países Bajos, Italia), al norte de Africa y a América. La época del imperio es la del auge de las nuevas y crecientes clases comerciales—la burguesía, o lo que algunos llaman el Tercer Estado,[1] que mencionamos en el capítulo anterior. Con la importancia en aumento de estas clases, se produce la ruptura final de la organización social y política del mundo medieval. Aumenta en importancia el individuo al adquirir éste una mayor movilidad social. Su actuación política y económica en esta época se refleja en la cultura en la cual el ser humano, en lugar de Dios, será la medida del mundo.

Se inicia un período de examen racional del universo basado en la experiencia y la meditación humanas. El énfasis sobre la razón y el ser humano es elemento fundamental de la cultura renacentista. Crecen las ciudades, el comercio y el valor del dinero como medida, no sólo económico, sino humano.

A este conjunto de transformaciones posmedievales que hemos descrito, se le aplica el nombre Renacimiento, entendiendo por el término en su sentido cultural, el renovado interés en el humanismo y en el estudio de las obras del mundo greco-latino,[2] lo cual se manifiesta primero en Italia. En cuanto a España, el término se usa de muy diversos modos. Pero hay cierta unanimidad en relacionar la vida y la literatura españolas del siglo XVI con el espíritu renacentista a pesar de las diferencias que se han señalado entre las características del Renacimiento en España y en los demás países europeos (V. 6.2, 6.6, y 6.7).

---

[1]*Estado* es equivalente de clase. Los tres estados eran la clerecía, la nobleza y el pueblo.

[2]*humanismo:* estado mental y cultural característico del Renacimiento. El término se refiere al renovado interés en el estudio de la cultura pagana de la antigüedad latina y griega y viene del latín *studia humanitatis,* o sea, el estudio de la gramática, retórica, poesía, historia y filosofía moral. La vuelta a estos estudios tuvo como base el concepto de que ellos ayudarían al hombre cristiano a perfeccionar su vida.

6.2 *Lutero y la Reforma*

Lutero y la Reforma son claves para entender el Renacimiento y sus manifestaciones específicas en España.[3] Con Lutero y sus noventa y cinco tesis (1517) empezó la Reforma religiosa. Le parecía a Lutero que dentro de la fe católica el ser humano se justificaba por la fe y no por sus obras, es decir, por la fe interior del individuo, y no por los ritos religiosos. Y confiando más en la fe que en las obras, recomendó la eliminación de muchos ritos de la Iglesia católica. Llegó a cuestionar la autoridad suprema del papa. En 1521 excomulgaron a Lutero. Pero sus ideas cobraron importancia, produciendo un cisma religioso y el eventual triunfo de la Reforma y del Protestantismo.

La Corona y la Iglesia españolas salieron a la defensa de la conservación de la fe católica tradicional y condenaron de modo enérgico la Reforma y el protestantismo. En su defensa fervorosa del catolicismo, eventualmente crearon una atmósfera de represión y cerradura, o sea, un espíritu *anti*-renacentista.

6.3 *Renacimiento y erasmismo*

Sin embargo, al principio del XVI, es obvia la presencia del Renacimiento en la península. Pero al mismo tiempo se observan los síntomas de la venidera Contrarreforma (V. 6.6). Es decir, pueden observarse hechos y actitudes que no armonizan con la libertad y el racionalismo individuales del Renacimiento y de la Reforma. Bajo Fernando e Isabel se establece la unidad religiosa a la cual contribuye la Inquisición (1478), órgano tanto político como religioso;[4] se completa la conquista de los territorios árabes con la toma de Granada (1492); se expulsa a los judíos (1492) después de un período largo de persecución, inclusive la matanza de los judíos en 1391; se produce una reforma interna de la Iglesia con el propósito de terminar con las corrupciones heredadas de la Edad Media; y se intensifica la elaboración del estado moderno, concentrando en la Corona, más que antes, el poder, repartido hasta entonces entre nobles, militares o municipios. Para estimular la cultura, Fernando e Isabel crean la Schola Palatina, destinada al estudio de las humanidades. Secundando este interés en el humanismo, característico del Renacimiento europeo, los nobles también se rodean en sus cortes de escritores e intelectuales. Consecuencia de esta actividad es la fundación de nuevos colegios, universidades y cátedras. En resumidas cuentas, hay durante un período breve, sobre todo hasta sentirse los efectos de la Contrarreforma, una abundancia de actividad intelectual en un ambiente optimista y de apertura cultural e ideológica.

Una de las manifestaciones más perceptibles de esta apertura es la aceptación inicial de las ideas de Erasmo de Rotterdam (el erasmismo) en España alrededor de 1520. Pero su vida es breve. En la década del treinta, se produce un movimiento en contra del erasmismo que terminará con procesos inquisitoriales. Y en 1559, las obras de Erasmo de Rotterdam se incluyen en el *Indice* de libros prohibidos.[5]

Pero las ideas suelen ser más fuertes que los hechos políticos y, a pesar de su censura, el erasmismo deja una influencia en la ideología y la cultura renacentistas españolas en formas diversas y sutiles. Muchos de los escritores absorben esta influencia, entre ellos Cervantes. Y, en el período de mayor importancia del erasmismo, al principio del siglo XVI, hay dos figuras que se identificaron estrechamente con el erasmismo: los hermanos Valdés. Alfonso de Valdés fue secretario y consejero de Carlos V y autor del famoso *Diálogo de Lactancio,* influido por la moral erasmista. Juan de Valdés

---

[3]*Martín Lutero:* (1483–1546) monje católico y profesor de la Biblia en Alemania.

[4]*Inquisición:* tribunal eclesiástico utilizado tanto por la Iglesia como por la Corona. Investigaba y castigaba los delitos contra la fe católica. Llamado también el Santo Oficio, sus procedimientos eran secretos. La Inquisición utilizaba la tortura y el auto de fe, después del cual quemaba a los acusados.

[5]*Indice de libros prohibidos: Index et Catalogus Librorum Prohibitorum.*

fue humanista y místico, y entre sus escritos figura el *Diálogo de la lengua*, libro fundamental para estudiar el desarrollo de la lengua española. Para estos y otros escritores, las ideas de Erasmo, identificadas con el espíritu de libertad y crítica de la Edad Moderna, tenían que ver con

(1) la revisión de valores sociales, religiosos y políticos;
(2) la vuelta a una religión cercana al cristianismo primitivo, más pura y sin ceremonias exteriores;
(3) la secularización del cristianismo;
(4) un humanismo clásico y cristiano; y
(5) la creación de un estado político universal y pacífico, idea que coincidió en España con las ambiciones de los monarcas católicos y con las del comienzo del reino de Carlos V (1517–1556).

6.4 *La unidad nacional*

En esta etapa dinámica de la historia de España, las nociones de cambio, descubrimiento y expansión van acompañadas de la unidad. Esta es un concepto clave tanto político como religioso que luego, con el triunfo de la Contrarreforma, alcanza proporciones grotescas y catastróficas para la España del siglo XVII. Pero, aún antes del establecimiento de los principios de la uniformidad y el conformismo de la Contrarreforma, la búsqueda de la unidad se manifiesta en la destrucción del último centro de poder árabe en Granada y en la expulsión de los judíos. También se manifiesta en la creciente unidad lingüística. El castellano se impone frente al gallego y al catalán, lenguas que van perdiendo su primacía oficial. Y, en fecha singular para la historia de España—1492—Antonio de Nebrija publica la primera gramática impresa de una lengua vulgar. Es significativo que Nebrija defiende la utilidad política en su *Arte de la lengua castellana*, explicando que «siempre la lengua fue compañera del Imperio». De este modo señala el fin práctico que tendrá su gramática para enseñar la lengua castellana a los pueblos conquistados del imperio español.

6.5 La Celestina: *obra de transición y de crisis nacionales*

En este ambiente de transición, Fernando de Rojas (ca. 1475–1541) escribe una obra, *La Celestina,* que pertenece a la conclusión de la Edad Media y al comienzo de una era nueva—la moderna del Renacimiento. Coincide con el principio de la era del descubrimiento geográfico—el viaje de Colón al Nuevo Mundo (1492). El optimismo y la alegría creados por esta incipiente expansión geográfica, llevada a cabo con energía, vigor y fe, tienen su contrapartido en el mundo inseguro, inestable y contradictorio que *La Celestina* revela.

Es importante señalar que el autor de *La Celestina* era converso, de padres penitenciados públicamente por la Inquisición. Su identidad como autor se esconde en las dos ediciones originales de la *Comedia de Calisto y Melibea* (primer título de *La Celestina,* 1499 y 1500). Se trata de una novela dialogada (de dieciséis a veintiún actos, según la edición) que describe el amor de Calisto, enamorado de Melibea, hija de unos burgueses acomodados de la cuidad. La «intermediaria», Celestina, le ayuda a acercarse a su amor. Una noche, después de estar con Melibea en el jardín, Calisto cae de la tapia del huerto. Melibea, viendo el fin trágico de su amante, se suicida.

La novedad, si no la modernidad, de esta obra consiste en parte en el uso del ambiente de la ciudad y diversas clases sociales—altas, bajas, señores, criados, rufianes. A esto se agrega la penetración psicológica con la cual Rojas describe los conflictos psicológicos y el fatalismo de sus personajes. La obra concluye con el lamento de Pleberio, padre de Melibea. En un monólogo expresa su sentimiento de abandono. El universo de valores burgueses—monetarios—se manifiesta en este momento de dolor profundo.

Rojas emplea un formato moderno; es decir, no mezcla su voz de autor en la narración. Retrata con percepción aguda las características individuales de sus personajes en su marcha hacia la tragedia. El mundo de su texto es el de la lucha, el azar y la inseguridad; es un ambiente destructivo que los personajes no logran controlar. Y los valores tradicionales, especialmente Dios y la fe, se someten a un cuestionamiento poco ortodoxo. Calisto, enamorado apasionado, dirá que su fe reside en el amor de Melibea en lugar del de Dios. No dice que es católico sino «Melibeo»: «¿En quién hallaré yo fe? ¿A dónde hay verdad? . . . ¿Yo? Melibeo soy».

Frente a la acción destructiva del mundo, sólo triunfa el pesimismo o el nihilismo. ¿Es ésta la visión de un converso? Puede ser. Pero es, sin duda alguna, una obra que nos muestra una de las dos caras del mundo literario y cultural de este período: la desaparición de los valores medievales; y el renacer de otros que llevan en sí las semillas de esperanza y, a la vez, de degeneración. En fin, es una obra representativa de este momento y, para algunos, del futuro de la historia de España (§2).

6.6 Expansión, retraimiento, Contrarreforma

El acontecimiento clave para medir y comprender la historia de España en el siglo XVI es el Concilio de Trento (1545–1563) y la decisión de España, después del Concilio, de aumentar los esfuerzos por conservar la fe católica; terminar con las ideas reformistas, entre ellas, las erasmistas; y conservar la integridad nacional, luchando contra toda idea o situación que representara una amenaza para la unidad religiosa y política. Todos estos elementos forman parte de lo que se llama la Contrarreforma española.

El protestantismo y sus peligros ocupan y preocupan a España. Las diferencias filosóficas entre protestantes y católicos europeos aclaran el sentido de la cultura y la expresión literaria de este período. Los protestantes desarrollan una sociedad basada en los valores económicos de la burguesía con énfasis sobre la moral y el individuo. Los católicos, sin negar la importancia de la libertad individual y moral, basan sus ideas sociales en los valores permanentes, tradicionales y espirituales, rechazando sus aspectos mundanos. Así se explica la repetición en la literatura de este período de los motivos de exaltación (idealismo) y de negación (nihilismo); ilusión y engaño (lo que ya hemos discutido respecto a *La Celestina*), o el adorno exterior por un lado, y la práctica mística por otro.

6.7 Un Renacimiento medievalizado

La actitud cerrada frente al resto de Europa y a las ideas del Renacimiento europeo determina el destino trágico de España. Pero la grandeza y la decadencia políticas y sociales confluyen y coexisten bajo Carlos V y su sucesor, Felipe II (1556–1598). Antes de abdicar Carlos a favor de Felipe, aquél tiene que pedir ayuda a los banqueros alemanes, suizos y genoveses para conducir las guerras imperiales, dando como garantía las riquezas de la América recién descubierta. Y Felipe, de modo similar, se ve obligado a declarar la bancarrota del estado tres veces durante su reino. Pero no hay que olvidar que el período de Carlos V y de Felipe II es también el período de la grandeza artística de España—el de los místicos, de Cervantes, de Gracián, y, en pintura, de figuras destacadas como El Greco y Velázquez (V. Ilustraciones 12 y 14). Pero, su grandeza artística, con frecuencia mal comprendida por ser distinta de la de otros países europeos, consiste en mirar hacia el pasado y el futuro. Los artistas y escritores combinan estas dos miradas en un espíritu renacentista que muchos han asociado con el medievalismo por sus elementos de pasado. Medievales, en efecto, son la idea de construir un imperio universal (en lugar de una nación), el renovado interés en la escolástica,[6] en la novela de caballerías y en la mística. España, al medievalizar su Renacimiento, demuestra menos interés que otras naciones de

---

[6] *escolástica:* sistema filosófico basado en los escritos de los padres de la Iglesia: San Agustín, San Ambrosio, San Gregorio y San Jerónimo. Usando estos escritos y las ideas de Aristóteles, con una metodología lógica, se proponía explicar todos los fenómenos del ser y de la existencia del mundo religioso y secular.

su época en la nueva ciencia, el racionalismo, el espíritu de investigación libre o la individualidad sin tradiciones u ortodoxias. Y de allí la confusión y hasta la polémica sobre la cuestión del Renacimiento español: su existencia y su cronología.

Pero al trazar este esquema de valores opuestos y mezclados, no hay que olvidar que antes del Concilio de Trento, o sea, durante la primera mitad del siglo XVI, hay un «renacer» que trae a España las ideas de Erasmo y, entre otras influencias e ideas, las innovaciones del Renacimiento italiano, primero en los experimentos del poeta Juan Boscán y, después, con arte sumo en la poesía de Garcilaso de la Vega.

6.8 El estilo italianizante y el clasicismo

Con Boscán y Garcilaso entran en la poesía castellana el verso endecasílabo, el soneto, terceto y la octava real, y los temas de la tradición greco-latina: bucólicos, pastoriles y mitológicos, con énfasis sobre la fama, la gloria y la fortuna. El poeta se expresa en sus textos como individuo, eludiendo, con frecuencia los posibles contextos socio-históricos. Idealiza y embellece la naturaleza. «Platoniza» el amor; es decir, lo eleva a un plano ideal. En la poesía bucólica la influencia de Virgilio y de Sannazaro[7] se evidencia; en la amorosa, la de Petrarca.[8] Los pastores que aparecen en esta poesía estilizada sobre el amor frustrado e imposible representan figuras conocidas de la corte de la época con disfraz campestre. Así es en la *Egloga Primera* de Garcilaso de la Vega. En ella, los personajes Galatea y Elisa están identificadas con el verdadero amor imposible del poeta Garcilaso: Isabel Freyre (§2).

Esta poesía y la poesía bucólica, en general, representan una evasión idealizada de la realidad. En un momento de crecimiento económico, auge de la cultura urbana, expansión de la población de las ciudades, se da el caso —curioso— de un poeta que busca refugiarse y disfrazarse en medio de una ensoñada pureza del campo. En escenarios bucólicos, el amor es concebido como una idea irrealizable. Estamos, otra vez, frente a una de las muchas contradicciones de la cultura renacentista española: la preferencia por motivos medievales —el amor cortés, idealizado—mezclados con elementos de origen renacentista italiano.

6.9 El estilo clásico

Garcilaso y los de su generación y tiempo representan el estilo literario que llamamos «clásico». Lo **clásico** en la época renacentista es lo que se enseñaba en las clases, es decir, las letras greco-latinas. El término «clásico» tiene muchos significados. Pero por ahora, lo que nos interesa principalmente es su aplicación al estilo renacentista, en contraste con otro estilo que hacia fines del siglo XVI y durante el XVII dominará: el barroco. En la arquitectura el estilo clásico se ve claramente en la proporción, pureza de formas y balance del más conocido monumento arquitectónico del siglo XVI en España, El Escorial. Su construcción ocupó veintiún años de la vida de Felipe II y es símbolo de la austeridad religiosa (V. Ilustración 11).

Aplicado este término a la literatura, ¿qué significa? Con él señalamos el arte en que predomina la razón, la literatura de estilo limpio, claro, sin adorno innecesario o excesivo y sin exageraciones. La ejecución artística del poema clásico, por ejemplo, se distingue siempre por la armonía de sus elementos: conceptos, ideas, imágenes, ritmo, métrica y, en general, el estilo. La composición clásica se caracteriza por la interdependencia y la interrelación de todas sus partes. Y en esta poesía, el ser humano—el individuo—dialoga con el mundo o frente al mundo, pero como individuo pensante y/o sufriente. Si Vd. lee los versos de Garcilaso a la luz de estos conceptos del

---

[7] *Virgilio:* (70–19 A. de C.), poeta latino, autor de *eclogae* (églogas), que reunió en un libro titulado *Bucólica. Jacopo Sannazaro:* (1456–1530), poeta napolitano que escribió, entre otras obras, *Arcadia,* obra pastoril.

[8] *Petrarca:* Francesco Petrarca (1304–1374), poeta cuyos poemas en italiano dedicados a su amada, Laura, influyeron en la lírica europea. En latín también escribió *Bucolicum carmen,* doce églogas.

11. El Escorial, España (siglo XVI, estilo clásico)

clasicismo, entenderá mejor lo que muchos han llamado su «perfección artística».

6.10 Herrera, Fray Luis, San Juan, Santa Teresa

En la producción poética de la segunda mitad del XVI hay tres figuras cumbres: Fernando de Herrera (1534?–1597), Fray Luis de León (1527–1591) y San Juan de la Cruz (1542–1591). A Herrera le debemos la nacio-

nalización del estilo «italianizante», pues fue este poeta de la escuela sevillana[9] quien estableció las normas para cuidar el estilo y la ortografía, llamando la atención sobre los modelos clásicos.

---

[9] *escuela sevillana:* grupo literario que se reunía en la casa del Conde de Gelves. Defendían el culto a la belleza formal, la fidelidad a modelos clásicos y la pureza de la lengua poética.

Los modelos clásicos también forman parte de la expresión mística, cuyas figuras más destacadas son dos poetas ya mencionados—Fray Luis de León (§2) y San Juan de la Cruz (§2)—Santa Teresa de Jesús (1515–1582) (§2) y el prosista Fray Luis de Granada. Su verso y prosa aparecen en el período de Felipe II, cuando se prohibe importar libros sin licencia especial, se prohibe el estudio en las universidades extranjeras y se arma la campaña para eliminar a los protestantes de Valladolid y Sevilla. Los cuatro sufren acusaciones ante la Inquisición, o prisión, por sospechas que hoy, con distancia histórica, llamaríamos efímeras. A Fray Luis de León, por ejemplo, le acusan de «sospechoso», «judaizante» y adicto a las «novedades».[10] Pasa cinco años en la cárcel por haber defendido la idea de consultar el texto hebreo de la Biblia para resolver dudas de interpretación y por haber traducido, en 1561, el *Cantar de los cantares*.

6.11 La expresión mística

¿Qué clase de literatura es la mística? En ella se combina el sentimiento de la realidad con el de lo ideal: lo humano y lo divino; lo medieval y lo renacentista; lo hebraico, cristiano y clásico; y la vida contemplativa con la activa. Se usa la palabra *mística* para significar una unión con Dios vía el alma, por medio del amor y la gracia o por el don divino. Los estados místicos (el proceso) para llegar a Dios son

(1) el deseo divino;
(2) la purificación (penitencia, disciplina, supresión de las experiencias de los sentidos y los cuidados mundiales);
(3) la vía iluminativa (concentrarse en el conocimiento de Dios usando la voluntad, el pensamiento y las emociones);
(4) la noche oscura del alma; y

(5) la vía unitiva, es decir, matrimonio con Dios.

Curiosamente, España no produce ningún escritor místico en la Edad Media—período orientado hacia Dios y la religión—comparable con los del siglo XVI. Se ha especulado sobre el por qué. Algunos han encontrado una contestación posible en las circunstancias socio-históricas de una España del XVI que, por un lado, se abre hacia las nuevas y modernas corrientes renacentistas y, por otro, se cierra con el Concilio de Trento, protege la fe católica y las ideas ortodoxas. Los místicos escriben en una atmósfera de represión y sospecha creada por la Inquisición y la Corona, situación que ya hemos ilustrado con el caso de Fray Luis de León y su encarcelamiento. La intimidad religiosa, o el conocimiento interior que desean los reformadores del humanismo (Erasmo, por ejemplo) o los protestantes se frustra con la Contrarreforma. Para algunos escritores de esta etapa de la historia de España, hay una vía segura de escape: el fervor místico. Frustrados o intimidados ante una sociedad cerrada que va perdiendo terreno poco a poco en el mundo internacional, los artistas y escritores perciben un conflicto entre la idea de la acción y su realización, tan llena de peligros. Vencidos los esfuerzos individuales o, cuando menos, intimidados los individuos en estas empresas, se canalizan las energías por otras vías: en lugar de la idea de acción, el ideal religioso o místico.

Este juego de sentimientos se ve no sólo en los místicos (vida activa/vida contemplativa) sino en el arte en un cuadro como *El entierro del Conde Orgaz* de El Greco, en el cual están representados dos mundos en dos niveles: el terrestre, y el celeste. En este cuadro el pintor re-interpreta un tema del siglo XIV, o sea, medieval, con ejecución renacentista. Según una leyenda local, San Esteban y San Agustín descienden del cielo para colocar el cuerpo del conde en su cripta. Los santos hacen su milagro; simultáneamente, el alma del conde (representado por el niño en brazos del ángel) asciende al cielo (V. Ilustración 12). En

---

[10] «*novedades*»: término que revela hasta qué punto en la España de esta época se buscaba eliminar las ideas modernas.

12. El entierro del Conde Orgaz *de El Greco (1586–
1588, Toledo, España; transición entre estilo
renacentista y estilo manierista)*

el estilo de El Greco se observa la transición desde lo renacentista (equilibrio) a lo manierista[11] (exageración y deformación) de los perfiles de las figuras. Así lo real y lo sobrerreal se juntan, preparando el camino para el arte y el estilo barrocos.

6.12 Los orígenes de la novela y El Lazarillo

Ya hemos visto en el caso de la poesía bucólica y campestre cómo se desvían y se transforman motivos de frustración personal y social. Hay otras formas de silencio o disfraz en una sociedad compleja, contradictoria y llena de peligros para el creador e intelectual, como las de la España del siglo XVI. Una de estas formas es la actitud negativa, o sea, la de la observación y la negación de una realidad degradada y decadente. Esta es la perspectiva de la novela picaresca en su primera manifestación, el *Lazarillo de Tormes* (§2). Esta novela breve apareció en 1554, bajo el título *La vida de Lazarillo de Tormes y de sus fortunas y adversidades*. No se sabe la identidad del autor, pero cierta evidencia interna nos hace sospechar que era converso. Algunos dicen que es Alfonso de Valdés. El éxito de la novela es atestiguado por tres ediciones que se publicaron ese mismo año. En 1559, fue puesto en el *Índice* de libros prohibidos, donde permaneció hasta que se retocó y se reeditó en 1573.

En parte, su popularidad se explica por su novedad, es decir, por ser una narración realista o naturalista. Es muy distinta de las novelas de su tiempo, que son libros poéticos con retratos de vida idealizada: la novela de caballería, la sentimental, la morisca o la pastoril. Todas estas novelas tienen un punto de vista de la realidad diametralmente opuesta a la picaresca.

Las novelas de caballería son extremadamente populares, sobre todo entre 1508 y 1608. Se trata de una forma modernizada de la cultura medieval, rasgo frecuente en el Renacimiento español, como ya hemos visto. Los libros de caballería aparecen cuando el poema épico ya ha desaparecido. En la novela de caballería resurge el espíritu de aventuras heroicas y galantes, la exaltación del honor personal y el sacrificio por un ideal. A estas características sus autores, al narrar las historias de caballeros y damas, añaden elementos fantásticos, hasta mágicos, para satisfacer una apetencia de toda clase de lector y oyente por las aventuras excepcionales.

Fue tal la popularidad de esta forma de novelar que la Iglesia empezó a preocuparse por su lectura excesiva y trató de desviar la narrativa hacia el terreno divino. Así es que, al lado de novelas como el *Amadís de Gaula* (1508) y figuras heroicas como Esplandín y Lisuarte de estas novelas, encontramos una obra de caballería religiosa como *Caballería celestial de la rosa fragante* (1554). Las novelas de caballería se grabaron tanto en la imaginación popular que sus episodios fantásticos parecían transformarse en una verdadera realidad. Así fue en el caso de los conquistadores de América. La vista del paisaje del recién descubierto Nuevo Mundo les recordaba a estos soldados los visionarios paisajes y nombres de estas novelas. Algunos de los paisajes fictivos quedaron eternizados en la geografía del Nuevo Mundo.[12]

Las novelas pastoril y morisca son formas alternativas de la novela poética. La pastoril se dirige a lectores aristocráticos. Igual que la poesía pastoril, en la novela pastoril se oculta la identidad de personas contemporáneas. En ella se celebra la paz y la armonía mientras que en la sociedad imperial empiezan a faltar. Sus primeros cultivadores son conversos, lo cual explica la naturaleza de estas obras: ocultar, encubrir, escaparse. Pero llega a ser una forma

---

[11] *manierista*: estilo cuyo nombre se deriva del italiano *maniera*, o sea, «de manera personal». Es un estilo, por eso, que implica la contradicción de los estilos epocales. Es un estilo de transición, mitad renacentista tardío, mitad barroco inicial.

[12] El nombre California, por ejemplo, viene de la novela de caballería *Sergas de Esplandín*. La vista del paisaje californiano les pareció a los conquistadores similar a los incidentes del paisaje de esta novela de caballerías.

muy cultivada. Entre sus ejemplos más conocidos se cuentan la *Diana* de Jorge Montemayor, *La Galatea* de Cervantes y la *Arcadia* de Lope de Vega.

La novela morisca es una forma estilizada de la historia cuya primera muestra, *El Abencerraje o Historia de Abindarraz y Jarifa,* se intercala en la *Diana.* Y por fin, hay la novela sentimental de Diego de San Pedro, *Cárcel de amor* (1492), muy temprano ejemplo de descripciones íntimas y psicológicas.

La novela que representa el contrapartido de todas las novelas llamadas poéticas o idealizadas es el *Lazarillo de Tormes.* Es una obra que retrata el mundo de la clase baja (bajos fondos), necesidades primarias, todo lo contrario de las novelas de caballerías, moriscas o sentimentales. Pero igual que éstas, representa un avance hacia la creación de la novela moderna por el estudio de la existencia humana y la relación entre ésta y los sentimientos humanos individuales. El *pícaro* es el protagonista (algunos dicen, el anti-héroe) de esta obra. Este personaje acostumbra tener las siguientes características:

(1) nacido de bajos fondos;
(2) sin oficio determinado;
(3) criado de muchos amos;
(4) individuo de pocos escrúpulos;
(5) de vida irregular;
(6) holgazán y vagamundo;
(7) mendicante para satisfacer sus necesidades; y
(8) pesimista y estoico.

Además, suele ser un desengañado frente a los valores establecidos de la sociedad, los cuales contrastan con la vida interior y los sentimientos individuales. Observa la realidad en su torno con cinismo, con crítica.

La novela picaresca es, por definición, autobiográfica en el sentido de ofrecer una narración desde el «yo» del pícaro. El conflicto en la obra se verifica no sólo entre el pícaro y la sociedad, sino entre las distintas clases y tipos sociales retratados desde la perspectiva del pícaro. Así es en el caso de los episodios sobre el ciego y el clérigo en el *Lazarillo de Tormes.* Pero, al final de la obra, Lázaro se asimila; es

decir, se reconcilia con la sociedad. Abandona su vida andariega y acepta las normas de una sociedad en que los poderosos y adinerados mandan. Se entrega y prospera. Llega a ser pregonero—oficio real de muchos conversos—y esto, por los «favores» de un arcipreste que, según las malas lenguas, recibe visitas con excesiva frecuencia de la mujer de Lázaro.

Más adelante veremos cómo estas manifestaciones de la picaresca sufren un cambio durante la Contrarreforma y por qué.

6.13 Las crónicas: una representación distinta de una nueva realidad

Las crónicas de descrubrimiento y conquista del Nuevo Mundo son otra manifestación de la literatura «realista» de esta época.[13] Son, como el *Lazarillo,* obras basadas en la observación directa y personal de la realidad. También constituyen una nueva forma literaria que incluye informes, diarios e impresiones de tierras extrañas, escritos, en algunos casos, con fervor épico. Pero con frecuencia estas obras de testimonio confunden realidad e imaginación, al expresar el autor sus reacciones de maravilla frente a la flora y fauna de culturas y lenguas desconocidas. La novedad del panorama americano es tal que los escritores, deslumbrados ante cosas y gentes no vistas antes, no pueden distinguir entre realidad y fantasía. La parte «imaginativa» de estas crónicas también se debe a una falta de comprensión frente a lo desconocido. En otros casos, para describir lo que «ven», los cronistas consciente o inconscientemente distorsionan la realidad para que quepa dentro de moldes ya conocidos en la literatura y, en especial, en la literatura fantástica de los libros de caballería. Combinando estos elementos, los cronistas producen un maridaje entre las dos formas de ficción del siglo

---

[13]La crónica es un género que abunda en América desde el descubrimiento. Las crónicas originales son históricas. Son narraciones, a veces largas, basadas en la historia. Más tarde (siglo XIX) pierden su carácter histórico y adquieren elementos fictivos.

XVI—la poética o idealizada, y la realista y crítica. Pero para todos los cronistas, aparte de la cuestión de sus prejuicios individuales, el Nuevo Mundo es algo deslumbrante. Cristóbal Colón en su *Diario de viaje* (lunes, 15 de octubre) escribe: «Son estas islas muy verdes y fértiles, y de aires muy dulces. Y puede haber muchas cosas que yo no sé, porque no me quiero detener por calar y andar muchas islas para hallar oro».

Los motivos de oro, imperio y fe motivan a muchos cronistas en la concepción de sus obras. Son testigos de una conquista que hace que muchos obran con crueldad, violencia e injusticia. Sin embargo, también hay algunos, como Fray Bartolomé de las Casas, que en su *Historia de las Indias* y su *Brevísima relación de la destrucción de las Indias* (1552), defienden a los indios, inclusive su derecho de gente,[14] es decir, su derecho a no ser considerados esclavos naturales, seres humanos inferiores a los súbditos españoles de la Corona. No es la intención de las Casas crear la imagen de una España cruel e inhumana. Pero al describir la destrucción de las culturas originales de los indios, y la forma injusta en que muchos conquistadores tratan a los indios conquistados, provee la base de lo que con el tiempo llega a llamarse la «leyenda negra» de la conquista española (§3).

En la obra de otro cronista, el Inca Garcilaso de la Vega (Perú, 1539–1616), tenemos una visión de América superior a la de las crónicas de Hernán Cortés o Bernal Díaz del Castillo.[15] Estos son españoles que llegan con la conquista. Pero el Inca nace en el Nuevo Mundo, de una princesa incaica y padre español de familia ilustre. Este cronista criollo a veces exagera a favor de la civilización americana; por eso, en sus textos descubrimos una perspectiva diferente, la de un mestizo.[16] Es éste, un «nombre impuesto por nuestros padres [nos dice el Inca, Garcilaso de la Vega] y por su significación, me lo llamo a boca llena, y me honro con él». En sus *Comentarios reales* (1609–1613), se evidencia por un lado una idealización muy renacentista—la edad más perfecta perdida—y por otro, la emoción de un mestizo que defiende los valores de su cultura (§3).

6.14 La literatura original de América

Al lado de esta literatura hispánica, apareció otra, de fecha anterior. Nos referimos a la literatura indígena. Esta literatura original de América se produjo en los centros de vida cultural y social más desarrollada antes de la Conquista: (1) el altiplano de México: cultura azteca; (2) Yucatán, Guatemala y Honduras: cultura maya-quiché; y (3) Bolivia, Ecuador y Perú: cultura incaica. Estas tres culturas indígenas alcanzaron un nivel de desarrollo tan alto que los primeros españoles que llegaron al Nuevo Mundo quedaron sorprendidos. En lugar de pueblos primitivos (los hubo, por supuesto, en América), encontraron civilizaciones que en su desarrollo eran comparables con la hispánica, una de las más avanzadas en ese momento de la historia europea.

Cada una de las tres más importantes culturas de la América precolombina (es decir, antes de Colón) llegó a sobresalir por razones distintas. Pero si uno fuera a resumir los logros de todas ellas juntas, habría que señalar los siguientes elementos: la capacidad por la organización política; el saber conquistar las tribus cercanas e incorporarlas dentro de un imperio; los conocimientos científicos, sobre todo en

---

[14]*derecho de gente:* la idea—defendida por algunos juristas de la época—de que los indios no tenían derechos, pues eran «esclavos naturales» y no seres racionales como los españoles.

[15]Hernán Cortés y Bernal Díaz del Castillo escribieron «cartas» y «crónicas» de la Conquista basadas en su experiencia. Cortés fue el jefe de la Conquista española de la Nueva España (México); Díaz de Castillo fue soldado de las expediciones de Cortés.

[16]*criollo:* adjetivo que indica la conciencia de una cultura distinta de la de España. Se usa como equivalente de «americano» y se refiere, en general, a la persona de origen español que nace en el Nuevo Mundo. *Mestizo:* americano de sangre mezclada de diferentes razas, sobre todo, indio y español.

matemáticas y astronomía; la utilización económica de la tierra en la producción agrícola; la construcción de observatorios astronómicos, templos y pirámides, que nosotros admiramos todavía; la invención de formas de comunicación que, en algunos casos, se aproximaban a sistemas lingüísticos modernos basados en la fonética; y la conservación de la historia de su civilización en cuadernos de papel con figuras pictográficas.

Las tres culturas señaladas produjeron expresiones orales sobre la vida de sus dioses, los acontecimientos singulares del individuo, la agricultura, la guerra, el amor y, en algunos casos, una literatura moral muy parecida a los «enxiemplos» del Conde Lucanor. Sus artistas y sacerdotes cultivaron la prosa, la poesía, el teatro y la tradición épica. Los maya-quichés escribieron un libro parecido a nuestra Biblia que se llama *El libro del consejo,* o *Popol Vuh.*

El *Popol Vuh* fue salvado del olvido, como otros documentos de la literatura indígena, por la dedicación de algunos frailes después de la Conquista. Mucha de esta literatura fue destruida, particularmente la de los maya-quichés y los aztecas, porque los primeros frailes que llegaron al Nuevo Mundo veían en las obras escritas la presencia del diablo y quemaron los libros de los pueblos indios. Pero, arrepentidos de su conducta, se pusieron a la obra de rescatar las expresiones literarias indias. Pudieron recuperar mucho de lo destrozado debido al hecho de que los pueblos indios habían elaborado un complicado sistema de transmisión oral de su historia divina y humana y, por medio de esta tradición, trabajando con informantes indios, los frailes lograron reescribir—en español, por supuesto—la historia y la expresión literaria de la experiencia india que los españoles habían quemado poco después de la Conquista.

De la literatura indígena de México, Guatemala y Honduras se conservan algunos de los libros originales, con cuadros, pinturas en colores, signos simbólicos y hasta elementos fonéticos. Llamamos a estos libros «códices». En el caso de los incas, no se conserva nada

comparable, pues nunca llegaron a elaborar un sistema de comunicación escrita. Pero, a pesar de esta deficiencia, la rica y variada literatura incáica ha llegado a nosotros por medio de trozos de una tradición oral recogidos por religiosos y cronistas.

En general, puede decirse que en la literatura de estas civilizaciones indígenas, el interés religioso y moral no el estético, predomina. Es así en el caso de todos los pueblos «primitivos». Pero hay ejemplos notables de poesía azteca, teatro quechua (la lengua de los incas) y narraciones mayas. De estas últimas, la más famosa es el ya mencionado libro, el *Popol Vuh,* crónica y leyenda de la historia divina y humana de los maya-quichés, con relatos sobre la Génesis y otros sucesos paralelos a partes de nuestra Biblia. Se cree que fue compuesto a mediados del siglo XVI (§3).

6.15 *La épica americana*

La labor épica de España en el Nuevo Mundo no sólo se celebró en prosa (V. 6.13) sino en verso también. En España el poema épico medieval sobrevivió en el Renacimiento en formas cultas no muy logradas. Se trataba de imitaciones, muchas de ellas de autores épicos italianos como Ariosto y Tasso, o del portugués Camoẽs. En cambio, en *La Araucana* (treinta y siete cantos, publicados en tres partes) de Alonso de Ercilla y Zúñiga (1533–1594), se dio en verso la experiencia cantada con frecuencia en la prosa de las crónicas.

Estando en Londres, Ercilla supo del desastre de los conquistadores de Nueva Castilla (Chile) y de la muerte de Pedro de Valdivia. Abandonó la corte y fue a América en la expedición de auxilio. Su crónica versificada es un poema épico singular por las siguientes razones: el autor (soldado y poeta) se introduce; los hechos son muy recientes y forman parte de la experiencia del poeta; y, en lugar de una sola figura, se celebra la colectividad indígena de Nueva Castilla que las fuerzas superiores de los españoles conquistaron (§3).

Capítulo VII
El siglo XVII: imperio y colonias

7.1 Transculturación y Nuevo Mundo

La conquista y colonización del Nuevo Mundo fue una de las empresas más atrevidas de la historia moderna del Occidente. Como medida del atrevimiento de los conquistadores, piénsese en el caso de Hernán Cortés, quien, con un ejército de unos mil quinientos soldados, conquistó el gran imperio de los aztecas; o en el caso de Francisco Pizarro, quien, con menos de cuatro cientos hombres, logró capturar al jefe de los incas y apoderarse de su vasto imperio en el sur del continente.

En territorios desconocidos, con una naturaleza hostil—selvas, montañas, desiertos, ríos innavegables—y climas a menudo adversos y violentos, los conquistadores lograron realizar sus sueños de gloria, fama y riqueza. Y al mismo tiempo, tradujeron en realidad escenarios y acontecimientos que antes de Cristóbal Colón sólo conocían a través de las narraciones fantásticas de la literatura de caballería.[1] Desde el momento de la conquista, fantasía y realidad se mezclaron en la experiencia americana, llegando a constituir una norma cultural que persiste hasta hoy.

En la creación de una nueva sociedad hispánica, hubo un proceso doble cuyo funcionamiento es indispensable entender en relación con el pasado y el presente. Con la Conquista llegaron al Nuevo Mundo influencias extranjeras—primer aspecto del doble proceso. El segundo aspecto tiene que ver con lo que Fernando Ortiz, un antropólogo y ensayista cubano, ha llamado el proceso de «transculturación». Con este término él describió el fenómeno del traslado desde Europa o Africa al Nuevo Mundo de instituciones e ideas foráneas, las cuales, al echar raíz en América, crecieron con una fisonomía distinta de la de sus orígenes. Es decir, al implantarse en el Nuevo Mundo las tradiciones africanas, por ejemplo, ya no eran africanas. El proceso de transculturación las transformó en algo muy diferente y, en muchos casos, muy original, como más adelante tendremos la oportunidad de observar.

En la formación de las estructuras administrativas de la sociedad colonial del Nuevo Mundo, España impuso instituciones y prácticas que ya había elaborado con éxito en el Viejo Mundo dentro y fuera de sus fronteras. Por ejemplo, trasladó **las audiencias,** tribunales en que los intereses de la Corona estaban representados en distintas partes de España. Lo mismo hizo con otras instituciones. En los territorios moros recién conquistados, por ejemplo, la Corona tenía la costumbre de distribuir la tierra a sus conquistadores favoritos.

---

[1] Sobre la interrelación de realidad y fantasía en la Conquista, vea el libro de Irving Leonard, *Los libros de los conquistadores.*

De esta práctica derivó la **encomienda** del Nuevo Mundo, según la cual, la Corona le daba al conquistador o colonizador los indios y la tierra de cierta región en encomienda. El encomendero tenía que prometer dar instrucción religiosa y protección a los indios. El título de adelantado (gobernador militar) existía en España antes que en América, y se usaba para designar a individuos con poder tanto militar como civil en los territorios árabes reconquistados. La Corona en sus conquistas militares en Cerdeña, Sicilia y Nápoles nombraba visitadores, o sea, jueces reales, para administrar la justicia y las finanzas de la región. Para vigilar la administración de sus territorios extensos, despachaba corregidores. Estos inspeccionaban el gobierno local, permitiéndole a la Corona controlar **los ayuntamientos,** es decir, los concilios de los pueblos.

Todas estas instituciones trasladadas desde España llegaron a formar parte—con el inevitable proceso de transculturación—del sistema judicial y administrativo de los virreinatos y capitanías del Nuevo Mundo.

Pero, en lugar de los árabes, o los «italianos»,[2] en el Nuevo Mundo, la Corona vigilaba a los españoles radicados en las colonias (los indianos), y a los criollos (los nacidos en América). Con el deseo de conservar su poder, los monarcas con frecuencia les quitaban las encomiendas a los herederos criollos de los conquistadores. Y, con el mismo fin, mandaban funcionarios desde España para administrar las colonias en lugar de permitir que los criollos gobernaran los territorios ultramarinos de la Corona.

7.2 La sociedad colonial

El nuevo mundo descubierto por Colón fue dividido por la Corona en virreinatos y capitanías para facilitar su administración. Los reyes nombraban a los virreyes y a los capitanes generales para gobernar estos territorios. Los virreinatos eran Nueva España (México y Centroamérica, 1535), Nueva Castilla (Perú y Chile, 1543), Nueva Granada (Colombia, Ecuador y Venezuela, 1739) y Río de la Plata (Argentina, Uruguay y Bolivia, 1776). Las capitanías eran Cuba, Guatemala, Venezuela y Chile, algunas de las cuales estaban bajo el dominio de uno u otro virreinato (V. Ilustración 13).

La sociedad colonial (siglos XVI a XIX) era fundamentalmente feudal. Dependía de España y reflejaba el ambiente que reinaba allí: ortodoxo y represivo. En lugar del rey, había virreyes y capitanes generales. En lugar de la nobleza de sangre de la península, se formó una nobleza basada en la tierra: conquistadores y encomenderos, la mayoría de ellos procedentes de las clases y capas bajas y humildes de la sociedad española. Los indios, es decir, los pueblos originales de América, no tenían papel en esta nueva sociedad. Vivían al margen y aislados de ella, o en un estado vil de esclavitud. En el Caribe, algunos grupos de indios prefirieron el suicidio masivo.

Las condiciones del indio no mejoraron mucho con la promulgación de las Nuevas Leyes (1542), cuya intención era proteger y conservar a los pueblos indios. La Corona prohibió que se usara la encomienda para esclavizar al indio. Oficialmente, se le exigía al indio tributo en lugar de servicio personal. Pero a pesar de estas leyes, el indio siguió siendo víctima del prejuicio social y racial de la colonia.

La condición del negro fue todavía peor. Los españoles empezaron a importar esclavos negros de Africa en cantidades estimables a partir del comienzo del siglo XVI. La idea de importar a los negros nació de la sugerencia de muchos religiosos, inclusive Bartolomé de las Casas, de mejorar el estado de los indios, sustituyendo la labor del negro por la del indio. La Corona no intervino directamente en el tráfico de esclavos negros. Ofreció asientos (contratos) a comerciantes extranjeros llamados negreros, que capturaban negros en la costa de Africa para llevarlos esclavizados a las minas y haciendas de América.

---

[2] *«italianos»*: gentes de territorios que hoy día pertenecen a Italia como Cerdeña, Sicilia y Nápoles.

13. América: período colonial

La población negra del Nuevo Mundo creció rápidamente. En Puerto Rico, por ejemplo, se estima que ya para 1560 había quince mil negros esclavos. Vivían en condiciones inhumanas, sujetos a la voluntad y los caprichos del amo, quien los trataba no como personas sino como objetos económicos, es decir, como propiedad. «Sacos de carbón» los llamaban despectivamente.

Los funcionarios peninsulares y los miembros de la alta jerarquía eclesiástica constituían el otro extremo de esta sociedad de poca mobilidad social. La Inquisición, institución trasladada desde la España imperial, se estableció en el Nuevo Mundo y, como en España, vigilaba y castigaba los casos de sospechado liberalismo filosófico o religioso.

7.3 La Iglesia y las misiones

La Iglesia dejó ver su presencia en la corte de los virreyes, con frecuencia, en las decisiones políticas de éstos, en la Inquisición y en la vida económica de la colonia.[3] Fue activa en la creación de misiones. Empezaron éstas a multiplicarse y a florecer como una forma de protesta por parte de algunos sectores eclesiásticos contra los encomenderos y su afán de

---

[3] La Iglesia llegó a administrar fincas y haciendas de considerable valor monetario. Sus éxitos económicos permitieron que la Iglesia prestara dinero, lo cual le permitió, como consecuencia, una intervención activa en la vida económica y política de las colonias.

enriquecerse mediante la explotación inhumana de los indios. Contra la encomienda fueron establecidas estas misiones con la aprobación de la Corona. Eran sitios en que la Iglesia formaba comunidades con la ayuda de los indios. Estos fueron tratados por los frailes como seres humanos e instruídos en labores agrícolas o en pequeñas labores industriales. Inspirados por los ideales de la Iglesia primitiva y por las ideas utópicas posteriores de Tomás Moro,[4] estas misiones eran experimentos de colonización en que muchos eclesiásticos idealistas esperaban cristianizar a los indios y probar que eran seres racionales y no simplemente bestias de carga a las cuales había que esclavizar.

7.4 La cultura colonial

Sobre el tratamiento de los indios hubo en la corte de España largas y frecuentes polémicas. Bartolomé de las Casas y otros defendieron la necesidad de suavizar el tratamiento de los indios. Estos fueron obligados desde la Conquista a proveer la obra de mano en una economía fundamentalmente extractiva. La Corona, para imponer su monopolio comercial *vis à vis* las colonias, prohibió en el Nuevo Mundo el establecimiento de industrias o empresas manufactureras sin permiso especial. Como consecuencia, el cultivo de la tierra y la extracción minera constituían la base de la economía productiva de América.

La Corona también controló el comercio cultural, vigilando la aprobación de los permisos solicitados por intelectuales y escritores peninsulares para viajar al Nuevo Mundo. Limitaba la impresión de libros y prohibía la entrada de libros de fantasía u obras censuradas y puestas en el *Índice*. Era posible aplicar la pena de muerte y la confiscación de bienes a los que poseían libros que figuraban en el *Índice*.

En un proceso de vigilancia que empezó en el siglo XVI y continuó a través del XVII, la Corona y sus representantes crearon un ambiente autoritario que en la literatura produjo obras en que se escondían las ideas detrás de disfraces, simulaciones, juegos verbales, acrósticos o relatos autobiográficos. En otras palabras, era preferible para muchos desfigurar el retrato de la sociedad y, así, escribir sin correr el riesgo de despertar sospechas y censuras.

Al lado de la cultura literaria, se desarrolló una cultura académica muy temprano en la experiencia colonial. Las primeras escuelas eran centros dirigidos por eclesiásticos que ofrecían los elementos básicos de la doctrina, principalmente a los hijos de las clases más altas. Los negros y los indios quedaron excluidos, al menos, hasta el siglo XVIII. Las universidades no tardaron en aparecer: la Universidad de Santo Tomás de Aquino (Santo Domingo), establecida por cédula real en 1538; la Universidad de San Marcos (Nueva Castilla) y la Universidad de México en 1552; la Universidad de Córdoba (La Plata) en 1613; la Universidad de Caracas (Nueva Granada) en 1721; la Universidad de la Habana, 1728. La educación que se daba en estas universidades era fundamentalmente retórica y eclesiástica. Las clases se daban en latín. Y la escolástica, la llamada ciencia del ergo,[5] dominaba la enseñanza.

7.5 La sociedad colonial del siglo XVII

En la sociedad americana del siglo XVII había un espíritu emprendedor, pero sus posi-

---

[4]*Tomás Moro:* Thomas More (1478–1535), poeta, estadista, abogado, y escritor inglés, fue amigo de Erasmo, defensor del catolicismo y autor (en latín) de *Utopía* (1516).

[5]*ciencia del ergo:* alusión despectiva a la metodolo-

gía de la escolástica y su uso frecuente de la palabra *ergo* (por eso) en los silogismos (premisa mayor, premisa menor, conclusión). Por ejemplo, «cualquier virtud es elogiable; la bondad es una virtud; *por eso,* la bondad es elogiable».

bilidades de desarrollo libre estaban controladas y limitadas por la Corona. Centenares de humildes y pobres en España viajaron al Nuevo Mundo, donde encontraron fortuna y fama. En cambio, los pueblos originales de América y los negros que la Corona decidió importar vivían deshumanizados y degradados. Las culturas indígenas (la azteca, maya, chibcha, taína e incaica) fueron destruídas o, cuando menos, su ritmo evolutivo quedó paralizado. Sobrevivieron gracias a la obra caritativa de algunos eclesiásticos que salvaron documentos históricos y lingüísticos. Pero su grandeza se eclipsó y en su lugar se impuso, a la fuerza, la cultura cristiana e hispánica.

Todos estos cambios, muchos de ellos abruptos, violentos y destructivos, crearon tensiones, rencores y hasta odios entre negros, indios y, en general, entre los criollos. De ahí el crecer en América, desde el siglo XVI, de una cultura contradictoria, diversa, mezclada; una cultura condicionada por omisiones, represiones y, por contraste, por los excesos de los poderosos, es decir, los administradores peninsulares y la alta clerecía. Frente a estos grupos dominantes, nació una mentalidad criolla rebelde, pues los criollos se veían marginados o rechazados en la sociedad colonial. Todos estos motivos prepararon el terreno para el crecimiento de una expresión literaria barroca, una expresión sinuosa, oscura, contrastiva, evasiva y decorativa (V. 7.7 y 7.15).

7.6 *España en el siglo XVII*

Mientras en América una sociedad empezaba, en la España del XVII el imperio entraba en un período de crisis y decadencia definitivas. La moneda se devaluó, la escasa industria desaparecía. La Inquisición redobló sus actividades de «conservación» y «depuración». El imperio se iba fragmentando: en 1640, Portugal recuperó su independencia; en 1647–1648, se sublevaron Sicilia y Nápoles; España reconoció la independencia de Holanda. Y en América, el poder español decayó visiblemente también: en 1625, los franceses ocuparon a Cayena; en 1634, los portugueses se apo-

deraron de Curaçao; en 1635, los ingleses se adueñaron de las Islas Vírgenes y en 1646, de las Bahamas.

7.7 *Sociedad y cultura del barroco*

Frente a estas circunstancias históricas, tanto en España como en América, surge una expresión que llamamos «barroca». En términos de lo que ya hemos estudiado, podemos decir que es el opuesto del clasicismo (V. 6.9).

En lugar del racionalismo y de la armonía del estilo clásico, el barroco se caracteriza por fuertes contrastes, por los efectos escenográficos, la eliminación de medidas y límites, por el movimiento constante y aún excesivo. Lo real y lo sobrenatural se funden; se da énfasis a lo teatral con decoración exagerada o sorprendente. El contraste, el claroscuro y la antítesis vienen a ser normas. Lo hermoso se opone a lo feo, lo religioso a lo sensual, lo refinado a lo vulgar, lo estético a lo grotesco.

Se ven estos contrastes en el cuadro *Baco* del español Diego de Velázquez (V. Ilustración 14). Nótelos Vd. entre el hermoso Baco, dios mitológico del vino, y los rudos hombres españoles que lo rodean. Hay en las caras de estos personajes, la coexistencia de lo sobrenatural y lo real; de lo refinado y lo vulgar; de lo hermoso y estético con lo feo y grotesco.

En la arquitectura de una iglesia barroca de América, se puede ver la exuberancia y lo excesivo de la decoración exagerada y sorprendente de este estilo. En el detalle, típico del barroco americano, de la Iglesia de Santa María de Tonantzintla en Puebla, México, no hay límites a las flores y frutas que llenan todos los espacios y rodean las caras indígenas de tez morena (V. Ilustración 15).

El orígen de la palabra *barroco* quizá le ayude a entender la naturaleza de este estilo. Viene de «barrueco», forma de una perla ovalada e irregular. Lo ovalado implica sensualismo, exuberancia. La curva de la voluta es característica de este estilo (V. Ilustración 16).

La curva a menudo es irregular, con forma de serpentina que parece esconder las formas. En lugar de revelar las formas geométricas,

14. Baco *de Diego de Velázquez (1628, España,
estilo barroco español)*

limpias y completas, las encubre con la ornamentación, como se ve en el altar de San Francisco Xavier en la Iglesia de San Luis (V. Ilustración 17).

En este estilo hay suntuosidad y vitalidad y, a la vez, un sentimiento de engaño y de decepción porque parece que algo está escondido detrás de tanta abundancia. Este tipo de contraste es la norma de la expresión barroca y del mundo lleno de contrastes y decepciones (España y América) en que vivían y escribían las figuras literarias de la época.

En los textos literarios barrocos descubrimos una abundancia de metáforas, circunloquios, palabras cultas. Usamos una comparación entre los versos de dos poetas, Garcilaso de la Vega (clásico) y Lope de Vega (barroco)—una comparación hecha por José Ma-

ría de Cossío y citada por Angel del Río.[6] Veremos que los barrocos habían abandonado la idea de Juan de Valdés: «Escribo como hablo». Fíjese en la abundancia del barroco en Lope, en estas ilustraciones comparativas:

Garcilaso	Lope
(1) Corrientes aguas, puras cristalinas árboles que os estáis mirando en ellas	(1) Alamos blancos, que los altos brazos con las hojas de plata y verde puro estáis en el espejo compo-

---

[6] *Angel del Río: Historia de la literatura española.*

niendo
destas aguas que
envidian los
abrazos
de tantas vides,
que en amor se-
guro
por vuestras ra-
mas vais entrete-
jiendo.

(2) Aves que aquí   (2) Aves que vais al
sembráis vues-   viento enamo-
tras querellas.   rando
                                con versos no
                                entendidos de
                                los hombres,
                                y entre sus alas
                                esparcís las
                                vuestras.

Intelecto y sensación (los contrastes, otra vez) se van de la mano en el estilo barroco, es decir, conceptismo y culteranismo. Veremos que los escritores barrocos encubren y adornan con juegos ingeniosos de palabras, ideas y paradojas. A todo esto le damos el nombre de **conceptismo.** Es la parte intelectual del barroco y base del gongorismo que examinaremos en el capítulo siguiente.

El otro polo del barroco es la sensación, **el cultismo** o **culteranismo.** Se podría decir que representa un refinamiento o extensión del conceptismo. En el culteranismo descubrimos la exageración, a veces excesiva, del lenguaje, alusiones mitológicas en abundancia, el decorado y el uso del color y el sentido. Los conceptos en oposición aparecen con insistencia: el feísmo de la picaresca, y el espiritualismo de la poesía religiosa, es decir, vida y espíritu. Por un lado, hay un sentido de dislocación exuberante; por otro, de Dios como norma, centro y refugio que da unidad al mundo. En la literatura barroca es frecuente el sentido de desengaño frente a un mundo en crisis, y un espíritu de burla e ironía frente a los contrastes de la sociedad: austeridad de la Iglesia/licencia de la corte y la nobleza; lujo de los poderosos/miseria del pueblo.

15. Detalle de la Iglesia de Santa María de Tonantzintla, Puebla, México (siglo XVIII, estilo barroco americano)

La literatura barroca, sin embargo, no es una expresión en decadencia. Todo lo contrario. Las letras florecen (otro contraste) frente a las circunstancias del imperio: la debilidad económica y el decaimiento militar de España; la dominación represiva de España en América; la sociedad feudal de las colonias que prosperaron a expensas de la explotación de indios y negros; y la cerrazón en España y América frente al desarrollo intelectual de Europa, especialmente la nueva ciencia (de Galileo y Newton) y la nueva filosofía. En lugar de salir al encuentro de ideas nuevas, hay un refugio en la redención espiritual de un catolicismo ortodoxo. Y la voz de la autoridad se

16. Voluta del estilo barroco

perpetúa tanto en España como en América. Las víctimas son no sólo los pueblos de indios o la población de esclavos negros sino los criollos, frustrados y enojados por ser excluidos de la jerarquía administrativa colonial.

7.8 Cervantes: entre dos mundos

La vida literaria de Miguel de Cervantes Saavedra (1547–1616) coincide con el comienzo del derrumbe del imperio español. En su obra hay, como consecuencia, una oscilación entre el mundo optimista e idealizado del Renacimiento y el del Barroco, pesimista y desengañado. En sus escritos se descubre el racionalismo renacentista frente al irracionalismo del barroco. Este, a medida que avanzamos en el siglo XVII y se afirma la rigidez de la Contrarreforma, crea en figuras como Cervantes, influidos por el erasmismo, una dualidad: querer ser de un modo, y tener que ser de otro. La existencia se hace más difícil para el que lucha con las apariencias o siente que falta algo en su mundo. Y frente a las limitaciones y represiones de la sociedad española de la Contrarreforma, el protagonista de su novela, don Quijote, busca y descubre una identidad individual. Sabe que entre sus aspiraciones y el antiguo dinamismo estancado y perdido en la sociedad del XVII, hay un vacío enorme. En breve, don Quijote es el hombre que se encuentra cogido entre dos mundos.

El ingenioso hidalgo don Quijote de la Mancha (§2), según algunos, es la primera novela moderna del Occidente. Representa la culminación en España de las formas narrativas anteriores. La primera parte es de 1605, la segunda, de 1615. Es un libro que comprende tantos aspectos de la vida humana que se ha llegado a referirse a él como una «novela total». En ella, si leemos entre líneas, veremos un registro de la cultura, de la experiencia histórica y de las ideas filosóficas de la España imperial. En el registro humano aparecen los nobles, los estadistas, los prisioneros, el pueblo, los venteros, los campesinos, el hombre y la mujer. La visión de Cervantes es amplia, como era de esperarse en una obra producida en la madurez de un escritor-aventurero. El autor tiene cincuenta y seis años cuando aparece la primera parte del libro, el cual empieza a escribir en la cárcel. Cervantes muere un año después de la publicación de la segunda parte.

En el nivel más aparente se ha afirmado que ésta es una novela que se propone burlarse de los hechos exagerados de los libros de caballería. La verdad es que esta idea de ridiculizar la literatura de caballería se combina admirablemente con la posibilidad de comentar y criticar la sociedad de entonces. Y Cervantes lo hace bajo el pretexto de comentar y criticar las exageradas historias caballerescas. El héroe de la obra lee tantas novelas de caballería que ya no distingue entre realidad y ficción, entre materia y fantasía. Se vuelve «loco», pero sufre de la locura «clásica»—la que le da al loco una capacidad enaltecida de percepción y comprensión. Insiste, en este estado, en armarse caballero. Después de una salida infructuosa, vuelve a su pueblo y escoge a un escudero, Sancho Panza. La presencia de estos dos personajes le ofrece al narrador la posibilidad de abarcar dos perspectivas sobre la realidad mediante los contrastes: Sancho es el símbolo de la realidad material; don Quijote, el de las creencias idealistas y repositario de la imaginación. (Es posible ver en esta pareja los valores contradictorios y complementarios de la España de Cervantes.) Las andanzas y aventuras de esta pareja—el movimiento barroco—permite un amplio comentario sobre la realidad, sus engaños y, sobre todo, lo que a Cer-

17. *Altar de San Francisco Xavier, Iglesia de San Luis, Sevilla, España (estilo barroco con curvas serpentinas)*

vantes le atrae, quizá más que nada: la naturaleza humana.

En la segunda parte de la novela, las aventuras llegan a su conclusión con la vuelta a casa del caballero andante, triste, enfermo y vencido. Pero, si en un nivel personal, al final su confianza en los ideales parece quebrada, no ha muerto su fe en la acción y en el individuo. Pues la creencia en ambos persiste y anima a los lectores de este libro a través de los siglos.

Como novela el *Quijote* encierra una interpretación moral, comprensiva y compasiva de la realidad. Se afirma en ella, ante todo, el valor del hombre y se critica la realidad de la época con ironía y humor. La impresión de un mundo de espejismos (los engaños del barroco) difíciles de captar se evidencia en los motivos de ser y parecer, y en lo que Américo Castro definió como la realidad oscilante del libro. Sancho «se quijotiza», y don Quijote «se sanchifica». Se cambian de papel en un juego de una realidad de características borrosas y engañosas. El carácter oscilante de la realidad fictiva capta, refleja y complementa la realidad histórica de España. El país poderoso con un vasto imperio ultramarino, sin embargo, ha entrado en la decadencia económica. Su poder político va sufriendo eclipses. Es un hecho

simbólico de la historia de esta nación poderosa, la pérdida de la Armada Invencible en
1588.[7] Observador fino de la condición humana, Cervantes, a diferencia de otros escritores de este período de transición, defiende la
posición de la dignidad del ser humano en lugar de adoptar, como muchos escritores barrocos, una posición negativa, cínica o de refugio
religioso, como lo hizo Mateo Alemán (V.
7.9).

El lugar central que ocupa Cervantes en la
literatura hispánica está vinculado con una visión fundamentalmente compasiva y humanís-
tica con respecto al mundo exterior. Esta visión puede variar—hacia el mundo ideal o hacia el mundo real—pero está presente en su
obra de distintos géneros: teatro, poesía, novelas cortas (llamadas novelas ejemplares).
Entre sus escritos además del *Quijote* figuran
otras novelas como la pastoril, *La Galatea*
(1585) y *Persiles y Segismunda* (1616); las *Novelas ejemplares* (1613); el *Viaje al Parnaso*
(1614); y comedias y entremeses.

7.9 Mateo Alemán: el anverso de la visión cervantina

En la obra de Mateo Alemán (1547–
¿1615?), contemporáneo de Cervantes, se observa el «anverso del medallón» cervantino.
En su formación intelectual, Alemán como
Cervantes, estudia con un maestro influido por
el erasmismo. Alemán, sin embargo, es de posible origen judío por ambas ramas de su familia. Algunos atribuyen el pesimismo de su
visión de la vida al resentimiento común a muchos conversos en la sociedad contrarreformista que los sospecha y vigila.

En el *Guzmán de Alfarache*, la novela picaresca de Alemán, hay un rechazo de los valores humanos y humanísticos y, en su lugar,
una crítica de la vida temporal en una atmós-

fera religiosa y moralizante (§2). El *Guzmán*
aparece en dos partes, como el *Quijote*: en
1599, primera parte, con el título, *Primera
parte de la vida de Guzmán de Alfarache;* en
1604, segunda parte, con el subtítulo, *Atalaya
de la vida humana.*

Esta obra, que muchos consideran la
forma prototípica de la novela picaresca, es, al
mismo tiempo, una obra prototípica de la transición del Renacimiento al Barroco. En ella ya
no vemos la exaltación de los valores ideales.
Al contrario, parece que hemos entrado en un
mundo de sombras, un mundo cerrado, hostil
y anti-heroico. La existencia del pícaro y de
los otros personajes de la obra se define en términos de dolor, crueldad y hambre. Sobre
todo, preside un ambiente de desengaño—
concepto clave de la ideología barroca.

Dijimos que en esta obra la vida temporal
se somete a una crítica desde la perspectiva religiosa. Así es. El *Guzmán* empieza su vida
con pecado (el pecado original), que en su caso
es el de su madre, que lo concibe de una relación ilícita, adúltera. De este modo viene el
pícaro, o anti-héroe, de la novela a ser el vehículo para el planteamiento del problema católico del determinismo y del libre albedrío.
Alemán no defiende la idea de una vida determinada o predeterminada. Todo lo contrario.
Sus ideas se basan en el concepto de entrar al
mundo con pecado; enfrentarse con la vida
temporal, que le parece puro engaño; darse
cuenta que la salvación del individuo es lo
único que vale; y aceptar que, para salvarse,
hay que rechazar la vida temporal por medio
de la renunciación y la abnegación. «Todo es
fingido y vacío», dice este pícaro, que revela
las características picarescas fundamentales
que consideramos en el caso del *Lazarillo* (V.
6.12).

En el *Guzmán* no vemos un movimiento
para definirse como persona, o de afirmarse
como persona («Yo sé quien soy», nos dice
don Quijote). Falta la defensa de valores ideales porque, a diferencia del héroe cervantino,
el anti-héroe de Alemán no lucha para cambiar
el mundo terrestre; todo esfuerzo sería vano. Y
por consiguiente, acepta como solución la salvación en otra vida—de ahí las páginas de

---

[7]En 1588, España perdió la batalla naval contra las
fuerzas inglesas. España quiso cortar la ayuda de la reina
Isabel de Inglaterra a los rebeldes flamencos y proteger el
comercio con el Nuevo Mundo contra la piratería inglesa.

constante sermoneo moral, basado en el desprecio de este mundo.

El movimiento del solitario pícaro le permite observar desde la «atalaya» (del subtítulo) la vida social. Las digresiones son extensas e innumerables—el movimiento barroco—y el material intercalado (novelas, fábulas, apologías), abundante. Se basa en el concepto estético e ideológico del barroco del horror al vacío, la necesidad de acumular, llenar y decorar con capa sobre capa de narraciones.

7.10 Lope: la poesía y el teatro nacional

Cervantes, Alemán y Lope de Vega son tres figuras claves de esta época—y esto a pesar de las muchas diferencias entre sí. Los tres, sin embargo, tienen en común su contribución al desarrollo de las formas nacionales de dos géneros—la novela y el teatro—dándolos un carácter culminante en las letras del XVI y del XVII. Sirviéndose de formas pre-existentes, perfeccionan éstas para que alcancen dimensiones que no sólo son nacionales sino, en algunos casos, de importancia universal.

En el caso de Félix Lope de Vega (1562–1635), hay que ver su obra a la luz de una larga tradición cuyos orígenes se encuentran en Juan del Encina (¿1463?–¿1529?), poeta y dramaturgo llamado el padre o patriarca del teatro español. Contemporáneo de Encina es Bartolomé de Torres Naharro, quien, antes de Lope, desarrolla una doctrina teatral en el prólogo de un libro de ocho comedias. Un poco más tarde aparece el continuador de Encina, Gil Vicente, que escribe en portugués y castellano; y luego, los dos llamados «prelopistas», Lope de Rueda y Juan de la Cueva. En el período anterior a Lope, y con las figuras ya mencionadas, se desarrolla en España un teatro que conserva ciertos elementos medievales—religiosos—y a la vez asimila otros del teatro renacentista italiano. Nace el auto sacramental.[8] Crecen las compañías teatrales, las casas de comedias

(llamadas «corrales»), el teatro religioso y también el popular. Se cultiva un teatro inspirado en los conceptos o preceptos de Aristóteles, que llamamos la «comedia vieja»—en contraste con la comedia nueva, que Lope desarrolla. Lope de Rueda escribe el teatro cómico (el entremés) y el teatro popular y de costumbres en forma del paso, el sainete y el género chico.

Usando estos antecedentes y combinándolos con una exuberancia creadora que asombra por su cantidad, variedad e ingenio, Lope forma una expresión nacional de primer rango. Sin embargo, como Alemán, Lope se encuentra en el polo opuesto de la ideología *vis à vis* Cervantes. En lugar del idealismo filosófico y artístico de éste y su observación crítica de la realidad, la visión lopesca es conservadora. Es natural que así sea; sirve como familiar de la Inquisición, o sea, oficial que visita las prisiones. Y al formar su vasta obra teatral, se propone dar placer al numeroso pueblo deseoso de espectáculos en una época en que España vive el ocaso de su período de mayores aventuras épicas. Busca una unidad espiritual en su teatro, concebido éste alrededor de los conceptos de honor, monarquía y fe católica.

El honor representa la dignidad y el valor del individuo y la necesidad de vengar con sangre cualquier afrenta contra la mujer. La monarquía requiere la lealtad de todos al rey, y éste garantiza la justicia por igual para todos. Y la fe consiste en el catolicismo ortodoxo. En defensa de la ortodoxia, Lope censura preceptos afines con el protestantismo, por ejemplo, el libre examen, la duda religiosa y la rebelión contra la autoridad. En manos del individuo, lo mismo que Mateo Alemán, deja Lope el destino, pues toda persona tiene la potencialidad de salvarse. Si el individuo acepta el orden social, será feliz; si no, sufrirá.

Con estas ideas del orden, tanto temporal como divino, construye Lope un teatro que, ante todo, exalta los valores nacionales de su época y da deleite y orgullo a muchos ciudadanos que ya sufren en lo personal el eclipse del poder nacional de España. A su ideología conservadora, y al orgullo popular, agrega Lope una capacidad original por la teatralidad.

---

[8] *auto sacramental:* obra teatral cuyo tema es la Eucarística.

Crea un teatro dinámico y movido, pero equilibrado, un teatro con contrastes: cómico-trágico, y lírico-dramático. Crea, en fin, un teatro típico de la Contrarreforma, un teatro barroco visible en sus aspectos básicos como los contrastes, el movimiento, la abundancia, la ortodoxia religiosa y secular. Incluye lo caballeresco, lo popular, lo idealista y lo picaresco. Su teatro barroco es una síntesis de lo característico de su época, un teatro total, como fue «total» el *Quijote* de Cervantes.

En su *Arte nuevo de hacer comedias* (1609), Lope codifica su concepto de la comedia:

(1) libertad artística;

(2) imitación de las acciones del hombre;

(3) cuadro de costumbres;

(4) dar gusto al público;

(5) rechazo de unidades de tiempo y lugar y respeto de la unidad de acción;

(6) armonía de temas y métrica y variedad métrica; y

(7) divertir y educar a las masas.

Con estos elementos anti-clásicos,[9] el genial Lope crea la forma dramática que llamamos la «comedia», dentro de la cual nos ha dejado más de doscientas, y posiblemente cuatrocientas, obras de espíritu nacional. Figuran entre éstas algunas famosas y duraderas como *Peribáñez*, *Fuenteovejuna* y *El caballero de Olmedo*.

Aunque el género dramático es el que recordamos más en el caso de Lope, este creador infatigable también cultiva la novela pastoril (*La Arcadia*, 1598), y otra forma novedosa de la novela, que el mismo Lope describe como una «acción en prosa» en cinco actos: *La Dorotea* (1632), una novela dialogada. En su poe-sía abundante, reúne las corrientes de su época: poesía popular (villancicos, canciones de camino, seguidillas, etc.); poesía culta (églogas, odas, sonetos, etc.); y una combinación de ambos estilos que Lope reune en lo que se llama la «nueva poesía». Los temas líricos incluyen tanto la vida madrileña como la naturaleza, los sentimientos personales como la soledad y la libertad y, en lo autobiográfico, tanto sus amores y odios como sus preocupaciones religiosas (§2).

7.11 Las letras americanas

La literatura colonial (o la del virreinato) representa el comienzo cultural de un mundo que nace. En cambio, en la península, el siglo XVII es el punto culminante y el florecimiento cultural de una nación cuyas crisis socio-económicas prefiguran el decaimiento político definitivo.

En las palabras introductorias de este capítulo insistimos sobre la necesidad de tomar en cuenta el factor «transcultural» de la naciente sociedad americana. Es decir, subrayamos la necesidad de reconocer los cambios que sufren las influencias recibidas del extranjero al llegar al Nuevo Mundo. Ha llegado el momento de aclarar que tal proceso no implica una actitud puramente pasiva, o falta de originalidad, sino la presencia de un proceso transformador. Lo foráneo, o extranjero, se mezcla con lo americano, formando así una cultura de síntesis, una cultura sincrética en que coexisten culturas dispares.

El valor sincrético es una constante de la cultura hispánica. Recordará Vd. que en el capítulo V, explicamos la fusión de elementos árabes, cristianos y judíos en la península durante la Edad Media. De modo parecido, en la arquitectura de América, el sincretismo se manifiesta en la obra de los artesanos indígenas que mezclan los motivos indios con los del barroco de origen español. Es el caso de la Iglesia de Santa María de Tonantzintla en Puebla, México (V. Ilustración 15).

En la historia cultural de las colonias, hay un caso más extremo que revela una conciencia

---

[9] *unidades clásicas* se refieren al teatro y a las unidades en él de la acción, el tiempo y el lugar. En su *Poética*, Aristóteles recomendó que una obra teatral fuera la imitación de una sola acción, y que la acción de una tragedia debiera limitarse a un día, más o menos. La unidad del lugar se agregó después: limitación del escenario a un solo lugar o una sola cuidad.

de las diferencias culturales entre España y el Nuevo Mundo. Es una afirmación vigorosa, si no atrevida, de los valores autóctonos y una muestra del espíritu independiente de los americanos y su concepto activo de una cultura sincrética. Se trata de la decisión de Carlos de Sigüenza y Góngora (de quien hablaremos más abajo) de no celebrar en la forma acostumbrada la llegada del nuevo virrey a la Nueva España (México). Era costumbre festejar la entrada del representante del rey a la capital con un arco de triunfo decorado con motivos mitológicos de la antigüedad clásica o la historia europea. Pero Sigüenza y Góngora era un sabio observador y crítico, familiarizado con la historia antigua de los indios. En 1680 decidió virar de lo tradicional, al hacer un arco con decoraciones indígenas. Creó un «Teatro de virtudes políticas que constituye un príncipe: advertidas en los monarcas antiguos del Mexicano Imperio». Es un caso del sincretismo activo.

El arco de Sigüenza y Góngora es sólo una de las muchas instancias que tenemos de la resistencia y el rencor que la imposición por España de la cultura desde fuera causó entre los americanos. Otros ejemplos de las causas de este resentimiento eran el desaire sociopolítico de los criollos por parte de los peninsulares, la injusticia de los terratenientes *vis à vis* los negros e indios y la poca preocupación general—exceptuada la de algunos frailes—por los tesoros de altísimo nivel cultural alcanzado por algunas civilizaciones indígenas antes de la Conquista.

7.12 Sor Juana Inés de la Cruz

La hostilidad no siempre fue abierta, pues las formas de su expresión eran diversas y sutiles. En el caso de una de las mayores figuras del XVII, Sor Juana Inés de la Cruz (1651–1695), la inteligencia, el racionalismo y el sexo femenino fracasaron ante las convenciones y costumbres de una sociedad tradicional y autoritaria y, sobre todo, ante una Iglesia regida por la ortodoxia de la Contrarreforma que

no pudo aceptar la individualidad excepcional de una mujer.

Predilecta de la corte virreinal de Nueva España, Juana de Asbaje fue conocida por su genio, su conocimiento y su arte de escribir versos. En aquella sociedad hispánica y colonial, no se educaba a las mujeres ni en las escuelas ni en las universidades. En parte debido a su deseo de estudiar, Juana de Asbaje decidió entrar al convento y hacerse monja. De ese modo, confesó ella, se libraba de la obligación del matrimonio, única alternativa para la mujer decente de su época. Como monja, durante cierto período de su vida, encontró el tiempo y la libertad para llevar a cabo estudios científicos y religiosos. Tenía una biblioteca personal de primera categoría y poseía una sensibilidad precoz, considerando su época y circunstancia, para observar y experimentar con fenómenos científicos a su alrededor.

En un escrito autobiográfico, revelador de su inteligencia y estatura moral, la *Respuesta a Sor Filotea de la Cruz,* Sor Juana defiende su derecho a leer libros profanos y a estudiar el mundo en lugar de dedicarse a lecturas y faenas exclusivamente devocionarias. La *Respuesta* se dirige al obispo de Puebla, quien utiliza el seudónimo femenino de Sor Filotea de la Cruz cuando reprende a Sor Juana por haberse dedicado a asuntos seculares. Se trata de un escrito de Sor Juana en que ella critica los pensamientos y la lógica del padre Antonio Vieira, un jesuita portugués. Ella no escribe en contra de asuntos espirituales sino en contra de la opinión de Vieira. El obispo de Puebla hace publicar el escrito de Sor Juana bajo el nombre de *La carta atenagórica* y le advierte que debe abandonar sus estudios y actividades noreligiosos para así afirmar su sumisión a la Iglesia y su papel de monja en ella.

La respuesta que escribe Sor Juana al obispo es una crítica exquisita y sutil de las restricciones que sufría la mujer en la sociedad religiosa colonial y una ofensiva que Sor Juana prepara con agresiva ironía vestida de dulzura. Sirviéndose de la escolástica, se opone a la tentativa del obispo de silenciarla y limitar sus actividades. Y en el proceso, defiende con la

solitaria voz de la primera «feminista» de
América, el derecho de la mujer de recibir una
educación superior (§3).

Sor Juana se distingue como poeta. Entre
sus versos figuran poemas «populares» (inclusive algunos con mexicanismos o en dialecto
africano-español); un poema en náhuatl; poesía de estilo clásico (renacentista); su largo
poema, *Primero sueño,* influido por Luis de
Góngora; y poemas que reflejan las apariencias
obscuras, ensombrecidas y tortuosas de la
ideología barroca. Entre estas últimas hay versos sobre el amor y las convenciones sociales
que revelan las contradicciones y contratiem-
pos de un alma-víctima en el mundo colonial
(§3).

Sor Juana fue producto de su época y víctima de sus circunstancias: haber nacido hija
natural, haber sido mujer, haber vivido en un
ambiente y en un período histórico que no permitieron el florecimiento de todos sus talentos.
Sus circunstancias, por fin, pudieron más que
su voluntad y al final de su vida renunció a sus
estudios y posesiones—biblioteca e instrumentos musicales y científicos. Fue reducida a
la reclusión y al silencio.

7.13 Carlos de Sigüenza y Góngora

Víctima, por igual, y del mismo ambiente
(el de la Nueva España), fue Carlos de Sigüenza y Góngora (1645–1700). Un erudito
con visión moderna, llegó a distinguirse como
matemático, ganando una cátedra de matemáticas en la Universidad de México. Pero, también fue físico, astrónomo, historiador, ex-
perto en la cultura de los indios mexicanos,
crítico literario, poeta y prosista. Amigo de
Sor Juana, los dos pasaron horas conversando
sobre temas intelectuales y literarios y, se supone, compartiendo sus cuidados y preocupaciones nacidos del circundante ambiente limi-
tador.

Sigüenza y Góngora fue, como Sor Juana,
una figura anómala en la sociedad colonial. Es
decir, estaba orientado hacia el racionalismo,
la crítica social y el saber basado en la experiencia. En un debate que sostuvo con el Padre

Kino[10] sobre el supuesto daño de los cometas,
llegó a desafiar el sistema escolástico a favor
de la observación científica, declarando: «ni su
Reverencia ni ningún otro matemático, aunque
sea el mismo Ptolomeo, pueden asentar dogmas en esta ciencia [la astronomía], porque en
ella no sirve de cosa alguna la autoridad, sino
las pruebas y la demostración . . . ¿Sería cré-
dito de entendimiento seguir ajenas doctrinas
sin examinarles los fundamentos?»

Este hombre de ideas tan avanzadas, de
instintos liberales y antidoctrinarios, fue expulsado de la orden de jesuitas por supuestas
travesuras y, arrepentido, buscó, en vano, volver a su orden durante el resto de su vida. Fue
autor de un relato que se recuerda como obra-
antecedente de un género «ausente» en las letras coloniales: la novela. Este pariente lejano
de Luis de Góngora escribió una narración de
aventuras con características novelescas titulada los *Infortunios que Alonso Ramírez padeció en poder de ingleses piratas* (1690).

7.14 Otras figuras de la literatura colonial

Sor Juana Inés de la Cruz y Carlos de Sigüenza y Góngora no fueron los únicos inspirados imitadores del Góngora español (cuya
obra examinaremos en el capítulo siguiente).
Hubo una abundante actividad poética, tanto
que un escritor de la época, Hernán González
de Eslava, comentó con sarcasmo típico del
barroco naturalista: «Hay más poetas que es-
tiércol».

En los frecuentes certámenes poéticos que
en el Nuevo Mundo se celebraron, hubo algunos en que era indispensable imitar el estilo de
Luis de Argote y Góngora. En las creaciones
producidas según este formulario, las que
luego se solían recoger en libros o centones, se
mezclaban lo culto con las voces americanas—indias o africanas. Volvemos, otra vez,

---

[10] *Padre Kino:* Francisco Eusebio Kino (1644–1711),
misionero jesuita español quien escribió sobre la aparición
de un cometa en México en 1680 y 1681.

18. *Muralla en Tepantitla, México, cultura teotihuacana (siglos I–VI, el barroco natural de América)*

al principio de las transculturaciones y de un arte nuevo y sincrético en América.

De ahí que otro poeta del período, Bernardo de Balbuena (1561/62–1627), al acercarse al estilo poético gongorino/barroco, lo aplicó a la descripción de las bellezas de la Nueva España, a fines del siglo XVI. Su *Grandeza mexicana* empieza de una manera característica del estilo barroco:

Los claros rayos de Faetonte altivo
sobre el oro de Colcos resplandecen,[11]
que al mundo helado y muerto vuelven vivo.

El anverso del medallón de esta poesía culta es la popular y crítica de Juan del Valle y

Caviedes (1651–1697?). Su colección de versos—no publicados en vida—hizo de los médicos y la sociedad del Virreinato de Nueva Castilla (Perú) el blanco de su pluma mordaz. Tituló sus poemas *Diente del Parnaso,* alusión a los «mordiscos de mi diente», como él decía de su sentido de humor (§3).

7.15 El barroco americano

El estilo barroco que creció en América se prolongó—como otras corrientes posteriores de la literatura del Nuevo Mundo—más que en España. La cultura americana, la sincrética, contribuyó a su desarrollo peculiar y su larga vida. Nos referimos específicamente a lo que algunos han llamado el estilo «natural» de América, o sea, la idea de que en el Nuevo Mundo el barroco existió antes de la Conquista

---

[11] *Faetonte:* hijo del Sol y de Climena. Viene a representar el sol. *Colcos:* un lugar famoso por su oro.

en el arte de los mayas de Centroamérica, o en el de los mixtecas en el sur de México. Por ejemplo, en la representación de Tlaloc, el dios de la lluvia, la que aparece en la muralla precolombina de Tepantitla,[12] note Vd. las volutas, la abundancia y exuberancia del decorado y los detalles indígenas (V. Ilustración 18). Compárense la abundancia y la insistencia decorativas con el detalle de la Iglesia de Santa María de Tonantzintla (V. Ilustración 15).

Así es que podríamos decir que el barroco europeo-español se enriquece en América con el arte de origen indígena. Su abundancia, que en el fondo proviene de un horror al vacío, representa en la cultura y las letras americanas una búsqueda de sí mismo. Es una larga y, por mucho tiempo, infructuosa búsqueda de una verdadera identidad cultural y política ante la destrucción y negación de las culturas originales y la de los criollos.

De ahí la vida larga del estilo barroco, y la afirmación de escritores como Alejo Carpentier en el siglo XX de que el barroco no desaparece con la época colonial. Surgirá luego en la literatura moderna de nuestra época en lo que Carpentier llama «focos proliferantes» y «explosión de formas» frente a la naturaleza y la vida socio-política violentas de Hispanoamérica, no exploradas y no domadas ni siquiera hoy.

---

[12] *precolombina*: se refiere a los fenómenos de la cultura autóctona, anteriores al descubrimiento de América por Colón y, por consiguiente, antes de la influencia de la cultura española en América.

Capítulo VIII
Florecimiento literario y decadencia histórica

8.1 La Edad de Oro o los Siglos de Oro

En el capítulo anterior explicamos que en la España del siglo XVII, el florecimiento de la cultura ocurre frente a la decadencia sociopolítica del imperio. Es una contradicción que no sólo refleja una verdad histórica sino uno de los elementos característicos del estilo barroco de la época: la antítesis.

En la literatura del XVII, tenemos la obra de Cervantes, Góngora, Lope, Quevedo, Gracián y Calderón. En el arte plástico, hay figuras importantes como Ribera, Zurbarán, Velázquez y Murillo. Estas figuras cumbres viven en un ambiente sombrío. La decadencia nacional, más que evidente al final del reino de Felipe II, se acelera con Felipe III (1598–1621) y Felipe IV (1621–1665). Y con el reino de Carlos II (1665–1700), España llega al punto más débil y bajo de sus fortunas. El país durante este período de decaimiento revela una serie de contrastes: brillantez de la corte y pobreza de las multitudes; esplendor de los poderosos y depresión económica nacional; lujo y miseria; refinamiento y picardía.

De las enumeradas figuras literarias ya hemos estudiado a Cervantes y a Lope. Quedan por ver en este capítulo que cierra la llamada Edad de Oro, o Siglos de Oro, a Góngora, Quevedo, Gracián y Calderón.

8.2 Luis de Argote y Góngora

El nombre de este poeta (1561–1627), como ya hemos visto en el capítulo anterior, se asocia con el estilo barroco, y particularmente con el culteranismo, el cual también se llama el gongorismo. **El culteranismo** se caracteriza por el hipérbaton, los neologismos, los latinismos o palabras cultas en abundancia, la sintaxis compleja y oscura, la profusión de metáforas, la luz y el color. Pero tampoco falta la corriente conceptista, pues ambas—la culterana y la conceptista—pertenecen al estilo barroco. Como ya hemos afirmado (V. 7.7), el conceptismo provee la base intelectual del culteranismo. De todos modos, la obra de Góngora comúnmente se identifica con el culteranismo, la de Quevedo, con el conceptismo.

Hay otro concepto equivocado que debemos aclarar respecto a Góngora. Se trata de la división en dos partes de su producción: un Góngora de la luz, y otro de las sombras. Es decir, un Góngora que cultiva la poesía popular, y otro, culto y barroco, empezando en 1610 con la *Oda a la toma de Larache* y llegando a su punto más alto con la oscuridad estilística de las *Soledades* (ca. 1613) (§2).

Con la revaloración de la obra de Góngora al principio del siglo XX, se rechaza la división en dos partes de su producción literaria, ya señalado, y en su lugar se afirma la teoría de que

(1) las características «barrocas» de la obra de Góngora se manifiestan también en su llamada poesía «clara»; y

(2) el barroquismo se acentúa en la poesía «oscura»; no es en ella una novedad.

Además, este tipo de expresión se evidencia en la poesía anterior, particularmente en poetas como Fernando de Herrera (V. 6.10).

En la poesía de Góngora, hay un característico retiro de la «realidad histórica» de su momento. O sea, hay una fuga y un desplazamiento notables hacia terrenos mitológicos, históricos o pastoriles. Cada escritor crea su realidad fictiva, y la de Góngora puede que haya sido conscientemente desligada de sus circunstancias históricas—las de la decadencia de España. En apoyo de esta idea, y como muestra de la despreocupación consciente por parte de Góngora de sus lectores, considere estas palabras del poeta: «honra me ha causado hacerme oscuro a los ignorantes, que ésa [es] la distinción de los hombres doctos, hablar de manera que a ellos les parezca griego, pues no se han de dar piedras preciosas a animales de cerda». Con Góngora, como esta cita indica, hemos llegado a la antítesis del arte populista de Lope.

8.3 Francisco de Quevedo

Quevedo (1580–1645) es una figura representativa de las contradicciones y antítesis de la Edad Barroca. De él se podría decir con razón que vivió—con todas sus contradicciones—los ideales del período, es decir, los del siglo XVII: gloria nacional, imperio, Iglesia católica y nobleza. Sin embargo, tenía conciencia muy clara de que, a pesar de su creencia en estos ideales, él y su patria pasaban por un período de decadencia. De su país y de su situación dijo: «En cuanto a mi España, no puedo hablar sin dolor».

Quevedo pertenecía a la aristocracia cortesana e intervino de modo activo en muchos acontecimientos de la época. Entre otros cargos que ocupó, fue secretario del virrey de Sicilia y agente secreto en la República de Venecia. Con visión pesimista, este historiador de su época miró el mundo a su alrededor y con sátira e ironía cortantes criticó lo que observaba. Su pluma mordaz y sus chistes destructivos, sin embargo, no tocaron en lo fundamental los intereses de su clase. Es decir, aunque reconoció las deficiencias y flaquezas de la nobleza, no llegó a recomendar cambios profundos en relación con su papel tradicional en el imperio. Prefirió el camino de la conservación, o sea, las reformas de la nobleza basadas en un modelo moral. El modelo—el camino del mejoramiento moral—establecía la norma moral. Esta constituía el lado constructivo de la ideología quevedesca. Por lo demás, Quevedo tendía a ser severo en su crítica y destructivo en sus observaciones y burlas, conforme a la visión desengañada de la Contrarreforma.

Quevedo fue un escritor múltiple, y en esta multiplicidad se observa, otra vez, los conflictos y las contradicciones de su época. Hay un Quevedo teólogo; otro teórico político y moralista; otro, crítico literario, novelista y traductor de la Biblia. Pero en toda su obra, se manifiesta la huella de su concepto clasista, su ortodoxia religiosa y su cultura bíblica.

Entre sus escritos hay dos prototipos que deseamos señalar, ambos reveladores de la visión cómica y grotesca contrarreformista: El Buscón y los Sueños. La primera, *La historia de la vida del Buscón llamado don Pablos, ejemplo de vagabundos y espejo de tacaños* (§2), pertenece a la novela picaresca y fue escrita en 1603 o 1604. Con esta obra—publicada en 1626 sin el permiso de Quevedo—la picaresca adquiere dimensiones grotescas. La realidad llega a transformarse, o mejor dicho, deformarse, pues, a tales extremos llega la visión de Quevedo. Y el pícaro, instrumento observador de la realidad, revela características extremadas de insensibilidad, crueldad y cinismo. La pluma de Quevedo es, como sus chistes, inventiva y demoledora. Lo que es didáctico en el *Guzmán* de Mateo Alemán, en el *Buscón* de Quevedo se diluye frente a la visión desengañada de la realidad expresada con conceptismo contrarreformista. Y al final de la novela de Quevedo, el pícaro, cansado de sus aventuras en España, va en busca de mejor fortuna en América. El sueño de oro y el optimismo muerto en España emigran al Nuevo Mundo.

En los *Sueños,* publicado en 1627, y escrito entre 1607 y 1622, Quevedo también suelta su imaginación destructiva. Son fantasías morales cuya naturaleza revela el título completo de la obra: *Sueños y discursos de abusos, vicios y engaños en todos los oficios y estados del mundo. El entremetido, la dueña y el soplón o discurso de todos los diablos.* La sociedad y el hombre son objetos de una caricatura. El autor revela su desengaño, su actitud negativa, su absoluto nihilismo.

La realidad de Quevedo es sombría, pero tras su risa cruel e inteligente, o su sentido de humor cáustico, se percibe la presencia de un corazón que sufre y que agoniza, preocupado por el destino del individuo y por el de su patria. Se encuentra un buen ejemplo de esto en su «Epístola satírica y censoria contra las costumbres presentes de los castellanos, escrita a Don Gaspar de Guzmán, Conde de Olivares, en su valimiento» (§2).

8.4 Baltasar Gracián

Son dos los cultivadores de prosa que se destacan en este período: Diego de Saavedra Fajardo, y Baltasar Gracián (1601–1658). Este, cuya obra veremos en breve, es el prosista de un conceptismo religioso basado en las ideas de los jesuitas. Pero debido a su espíritu independiente y el carácter de sus escritos, se encontró en dificultades con su orden. Cuando publicó las entregas de su novela alegórico-filosófica, *El criticón* (bajo el seudónimo de García de Mardones), recibió amenazas y castigos. Pidió un traslado a otra orden en 1658, pero murió antes de que se resolviera la cuestión.

Gracián, en comparación con Quevedo, no reveló una actitud tan severamente negativa en relación con la realidad. Tenía confianza en el ser humano, en su capacidad de mejoramiento y, como Quevedo, en la eficacia del modelo ideal. De ahí que de Gracián tenemos una serie de tratados morales (*El héroe, El político, El discreto*), todos concebidos con un fin didáctico. En su *Oráculo manual y arte de*

prudencia, resumió en forma breve y con máximas, las ideas y el concepto de estos libros (§2).

Además de la novela ya mencionada—*El criticón*—Gracián escribió un libro de tema religioso, *El comulgatorio,* y crítica y estética conceptistas, *Agudeza y arte de ingenio.*

8.5 Pedro Calderón de la Barca

Con Calderón (1600–1681) y su obra dramática cerramos el ciclo del teatro clásico de España. Calderón contribuye a este teatro con obras cuyas líneas generales crea Lope. Sin embargo, introduce modificaciones y novedades. Se puede decir que una de las mayores contribuciones de Calderón es dar importancia al protagonista por medio del uso de monólogos largos. Estos tienen una base racional, pues el dramaturgo cree que la razón se debe usar para organizar la vida y dominar los instintos. En un mundo espiritual y religioso, el hombre debe utilizar la fe y la razón para dominar las emociones y pasiones y alcanzar la salvación. Así es en el caso del protagonista de *La vida es sueño,* Segismundo, cuyo monólogo famoso revela las preocupaciones por la naturaleza de la realidad, típicas de la Contrarreforma, y el uso de la razón, típico de Calderón (§2).

Calderón en sus comedias sistematiza y gradúa motivos y sentimientos. Tiende a ser más abstracto que Lope; es decir, prefiere motivos ideológicos, filosóficos o metafísicos. De hecho, se puede afirmar que el énfasis sobre las ideas en el teatro de Calderón es tal que éstas determinan los hechos y las acciones.

Calderón, a diferencia de Lope, no es el dramaturgo del pueblo. Es más bien un dramaturgo de palacio, de la corte. Esta diferencia de papel entre él y Lope se debe en parte al carácter meditativo de su obra, pero también al hecho de que las representaciones son menores en la época de Calderón, reflejando el curso de la disminución de la grandeza de España y su creciente pobreza.

Las comedias de Calderón—unas doscientas—son comedias de aventura amorosa, galantería, honor o enredos cómicos. Abundan los dramas de honor y celos. También escribe muchas obras religiosas, inclusive autos sacramentales. En éstos su ortodoxia se transparenta en el desarrollo de los temas religiosos y en el cultivo de un tema (presente también en Quevedo), y nada infrecuente en el XVII: el antisemitismo (por ejemplo, *El cordero de Isaías*). Las otras figuras notables del teatro clásico español son Tirso de Molina, Guillén de Castro, Mira de Amescua, Rojas Zorrilla, Agustín Moreto y el español-mexicano Ruiz de Alarcón.

Capítulo IX
La Edad de la Razón: reforma y revolución

9.1 La España del siglo XVIII

Después de la unidad nacional del Renacimiento y del Barroco (los siglos XVI y XVII), con el siglo XVIII, se inaugura un período que se caracteriza por divisiones y rupturas sociales y políticas. Una poderosa clase de nobles contribuye a estas divisiones internas. Muchos nobles son los dueños de pueblos y ciudades, los cuales forman parte de sus posesiones, y en ellas controlan el proceso judicial y las contribuciones de sus habitantes. Esta situación tiene como resultado la existencia de territorios dentro del país pero independientes del poder de la Corona. También sobreviven del pasado impuestos de aduanas de una provincia a otra, los cuales suprime el rey (en 1714 y 1717), con la excepción de los de Navarra y las provincias vascas.

En general, puede decirse que el país busca reponerse de la desintegración del imperio. Necesita auto-examinarse. El último rey de la dinastía de los Austrias, Carlos II (el Hechizado) muere en 1700. La casa real del XVIII será la de los Borbones, pero ellos logran establecerse en el trono sólo después de una guerra de sucesión de trece años. El país sufre de la discordia y del peso de la decadencia del imperio. A sus posibles soluciones se dedican los políticos, intelectuales y escritores. Por lo tanto, este siglo produce menos en términos de «obras de creación»—ficción,

poesía, drama—y más en el área de «obras de pensamiento», sobre todo el ensayo.

Tradicionalmente, al siglo XVIII se le ha llamado el Siglo de la Ilustración, el Siglo de las Luces, el Siglo del Enciclopedismo o el Siglo de la Razón. ¿Por qué se le aplican estos nombres? En el fondo, todos ellos señalan una característica básica del siglo: el estudio y el análisis racional con espíritu de crítica de los problemas políticos, sociales, económicos y culturales. La obra de los enciclopedistas de Francia, titulada *Enciclopedia o diccionario razonado de las ciencias, las artes y los trabajos manuales* (en diecisiete volúmenes), es la obra filosófica y social más importante del siglo XVIII europeo. En ella se estudia, con el sentido crítico típico de la época, la superstición, lo sobrenatural, la autoridad religiosa, la intolerancia, la distribución de la riqueza nacional, los privilegios de clase y los abusos de la justicia.

Por medio de la razón, la aplicación de los conocimientos científicos modernos y el uso del método experimental, los hombres del XVIII esperan reformar la sociedad y crear un ambiente de felicidad. Si los males sociales persisten, según ellos, es porque el hombre todavía no se ha liberado de las ideas tradicionales, de los dogmas o las supersticiones.

En este movimiento de reforma y de ilustración, el hombre, y no Dios, es el centro del universo. El bienestar humano y el futuro del ser humano preocupan a los pensadores. Se defiende la igualdad política y social de *todos;* las diferencias entre éstos son, o deben ser, accidentales.

A pesar de la distancia geográfica y la agitación y caos en España, los acontecimientos políticos, sociales y culturales de la península dejan una huella profunda sobre la vida del Nuevo Mundo. En las colonias, el siglo XVIII se desarrolla dentro de unas líneas que, por un lado, son similares en lo ideológico; por otro, son distintas en lo cultural y político, como más adelante tendremos la ocasión de ver.

En la España del siglo XVIII, como ya lo hemos indicado, hay un esfuerzo, sobre todo al comienzo del siglo, por salir de la decadencia del XVII. Este esfuerzo tiene dos centros de preocupación:

(1) renovar la sociedad y la economía con las ideas modernas de Europa. Hay un autoexamen de la cultura y la sociedad, escrutinio éste que muchos veían como una manera de volver a las raíces de la grandeza española. Pero cuando en el análisis y la solución algunos pensadores tratan de aplicar las ideas de la revolución francesa (que empieza en 1789), se produce una reacción negativa, producto de una tensión entre el deseo de conservar los valores tradicionales y el deseo de innovar.

(2) modernizar el país sin perder las tradiciones españolas. Es ésta la posición general de todos, menos los «afrancesados». La idea más básica es hallar las fórmulas para el cambio social y salir del aislamiento impuesto por Felipe II; modificar las costumbres, las leyes, las ciencias; y reformar sin provocar una revolución.

Pero la transformación resulta difícil por el arraigo del catolicismo y la persistencia de las ideas de la Contrarreforma. Y, en la medida en que España *no* logra insertarse en el espíritu de reforma del siglo XVIII, su atraso prolongado causa angustia y frustración entre los espíritus modernos del país.

Todo este siglo es, como se puede ver, un doloroso período de tumulto. En 1713 y 1714, España pierde a Sicilia, Milán, Luxemburgo,

parte de Gibraltar y Menorca. En guerras y luchas limitadas del siglo XVIII sigue perdiendo territorios no sólo en Europa sino en América. Y en 1808, el rey Carlos VI entrega el país a Napoleón, el invasor francés. Los españoles se rebelan contra el ejército francés. Pero, a pesar de esta rebelión popular, José (Bonaparte) I, hermano de Napoleón, logra ocupar el trono de España. El reinado de José Bonaparte tendrá consecuencias decisivas en los territorios españoles de América (V. 9.13).

Este período es de preocupación social, con sus conflictos abiertos y sin resolver. Frente a la busca de la manera más adecuada de transformar la sociedad, es natural que la literatura sea la expresión de las aspiraciones y conflictos sociales y que incluya todo—historia, política y economía. En otras palabras, una parte considerable de la literatura de este siglo tiene un objeto social. Hay poemas y ensayos dedicados a temas sociales y económicos, como más adelante veremos. Por eso, es una literatura que algunos consideran de «instrumentalidad» social y científica. El interés social y científico de los escritores se refleja no sólo en obras individuales, sino en el crecimiento de una importante literatura periódica—es decir, revistas y diarios que circulan en el país con materiales destinados a «ilustrar» (enseñar) al pueblo y llamar la atención del pueblo sobre los problemas sobresalientes del país: la *Gaceta de Madrid,* el *Diario de Madrid, El Pensador, El Censor.*

A pesar de esta actividad intelectual y creadora típica del siglo XVIII europeo, España resulta diferente de otros países europeos: no tiene una revolución industrial, y en su sector agrícola persiste un sistema fundamentalmente feudal. Sería injusto, sin embargo, no señalar que el XVIII es en España, como en otros países europeos, una era de reformas. Es decir, a pesar de la inercia ideológica y económica, el estado (la Corona) toma medidas características de la modernidad socioeconómica. Afirma su poder *vis à vis* la Iglesia y le quita poder a la Inquisición. Aumenta su presencia en la educación con nuevas escuelas. Desarrolla las ciencias; introduce nuevos reglamentos en los asuntos de la agricultura y el comercio. La baja nobleza y la burguesía, que se va formando, apoyan estas reformas en contra de la nobleza ociosa y decadente.

9.2 Dos figuras destacadas de la Reforma: Feijoo y Luzán

El padre Benito Jerónimo de Feijoo (1676–1764) contribuye a la discusión nacional de reformas y cambios con una obra que él empieza a publicar a los cincuenta años. Se trata de su libro monumental: *El teatro crítico universal o discursos varios en todo género de materias para desengaño de errores comunes* (1726–1740) (§2). El título revela el propósito: en esta obra el padre Feijoo analiza y critica temas como las supersticiones, los mitos, los milagros, los prejuicios, las falsas creencias religiosas, históricas, literarias y filosóficas.

Buscar la verdad siempre es el deseo de Feijoo. Y la verdad la descubre por medio del uso de la razón y la experiencia, con tal que no se toque la religión o la fe. Sobre estos temas, como observador religioso tradicional, prefiere no comentar. Sin embargo, a pesar de este tradicionalismo en el terreno religioso, la obra de Feijoo suscita mucha crítica adversa. Y como consecuencia, la Inquisición trata de someter a juicio al autor. Pero por fortuna, el rey Fernando VI interviene y todo se resuelve en favor de Feijoo.

Vista en su totalidad, la obra de Feijoo, inclusive sus *Cartas eruditas* (1741–1760), constituye una preocupación moderna por el atraso de España, preocupación que se mantiene en pie desde el siglo XVIII hasta hoy por parte de una serie de figuras literarias e intelectuales de España.

Contemporáneo de Feijoo es Ignacio Luzán (1702–1754) en cuya obra *Poética o reglas de la poesía en general y de sus principales especies,* de cuatro volúmenes (1737), hay una codificación del estilo neoclásico (V. 9.3), el estilo que predomina en el siglo XVIII. El papel de Luzán es decisivo en la aceptación como norma de este estilo. En su obra estudia el origen y la esencia de la poesía y propone reglas basadas en la razón y en el clasicismo. Es ene-

migo del siglo XVII, del barroco y en particular de Lope, Calderón y, especialmente, de Góngora.

9.3 El estilo neoclásico

Contra los «excesos» del barroco y del «teatro nuevo» de Lope y sus seguidores, nace el estilo neoclásico. Influido por escritores y modelos franceses, es producto del siglo XVIII en el uso y predominio de la razón:

(1) La razón debe presidir toda creación artística.

(2) El arte, usando la razón, debe imitar lo universal.

(3) El estilo en que se expresa debe ser limpio, claro y accesible a todos.

(4) El decoro y el buen gusto son fundamentales en la creación artística y en los medios que se usan para conseguirlos. Los modelos clásicos (de Italia, Francia y aún de España) sirven como modelos en la literatura y en el arte y la arquitectura. Note Vd. cuán parecido es el estilo neoclásico de la Casa de la Moneda en Santiago, Chile (V. Ilustración 19) al estilo clásico español de El Escorial, anteriormente descrito. (V. Ilustración 11)

(5) Las reglas son indispensables en la creación de la obra de arte. Se observan las unidades clásicas en el teatro.[1] Las reglas, según Luzán, eran iguales para la poesía en todas las naciones (lo universal del arte).

(6) Se debe dar importancia al elemento didáctico y moralizante del arte.

(7) Se defiende las obras «frías», que no expresan las pasiones humanas.

(8) Se usan con frecuencia los galicismos (i.e., influencias francesas en la lengua).

La idea fundamental de los preceptistas neoclásicos es regularizar la creación artística, evitar sus excesos (por ejemplo, el arte barroco

---

[1] V. Capítulo VII, 7.10, nota 9.

19. La Casa de la Moneda, Santiago, Chile (1788–1799, estilo neoclásico)

del XVII) y crear una expresión racional y moral que ayudara a ilustrar (enseñar) a los lectores.

9.4 Las instituciones culturales del neoclasicismo

Luzán y los preceptistas tratan de codificar la creación artística. En otras áreas de la cultura se crean las instituciones cuyo fin es normalizar y regularizar: la Real Academia Española de la Lengua; el *Diccionario de Autoridades* (1726–1739), publicado por la Academia; la Biblioteca Nacional; la Academia de Buen Gusto en casa de la Condesa de Lemos. A esta y otras reuniones, llamadas «tertulias», asisten los que defienden la necesidad de observar las reglas en las obras literarias y cultivar el estilo neoclásico.

9.5 La novela

El XVIII no se distingue por su creación novelística. Pero hay dos creadores de narración que se merecen destacar: Diego de Torres Villarroel (1694–1770), y José Francisco de Isla (1703–1781). Sus escritos están dentro del espíritu del siglo XVIII: combinan la sátira y el humorismo de la tradición picaresca con el reformismo del XVIII. Villarroel se propuso escribir para el «vulgo»—como casi todos los

escritores del XVIII—y con la idea de modernizar el pensamiento de sus lectores. De él tenemos una obra, entre biografía y novela, que se titula *Vida, ascendencia, nacimiento, crianza y aventuras del doctor don Diego de Torres Villarroel* (1743–1758). Es la historia, no de un «pícaro» ficticio, sino del mismo autor. Y el pícaro tampoco es el individuo sin escrúpulos de la picaresca del XVII. Es más bien el hombre que busca mejorar su suerte en la vida e integrarse mejor en la sociedad. Como autor del XVIII, defiende la ciencia y se burla de la ignorancia.

La Inquisición se opuso a la primera versión de la *Vida*. Sin embargo, de Villarroel hay que decir que fue contradictorio: muy siglo dieciochesco y al mismo tiempo, atraído por el pasado del XVII, en especial Quevedo, de quien fue imitador en *Visiones y visitas de Torres con don Francisco de Quevedo por Madrid*. Fue adivino y astrólogo y al mismo tiempo difundió las nuevas ideas científicas. En vida se opuso a las reformas sociales y a las ideas de Feijoo, con quien polemizó; pero criticó la ignorancia de la población.

Del Padre Isla tenemos la *Historia del famoso Fray Gerundio de Campazas alias Zotes* (1758), narración satírica como en la *Vida* de Villarroel. Pero en este caso, el objeto de la sátira es la ignorancia de los predicadores de su tiempo. Es una obra hecha a base de episodios y situaciones. Isla es un hombre muy conservador. Sin embargo, la Inquisición, otra

vez, prohibe la obra por los elementos satiri-
zados en ella.

9.6 Del neoclasicismo al romanticismo

El siglo XVIII es el siglo del estilo neoclásico; es, como ya hemos visto, un período de
tentativas de reforma, de la producción de una
literatura didáctica. Pero también lo es de las
primeras manifestaciones de una literatura
sentimental, identificable con el romanticismo
del siglo XIX.

Hay figuras típicas del espíritu neoclásico,
y de su tendencia didáctica y crítica, como los
fabulistas Félix María Samaniego (1745–
1801) y Tomás Iriarte (1750–1791). Los dos
vuelven a tratar el apólogo y la fábula, que ya
hemos estudiado en la literatura de la Edad
Media. Samaniego, quien ataca a la Iglesia y
escribe literatura licenciosa, es conocido por
sus *Fábulas morales* (§2). Estas le causan problemas con la Inquisición. Tanto él como
Iriarte (*Fábulas literarias*) satirizan la ambi-
ción, la vanidad y la hipocresía.

Igualmente neoclásico, pero en el sentido
ideológico y reformista, es Gaspar Melchor de
Jovellanos (1744–1811), figura literaria con
una actuación pública importante. Este reformista, de mayor peso en este período, pone su
fe en tres bases en las que ve las posibilidades
de la evolución liberal de la sociedad: la historia, la legislación y la educación. Jovellanos
también se distingue como creador: es economista, teórico del constitucionalismo, crítico
de arte, pedagogo, orador, poeta y dramaturgo. Más que su creación dramática, lo que
hoy se recuerda es su *Memoria para el arreglo
de la policía de los espectáculos y diversiones
públicas, y sobre su origen en España* (§2).

Como economista de primera categoría,
Jovellanos, bajo el reino de Carlos III (1759–
1788), junto con otros, logra intensificar la labor de modernizar el país mediante reformas
sistemáticas y racionales. Sufre el estímulo de
las ideas de Feijoo y es influido por la obra de
los enciclopedistas franceses (V. 9.1). Por en-
cargo de la Sociedad Económica de Amigos
del País, Jovellanos escribe un documento importante, *Informe sobre la ley agraria* (1794).
La Iglesia se opone a las reformas igualitarias
de Jovellanos, quien sueña con la idea de un
país de labradores que trabajen y vivan de su
tierra. Lo encarcelan durante ocho años y lo
condenan al exilio interno (1790) cuando él y
otros reformistas, bajo el reino de Carlos IV,
caen en desgracia.

Jovellanos no se distingue como poeta,
pero en su verso, sin embargo, se nota el paso
del hombre racional al hombre sensible, es decir, del neoclasicismo al prerromanticismo. Es
una transición que también se evidencia en dos
de los poetas de la escuela salmantina (de Salamanca): José Cadalso (1741–1782), y Juan
Meléndez Valdés (1754–1817). Los poetas de
la escuela salmantina tienen nombres arcádi-
cos, es decir, nombres ficticios de pastores (a
Cadalso le dicen Dalmiro, y a Meléndez Valdés, Batilo). Se orientan hacia la tradición renacentista de Fray Luis de León y particularmente la bucólica de Garcilaso de la Vega (V.
6.8).

De Cadalso, quizá más significativa que
su poesía es su expresión literaria en prosa. En
ella se evidencia la perspectiva europeizante de
un escritor que viaja y estudia fuera de España.
Pero la tradición europea se aplica al «problema español», al análisis racional y sensible
(neoclásico y romántico) de la decadencia española. Patriótico apasionado, su obra ensa-
yística pertenece a la tradición criticista que se
desarrolla en España desde fines del XVII
hasta hoy. Típica de esta corriente, tanto por su
criticismo como por su preocupación naciona-
lista del neoclasicismo son las *Cartas marruecas*, cuyo título revela la estructura y la intención reformista de la obra: *Cartas escritas por
un moro llamado Gazel Ben Aly, a Ben Beley,
amigo suyo, sobre los usos y costumbres de los
españoles antiguos y modernos con algunas
respuestas de Ben Beley . . .* (§2). En estas
cartas, un viajero marroquí comenta con ironía
sobre la situación de España y observa las costumbres del país. Pero, como todos los escritores mayores de esta época, Cadalso busca

reformar a España sin pensar en la alternativa de la revolución.

Cadalso y Meléndez Valdés anticipan la expresión literaria que más adelante en nuestro estudio identificaremos con el romanticismo: expresión de sentimientos personales, melancólicos y elegíacos, en medio de una naturaleza en armonía con estos sentimientos. Pero, también cultivan la poesía típica del neoclasicismo: la filosófica y social, como en los versos de Meléndez Valdés (§2).

9.7 El teatro y el tema nacional

Para el final de este panorama del siglo XVIII en España hemos dejado el teatro, en cuyo cultivo tres figuras se destacan: Vicente García de la Huerta (1734–1787), Ramón de la Cruz (1731–1794), y Leandro Fernández de Moratín (1760–1828). A pesar de sus diferencias notables como creadores, los tres tienen en común su preocupación nacional, española, evidente en los temas tradicionales o la preocupación crítica o moralizadora. Cada uno, a su manera, contribuye al desarrollo del drama español. García de la Huerta, con su tragedia *Raquel,* contribuye a españolizar la tragedia neoclásica al orientarla, no hacia las formas francesas predominantes de la época, sino hacia sus raíces heroicas del Siglo de Oro. Ramón de la Cruz restaura el teatro cómico y la zarzuela y se distingue como autor popular en cuyas obras, particularmente en los sainetes, aparecen las costumbres y los tipos de la sociedad del XVIII.[2] A Moratín se le llama el «creador del teatro moderno» en España. Es neoclásico (es decir, su obra tiene fin moralizador y observa las unidades teatrales) que se interesa por hacerle al espectador reflexionar sobre problemas morales. Critica a los ricos de la sociedad en obras como *El sí de las niñas* (sobre la educación de la mujer), poniéndose de lado de los valores de la clase media.

---

[2] *zarzuela:* obra teatral breve (hasta el siglo XIX), de carácter festivo en que alternan escenas habladas y cantadas.

9.8 El anverso del medallón: el XVIII en las colonias del Nuevo Mundo

En el siglo XVIII español, como ya hemos visto, hay una exploración racional y científica del angustiado estado decadente de la nación y, bajo el reino de los Borbones, una actividad intelectual cuyo fin era identificar los males del país y buscar su remedios. La actividad intelectual típica de la España del XVIII, la que también se da en otros países europeos, llega al Nuevo Mundo y enriquece su vida cultural. Pero a diferencia de España, la visión en las sociedades americanas es optimista, y al aproximarnos al siglo XIX, revolucionaria en lugar de reformista. Las colonias comparten con Europa y con España el fervor científico, la renovación de las ideas sociales y filosóficas. Pero llegado el momento apropiado, utilizan las ideas de la Ilustración para buscar su independencia de España.

Desde Europa a través del siglo XVIII, llegaban expediciones científicas. Eran éstas una extensión y continuación de la era de la exploración pero con el sello científico de la Ilustración. La Corona española patrocinó estas expediciones o cooperó en su financiamiento, pues quería explorar las posibilidades comerciales futuras de sus colonias en el Nuevo Mundo. A este deseo comercial y a la influencia del afán científico de la época pertenecen los abundantes viajes cartográficos, astronómicos y botánicos. Entre estas expediciones contamos los viajes de Louis Antoine de Bougainville a las islas Malvinas, Uruguay y Paraguay; de José Celestino Mutis a Colombia; de Charles Marie de la Condamine al Ecuador; y de Alexander von Humboldt a los Andes y la costa occidental de Latinoamérica.

Las universidades del Nuevo Mundo tomaron un carácter más moderno, sin que desaparecieran del todo la teología ortodoxa y la escolástica de sus planes de estudio. Pero a la escolástica fueron incorporados elementos de la filosofía científica. Se llegó a conocer y a discutir la obra de Bacon, Newton y Leibnitz.[3] Pero la filosofía aristotélica generalmente quedó en pie. En general, los estudios humanísticos se modernizaron menos que la física, la metafísica y la lógica.

Las academias y asociaciones intelectuales se organizaron en el Nuevo Mundo como en Europa: en Lima se creó la Sociedad Filarmónica de Lima; y en La Habana, la Real Sociedad Económica. Pero a diferencia de las academias en España, las del Nuevo Mundo, como la Sociedad Patriótica y Literaria de Buenos Aires o los Amigos del País de Lima, no se dedicaron exclusivamente al neoclasicismo literario y al racionalismo político sino a la emancipación política.

Otras manifestaciones del deseo de ampliar y difundir los conocimientos eran las instituciones fundadas en esta época; por ejemplo, los jardines botánicos de México y Guatemala, la Escuela de Minería de México, el Observatorio Astronómico de Bogotá y la Escuela Náutica de Buenos Aires. Y para la mayor difusión de las ideas, se fundaron periódicos como el *Mercurio Peruano*, el *Papel Periódico de Santa Fe*, el *Papel Periódico de la Habana*, el *Seminario del Nuevo Reino de la Habana*, el *Seminario del Nuevo Reino de Granada* y las *Primicias de la Cultura*. En estas publicaciones se describía la realidad americana, despertando en los lectores una conciencia americana. Entre los textos literarios de sus páginas era común, por el mismo deseo de crear una conciencia americana, el cuadro de costumbres y la sátira de ambiente.

9.9 Los jesuitas y el siglo XVIII americano

Conocer y criticar son conceptos claves del Siglo de la Ilustración. Y en su aplicación,

los miembros de la orden de los jesuitas tuvieron un papel fundamental. Ayudaron a crear una conciencia americana, sobre todo después de su expulsión de los territorios americanos por orden del rey en 1767. Los jesuitas habían hecho una labor importante en el Nuevo Mundo, fundando misiones, educando a los indios y a los jóvenes de las clases altas. Por eso, atrajeron el odio de muchos liberales de la corte española. Expulsados, muchos de ellos, como Francisco Javier Clavijero, Francisco Javier Alegre, Pedro José Márquez y Rafael Landívar, fueron a Italia a vivir. A los jesuitas debemos obras, inspiradas en el enciclopedismo, en las cuales a menudo hay una crítica severa del estado político, económico, social y educacional en que España mantuvo a sus colonias. Los jesuitas se convirtieron en críticos de la labor de España en América y subrayaron la importancia de los valores americanos, inclusive la capacidad de los indios americanos por crear obras culturales importantes.

9.10 Un crítico laico: Francisco Xavier Eugenio de Santa Cruz y Espejo

Producto del XVIII, por su tendencia crítica *vis à vis* la sociedad de su época, Santa Cruz y Espejo (Ecuador, 1747–1795) escribió un libro fudamental cuyo título de por sí revela el espíritu de la Ilustración: *Nuevo Luciano o despertador de ingenios*. Este «nuevo Luciano», como el original Luciano protagonista de la novela romana *El asno dorado* de Apuleius (siglo II), satiriza los vicios de su época. En el *Nuevo Luciano,* hay nueve conversaciones en que dos personajes, Murillo y Mera, critican severamente la cultura intelectual de Quito y defienden el neoclasicismo y el espíritu enciclopedista francés contra la cultura escolástica barroca. El afán reformista de Santa Cruz y Espejo, de ilustrar y cambiar, se evidencia, por ejemplo, en las ideas sobre la educación, tema favorito de los escritores del XVIII que buscaban la mejor manera de cambiar el estado mental de los ciudadanos.

---

[3] *Francis Bacon:* (1561–1626), filósofo y científico inglés quien propuso la claridad en la observación de la naturaleza; *Sir Isaac Newton:* (1642–1727), matemático y filósofo inglés quien descubrió la ley de la gravedad y formuló la base del cálculo moderno; *Baron Gottfried Wilhelm von Leibnitz:* (1646–1716), filósofo alemán quien creía en la armonía creada por Dios entre la materia y el espíritu.

Santa Cruz y Espejo es sólo uno de los muchos intelectuales destacados que contribuyen al proceso de la formación de la conciencia americana. Entre sus contemporáneos en otras regiones de América se destacan Hipólito Unanue (Perú), matemático, físico, médico y literato. Funda la primera escuela de medicina en el Perú y escribió sobre el clima de Lima. En Colombia hay otro escritor e intelectual importante, Francisco José de Caldas, quien en «El influjo del clima sobre los seres organizados», usa las ideas del enciclopedista francés Montesquieu. Se teoriza que quizá la acción de naciones fuertes que esclavizan a naciones débiles (es decir, España en relación con América) se deba a los efectos del clima sobre los débiles.

9.11 La literatura de viajes: Alonso Carrió de la Vandera

La literatura didáctica, crítica, de intención reformista, se manifiesta en obras de auto-conocimiento geográfico, las cuales pueden tomar la forma de una literatura de viajes. Este es el caso de un libro informativo, de tono burlesco, con características picarescas titulado *El Lazarillo de ciegos caminantes . . . sacado de las memorias que hizo don Alonso Carrió de La Vandera . . . por don Calixto Bustamante Carlos Inca, alias Concolorcorvo* (1775) (§3). Pero como libro colonial que se propone criticar la sociedad y las instituciones de la época, el autor por necesidad usa el seudónimo burlón de Concolorcorvo, explicando que es mestizo «con color de cuervo». Pero en realidad, el autor es un visitador español, Alonso Carrió de la Vandera. El viaje es el de Montevideo a Lima, es decir, del Virreinato de La Plata al Virreinato de Castilla, pasando por Buenos Aires, Córdoba, Salta y Cuzco. Es un libro de geografía y de pueblos (españoles, criollos, mestizos, gauchos, indios, negros), de ideas y de costumbres. El tono es eminentemente reformista.

9.12 La poesía y el teatro

No faltan las expresiones características del XVIII en el teatro y en la poesía. En verso

el ejemplo de dos autores bastará para ver la diversidad pero, a la vez, los valores prototípicos de la época: imitación clásica (neoclasicismo) por un lado, y espíritu crítico, por otro. Fray Manuel de Navarrete (México, 1768–1809) pertenece a la Arcadia, cuyos miembros se llaman con nombres de pastores como los de la escuela salmantina en España. Conoce la obra de Meléndez Valdés y *Night Thoughts on Life, Death and Immortality* de Edward Young,[4] obra de estímulos sentimentales y subjetivos, que influye en él y en los neoclásicos–prerrománticos españoles. En una expresión poética muy diferente, el complejo y contradictorio espíritu agresivo de Esteban Teralla y Landa, andaluz que vive en México y Lima, critica y se burla del ambiente de Lima en *Lima por dentro y fuera* (1797). Teralla y Landa nunca se adapta del todo al ambiente americano y en las revueltas que anteceden las guerras de independencia, se asocia con los españoles contra los criollos.

9.13 Las vísperas de la independencia americana

A medida que avanzamos por los años del siglo XVIII americano, se evidencia con más intensidad la rivalidad entre criollos y españoles. La literatura filosófica y política de los escritores españoles de la Ilustración, principalmente Feijoo, crea entre los criollos el deseo de cambiar y reformar su sociedad. Las ideas de la Ilustración francesa—las de los enciclopedistas Diderot, D'Alambert, Montesquieu, Rousseau y Voltaire—están prohibidas en el Nuevo Mundo, pero entran clandestinamente. En las sociedades y academias «científicas», estas ideas se discuten y se aplican a la situación política del Nuevo Mundo. Los criollos desean reformas sociales y políticas, y los adinerados entre ellos buscan las formas de con-

---

[4] *Young:* (1683–1765), poeta y dramaturgo inglés cuyo libro *Night Thoughts on Life, Death and Immortality* se escribió en defensa de la ortodoxia cristiana en contra de los librepensadores y libertinos.

trolar sus destinos, basándose en las ideas del inglés Adam Smith y su política económica de *laissez-faire*.[5] Los ejemplos de las revoluciones norteamericana (1776) y francesa (1789) sirven de inspiración y estímulo a los criollos en su oposición a los regímenes coloniales y la opresión de la Corona española en América.

Cuando ocurre la invasión napoleónica en España a principios del siglo XIX, los criollos, imitando a los revolucionarios españoles de la Junta Central, también empiezan a formar juntas (entre 1808 y 1810) para oponerse a la presencia de Francia en España. Los criollos adinerados, buscando su independencia económica, defienden el principio de fidelidad al rey, alegando que José Bonaparte (el rey impuesto por Napoleón) no es el verdadero rey de España. Y por la misma razón, los funcionarios españoles en América ya no representan a la verdadera Corona española. Por eso, los criollos dicen que tienen el derecho de formar juntas y de no obedecer a los administradores españoles de las colonias. Así empieza el proceso de la emancipación americana y las guerras armadas de la independencia.

9.14 Una figura de transición entre colonia e independencia: José Joaquín Fernández de Lizardi

Lizardi (México, 1776–1827) fue una figura de transición. Como tal, en su vida y creación reveló las confusiones y complejidades que la sociedad colonial implantó en la mentalidad de los ciudadanos americanos. Por un lado, vio la necesidad de cambiar la sociedad y de modificar las bases de la organización social de la colonia. Pero por otro, como tantos pensadores del XVIII, vio con miedo los cambios sociales radicales o violentos. No sorprende, por lo tanto, que en su «Aviso patrió-

tico a los insurgentes a la sordina» (1811) se expresara en contra de los movimientos de insurrección:

No hablo hoy a Allende, a Aldama ni a
[Absolo,[6]
. . . .
A vosotros, callados insurgentes,
que aparentáis lealtad, al mismo tiempo
que a la sordina fomentáis el odio[7]
contra los inocentes europeos.
A vosotros, hipócritas desleales,
que en nuestra sociedad formáis un cuerpo
y, enemigos domésticos, tramáis
guerra a la paz que a dicha mantenemos.
. . . .

De Lizardi también conservamos un poema, el primero que escribió (1808), «La Polaca», en que declaró su lealtad a Fernando VII.

Pero este aparente conservadurismo sólo representaba un aspecto de una compleja y a veces contradictoria ideología. Esta refleja las tensiones de la cultura colonial del siglo XVIII y, en especial, los esfuerzos de los criollos por alcanzar la libertad de gobernarse a sí mismos frente a las restricciones y represiones impuestas por la administración española en América.

El caso de Lizardi era el de una figura de aspiraciones reformistas, atada al servicio militar del gobierno colonial y, por lo tanto, angustiada por una lealtad dividida entre España y el México colonial. Fue teniente de justicia que llegó a jubilarse con el rango de capitán. En 1811, siendo el oficial de mayor rango en Taxco, entregó la ciudad a las fuerzas revolucionarias de Morelos, acción que defendió por encontrarse con las fuerzas superiores de los rebeldes. No sabemos, sin embargo, si más tarde en su vida se sumó voluntariamente al ejército revolucionario. Lo que sí sabemos es que en varias ocasiones, debido a sus posiciones ideológicas «liberales» y las ideas que publicó en panfletos y periódicos, fue atacado y

---

[5] *laissez-faire:* francés por el principio de la no-intervención de parte del gobierno en asuntos comerciales.

[6] *Ignacio Allende, Ignacio Aldama y José Mariano Absolo:* caudillos en las guerras de independencia.
[7] *a la sordina:* sigilosamente, a escondidas.

hasta encarcelado. En 1822, por su defensa de los francmasones,[8] la Iglesia lo excomulgó.

La sociedad mexicana de transición—entre colonia e independencia—en que vivió este autor creó las posiciones dobles y ambivalentes que hemos descrito. Pero si algo hubo en su ideología muy firme, fue su defensa de los principios de la Ilustración. Lizardi se movía con comodidad en el campo de las ideas. En el fondo era un periodista que creía en la necesidad de ilustrar al pueblo por medio de las publicaciones periódicas—folletos, revistas, diarios. Fundó varios periódicos, el más famoso de los cuales fue *El Pensador Mexicano,* título que se identificó tanto con él que llegó a ser su seudónimo literario. Entre los miles de páginas de su producción contamos con cuatro novelas, nueve obras dramáticas, seis periódicos, dos volúmenes de diálogos, mucha poesía y unos trescientos pliegos sueltos de poesía y prosa.

Los siete meses que pasó Lizardi en la cárcel (1812) por haber criticado un decreto del virrey debían haberle enseñado que la crítica necesitaba disfrazarse. Y Lizardi, el periodista, se decidió por el disfraz de la novela. La más famosa de sus novelas es la narración picaresca *El periquillo sarniento,* la primera novela hispanoamericana (§3). Se escribió en cuatro partes; pero en 1816 sólo se publicaron tres, pues del cuarto, dijo el censor, «todo lo rayado al margen en el capítulo primero en que habla sobre los negros, me parece sobre muy repetido, inoportuno, perjudicial en las cir-

cunstancias, e impolítico por dirigirse contra un comercio permitido por el rey». Lizardi, el defensor de la libertad y de la razón, se había expresado en favor de la emancipación de los esclavos negros. Y en esta última parte también cuestionó los títulos de la nobleza y el derecho de la nobleza a recibir los frutos de una sociedad sin trabajar.

La técnica picaresca le permite a Lizardi moverse de un lado a otro de la sociedad y estudiar sus debilidades e imperfecciones. *El periquillo* está escrito en forma de memorias. El pícaro ya se ha reformado (es, en fin, un pícaro del XVIII) y se ha arrepentido de sus desventuras juveniles. Escribe para ilustrar a sus hijos y lectores. Los modelos son el *Guzmán de Alfarache,* influencia evidente en los largos pasajes de sermoneo en que Lizardi defiende los principios de progreso, razón y libertad de la Ilustración; y el *Gil Blas,* de Lesage,[9] evidente en el movimiento constante de la narración. En la novela se tocan los temas de la moral, las leyes, el derecho, la teología, la medicina, la astronomía, la economía y la educación (salvación ésta de la humanidad, según el narrador).

Pero a pesar de la crítica, la sátira y el humor mordaz con que Lizardi pinta la sociedad colonial de su época, su punto de vista es fundamentalmente optimista. Cree en el individuo (como todos los pensadores del XVIII), en su perfectabilidad y en la posibilidad de mejorar la sociedad mediante la razón y una educación ilustrada.

---

[8] *francmasones:* organización fraternal y secreta que se originó en la Inglaterra del siglo XVIII. En algunos de sus capítulos hubo discusiones y actividades revolucionarias.

[9] *Alain René Lesage* (1668–1747), novelista y dramaturgo francés. Su obra maestra en la novela es *L'Histoire de Gil Blas de Santillane.* Fue influido por escritores españoles como Lope, Calderón, Vélez de Guevara y Mateo Alemán. Cultivaba un estilo animado.

Capítulo X
Entre el pasado y el presente:
el siglo del romanticismo y del realismo

10.1 Epoca de contrastes

Para el Nuevo Mundo, el siglo XIX trae la esperanza de conseguir la independencia con la que soñaban los criollos adinerados. Los años entre 1810 y 1815 pertenecen a la era de las guerras de independencia. Después hay un período de tentativas, con frecuencia caóticas (1830–1850), de organizar los primeros gobiernos independientes.

En España este siglo se inicia con desastres y revueltas, sobre todo, a partir de 1808, fecha de la invasión napoleónica. La labor de efectuar los cambios socio-económicos modernos planteados por los reformistas del siglo XVIII se frustra en España (V. Capítulo IX). La nación española, por lo tanto, llega al siglo XIX con el sentimiento de un vacío. Y para complicar estos problemas, en los primeros años del siglo, ocurre la invasión francesa y la necesidad consiguiente de luchar en contra de un opresor extranjero.

Esta lucha, sin embargo, tiene el efecto de despertar la conciencia del pueblo español de la apatía característica del XVIII. Nace un espíritu de defensa de valores y tradiciones frente al peligro francés. Es, por consiguiente, en lo político y social, no sólo un período de lucha armada sino de represalias, de individualismo guerrero (a veces heroico), de conflictos espirituales y de apasionamientos. Esto armoniza con y sirve de estímulo a la literatura romántica (V. 10.3), que pronto se cultivará como estilo de la época.

En América la lucha y la rebeldía son igualmente características del comienzo de este siglo. Pero a diferencia de lo que en España ocurre, en el Nuevo Mundo predomina el optimismo, como es de suponerse en países que van formando su propio destino después de tres siglos de vida colonial.

No sólo en España y en el Nuevo Mundo es éste un siglo de revueltas. En los países europeos, sobre todo a partir de 1848, ocurren una serie de revoluciones que tienen el resultado de traer el liberalismo y el espíritu revolucionario a los gobiernos del continente. Por eso, en términos amplios y generales, es el siglo XIX la edad de la consolidación del espíritu burgués, del crecimiento de las economías capitalistas, y del alba de las democracias y los regímenes liberales.

En España—lo mismo que en Hispanoamérica—el proceso de desarrollo socio-político y cultural no sigue el patrón europeo con exactitud, pues el crecer de la base económica burguesa es más lenta por ser incipiente el industrialismo. Una falta de certeza respecto al futuro hace que sea mayor el ambiente de lucha y de tensión: entre conservadores y liberales, entre tradicionalistas y renovadores de la sociedad. Muchos todavía sueñan con la posibilidad de continuar la labor del XVIII, es decir, modernizar sin perder los rasgos de la cultura tradicional española. Consecuencia de esta voluntad de renovación moderna y de desarrollo socio-económico y cultural fueron los períodos de lucha en que el liberalismo alternaba con períodos de reacción y de conservadurismo. Si miramos en forma esquemática el comienzo del siglo en España, veremos esta alternancia en los sucesos históricos:

(1) guerra de la independencia contra los invasores franceses en la península (1808–1814). En la España no invadida se organiza una Junta Central con delegaciones en todas las provincias. En 1810 se convocan las Cortes de Cádiz; en 1812, se vota la primera constitución española. En la junta hay conservadores, liberales, revolucionarios y moderados;

(2) un período de despotismo hasta 1820;

(3) una revolución liberal—tres años (1820–1823);

(4) un régimen de terror, 1823–1833. Es esta década la que se llama la «ominosa». Se marchan los intelectuales del país a Inglaterra, Francia y América. El liberalismo español se traslada al extranjero.

Frente a estos cambios periódicos, los cuales revelan un fermento social de fuerzas tradicionales y modernas sin solucionar, no es sorprendente que haya en la producción literaria de España una tensión constante entre fuerzas contrarias: neoclasicismo–romanticismo; convervadurismo-liberalismo; romanticismo-realismo. Pero lo que salta a la vista, si uno trata de comprender la totalidad de los hechos y las circunstancias de este período, es el esfuerzo constante que hay por resolver el peso del pasado sobre el presente. Para resolver el pasado, había que conocerlo y, a la vez, poder insertarlo en el presente. Para ver bien el camino del futuro, hay que entender el presente. Esta necesidad de entender y definir preocupa tanto a tradicionalistas como a liberales, tanto a los de España como a los de Hispanoamérica.

10.2 La literatura al servicio de la lucha

En pleno siglo XIX, sobrevive el neoclasicismo. Es un estilo en que se expresa el furor y la pasión de la lucha patriótica, ya sea en contra de Napoleón en España, ya en contra de las fuerzas españolas en América. Dos figuras que combinan las «fuerzas contrarias» de la época (las que describimos en 10.1) cantan con emoción cívica las luchas de su patria: Manuel José Quintana en España (1772–1857), y José Joaquín de Olmedo en el Ecuador (1780–1847).

Quintana, discípulo de Meléndez Valdés, escribe poemas que representan no sólo la combinación de elementos ya señalados sino la transición del estilo neoclásico sentimental a un neoclasicismo revolucionario y patriótico; por ejemplo, «A la invención de la imprenta», «A la expedición española para propagar la vacuna en América», y «A España después de la revolución de marzo» (§2).

En la obra de Olmedo encontramos idéntica fusión de elementos de un período de transición. El poeta ecuatoriano canta al libertador de América, Simón Bolívar, y en el poema «La victoria de Junín: Canto a Bolívar» usa la aparición sobrenatural del elemento indio (americano) para expresar su filosofía humanitaria típica del XVIII (V. 10.16).

10.3 El estilo romántico

Hemos hablado del siglo XIX como un siglo de transición—del neoclasicismo al romanticismo—en la política y en la cultura. Entendido en sus aspectos más amplios, el romanticismo es mucho más que un estilo literario. Se trata de un estilo de vida—como el del Renacimiento—que produce nuevas percepciones en la naturaleza y la composición de la sociedad, las costumbres y la ideología. El romanticismo representa la afirmación más fuerte del valor del individuo en la evolución de la cultura desde la conclusión de la Edad Media, cuando se inicia el proceso de la secularización del hombre y su cultura.[1] Es que con la aparición de este estilo, el hombre no sólo se convierte en el centro del mundo, sino que se da importancia a la parte subjetiva y hasta irracional de su ser. En lugar de las relaciones exteriores, sobre todo las armónicas del neoclasicismo, entre el ser humano y la naturaleza o el ser humano y el universo, se da mayor importancia a las relaciones extravagantes o exuberantes del individuo con sus semejantes, su experiencia histórica y su mundo personal.

Los románticos establecen un diálogo especial con la naturaleza a su alrededor. En este diálogo la naturaleza es, con frecuencia, triste, melancólica, salvaje, violenta o exótica. Se rechazan los escenarios bucólicos de la Arcadia neoclásica y la idea de la naturaleza como un bello y armónico trasfondo en el cual vive y muere armónicamente el individuo. En lugar de la paz bucólica de antes, ahora abundan bosques tropicales, mares revueltos y tormentosos, montañas altas y cerradas, desiertos infinitos, en otras palabras, lo grande y lo hostil. Y en lugar de observar y copiar los perfiles de la naturaleza, el romántico ajusta su espíritu al estado de alma de la naturaleza y se siente unido con la naturaleza que le acompaña y comparte sus experiencias.

El «yo» del arte romántico es nuevo si pensamos en el arte neoclásico en que el artista y su subjetividad se refrenan o existen en perfecto balance. Con el romanticismo, hay torrentes de lamentaciones, océanos de lágrimas y miles de puntos de admiración para subrayar las expresiones exageradas de personajes y situaciones. En la novela, por ejemplo, predomina la narración-confesión, la novela autobiográfica, el relato sentimental. Los temas preferidos pertenecen al pasado: la Edad Media, las épocas del Renacimiento y del Barroco. Se prefieren la exploración de la historia del pasado, las edades legendarias, los países y ambientes exóticos—China, Japón, el Medio Oriente—y los personajes típicos de estas culturas extrañas al Occidente.

La lógica cerebral de los hombres del XVIII desaparece. En su lugar figura el corazón que se abre frente al lector con sus registros de emociones diferentes. Estas se expresan con entera libertad en obras que no tienen reglas fijas. Los románticos rechazan el concepto neoclásico de las normas, como las unidades en el teatro. Mezclan el verso y la prosa, los metros del mismo poema, lo trágico y lo cómico, lo bello y lo feo (llegando hasta lo grotesco y el satanismo). Los guía el pensamiento del romántico francés, Victor Hugo: «Apliquemos el martillo sobre las teorías, las poéticas y los sistemas. ¡No hay reglas ni modelos!» Son capaces de creer en y expresar los ideales más altos y nobles, a veces al lado de pensamientos más terrenales o monstruosos. En fin, defienden la libertad de expresarse en la forma que cada artista quiera—la supremacía del individuo y su «yo» como la norma en el arte y en la política. Es un momento de liberalismo, hasta de anarquía.

Uno de los pintores célebres del período, Francisco José de Goya y Lucientes (1746–1828), llega a representar los desastres y la locura de la violencia de la época. En cuadros visionarios y románticos, destierra todo concepto neoclásico de composición a favor de una estructuración libre de formas imprecisas, expresadas por sus colores. En su cuadro *El 3 de mayo de 1808,* Goya capta con horror y emoción románticos un fusilamiento que ocurre durante la lucha entre españoles y los invasores franceses (V. Ilustración 20).

10.4 Un romanticismo foráneo

La literatura romántica de España nace y se prepara en el extranjero. A partir de 1814, pero sobre todo durante la llamada década ominosa (V. 10.1), casi todos los intelectuales españoles de primer rango se van al extranjero. Se forma una generación de emigrados. Estos, al volver a España entre 1833 y 1834, llegan

---

[1] *secularización:* proceso histórico y social en que la concepción del mundo se basa no en la fe religiosa, sino en las ideas temporales, o sea, no espirituales. Es una tendencia del pensamiento visible a partir del fin de la Edad Media.

20. El 3 de mayo de 1808 *de Francisco José de Goya
y Lucientes (1814, España, estilo romántico)*

con sus ideas sociales y artísticas formadas bajo la influencia de países mucho más desarrollados en sus economías que España, y con una cultura, por tanto, genuinamente burguesa. Estas ideas extranjeras dan origen al estilo romántico. Es decir, el arte romántico representa un rechazo de la influencia de la sociedad burguesa y su valoración de los productos materiales. Es el romanticismo una expresión individualista en contra de este materialismo burgués. Su naturaleza anti-utilitaria se extiende al campo de las ideas sociales y económicas.

En Londres, por ejemplo, entre 1824 y 1830, hay un centro de emigrados españoles con sus propios periódicos y revistas, con traductores de libros extranjeros y con emigrados que viajan a Hispanoamérica para ayudar a organizar la revolución allá. Al volver a España en 1834, los emigrados ofrecen el producto de su experiencia, aprendida en el extranjero, en obras que pertenecen a las más importantes expresiones del arte romántico. Es 1834

(1) el año del estreno de la *Conjuración de Venecia* de Francisco Martínez de la Rosa y de *Macías* de Mariano José de Larra;
(2) la fecha en que se publica *El moro expósito* del Duque de Rivas; y
(3) la fecha en que aparece la revista *El Siglo,* donde se condenan «las heladas doctrinas del XVIII» y se defienden los sentimientos, los deseos, la imaginación.

Entre los románticos españoles hay algunos que no sólo se preocupan por los escenarios exóticos o lejanos en el tiempo o lugar. Contemplan los hondos y desesperantes problemas del presente de España, sobre todo su atraso socio-cultural en comparación con otros países y sociedades que los intelectuales han visitado durante el período de su exilio. Se preocupan por el pasado y por el presente. Hacen un doloroso examen del pasado que pesa sobre el presente y que impide las posibilidades de un futuro mejor. Esta dolorosa meditación la veremos particularmente en los escritos de uno de los románticos más importantes, originales y modernos: Mariano José de Larra (V. 10.6).

10.5 Dos iniciadores del estilo romántico en España

Francisco Martínez de la Rosa (1787–1862) y Angel de Saavedra, el Duque de Rivas (1791–1865), al volver del extranjero presentan las primeras obras románticas al público español. Los dos empiezan a escribir dentro del estilo neoclásico, pero evolucionan hacia el romanticismo. El año de 1834 es clave para ambos y para la historia del romanticismo en España. Como ya hemos visto, ya se había representado en Madrid el drama *La conjuración de Venecia*. Es éste el año en que el Duque de Rivas escribe *El moro expósito,* largo poema narrativo. A pesar de sus muchas diferencias, estas dos obras tienen en común los temas del pasado y de la visión histórica retrospectiva.

El poema largo del Duque de Rivas es notable, pues en él se ve cómo los escritores de este siglo buscan las raíces de su pasado. En *El moro expósito,* de tema medieval, se narran hechos de la vida de los Infantes de Larra. En otra obra, sus *Romances históricos* (1841), el Duque de Rivas evoca figuras en momentos diversos de la historia. Pero donde mejor se ve el naciente arte romántico es en el drama *Don Alvaro o la fuerza del sino*. Don Alvaro es el típico héroe romántico: misterioso, huérfano, valiente, pesimista, triste, apasionado, enamorado. Y la obra contiene los rasgos típicos del romanticismo: lo popular, lo trágico, lo sentimental. La vida se define por el destino, la blasfemia, el suicidio, la muerte. Y todo existe en una obra en que hay tipos de clases distintas, cambios constantes de lugar y la mezcla de poesía y prosa. Sus características son la libertad, innovación, búsqueda de orí-

genes, misterio sobre el pasado y pesimismo frente al presente y al futuro.

10.6 Larra y el espíritu romántico

Mariano José de Larra (1809–1837) representa la esencia del mejor romanticismo hasta llegar a la obra de Bécquer (V. 10.8). En Larra y en sus ensayos (o «cuadros de costumbres», V. 10.9), podemos percibir una continuidad histórica que va desde el siglo XVIII hasta el siglo XIX, en especial en la preocupación racional por las costumbres y el bienestar del pueblo español. Este observador de las instituciones tradicionales de España, es decir, de lo que vino del pasado y se conservó en el presente, fue liberal y progresista (en eso revela sus raíces del XVIII y su relación con el XIX). Se formó ideológicamente bajo el enciclopedismo, y durante su vida muy corta escribió con el oído puesto sobre el corazón angustiado de su patria. Usando la ironía y la sátira, Larra disectó la anatomía de la España presente, estudiando sus enfermedades a la luz de su tradicionalismo del pasado. Esperaba que su país pudiera modernizarse para enfrentar mejor los problemas del futuro. «Somos satíricos», dijo, «porque queremos criticar abusos, porque quisiéramos contribuir con nuestras débiles fuerzas a la perfección posible de la sociedad a que tenemos la honra de pertenecer». Si fue destructivo o corrosivo en su crítica, fue porque en el fondo Larra era un idealista que en la tradición del XVIII creía en la perfectabilidad del individuo y de la sociedad (§2).

10.7 Los poetas de sentimiento romántico

José Zorrilla (1817–1893) atrajo la atención nacional y se dio a conocer como poeta romántico con estos versos:

Ese vago clamor que rasga el viento
Es la voz funeral de una campana:
Vano remedo del postrer lamento
De un cadáver sombrío y maciliento
Que en sucio polvo dormirá mañana.

Estos eran algunos de los versos escritos por un poeta joven y leídos sobre la tumba en el entierro de otro poeta joven, Larra, quien se suicidó a los veintiocho años. En circunstancias tristes y dolorosas, se produjo una escena concebible sólo en términos del espíritu de las exageraciones románticas: un poeta que se muere y otro que lo reemplaza sobre su tumba.

Zorrilla se forma en España; es decir, no pertenece al grupo de emigrados románticos. Y como uno de los últimos a cultivar en verso el arte romántico, se distingue como el poeta que cierra el primer ciclo de los poetas mayores del arte romántico. La naturaleza, la emoción religiosa, el misterio, la muerte, la emoción y el verso colorido (cromático) son algunos de los elementos románticos de su obra, en que el pasado histórico de su país se presenta como nota constante. En una pose típica del romanticismo, este poeta se considera un trovador errante como los ya estudiados de la Edad Media y cultiva los temas legendarios ligados a la cultura árabe (§2). Pero lo que más se recuerda de la obra zorrilesca es su pieza teatral *Don Juan Tenorio,* tema no sólo tradicional—pasado legendario de España y pasado artístico—sino romántico, pues el Don Juan de Zorrilla consigue su redención por medio del amor.

José de Espronceda (1808–1842) es el poeta del liberalismo, de la libertad individual evocada en su poema la «Canción del pirata». Entre sus obras más famosas, hay un poema sobre la leyenda de Don Juan y otro, más extenso, titulado *El diablo mundo.* En los famosos versos del «Canto a Teresa» de *El diablo mundo* abundan los contrastes entre el individuo y la sociedad, el amor y la muerte, la libertad y la lejanía (§2).

10.8 El romanticismo tardío: Bécquer y Rosalía de Castro

En un período algo posterior a estos dos poetas románticos, es decir, cuando ya hemos entrado en una época de mayor progreso material, de utilitarismo, de pronunciados valores burgueses, en España surge la voz de

un poeta—Gustavo Adolfo Bécquer (1836–1870)—en quien el romanticismo aparece en una forma destilada que podríamos llamar «pura». En su obra hay un reconocimiento de un mundo que evoluciona hacia la ciencia y los valores de la clase media. Pero el poeta expresa los límites del materialismo y la ciencia en versos como los siguientes:

mientras la ciencia a descubrir no alcance
las fuentes de la vida,
y en el mar o en el cielo haya un abismo
que el cálculo resista:

Frente a las limitaciones del materialismo, este poeta busca los valores eternos, para él, los del espíritu, la belleza, el amor, la muerte, la soledad. El poeta en sus *Rimas* (§2) elabora una poesía que algunos dicen que va en contra del naciente espíritu burgués. Pero, es que al concentrarse en los valores opuestos a los dominantes de su época, el poeta (como tantos otros poetas posteriores, modernos y contemporáneos) se expresa en favor de los valores deficientes y ausentes—los espirituales—de su época. No es, por lo tanto, escapismo, sino comprensión por su parte de la existencia de valores por encima de los transitorios de su sociedad materialista. Con fina sensibilidad, con voz de delicado y no exagerado romanticismo, hace el esfuerzo de penetrar los misterios del universo y leer «el otro lado del espejo», como Alicia en el país de las maravillas. Como tantos románticos—y como los realistas cuya obra pasaremos a examinar pronto—Bécquer también suspira por encontrar el pasado, sobre todo en un libro en prosa, *Leyendas,* y en otro, *Los templos en España.* Hay en Bécquer, como en otros escritores atentos a la realidad evolucionante de España, la comprensión de la necesidad de entender el pasado y de dominarlo para poder comprender la naturaleza de un mundo presente inestable y excesivamente materialista.

La segunda figura del romanticismo tardío es una escritora gallega, Rosalía de Castro (1837–1885), quien escribió artículos de costumbres (V. 10.9), novelas y poesía, en castellano y en el «dialecto gallego», como decía ella. Las novelas no se han estudiado mucho; la poesía más.

Las primeras obras poéticas de Rosalía de Castro, *Cantares gallegos* (1863) y *Follas novas* (1880), fueron escritas en gallego. En estas obras, con un estilo muy individual, la poeta explora ciertos temas que son comunes a otros poetas románticos: la expresión folclórica, la cultura popular, el sufrimiento del campesino, la exploración del alma gallega, la naturaleza, la melancolía (o «saudade»).

En su libro de versos escrito en castellano, *En las orillas del Sar* (1884), la poeta revela un estilo romántico, original y personal, que, como en el caso de Bécquer, acerca a esta figura solitaria no sólo a la poesía modernista (V. Capítulo XI) sino a la de muchas figuras de la poesía contemporánea (§2).

10.9 Entre el romanticismo y el realismo: el costumbrismo

Hay un género de literatura que tanto en España como en Hispanoamérica llamamos **el costumbrismo.** El término se emplea para describir el contenido de una obra en que hay una pintura detallada de las costumbres de una época y un ambiente específicos de una región o de un país. Esto quiere decir que el costumbrismo podría, en teoría, descubrirse en las obras medievales lo mismo que en las del siglo XX. Pero en la literatura de España y de América, decir costumbrismo implica un concepto histórico: visión realista—romántica, normalmente objetiva, de las costumbres y los usos del pueblo a principios del siglo XIX y hasta 1860, más o menos.

Los escritores costumbristas, que son numerosos y que publican sus obras en los periódicos y las revistas cuyo número va multiplicándose por ambos lados del Atlántico, desarrollan una forma especial de expresar sus «pinturas» y observaciones: el cuadro de costumbres, artículo o ensayo breve. El ensayo corto de Larra pertenece a este género de literatura (V. 10.6). Pero Larra no se limita a observar y a pintar; hay en él un fondo de ideas y pensamientos sobre su sociedad y una preocupación angustiada por el futuro de la patria. En otros costumbristas, la visión es mucho más limitada: retrato más o menos objetivo, pintoresco, con mucho colorido y detalle, concentración sobre los tipos de alguna región (por ejemplo, Andalucía o los campos de Chile), sin gran fondo ideológico y con cierta, no muy escondida, preferencia por el pasado en lugar del presente. En Larra no hay este deseo de volver al pasado. Sin embargo, si leemos cuadros cortos de otros costumbristas contemporáneos de Larra, como Ramón de Mesonero Romanos (1802–1882), veremos que en su obra hay una añoranza del pasado, el cual consideran mejor que el presente (§2).

Este género tan popular tiene una relación con la novela que necesitamos señalar antes de avanzar en nuestra exploración de la cultura y la sociedad del siglo XIX. El cuadro de costumbres es una forma de expresarse en prosa que se relaciona con los comienzos de la novela, tanto con la romántica como con la que vendrá después, o sea, la novela del realismo-naturalismo. Es decir, en el cuadro de costumbres, a pesar de sus exageraciones pintorescas, existe la base de una preocupación que comparten todos los novelistas de este siglo: los románticos, los realistas, los naturalistas. Es el deseo de informarse sobre el pasado y el presente, sobre las creencias, los usos sociales, los vestidos, los trabajos, los bailes, las canciones, en fin, todo. Con lujo de detalle se va describiendo los escenarios y los personajes. Y este afán de describir formará la base del relato realista—conocimiento de la sociedad contemporánea y del pueblo—en novelistas y cuentistas cuya obra pasaremos a examinar.

10.10 Revolución, liberalismo, Restauración

El período de la historia de España desde 1850 hasta 1898 es un período de luchas internas entre la clase burguesa y los conservadores. La clase burguesa busca establecer gobiernos liberales para poder desarrollar sus intereses económicos. Y el conservadurismo representa las fuerzas del «Carlismo»,[2] que defiende la supremacía del regionalismo, la alianza de la Iglesia y el trono, y el tradicionalismo. Frente a estas fuerzas reaccionarias, los liberales buscan la renovación de la vida nacional y el progreso. Estas son metas y tareas iniciadas en el siglo XVIII bajo los Borbones pero nunca realizadas en el campo socio-económico. Por eso, mientras más crece la burguesía, más crecen las aspiraciones de una parte considerable de la población—sobre todo en las ciudades—que busca modernizar el país vía el liberalismo. Pero uno de los problemas mayores que enfrenta esta corriente liberal es el problema de hallar a una figura capaz de dirigir un gobierno liberal y democrático. Ligado a este problema es la falta de experiencia en el gobierno de los liberales. Por eso, la primera República española sólo dura en el poder un año: 1873–1874. Después se produce la Restauración de la monarquía, período en el cual las novelas del realismo aparecen; y en que se produce el cambio definitivo de la producción literaria de romántica a realista.

En este ambiente falto de equilibrio político, social y económico, el escritor se enfrenta con problemas difíciles de evadir. Hay problemas de la industrialización y sus efectos sobre el país; la producción agrícola y las transformaciones en ella en relación con el ausentismo de los dueños de la tierra; las fuerzas regionalistas contra la unificación y centralismo de la nación; el colonialismo y la administración de las posesiones de España en el Nuevo Mundo, en especial, Cuba y Puerto Rico; el militarismo y su papel en el gobierno; y, por fin, la intolerancia religiosa, problema tradicional de España, como ya hemos visto. Con el crecimiento de la burguesía y la propuesta de modernizar el país y limitar la influencia de la Iglesia en los asuntos seculares, la cuestión religiosa crea conflictos serios que el novelista Pérez Galdós estudiará con particular claridad de visión (V. 10.14).

El crecimiento de la sociedad española, hacia las instituciones modernas y el materialismo de la vida, produce una expresión poética contraria a la de Bécquer: el poema prosaico de Ramón de Campoamor y de Gaspar Núñez de Arce. Y en el teatro se dan fenómenos extraños que a la luz de hoy parecen contradictorios: la obra de José de Echegaray (1832–1916), el primer escritor español a ganar el Premio Nóbel (1904). La contradicción del teatro de Echegaray es su uso, por un lado, de formas y estilos del pasado (estilo melodramático, declamatorio y hasta retórico), mezclado con la exploración, por otro lado, de los problemas del individuo y del ambiente producidos por el crecimiento de la sociedad burguesa y sus valores. En obras como *O locura o santidad* (1877) o *El gran galeoto* (1881), pasado y presente se mezclan de un modo insatisfactorio. Los novelistas, en cambio, evitan algunos de estos contrastes, centrando su atención no en las comparaciones de ciudad y campo sino en el campo, con la excepción de algunos novelistas, principalmente Pérez Galdós, cultivador por excelencia de la novela urbana.

10.11 El espejo de la vida: el arte del realismo

Con frecuencia se dice que el retrato detallado de la vida empieza en la novela con Fernán Caballero, seudónimo de Cecilia Böhl von Faber (1796–1877), autora de *La gaviota*. De ella son las siguientes palabras que ayudan a describir el sentido del arte realista: «La novela no se inventa; se observa. Escribo en lisa prosa castellana lo que realmente sucede en nuestros pueblos; lo que piensan y hacen nuestros paisanos en las diferentes clases de nuestra sociedad».

En el **arte realista,** el novelista o cuentista hace un esfuerzo consciente por ofrecer una imagen de la vida de un lugar específico (aunque a veces con nombre ficticio) y en un tiempo definido. A diferencia del arte romántico, que mira hacia el pasado para inspirarse, el cultivador del arte realista busca a su alrededor. Le interesa todo, no sólo el interior del

---

[2]*Carlismo:* movimiento en favor del infante don Carlos de Borbón, aspirante al trono de España.

personaje, el lado emocional del individuo (preferencia del romántico), sino la pintura del exterior—vestidos, calles, árboles, casas. Se dice que el artista del realismo considera su arte un espejo, en el cual ve reflejada la vida de un ambiente en un momento histórico. Copia de esa imagen reflejada.

Es exagerada esta idea pues ya sabemos que todo artista, aún el más objetivo, escoge según su concepto individual y subjetivo de la realidad. También sabemos que algunos de los aspectos del estilo que hemos descrito como el realista también pertenecen al arte costumbrista cultivado por muchos románticos (por ejemplo, la descripción detallada de la realidad, con los individuos de una región, sus costumbres, sus trajes, sus danzas, su forma de trabajar y de vivir). Por eso, hemos dicho que el costumbrismo se produce entre dos estilos—el romántico y el realista—y tiene características de ambos.

La novela realista debe mucho a la exploración objetiva de la realidad de los costumbristas en el período romántico. Debe mucho también a las exploraciones subjetivas del romanticismo, a aquel arte que da importancia al individuo y a sus relaciones con su mundo. En el fondo, a partir del romanticismo, del costumbrismo y del realismo, podemos decir que hay un afán por conocerse de distintos modos: en lo interior y lo exterior, de modo subjetivo y objetivo, en el pasado y en el presente. Para expresar lo mismo en términos históricos, a partir del XVIII, hay una conciencia tanto en España como en Hispanoamérica de buscar la verdadera patria, de definir y redefinir sus características, de descubrir y corregir sus males, y de estimular el progreso. Persiste esta idea hasta nuestra época.

10.12 Novelistas: liberales y conservadores

Entre los realistas—y después los naturalistas (V. 10.13)—hay los que están del lado de las ideas liberales y los que defienden los principios de una visión conservadora. Dividiendo así, entre los novelistas destacados del conservadurismo figuran

Pedro Antonio de Alarcón	1833–1891
Juan Valera	1824–1905
José María de Pereda	1833–1906

Al bando liberal pertenecen:

Emilia Pardo Bazán	1852–1921
Leopoldo Alas	1852–1901
Armando Palacio Valdés	1853–1938
Vicente Blasco Ibáñez	1867–1928

Además de estas figuras, hay un escritor que reúne todas las corrientes ideológicas, filosóficas y espirituales de la época. Busca la comprensión y la reconciliación de los valores de la edad del realismo, centrándose en una visión humana comparable en profundidad con Cervantes. Nos referimos a Benito Pérez Galdós (1843–1920). Pero antes de describir su obra, debemos esbozar la contribución de algunas de las figuras ya mencionadas.

Juan Valera se destaca por su falta de interés en lo regional (junto con Pérez Galdós) y por negarse a formar parte de una escuela literaria. No acepta una manera específica de escribir, cuestión que le interesó particularmente en sus *Apuntes sobre el nuevo arte de escribir novelas*. Es en esta obra que critica la idea naturalista y la cuestionable ventaja de mostrar que el campo es mejor que la ciudad (idea de Pereda). Valera prefirió escribir un relato en estilo muy cuidado—académico—dando importancia al amor y a la mujer. Su acercamiento a estas preocupaciones es sociológico, psicológico y espiritual. Cuando toca la cuestión religiosa, el tema le interesa no desde su punto de vista social, sino individual. En su novela más famosa, *Pepita Jiménez* (1874), pueden verse estas características (§2). La primera parte de la novela tiene una forma epistolar. Es una forma que le permite al novelista acercarse al tema con un estudio individual y subjetivo.

José María de Pereda cultiva una visión de la realidad muy diferente de la de Valera. Le interesaban los tipos, las costumbres y la descripción de la naturaleza de la región de Santander en el norte de España. Son novelas construidas a base de las ideas conservadoras de ayer. Está en contra de lo nuevo, es decir, de las ideas liberales y del crecimiento de la cultura urbana. Prefiere los valores señoriales de su región, lo cual se evidencia en su novela *Peñas arriba* (1894), donde triunfa el orden tradicional amenazado por las ideas de la ciudad y las pasiones y preocupaciones modernas. Es una mirada realista hacia el pasado, en forma de tesis: triunfo del pasado sobre el presente.

Leopoldo Alas usa el seudónimo «Clarín». Cultiva un arte difícil de describir en forma breve, pues en él hay una base realista, unos elementos del naturalismo (V. 10.13) y una visión del mundo que es tan moderna que sobrepasa los límites cronológicos del siglo XIX y de la edad del realismo. Es liberal, y con las ideas modernas y progresistas hace una especie de retrato anatómico de la sociedad del período de la Restauración. En su obra más importante, *La regenta* (1884), entran los sueños, los monólogos interiores, el papel de los recuerdos, el estudio psicológico, el uso moderno de un tiempo aburrido que pesa sobre la protagonista y unas formas casi fragmentarias de la realidad—todos elementos que siguen la fórmula del arte realista de la vida vista en el reflejo del espejo.

10.13 Del realismo al naturalismo

No contentos con la idea de describir la realidad en forma objetiva, algunos novelistas concibieron la idea de utilizar la novela como documento biológico y sociológico. Es decir, pensaron en la posibilidad de utilizar los procedimientos narrativos del realismo (ya discutidos en la sección 10.11) y a éstos agregar las teorías científicas de Charles Darwin, Claude Bernard, Auguste Comte e Hippolyte Taine.[3] Con estas influencias, principalmente francesas, utilizadas por Emile Zolá en sus novelas, los novelistas de España y de Hispanoamérica agregaron un aspecto mucho más crítico de la realidad a sus novelas.

Su objeto era estudiarle al individuo en su ambiente, como se estudia el animal en el laboratorio. Como el científico, el novelista pretendía formular alguna hipótesis que luego probaría estudiando las acciones del individuo. Si no formulaba la hipótesis desde el principio, era su esperanza poder formular leyes (científicas) sobre el comportamiento humano al observar al individuo en la sociedad. Zolá y los naturalistas franceses aplicaron sus ideas científicas al estudio de los obreros y los miserables de la sociedad. Eran de sectores de la población de una economía más avanzada que las hispánicas. De ahí que en los modelos del arte naturalista vemos la miseria desnuda, la pintura de escenas crudas, hasta nauseabundas, en las cárceles, los burdeles y las viviendas del proletariado. Se le consideraba al ser humano víctima de la sociedad y las circunstancias miserables a que ésta lo reducía. El individuo estaba determinado por el medio ambiente en que vivía.

Cuando en España y en los países hispanoamericanos trataron de aplicar estas ideas, tuvieron que modificar y adaptarlas. La idea naturalista de un individuo determinado por su ambiente—en lugar de poseer el libre albedrío—creó conflictos con las doctrinas católicas. Y la pintura excesivamente cruel y reveladora de las miserias humanas difícilmente se combinaba con la moral cristiana de los países hispánicos. De ahí que el llamado naturalismo hispánico era un naturalismo diluido. En sus productos artísticos no aparecían las miserias urbanas y el proletariado de la ciudad sino la violencia y la pobreza de los campesinos en los escenarios preferidos por los novelistas hispá-

---

[3]*Charles Darwin*: (1809–1882), naturalista inglés, famoso por sus teorías evolucionistas (*Origen de las especies*), que interesaban a los realistas-naturalistas; *Claude Bernard*: (1813–1878), fisiólogo francés, famosa figura de la medicina y la ciencia experimentales; *Auguste Comte*: (1798–1857), filósofo francés, figura principal de la filosofía positivista (el positivismo). Entre otros principios, Comte creía en el cambio y en el mejoramiento de sociedades que iban de la etapa teológica a la positiva; *Hippolyte Taine*: (1828–1893), filósofo y crítico literario francés. Trató de aplicar las ideas de la creencia experimental a las humanidades. Creía que el hombre y sus obras estaban determinados por el lugar, el momento y la raza.

nicos del período (salvo Pérez Galdós): el campo. Y según algunos, el hispánico no era el verdadero naturalismo sino un realismo acentuadamente crítico. Emilia Pardo Bazán introdujo el naturalismo en España e hizo su defensa en *La cuestión palpitante* (1883) (§2). Y en su novela más conocida, *Los pazos de Ulloa* (1886), aplicó estas ideas sobre el naturalismo al estudio de la decadencia—no urbana—de las viejas familias aristocráticas.

Pardo Bazán prefirió los escenarios de su Galicia nativa. En cambio, otro novelista del naturalismo, Vicente Blasco Ibáñez, que vivió lo suficiente para cultivar otras formas artísticas, prefirió los de Valencia. Este político, revolucionario y aventurero cultivó la novela regional, lo mismo que la novela urbana, la novela «artística» y una novela de alcance universal, muy famosa en su época, *Los cuatro jinetes del Apocalipsis*. Pero en una de sus novelas regionales y naturalistas, *La barraca*, Blasco Ibáñez dio lo más típico de su arte: fuerza dramática, emociones violentas, descripciones vívidas, excesos realistas (§2).

10.14 Pérez Galdós: novelista del pueblo español

Todos los novelistas del siglo XIX cuya obra hemos discutido escriben sobre el pueblo español en sus aspectos individuales (psicológicos) o colectivos (costumbrismo, novelas de tesis),[4] pero ninguno con la percepción de Pérez Galdós, quien afirma que el destino de los españoles es «vivir en la agitación como la salamandra en el fuego»: «Imagen de la vida es la novela y el arte de componerla estriba en reproducir los caracteres humanos, las pasiones, las debilidades, lo grande y lo pequeño, las almas y las fisonomías, todo lo espiritual y lo físico que nos constituye y nos rodea, y el lenguaje, que es la marca de la raza, y las viviendas, que son el signo de la familia, y la

---

[4] *novela de tesis:* narrativa en la cual se organizan los elementos de la obra para probar una teoría o actitud moral o ideológica.

vestidura que diseña los últimos trozos externos de la personalidad».

Su capacidad por ver en forma objetiva y equilibrada «los caracteres típicos en circunstancias típicas» se debe quizá al hecho de que Pérez Galdós nace en las Islas Canarias y luego se muda para Madrid. Pero su origen canario seguramente le da una capacidad para ver con objetividad desde fuera lo que muchos regionalistas de la península sólo ven desde la «pequeña patria» de su región particular. Pérez Galdós, que viene de la periferie, hace de Madrid el centro de sus observaciones artísticas. En la capital este escritor realista descubre las fuerzas conflictivas de una sociedad que pierde su grandeza en el XVIII con la desaparición del imperio. Y España lucha todavía con fuerzas muy contradictorias en su interior, por modernizarse y ponerse al nivel de otras naciones del mundo. De ahí, por ejemplo, la insistencia de este novelista en escribir muchos volúmenes sobre la experiencia histórica nacional: *Los episodios nacionales*. Es una serie de relatos que son mitad historia, mitad ficción, en los cuales Pérez Galdós capta la historia de su patria—define el pasado para ver el presente—desde 1805 hasta la Restauración (1874). Hay en estos libros una conciencia de un desequilibrio social: la lucha de las fuerzas que representan el pasado y las del presente; los tradicionalistas (sobre todo en asuntos de religión), los reformistas y los liberales.

Algunas de las novelas «realistas» de Pérez Galdós exploran situaciones conflictivas: *Doña Perfecta* (1876), *Gloria* (1876–1877) y *La familia de León Roch* (1878). En 1881, Pérez Galdós inicia una serie de novelas que titula «contemporáneas», en que los conflictos y problemas de la ciudad de Madrid, más que los espirituales e ideológicos, ocupan su atención. La obra maestra de esta serie es una novela larguísima, *Fortunata y Jacinta* (1886–1887). En otra, *Misericordia* (1897), propuso el novelista descender a las capas ínfimas de la sociedad matritense, describiendo y presentando los tipos humildes, la pobreza, la mendicidad profesional, la vagancia y la miseria, dolorosa o, en algunos casos, picaresca y criminal (§2).

Pérez Galdós es un observador cuidadoso

de la realidad, con una capacidad de pintura detallista de objetos y de pensamientos interiores de los personajes. En él, a diferencia de otros novelistas de la escena contemporánea, hay un fondo de comprensión, de tolerancia y de amor, aún cuando está criticando. Pertenece este novelista a aquellos escritores profundamente adoloridos por lo que ven mal a su alrededor, como Larra. Pero aman a su patria y a sus conciudadanos y critican porque desean corregir. El sueño de Pérez Galdós es conciliar los conflictos: el idealismo de un escritor realista. De allí la función de su labor de novelista: aclarar los valores espirituales e ideológicos y promover la fraternidad en una sociedad más dinámica y capaz de reformarse mediante la evolución sin prejuicios, sin odio, sin rencor.

Pérez Galdós es un novelista moderno. Como dramaturgo también contribuye a esta tarea moderna, pues moderniza el teatro con obras como *La loca de la casa* o *Electra,* éste último violentamente anti-clerical.

En Pérez Galdós tenemos a un escritor que se apasiona por los problemas más fundamentales de su país, no sólo la intolerancia religiosa, sino el creciente problema del papel social de la burguesía y, con el auge de ésta, la situación de los obreros en las fábricas. Su comprensión de la existencia de «una España nueva» le hace evolucionar en su pensamiento social desde el republicanismo liberal hasta una creencia desesperada en la necesidad, que él decía «alarmante», de una revolución, desde el liberalismo hasta el socialismo.

10.15 Hispanoamérica: después de las guerras de independencia

Ya hemos visto cómo en la España de principios del siglo XIX, después de la muerte de Fernando VII y la vuelta de los escritores exilados, se inicia un período caótico. España trata de reponerse de la invasión extranjera y busca reorganizar y re-estructurar el país. En cierta manera, podría decirse que el mismo trabajo de organización y de re-estructuración

ocurre en Hispanoamérica después de la independencia. Pero se presenta con unas diferencias notables. En América la labor tiene que ser más intensa, pues son países recién creados. Se trata de formar naciones con una preparación casi sin experiencia en su autogobernación, de explicarse el sentido de su propia cultura después de tres siglos de cultura extranjera impuesta por la fuerza, de despertar el sentido de nacionalismo en pueblos analfabetos y, en muchos países, sin conocimiento de la lengua española entre las masas de indios. Si a esta labor socio-cultural se agrega la necesidad de fundar las economías de países sin base económica desarrollada y, en muchos casos, sin conocimiento de sus riquezas naturales, se verá la enormidad de la tarea socioeconómica. Pero los problemas no son, como veremos, sólo políticos, sociales y económicos, sino culturales.

10.16 Neoclásicos y románticos: retratos de la realidad americana

Al producirse la independencia en América, el estilo que predomina es el neoclásico, pues como en España, la transición hacia el romanticismo viene lento y con características muy afines al romanticismo español. Por lo tanto, los poetas que cantan las victorias de las guerras de independencia no cantan con apasionamiento romántico sino con el refrenado neoclasicismo. Dentro de la tradición pragmática del siglo XVIII, los neoclásicos buscaban los procesos de evolución política y la normalización lenta hacia las formas del progreso. De ahí que Olmedo (V. 10.2), en «La victoria de Junín: Canto a Bolívar», diga:

Tuya será Bolívar, esta gloria,
tuya romper el yugo de los reyes,
y, a su despecho, entronizar las leyes;
y la discordia en áspides crinada,[5]

---

[5] *áspides crinada:* como si fuera una persona (personificación), la discordia tiene cabellos muy largos hechos de víboras venenosas.

por tu brazo en cien nudos aherrojada,[6]
ante los haces santos confundidas[7]
harás temblar las armas parricidas.

Y en una llamada típica de los neoclásicos, Olmedo buscará el rechazo de la cultura de España, que es la de América durante tres siglos coloniales. Usa la voz del jefe indio Huaina Capac para enumerar los pecados de la España en América:

Un insolente y vil aventurero
y un iracundo sacerdote fueron
de un poderoso Rey los asesinos . . .
¡Tantos horrores y maldades tantas
por el oro que hollaban nuestras plantas!
. . . .
¡Guerra al usurpador!—¿ Qué le debemos?
¿Luces, costumbres, religión o leyes . . . ?
¡Si ellos fueron estúpidos, viciosos,
feroces y por fin supersticiosos!
¿Qué religión? ¿la de Jesús? . . . ¡Blasfemos!
Sangre, plomo veloz, cadenas fueron
los sacramentos santos que trajeron.

Frente a este rechazo de la labor de España—rechazo general entre los escritores de este período con la excepción notable de Andrés Bello—se inicia la búsqueda de las culturas originales y auténticas en cada país.

10.17 Andrés Bello y la creación de la cultura americana

El caso de Bello (Venezuela, 1781–1865) fue el de una figura eminente que nació en la colonia, recibió una educación neoclásica y luego en la era independiente dedicó su vida a la creación de la cultura moderna de su país adoptivo—Chile. Al final de su vida, se acercó a las formas románticas de expresión. Aunque nunca fue revolucionario, formó parte de la delegación de la junta revolucionaria de Caracas enviada a Londres para discutir la independencia de Venezuela. Se quedó en Londres hasta 1828, auto-educándose con lecturas

prodigiosas en literatura, historia, ciencias, agricultura, lenguas extranjeras y filosofía en el Museo Británico.

Con una cultura adquirida en Europa aceptó la invitación de Chile (1829), donde vivió el resto de su vida, para organizar el sistema educacional del país y preparar a la nueva generación para gobernarse. Escribió ensayos sobre derecho, literatura, ciencias y educación. Insistió sobre la necesidad de crear una cultura independiente en América (§3). En esta labor de definir la cultura americana, la lengua, vehículo para expresar la cultura naciente, le pareció fundamental. Escribió una gramática de la lengua española sin fijarse en los modelos latinos y señaló las diferencias entre la lengua española de América y la de España.

La orientación de estos primeros constructores de la tierra, como Bello, era práctica y doctrinal, la continuación en cierto modo de las ideas del siglo XVIII. Esta orientación se ve hasta en el caso de la poesía «bucólica»—elogio del campo—que escribió Bello con recuerdos de Horacio y de Virgilio. A Bello le interesaba que Hispanoamérica se olvidara de las guerras de la independencia y que volviera a las labores de construcción nacional. Por lo tanto, en una poesía neoclásica como «La agricultura de la zona tórrida», urgía a los ciudadanos a volver a sus faenas agrícolas (§3).

De igual modo, un rival ideológico de Bello, pero un hermano espiritual en la construcción americana, Domingo Faustino Sarmiento, dedicará sus más nobles esfuerzos cívicos y creadores a resolver los problemas de su joven país.

10.18 Domingo Faustino Sarmiento: escritor y político de la construcción nacional

Sarmiento (1811–1888) dedica su vida al mejoramiento de su país, la Argentina. Víctima de la dictadura de Juan Manuel de Rosas (1835–1852), pertenece al grupo de proscriptos, o sea, exilados, enamorados del espíritu

---

[6] *aherrojada* : oprimida.
[7] *haces*: tropas.

romántico. Desde el extranjero preparan la vuelta a su país y su reconstrucción, una vez caída la dictadura. La pasión romántica se combina, en el caso de Sarmiento, con una intuición extraordinaria de las necesidades prácticas de su nación. Su libro más importante es el libro típico de la época. Estudia los problemas de América, específicamente de la Argentina, y propone soluciones. Es un libro intuitivo y hasta caótico, un libro sin pies ni cabeza, según Sarmiento. Se escribe durante el exilio de Sarmiento en Chile, donde en una carta explica que «un interés del momento, premioso y urgente a mi juicio, me hace trazar rápidamente un cuadro que había creído poder presentar algún día, tan acabado como me fuera posible. He creído necesario hacinar sobre el papel mis ideas tales como se me presentan, sacrificando toda pretensión literaria a la necesidad de atajar un mal que puede ser transcendental para nosotros».

El libro descrito es *Facundo* cuyo subtítulo es *Civilización y barbarie* (1845). Es un ensayo filosófico, político, histórico y sociológico con elementos de literatura de creación. El Facundo del título se refiere a Facundo Quiroga, caudillo de la provincia de San Juan (de donde procede Sarmiento) y símbolo del caudillismo caótico de la Argentina y de América.[8]

Sarmiento analiza el «problema argentino» por medio de un estudio fundamentalmente geográfico y determinista. La tesis que propone es que el mal fundamental de su país es su extensión sin población suficiente. De este problema demográfico fluyen los demás. Los hábitos del interior del país son salvajes, pues allí la gente vive en soledad y sin sociedad. Y no ha llegado la civilización, definida por Sarmiento en términos europeos o norteamericanos. Al desarrollar esta teoría, Sarmiento examina la tierra, los hábitos de la pampa,[9] la tradición española de su país, la influencia negativa de España, la barbarie de los indios, las ventajas de la civilización europea. Escoge la figura del caudillo Quiroga, porque en él ve al dictador Rosas también: «Rosas no es un hecho aislado»—dice—«en Facundo Quiroga no veo un caudillo simplemente, sino una manifestación de la vida argentina tal como la ha hecho la colonización y las peculiaridades del terreno, a lo cual, creo necesario consagrar una seria atención».

En las páginas de *Facundo* (§3) aparecen descritos los gauchos y su cultura. Y aunque Sarmiento considera al gaucho un obstáculo para el progreso material de su país, sin darse cuenta, se enamora de ciertos aspectos heroicos y patrios de la cultura de esta figura genuina. Así se explican sus descripciones de algunos tipos gauchescos como el rastreador, el baquiano y el payador. Hay, en esta obra, por lo tanto, una corriente costumbrista, además de la continuación de ese proyecto que ya hemos identificado como la necesidad de definirse y de describirse. Es un proyecto que explica la unión del nacionalismo, costumbrismo y el romanticismo, tanto en España como en América.

10.19 Románticos y neoclásicos

Es difícil, si no imposible, establecer una clara ordenación cronológica de la aparición y presencia del arte romántico y neoclásico en América, porque después de la independencia ambas formas están presentes y se mezclan en muchos escritores, como ya hemos visto en el caso de Bello. En general, respecto a estos dos grupos—ambos con una visión reformista y constructiva—los neoclásicos son más realistas que los románticos, más reformistas y menos revolucionarios en su visión social. Los románticos, en cambio, confían menos en las

---

[8] *caudillismo:* predominio de la figura autoritaria o del dictador, sobre todo en los gobiernos hispanoamericanos después de la independencia.

[9] *la pampa:* el llano inmenso cubierto de hierba al este de los Andes, sobre todo en la Argentina. Esteban Echeverría fue uno de los primeros a darse cuenta en 1837 de la riqueza agrícola de la pampa, donde vivían los gauchos y los indios pamperos.

reformas basadas en las tradiciones estableci-das durante la colonia o en las que vienen de la península. Prefieren el uso de los modelos fo-ráneos, especialmente los de Francia o de los Estados Unidos. Los neoclásicos dirigen su la-bor más a la limitada clase elitista, a los que van a ser los nuevos gobernadores de las socie-dades nuevas. Los románticos, en contraste, desean llegar al pueblo y a incorporar, dentro de lo posible, sus formas lingüísticas y sus emociones más llamativas: dolor, lágrimas, venganza, violencia. De ahí entre los román-ticos, hay el crecimiento de una literatura la-crimosa, violenta, dirigida al pueblo. Es una literatura que hoy en día nos parece excesiva-mente violenta o sentimental.

En la tradición de la novela sentimental europea—amor fatal, destino implacable, sus-piros, lágrimas, sollozos, llanto, melanco-lía—hay dos novelas importantes. Ambas lle-van, como sus modelos europeos, el nombre de la heroína: *Amalia* (1851,1855) de José Mármol (Argentina, 1817–1871), y *María* (1867) de Jorge Isaacs (Colombia, 1837–1895). De las dos, *Amalia* es la más compli-cada, pues tiene un argumento doble, uno sen-timental y otro histórico. Y aunque la parte histórica de la obra trata un período contem-poráneo—el de la represión y la violencia de la dictadura de Rosas—esta novela representa las dos variantes más significativas de la no-vela romántica: la sentimental y la histórica (influida por el escritor inglés Sir Walter Scott). En ambas, hay detalles costumbristas: en *Amalia* son contemporáneos y urbanos; en *María* son rurales y hasta exóticos (la vida afri-cana de los esclavos Nay y Sinar).

Una manifestación distinta del romanti-cismo hispanoamericano se encuentra en la obra de Esteban Echeverría (Argentina, 1805–1851), uno de los primeros románticos de América. En su cuento «El matadero» (1838), entre otras cosas, se evidencia el lenguaje po-pular, la violencia y el conflicto entre liberales (unitarios) y conservadores (federalistas) (§3). En este cuento se mezclan varias tendencias li-terarias: el estilo realista en los detalles des-criptivos; el naturalista en el ambiente sórdido

y grotesco de los que trabajan en el matadero; el romántico por el héroe sacrificado y las emociones; el cuadro de costumbres; y el en-sayo debido a las opiniones obvias del autor/ narrador en primera persona.

Echeverría, al volver de Francia, donde vive entre 1825 y 1830, publica el primero de una serie de escritos románticos, imitando un mal aprendido estilo romántico. El primer es-crito de esta serie es su composición en verso *Elvira o la novia del Plata* (1832).

Durante los años en que Echeverría vive en Francia, otro americano, el cubano José María Heredia (1803–1839), cultiva un estilo romántico, a pesar de que en el fondo, por en-señanza y preferencia, es neoclásico. En el ex-tranjero, tanto en México como en los Estados Unidos, este escritor errante, desterrado de su isla nativa, melancólico y triste, deja volar sus emociones. Produce así los primeros poemas románticos de América (publicados entre 1825 y 1830), en los que se ven las notas caracterís-ticas de lo que hemos identificado como el es-tilo romántico (§3).

Compatriota de Heredia y, como él, escri-tora que vive gran parte de su vida fuera de la isla en España, fue Gertrudis Gómez de Ave-llaneda (Cuba, 1814–1873), en quien las notas personales predominan en la poesía, inclusive en el terreno de los experimentos formales (§3). Avellaneda es poeta, dramaturga de pri-mera categoría y novelista cuyos escenarios muchas veces son históricos. Su visión crítica de la sociedad y la preocupación «reformista» que hemos asociado tanto con románticos como neoclásicos se evidencian mejor en su novela *Sab* (1841) (§3), una de las primeras narraciones anti-esclavistas de América. En ella, a la vez, se plantea el problema del papel subordinado de la mujer en las sociedades tra-dicionales hispanoamericanas. En esta y otras obras de Avellaneda tenemos una exploración y descripción de las costumbres, la naturaleza y los tipos de una nación que todavía vivía bajo el poder de España, razón por la cual el censor oficial prohíbe la publicación y la circulación en Cuba de esta novela y de otra titulada *Dos mujeres* (1842), que trata del papel de la mujer en la sociedad española. Avellaneda sufre en carne viva las costumbres discriminatorias de su época cuando es rechazada por la Real Academia Española simplemente «por la cuestión del sexo», según se lo confiesa a ella el Marqués de la Pezuela en 1853.

10.20 La visión del pasado en el presente: Ricardo Palma

En la labor de auto-conocimiento, como ya lo hemos visto en el caso de los costumbristas de España, a veces la visión se vuelve hacia el pasado, a veces hacia el presente. De cuando en cuando hay un deseo de volver hacia un pasado visto como mejor que el presente, y otras veces, de criticar el pasado a la luz del presente.

En la obra de Ricardo Palma (Perú, 1833–1919), tenemos un género que él mismo inventa, la tradición. Por medio de ella, registra la historia de su país, en particular del período colonial, aunque llega a tratar historias y ficciones de otros períodos. ¿Es Palma un autor enamorado del pasado? Creemos que se siente muy cómodo en esa época que conoce muy bien. Pero en su caso, como en el de tantos otros costumbristas y realistas de América, es más bien el deseo de conocer mejor una experiencia del pasado y estudiarla con humor, ironía y crítica en relación con el presente. En el fondo, Palma es liberal. Cree en el individuo, en una moral sin las limitaciones impuestas por la tradición. Desea el triunfo de la bondad, la honradez y la conciencia libre.

Define así el género que usa para escribir sus narraciones, el cual llama una tradición: «La tradición es romance y no es romance; es historia y no es historia. La forma ha de ser ligera y recogida; la narración, rápida y humorística. Me vino en mientes platear píldoras y dárselas a tragar al pueblo, sin andarme con escrúpulos de monja boba. Algo, y aún algos, de mentira, y tal cual dosis de verdad, por infinitésimal que sea: mucho de esmero y pulimento en el lenguaje; y cata la receta para escribir tradiciones».

De esta receta conservamos muchos ejemplos de narraciones entretenidas entre sus Tra-

diciones peruanas (1872–1883) en seis series (§3). Las escribe con arte y amor, en un estilo que capta la época, pues no sólo domina Palma los conocimientos históricos, sino el lenguaje del período. Su capacidad inventiva en el estilo lo acerca a la modernización de las formas de arte que encontramos en Hispanoamérica a partir de 1870.

10.21 La literatura y la cultura del gaucho

En la historia de la cultura y la literatura, ciertos tipos han captado la imaginación de los intelectuales y los autores. En el caso del peruano Palma, son los virreyes, los representantes de la corte virreinal, más hombres y mujeres, representativos de la sociedad del siglo XVIII. Otra figura prototípica que atrae a los escritores del siglo XIX es el gaucho, tipo rural de la Argentina y del Uruguay cuya existencia se ha comparado con el cowboy norteamericano. El gaucho nace como producto de varios factores económicos y geográficos. Para nacer y prosperar, necesita tres cosas: el espacio ilimitado de la pampa, la vaca y el caballo. Depende tanto del caballo para moverse de un lado a otro y para trabajar que en un verso popular celebra así su animal:

Mi caballo y mi mujer
todos se fueron a Salta[10]
como vuelva mi caballo
mi mujer no hace falta.

Se forma la cultura gauchesca con elementos rudimentarios de la cultura hispánica. Los soldados españoles, representantes de los primeros conquistadores, se internan en la pampa. Hablan la lengua española de los siglos XVI y XVII. Tienen un conocimiento técnico primitivo, casi medieval. Son aficionados a la música y poesía populares (canciones andaluzas y romances castellanos). Tienen ideas

---

[10] Salta: provincia en el noroeste de la Argentina.

religiosas que se mezclan con creencias supersticiosas de los indios de las pampas e inclinaciones anárquicas que el medio ambiente de soledad favorecen. Estos gauchos viven del caballo y de la vaca, que llevan los españoles a la región en 1535 y 1573, respectivamente.

El período de la gloria y el mayor desarrollo del gaucho es el siglo XVIII. El momento de su decadencia es a mediados del XIX, cuando se empieza a parcelar y cercar la pampa. En este proceso le quitan al gaucho la posibilidad de moverse y de actuar con la libertad que necesita para sobrevivir como individuo en una cultura (o subcultura) romántica y original. Hay antes de su desaparición como tipo, gauchos blancos, gauchos indios, gauchos negros, gauchos mulatos y, luego con la inmigracion de la región de la Plata, gauchos judíos, franceses, alemanes e italianos.

El arte gauchesco—o «mester de gauchería», como se le llama a veces—se basa en la música (canto y guitarra), el baile y la poesía. En las primeras manifestaciones de esta literatura, basadas en formas populares del canto y de la poesía gauchescos, los escritores cultos de una minoría elitista se sirven de las tradiciones orales gauchescas para llegar al pueblo, usando su dialecto. De esta manera, según lo expresó un crítico, contribuyen los primeros escritores gauchescos «a convertir a los espíritus de la gran mayoría del país a los dogmas de la revolución» .

Después, el mester de poesía gauchesca evoluciona con poesía escrita por hombres de la ciudad que se enamoran de la vida gauchesca y de su rica tradición oral. Después de la obra de los iniciadores de la poesía gauchesca como Bartolomé Hidalgo e Hilario Ascasubi, otros dejan obras más duraderas como el *Fausto* de Estanislao del Campo (Argentina, 1834–1880) y el *Martín Fierro* de José Hernández (Argentina, 1834–1886).

El autor del *Fausto* escribe sátiras bajo el seudónimo de Anastasio el Pollo. Pero su obra genial, *Fausto,* es concebida como diálogo, con comentarios, entre dos figuras campestres, los gauchos Laguna y Anastasio el Pollo. Este último le cuenta a Laguna lo que ha visto en el Teatro Colón de la capital, Buenos Aires: la representación en escena de la ópera *Fausto* del francés Gounod. Pero todo es visto y relatado por un representante de una cultura foránea a la europea de Gounod. Y por lo tanto, toda la historia de Fausto, Margarita y Mefistófeles se filtra por la cultura gauchesca y desde ella se transforma en una obra bien distinta.[11] Por medio de este choque de dos culturas, cada una incomprensible a la otra, se desarrolla uno de los poemas más humorísticos y originales no sólo dentro de la literatura gauchesca, sino en la hispanoamericana en general. El lenguaje es el gauchesco y revela el mismo contraste de lo culto con lo campestre que el tema del poema.

El caso del poema de José Hernández es muy distinto. Hernández canta con más autenticidad debido a su conocimiento personal de la cultura gauchesca, pues ha vivido entre los gauchos. En él hay un sincero y apasionado defensor de la cultura gauchesca. En prosa, por ejemplo, escribe un libro en que defiende a los gauchos: *Educación del estanciero.* En el *Martín Fierro* su propósito es más amplio y ambicioso (§3).

El *Martín Fierro* es un poema escrito en dos partes. La primera, llamada la «Ida» (1872), es la parte de acción. En ella Hernández presenta al héroe en lucha, al gaucho que se escapa, que se va de la pampa al desierto para escaparse de la ley injusta de los blancos (es decir, de la ciudad). Quieren reclutarlo; quieren quitarle la libertad de andar por la pampa; quieren explotar la pampa. Este es el gaucho del gobierno del Presidente Sarmiento, cuando todavía no se ha destruido al gaucho como tipo original. Pero ya se siente en peligro. El mismo Hernández, cuya obra se identifica tanto con su persona que le dicen Martín Fierro a él, en la primera parte de una carta a su amigo, don José Zoilo Miguens, explica el propósito de este poema:

---

[11] *Fausto, Margarita y Mefistófeles:* la ópera de Gounod se basa en el drama del alemán Goethe, en que un viejo sabio quiere comprender toda experiencia posible y para lograrlo vende su alma a Mefistófeles (el diablo) por su ayuda.

Señor D. José Zoilo Miguens.

Querido amigo:

Al fin me he decidido á que mi pobre MARTIN FIERRO, que me ha ayudado algunos momentos á alejar el fastidio de la vida del Hotel, salga á conocer el mundo, y allá vá acogido al amparo de su nombre.

No le niegue su protección, vd. que conoce bien todos los abusos y todas las desgracias de que es víctima esta clase desheredada de nuestro país.

Es un pobre gaucho, con todas las imperfecciones de forma que el arte tiene todavía entre ellos; y con toda la falta de enlace en sus ideas, en la que no existe siempre una sucesiva lógica, descubriéndose frecuentemente entre ellas, apenas una relación oculta y remota.

Me he esforzado, sin presumir haberlo conseguido, en presentar un tipo que personificara el carácter de nuestros gauchos, concentrando el modo de ser, de sentir, de pensar y de espresarse que les es peculiar; dotándolo con todos los juegos de su imaginación llena de imágenes y de colorido, con todos los arranques de altivez, inmoderados hasta el crimen, y con todos los impulsos y arrebatos, hijos de una naturaleza que la educación no ha pulido y suavizado.

Cuantos conozcan con propiedad el original podrán juzgar si hay ó no semejanza en la copia.

Quizá la empresa habría sido para mí mas fácil, y de mejor éxito, si solo me hubiera propuesto hacer reir á costa de su ignorancia, como se halla autorizado por el uso en este género de composiciones; pero, mi objeto ha sido dibujar á grandes rasgos, aunque fielmente, sus costumbres, sus trabajos, sus hábitos de vida, su índole, sus vicios y sus virtudes; ese conjunto que constituye el cuadro de su fisonomía moral, y los accidentes de su existencia llena de peligros, de inquietudes, de inseguridad, de aventuras y de agitaciones constantes.

Y he deseado todo esto, empeñándome en imitar ese estilo abundante en metáfo-

ras, que el gaucho usa sin conocer y sin valorar, y su empleo constante de comparaciones tan estrañas como frecuentes; en copiar sus reflecciones con el sello de la originalidad que las distingue y el tinte sombrío de que jamás carecen, revelándose en ellas esa especie de filosofía propia, que sin estudiar, aprende en la misma naturaleza; en respetar la superstición y sus preocupaciones, nacidas y fomentadas por su misma ignorancia; en dibujar el órden de sus impresiones y de sus afectos, que él encubre y disimula estudiosamente; sus desencantos, producidos por su misma condición social, y esa indolencia que le es habitual, hasta llegar á constituir una de las condiciones de su espíritu; en retratar en fin, lo más fielmente que me fuera posible, con todas sus especialidades propias, ese tipo original de nuestras pampas, tan poco conocido por lo mismo que es difícil estudiarlo, tan erróneamente juzgado muchas veces, y que al paso que avanzan las conquistas de la civilización, vá perdiéndose casi por completo.[12]

Tres frases del crítico Enrique Anderson Imbert describen la intención y las características fundamentales de este poema visto como producto de su medio cultural y económico: «Ante los cultos, reclama justicia para el gaucho. Ante los gauchos, procura darles lecciones morales que mejoren su condición. . . . Al poeta culto se le conoce en la hábil construcción del poema: culta es la intención de reforma social, que da argumento a las aventuras y valor de tipo, de símbolo, al protagonista».

La segunda parte del *Martín Fierro*, la «Vuelta» (1879), se escribe bajo la presidencia de Nicolás Avellaneda. Ya se han tomado las medidas civilizadoras recomendadas por Sarmiento, por ejemplo, la parcelación y división de la pampa para explotar su riqueza agrícola. Ya el héroe no pelea; se resigna. Se convierte

---

[12] En *J. Hernández: el gaucho Martín Fierro*, edición anotada por Walter Rela (Editorial Síntesis, 1963), pp. 13–14.

en factor épico en lucha con el ambiente, en maestro, en consejero. El héroe que antes se ha escapado de la ley del gobierno de Buenos Aires, de la ley de los blancos, ahora aconseja a sus hijos y a los de su amigo Cruz, la adaptación a las condiciones de una sociedad burguesa, de incipiente crecimiento inversionista y capitalista. La resignación le parece la única vía para garantizar la supervivencia del gaucho.

10.22 Indianismo e indigenismo

La figura del indio aparece en la literatura en español de América desde el momento del descubrimiento. En las cartas de Cristóbal Colón, leemos que son personas mansas, inocentes, de alma sencilla y capaces de aceptar la enseñanza del cristianismo. En otros escritos aparecen como salvajes, inadaptables, bestias de carga, indolentes, estúpidos, inadaptados. Pero con la aparición de la literatura romántica, y con el ejemplo de muchos relatos franceses que glorifican la nobleza del alma india, crece una literatura que idealiza al indio. Sus cultivadores se basan en la idea de la nobleza y la bondad original de todos los seres primitivos, en el concepto que todos somos buenos antes de sufrir la corrupción de la civilización (idea de J. J. Rousseau).

El conjunto de estas ideas—enciclopedistas y románticas—más la necesidad de incorporar y de tomar en cuenta a las grandes masas de indios en las sociedades que se van formando, despierta el interés en el indio entre intelectuales y escritores. Empiezan a definir su condición social; buscan la forma de irlos redimiendo de formas de vida miserables. Según ellos, su condición es consecuencia del prejuicio y el arrinconamiento por parte de los españoles y, luego, de los criollos blancos después de la independencia.

Con la llegada del romanticismo, este renovado interés en el indio se revela en la descripción de una figura idealizada y exótica, a veces sin relación con las verdaderas condiciones sociales de los pueblos indios y al margen de su problemática económica y social. Con el llamado indianismo, los románticos crean un indio idealizado y exótico; con la llegada del indigenismo posterior nace una pintura más realista al reclamar el escritor la redención social y económica del indígena.

Una de las figuras de transición entre la actitud de los románticos y la de los realistas es la escritora Clorinda Matto de Turner (Perú, 1852–1909). Su novela *Aves sin nido* (§3), publicada en 1889 en Lima y Buenos Aires, tiene un claro propósito social. Es una novela en que se ven los vicios de los indios, pero como reflejo y consecuencia de su tratamiento por la sociedad de los blancos. En otras palabras, los indios son víctimas de los terratenientes, del gobierno central y local y de los curas depravados, que cooperan con las autoridades. Estas los explotan y los dejan sin hogar, sin raíces, sin confianza y orgullo como seres humanos. Matto de Turner usa las técnicas del realismo y algunas del naturalismo (cuya aplicación veremos en otras figuras en breve). No abandona del todo el romanticismo ni la descripción, a veces idealizada-indianista, de los indios. Y con pasajes costumbristas, los acontecimientos de esta novela se organizan alrededor de dos seres destinados a sentir su situación de «aves sin nido»; son dos jóvenes enamorados, quienes sin saberlo, resultan ser hijos ilegítimos del mismo cura con dos mujeres distintas. Este desenlace señala, según la autora, la necesidad del matrimonio para los eclesiásticos.

10.23 Realismo-naturalismo: retratos fieles y falsos de la realidad

Las características de la realidad hispanoamericana son distintas de las de España. Pero el estilo, tanto el realista como el «naturalista», no varía mucho si se comparan las obras de la península con las de Hispanoamérica. Es decir, los recursos narrativos que se usan son similares, las influencias , idénticas: Balzac, Flaubert y Zolá entre los franceses. Y entre los modelos españoles, una preferencia por la novela regional de Pereda en lugar de la novela fundamentalmente urbana de Pérez Galdós. Pero esta preferencia por la narración regional, la que también predomina en España, se explica en términos del desarrollo socio-económico de las culturas y las sociedades hispanoamericanas.

Entre 1880 y 1910, los años del auge de la novela realista-naturalista, las economías son fundamentalmente agro-pecuarias en el caso de los jóvenes países hispanoamericanos.[13] En algunos centros, notablemente en Buenos Aires, se empieza a industrializar. Es decir, fundan industrias basadas en las materias primas del país, con el propósito de exportar estos productos a los países europeos. Son, por lo tanto, países que en lo económico miran hacia Europa, de donde también vienen las corrientes culturales de mayor trascendencia. Estas corrientes culturales inmediatamente después de la independencia vienen principalmente de Francia, pues hay entre muchos intelectuales y escritores un prejuicio conscientemente formulado en contra de España. Según ellos, España ha causado el atraso y el primitivismo de las nacientes sociedades hispanoamericanas.

El desarrollo de la literatura pos-independista de América comparte características en común. Pero hay también muchas diferencias de región en región y de país en país. Hay una falta de comunicación, una tardanza con que algunas tradiciones y corrientes llegan a estos países de otros países vecinos o de Europa. En algunos casos, esto crea una cronología de movimientos y corrientes literarios que no revela características fáciles de seguir siempre. Lo más común es que en el mismo período puedan descubrirse corrientes literarias y culturales acumuladas y superpuestas; por ejemplo, obras que son costumbristas, románticas, realistas y naturalistas. En un país habrá obras románticas en 1837, y en otros países en 1867. Pero en el mismo lapso de tiempo aparecerán obras realistas.

No debe sorprendernos, por lo tanto, que se produce la mezcla simultánea de tres estilos y formas de expresión: el realismo, el naturalismo y el costumbrismo. En algunos países se

cultiva más el estilo naturalista—el caso de la Argentina. En otros, hay una preferencia por las fórmulas del realismo mezclado con el costumbrismo. Es casi universal en la literatura de esta época el interés en el costumbrismo como técnica para pintar la verdad nacional y para producir una literatura que capte, al mismo tiempo, el interés de los lectores, por limitados que sean por el analfabetismo general.

Si en la Argentina hay una decidida preferencia por el cultivo de la novela naturalista entre novelistas que pertenecen a la llamada Generación del Ochenta (1880), esta tendencia puede explicarse. Hay allí un desarrollo económico, capitalista, mucho más acentuado en comparación con otros países de América. Además, existe la producción de una cultura y una población urbanas que comparten las características y los problemas de algunos centros europeos de donde ha llegado la corriente naturalista, todo esto, desde luego, en forma muy limitada en comparación con los modelos europeos. A la Argentina y al Uruguay había llegado una población europea para ayudar con su desarrollo económico: italianos, alemanes, ingleses e irlandeses. Y estos pueblos nuevos, todavía no asimilados, viven en gran parte en Buenos Aires. Allí en la ciudad adquieren las características del tipo de proletariado pobre y miserable que interesa a los novelistas europeos del naturalismo. Entre las obras de los novelistas argentinos de este período como Lucio Vicente López, Eugenio Cambaceres, Manuel T. Podestá, Julián Martel, Francisco Sicardi y Miguel Cané figuran algunos títulos que de por sí revelan la tendencia naturalista en el examen de los problemas sociales—*En la sangre, Irresponsables*—o la problemática de la ciudad—*La gran aldea, La bolsa.*

En México, con la excepción de Federico Gamboa, naturalista, la novela de este período es fundamentalmente realista. Autores como Emilio Rabasa, José López Portillo y Rojas y Rafael Delgado exploran los distintos aspectos de la vida americana, especialmente la de los campos. En una sociedad que vive una etapa de desarrollo agrícola, el campo y la definición de sus tipos, su naturaleza y sus conflictos sociales ocupan la atención de los realistas me-

---

[13] *economías agro-pecuarias:* economías basadas en el cultivo de la agricultura y del ganado.

xicanos. Y en vista de esta orientación rural, es natural que la obra del español Pereda, pintor del escenario rural y sus costumbres, tenga una influencia importante sobre ellos. Además, el realismo en México coincide con el período de la dictadura de Porfirio Díaz, gobierno represivo que defiende los intereses de los terratenientes. Por consiguiente, el conservadurismo y el concepto paternalista del hacendado rico en relación con los campesinos se armoniza perfectamente con las ideas conservadoras de la novela de Pereda. Pero no todo es una época de paz y concordia, como se evidencia en obras como *La bola* de Emilio Rabasa (1856–1930), novela que describe con técnicas realistas los comienzos de las revueltas que en 1910 desembocan en la Revolución Mexicana.

De tendencia distinta es la novela *Sin rumbo* (1885) (§3). En un patrón zigzagueante, se presentan los dos aspectos de las sociedades del período: campo y ciudad. El autor, Eugenio Cambaceres (Argentina, 1843–1888), muestra los contrastes de la evolución hacia la modernización económica y social. En esta obra coinciden el costumbrismo (el autoconocimiento), el realismo, el naturalismo y el modernismo (V. Capítulo XI). El personaje principal es un terrateniente, un hombre desplazado y alienado, aburrido con su vida, sin raíces, como muchos héroes románticos. Sufre las angustias, la confusión y el caos del ambiente finisecular de sociedades en desarrollo, en las cuales el individuo no tiene un lugar seguro y estable. En breves capítulos hay una alternancia entre ambientes exquisitos de salones decadentes y rudas escenas campestres. En estas escenas alternantes se nota una variedad de estilos.

Por constraste, hay la obra naturalista de Federico Gamboa (México, 1864–1939), *Santa* (1903). En ella se presencia la transformación de una joven inocente—víctima de sus emociones, de su inocencia y de la pobreza del ambiente—en prostituta de moda en uno de los burdeles más elegantes de la ciudad de México. Pero la teoría naturalista de Gamboa no se centra en las lacras y los problemas de tipo socioeconómico, como es el caso de los naturalistas argentinos. Se centra en lo individual: en el caso de la caída de una muchacha engañada por un amante joven. Gamboa, además, prolifera cortos sermones para suavizar la pintura de la decadencia moral, basándose en la ética tradicional cristiana y católica. Y a esta peculiar combinación de realismo, naturalismo y moral católica, se agrega la descripción detallada que asociamos con el costumbrismo—y todo, sin que falten los contrastes violentos de la literatura romántica.

Capítulo XI
La Edad Moderna I

11.1 Evolución y transformación

El siglo XIX, como ya lo hemos visto, es un período muy tumultuoso, una época de cambios radicales en la sociedad, un período de crisis en la economía y la ideología. También es una época en que algunas de las transformaciones culturales responden en los países hispánicos a corrientes e influencias del exterior. Como consecuencia, estas corrientes—por ejemplo, el romanticismo ya estudiado—florecen por reflejo y sin raíces auténticas, tanto en España como en Hispanoamérica.

El siglo XIX se caracteriza por un deseo de definir mejor las bases de la sociedad y dirigirla por nuevos y más modernos caminos culturales y sociales. Algunos ven esta necesidad de transformación en términos de una evolución lenta hacia formas más adecuadas o perfectas; otros, desesperados, la ven como una transformación violenta, es decir, la revolución.

En la cuestión de las transformaciones lentas o violentas tiene un papel decisivo una filosofía originalmente francesa: el positivismo. Auguste Comte (1798–1857) elabora esta filosofía en la década del treinta (1830–1842), y su influencia afecta el pensamiento de Hispanoamérica principalmente. Comte estudia la sociedad y desarrolla una «ciencia» del estudio de la sociedad que llama la sociología. Espera aplicar los métodos de la observación científica a la filosofía, las ciencias sociales y la religión. El estudio científico de la sociedad fue utilizado en las naciones jóvenes de América para repensar y revalorar el presente (que es atrasado y caótico) y planear un futuro mejor. Esta filosofía científica y materialista, que tiene los fines ideales de una sociedad reformada y más perfecta, sigue influyendo en la segunda mitad del siglo XIX.

En la segunda mitad del siglo XIX, una sociedad marcadamente burguesa con valores materialistas se va estableciendo y creciendo en España y en varios países hispanoamericanos, especialmente en los más avanzados: México, Argentina y Chile. No se trata de una verdadera industrialización con los medios de producción capitalista de las sociedades europeas—la francesa, la alemana o la inglesa, por ejemplo—pero sí del crecimiento de industrias basadas en las materias primas (lana, minerales, productos agrícolas) y la presencia, como consecuencia de este desarrollo económico, de un sector burgués que pide reformas sociales y apoya programas liberales contra los sectores tradicionalistas de privilegios antiguos. Así empieza, de modo lento, lo que puede llamarse la modernización de la vida social, económica y cultural del mundo hispánico.

Esta transformación deja ver su presencia en los textos literarios que se producen en esta época y en las ideas de los escritores y artistas que experimentan una alienación cada vez más profunda como resultado del materialismo de la época. Se ven como víctimas de una sociedad que sólo sabe valorar la vida en términos materiales. Como el artista sólo «produce» verso o prosa, con su «producto» se ve obligado a competir en un mercado económico que frustra al escritor. Como consecuencia, surge al principio de la Edad Moderna una literatura, la que se llama modernista y que preferimos llamar moderna. Refleja estos valores en crisis de los artistas. Refleja la sociedad moderna de la burguesía—objetos de lujo, de belleza aristocrática—y, a la vez, una posición de ofensiva por parte de los artistas frente a los valores materialistas de una sociedad que ha creado una situación de alienación del escritor. Esta trágica situación del escritor es representada en forma irónica por el nicaragüense Rubén Darío en un cuento titulado «El rey burgués» (subtítulado «Cuento alegre») (§3).

11.2 Hispanoamérica y la literatura modernista-moderna

La modernización de la vida y la modernización de la cultura ocurren al mismo tiempo en Hispanoamérica. Y esta modernización es un movimiento de libertad, según el comentario de uno de sus escritores más importantes, Rubén Darío (1867–1916). El artista, en lugar de seguir modelos, escuelas o movimientos, prefiere encontrar sus propios caminos hacia lo que busca: la belleza ideal. La expresión artística se vuelve más subjetiva, sobre todo en contraste con las expresiones del realismo o del naturalismo. Los poetas y los prosistas empiezan a experimentar con nuevas formas de versificación y con la mezcla de géneros— prosa y verso, novela corta, miniatura, poema en prosa, prosa poética.

Se incorporan elementos de varias escuelas artísticas francesas que los escritores hispanoamericanos admiran: el parnasismo, el simbolismo, el impresionismo, el expresionismo (V. el Glosario). En estas escuelas descubren otras posibilidades de ampliar la expresividad del lenguaje. Con estas influencias crece una expresión de color, luz, líneas (como las de una pintura); las metáforas basadas en

las piedras preciosas, el mármol, el oro, la plata (o sea, el preciocismo); los versos esculpidos y versos con un ritmo musical; y el uso de la sugerencia en lugar de la expresión concreta y directa. El escritor empezó a pint.: en palabras, a crear melodías en verso, a esculpir sus descripciones. Por ejemplo, la expresión poética capta matices, momentos efímeros en que la luz cae encima de un objeto o una escena y lo ilumina, dándonos así una impresión instantánea. Es **el impresionismo** en que las formas se pierden en la luz y la sombra, apenas visibles, como sugerencias de objetos que casi existen, como en el cuadro del venezolano Armando Reverón. Como es el caso con muchos estilos artísticos que persisten durante más tiempo en Hispanoamérica, Reverón utiliza el estilo impresionista unos cuarenta años después del auge de este tipo de pintura en Europa (V. Ilustración 21).

Empiezan a desparecer las divisiones entre las artes. Todo es posible en la expresión artística. Pero si hasta ahora en nuestra descripción del proceso de modernizar el arte, hemos puesto el énfasis sobre el estilo, no se debe formar la idea de que los escritores del modernismo son artistas preocupados exclusivamente por los aspectos formales del arte. No son artistas en cuya obra están ausentes las realidades sociales.

Hay que entender que los escritores modernistas (como el artista del cuento de Darío) se sienten muy aislados y marginados en el mundo burgués, con sus valores mercantiles. Como consecuencia, buscan revalorar el pasado y usar las épocas pasadas en sus escritos: Roma, Grecia, la Edad Media. También emplean los escenarios exóticos: China, Japón, los países escandinavos. Pero, su búsqueda de otras realidades es, en el fondo, una forma de ver mejor la que tienen delante, de establecer una relación con el universo y dialogar en forma crítica con el ambiente mercantilista y materialista o criticarlo. Además, muchos establecen este diálogo crítico de modo directo; es el caso de Martí, de Rodó y de Darío en el período maduro de su obra.

El arte libre, crítico e ideal de la Edad Moderna se produce en Hispanoamérica a partir

21. Figura bajo un uvero *de Armando Reverón (1921,
Venezuela, estilo impresionista)*

de 1875, en un momento en que también se
cultivan las formas del realismo y del naturalismo, que ya hemos examinado. Es, por lo
tanto, el modernismo un arte de la renovación
moderna que incluye muchos estilos y formas
de vida. Más que una escuela literaria o un movimiento, el modernismo es muchos estilos.
Es decir, es una variedad de estilos de la época
moderna en Hispanoamérica, la época de la
modernización que busca ponerse al día, experimentar con todo, abrirse a los vientos del
mundo, incorporar lo más reciente y, a la vez,
lo más antiguo de la cultura, el arte, la filosofía
y la ideología. Por eso, es tan difícil describir
un solo estilo modernista y, más todavía, hacer
un catálogo preciso de sus características. Rubén Darío, figura importante de este período
dice «Mi poesía es mía en mí». Para él, no hay
modelos y no quiere crear discípulos. El hombre y su «yo» llegan así, en su viaje desde el
fin de la Edad Media a una etapa de intensa
subjetividad.

11.3 Las primeras manifestaciones modernas

La búsqueda de la modernización socio-
cultural refleja una crisis mundial que afectó al
mundo no hispánico también. En Hispanoamérica el sentimiento o intuición de un cambio
en todas las esferas de la actividad humana se
empieza a notar antes de 1880 en la obra de
una serie de escritores, algunos de los cuales
ya hemos estudiado, por ejemplo, Sarmiento y
Palma. Estos dos abandonan las formas tradicionales de expresarse en favor de un arte individual y nuevo. Buscan la renovación en el
arte por vías muy diversas: Palma por medio
de la exploración del pasado colonial, tanto la
cultura como el lenguaje y su incorporación en
nuevas e individuales formas, junto con un
lenguaje satírico y popular; Sarmiento con el
abandono de la prosa académica española, la
incorporación de formas antiguas mezcladas
con un apasionado estilo de raíz popular.

Entre algunas de las figuras que representan esta transición hacia la modernidad, es decir, hacia las primeras formas de la modernidad que son las del modernismo, también encontramos la voz de Juan Montalvo (Ecuador, 1832–1889). Montalvo busca la renovación mediante algo que parece contradictorio, más contradictorio que el camino de Palma: no sólo la vuelta al pasado, como Palma, sino un esfuerzo muy estudiado y sistemático de reproducir el lenguaje del Siglo de Oro de España. Se ha dicho que la prosa de Montalvo es una especie de museo arqueológico. Y así es. En este apasionado defensor de la libertad y enemigo de los dictadores de su país, encontramos un conservador de la lengua. Son las contradicciones típicas de épocas de crisis y de transición. A Montalvo, el creador del ensayo moderno hispanoamericano, le debemos libros geniales como *Capítulos que se le olvidaron a Cervantes,* y pasajes de prosa en que la poesía parece predominar (prosa poética) (§3).

11.4 Dos iniciadores: Martí y Gutiérrez Nájera

Dos figuras de primera importancia iniciaron el ciclo de literatura modernista en Hispanoamérica: uno era cubano, José Martí (1853–1895); el otro, mexicano, Manuel Gutiérrez Nájera (1859–1895). Eran figuras antitéticas. Martí sacrificó su vida por el ideal de la libertad y la independencia de Cuba y Puerto Rico de España y el mejoramiento de «Nuestra América»; Gutiérrez Nájera tuvo una vida pública sin trascendencia, dedicada al periodismo. Pero ambas figuras crearon un mundo de fantasía e imaginación interiores, el cual expresaron con procedimientos técnicos no sólo nuevos sino revolucionarios. Los dos escribieron en prosa y en verso. En su prosa, sobre todo, supieron expresarse con técnicas y formas que antes pertenecían a otras artes—la pintura, la música, la escultura.

Martí cultivó el ensayo, el drama, la novela, el cuento infantil, la crónica política y social y la poesía. Dos libros fundamentales son los *Versos libres* (1913), versos personales e íntimos que no publicó en vida, y *Versos sencillos* (1891), de raíz popular en la métrica pero sin los fondos emocionales del dolor y sufrimiento que siempre escondía en su obra (§3).

Martí vivió muchos años fuera de su país, exilado. Durante los quince años que vivió en Nueva York, escribió artículos para *The Sun* de Nueva York, *La Nación* de Buenos Aires y otros periódicos hispanoamericanos sobre la vida y la cultura de los Estados Unidos (V. 11.7). La crónica sobre la campaña presidencial es un ejemplo de la prosa de Martí, de su fina comprensión de la realidad política y social y de su prosa revolucionaria (§3).

Gutiérrez Nájera cultivó la prosa también. Pero la de él no fue la vigorosa y robusta expresión poética de Martí sino la delicada, preciosa y sentimental de los escritores que se identificaban con las innovaciones de los poetas y prosistas franceses. «Afrancesados» les decían a estos escritores en Hispanoamérica por su devoción a la cultura de Francia. Pero el espíritu francés se filtró en la cultura americana de muchos países (México, sobre todo) y formó una parte auténtica de la cultura. Su cuento «La novela del tranvía» pertenece al volumen *Cuentos frágiles* (1883), libro innovador del modernismo (§3).

En verso Gutiérrez Nájera rememoraba el pasado, lamentaba la infelicidad actual y recomendaba los placeres del presente y los sueños. La muerte y el amor constituían los alivios del dolor de la vida. Gutiérrez Nájera sufrió de un mal muy común en su época: la pérdida de la fe sin que surgiera nada estable que pudiera reemplazarla. El melancólico destino del artista a veces sólo se aligeraba con la contemplación de días más felices, con recuerdos, todo lo cual expresaba en su poesía (§3).

11.5 El verso modernista

Los poetas del modernismo, en su búsqueda del camino de la expresión individual, rompen con las formas tradicionales del verso; experimentan con sistemas de versificación no hispánicos, con medidas no comunes, aprendidas, a veces, del pasado, particularmente de la Edad Media. Usan el verso libre, como en el caso de Martí, o el verso monorrimo. En otros casos, no es el experimento métrico lo fundamental sino más bien la forma novedosa de expresarse en los versos: el uso de las imágenes, el color, los símbolos, los paisajes interiores, la vuelta a la mitología como forma de organizar un mundo caótico en que el artista se siente rechazado. También hay mucho escenario exótico, poemas en que parece que el poeta se escapa. Pero en estos escapes, como ya lo hemos indicado, el poeta está buscando definirse a sí mismo en un universo hostil, o está creando otra realidad frente a la material, actitud que viene a constituir una forma de criticar el ambiente. La poesía social, en otras palabras, se interioriza, llega a ser mucho más sutil e indirecta. Pero también veremos ejemplos en que se comentará la política de los Estados Unidos, la situación del indio en la cultura y la vida socio-política americana.

Si a veces resulta difícil la lectura de estos versos, es porque los modernistas con frecuencia buscan palabras no comunes para expresarse. Es una expresión necesaria para dar a conocer ideas y sentimientos no comunes sino nuevos. En algunos de los versos vemos cómo el mundo ha ido transformándose, es decir, modernizándose con los últimos adelantos de la ciencia y la tecnología. Al mismo tiempo, visitamos los jardines de Luis XIV de Francia, el ambiente de la antigua Grecia o de Roma y los climas del Oriente. Hay un espíritu de universalismo, de buscar, como producto de la modernización de la vida, percepciones que van más allá del momento en que viven estos artistas, y más allá de los límites de su geografía.

Los poetas principales del período modernista en Hispanoamérica, además de Martí y Gutiérrez Nájera, son Rubén Darío (Nicaragua, 1867–1916) (V. 11.6), Julián del Casal (Cuba, 1863–1893), José Asunción Silva (Colombia, 1865–1896), Guillermo Valencia (Colombia, 1873–1943), Leopoldo Lugones (Argentina, 1874–1938), Julio Herrera y Reissig (Uruguay, 1875–1910) y Enrique González Martínez (México, 1871–1952). Entre la obra de estos poetas hay un parentesco notable: el concepto individual y renovador del arte. También comparten las influencias extranjeras que llegan a moldear su expresión, pero, repetimos, en formas muy subjetivas y a veces diferentes. Experimentan mucho con el lenguaje, con la métrica, con el uso de procedimientos de otras artes—la escultura, la pintura, la arquitectura. Algunos poetas prefieren la formas afrancesadas, otros, las clásicas castellanas. En la obra de todos, de alguna manera se ve—hasta en los momentos de ausencia y de aparente escape a lugares exóticos—una actitud crítica frente a la realidad.

Estas formas de captar la realidad constituyen un comentario negativo sobre las formas burguesas y materialistas de la vida, las cuales surgieron con la modernización socio-económica y cultural, y de la que el artista se siente excluido. Un sentimiento de aburrimiento y de tedio—el llamado hastío—se filtra como reacción ante la vida burguesa, como puede verse en los versos de Casal, «El arte» o «En el campo» (§3).

A veces el sentimiento de aislamiento se manifiesta en versos irónicos, satíricos y hasta prosaicos, como en las *Gotas amargas* de José Asunción Silva: en poemas como «El mal del siglo» e «Idilio» (§3). Esta tendencia al prosaísmo se intensificará en el siglo XX entre poetas como el chileno Nicanor Parra, quien crea el «anti-poema». Pero en Silva hay otro aspecto, más introspectivo. Trata temas como la vuelta a la juventud y la tristeza por las deficiencias espirituales de su ciudad natal, Bogotá, en versos como «Una noche» y «Día de difuntos» (§3).

Leopoldo Lugones y Julio Herrera y Reissig representan el desarrollo del verso modernista hacia formas «privadas» de expresión, es decir, hacia las formas que con frecuencia caracterizan la expresión de nuestra época. Dan una especial importancia a la metáfora y, sobre todo, a las imágenes de la experiencia sensual con el trasfondo de la naturaleza. En su poesía, Lugones cultiva el tema del amor, siempre trágico o cuando menos melancólico. Además, es uno de los primeros cultivadores del cuento fantástico en Hispanoamérica (V. 12.16). Herrera y Reissig inventa mundos y geografías subjetivas, nunca vistos fuera de su poesía (§3).

En el siglo XX, con las evoluciones del mundo moderno, uno de los poetas del modernismo insiste sobre la necesidad de volver a las formas sencillas e íntimas que caracterizaron el verso de los primeros poetas modernistas como Martí y Silva. En un poema famoso, Enrique González Martínez insiste sobre la necesidad de silenciar la voz poética, excesivamente decorada, de algunos de los modernistas, imitadores del estilo poético de Darío. En un poema, González Martínez propone destruir el símbolo de esta poesía imitadora—el cisne—que había llegado a ser un cliché del arte modernista. No critica a Darío sino a sus imitadores en «Tuércele el cuello al cisne» (§3). En otros poemas de su vasta obra, González Martínez se expresa con voz íntima, buscando la presencia misteriosa de la cosas. Habla de la necesidad de dialogar en voz baja con la naturaleza. Así recobra, en parte, el estilo sencillo y sincero de unos de los primeros modernistas (§3).

Si en esta breve discusión de versos parece que los poetas han preferido los paisajes y temas extranjeros, es porque en muchos de los textos más citados del modernismo, el rechazo y la alienación del artista se expresan mediante «fugas». Pero éstas, en el fondo, también representan un esfuerzo por revalorar el pasado en el presente, por entender el pasado colonial y su relación con el presente y el futuro. En la obra de estos artistas de la primera etapa de la literatura moderna, la realidad social también importa, como podemos ver en poemas que frecuentemente son olvidados por los antologistas, como «Aviso del porvenir», «Agencia» y «La gran cosmópolis» de Rubén Darío (§3), o «Dos patrias» y «Amor de ciudad grande» de José Martí (§3). La frecuente omisión de este tipo de poesía de la discusión sobre el modernismo ha dejado la errónea impresión de que el modernismo es un movimiento puramente estético divorciado de la realidad americana. No lo es en absoluto. El modernismo es una crítica de, una reflexión sobre y una reacción frente a las sociedades en proceso de modernizarse.

11.6 Rubén Darío: catalizador del modernismo

Antes de estudiar la prosa moderna-modernista, tenemos que hacer una pausa para considerar la obra de una figura que obró como catalizador de la prosa y del verso modernistas. Con sus viajes constantes y con su presencia personal, difundió las ideas del nuevo estilo moderno. Se trata de Rubén Darío, escritor que reveló su talento poético de niño y que muy temprano en su vida dejó su patria para vivir en otros países centroamericanos, en Chile, la Argentina y España.

Chile fue fundamental en su vida, pues allí se puso en contacto con las últimas publicaciones francesas, con el arte parnasiano y simbolista y con la prosa de Martí. Allí escribió los cuentos y versos que constituyen uno de sus dos libros fundamentales de prosa: *Azul . . .* (1888). Este libro, que algunos han considerado erróneamente el libro inicial del modernismo, se escribió después de publicar Martí y Gutiérrez Nájera su innovadora prosa.

En la Argentina (1893–1898), Darío contribuyó a la renovación del arte de ese país. Lo mismo ocurrió cuando viajó a España en 1898, enviado como corresponsal de *La Nación* para presenciar el efecto de la pérdida de las colonias españolas sobre el pueblo de España. Estos artículos fueron incorporados después en un libro, *España contemporánea* (1899). En él hay observaciones sobre el «desastre» español (V. 11.8) y sobre los autores de expresión moderna.

En la poesía de Darío hay una vuelta al mundo clásico (sobre todo la mitología griega), cuyos temas, especialmente el amor, actualiza y emplea en un sistema personal, con una imaginería abundante y sensorial. Hay una evolución en su arte poético que podemos trazar desde *Azul . . .*, *Prosas profanas* (1896) y *Cantos de vida y esperanza* (1905), hasta *El canto errante* (1907), desde un arte fundamentalmente interiorizado hacia un arte que comparte la visión subjetiva e individual con el mundo exterior—el de los problemas sociales o políticos (§3).

11.7 La prosa modernista

En la prosa modernista hispanoamericana aparecieron primero las formas renovadas y experimentales que asociamos con la modernización del arte hispánico: las de Martí y Manuel Gutiérrez Nájera. Entre las formas o géneros de la prosa, el del ensayo se destacó. El ensayo moderno que Montalvo empezó a cultivar (V. 11.3) es una de las formas preferidas de los modernistas. Permitía una consideración de temas diversos con comentarios personales, meditaciones, ideas subjetivas, en fin, una organización fragmentada que era un reflejo de las ideas de una época caótica, cambiante y no siempre racional.

José Martí (V. 11.4) fue uno de los iniciadores de este género. El y otros le dieron al ensayo el formato de una «crónica»: mezcla del ensayo moderno con el relato de novedades sobre un país europeo, sobre la vida nacional o sobre el arte y la literatura de América o de Europa (§3).

En la prosa modernista también se evidencia la preocupación por el presente y el porvenir de América: los modernistas veían el pasado como parte del proceso de solucionar los problemas del momento actual. En esta definición cultural, la obra de figuras como José Enrique Rodó (Uruguay, 1871–1917) fue fundamental. En su ensayo *Ariel,* hay una formulación clásica del problema de América según lo veía un defensor del idealismo, de las clases elitistas y del arte exquisito del estilo (§3). En otra obra, *El que vendrá,* Rodó examinó los problemas del hombre moderno y su existencia angustiada de manera menos clasista y elitista.

El concepto del modernismo implicó un arte individual, nuevo, revolucionario. Y en este arte dejaron su influencia no sólo las más recientes formas europeas de crear y pensar—el parnasismo, el simbolismo, el impresionismo—sino otras que habían llegado antes y que ya se habían incorporado en el arte hispanoamericano: el romanticismo, el realismo, el naturalismo. Así es que en la prosa hubo novelas modernistas, poemas en prosa, prosa de orientación francesa y prosa influida por los maestros de los Siglos de Oro.

11.8 «El desastre» y la renovación:España

En Hispanomérica «la filosofía positivista» coincide con la modernización de la vida (V. 11.1). En España, la filosofía con función similar es «el Krausismo». Pero esta última tiene menos importancia general que el positivismo en América y nunca llega a establecerse como filosofía oficial (el caso del positivismo en México, por ejemplo). Opera más bien como filosofía liberal que Julián Sanz del Río trae de Alemania. La desarrolla en su libro *Ideal para la humanidad de la vida* (1860) como ideología en contra del catolicismo y del tradicionalismo de su patria. Sanz del Río y otros intelectuales y profesores universitarios de esta época organizan grupos de discusión y fundan una institución «alternativa» de enseñanza—la Institución Libre de Enseñanza (1876)—de gran importancia en la renovación de las ideas de la juventud. Los krausistas españoles son, más que seguidores del filósofo alemán Karl Christian Friedrich Krause, racionalistas abiertos a la innovación en cuanto a la religión y liberales en política. Pero las ideas tradicionales de la monarquía y de la Iglesia prevalecen oficialmente y producen una rigidez frente a las ideas renovadoras y liberales de las nuevas generaciones españolas.

En lo económico hacia fines del siglo, en España, como en Hispanoamérica, se produce un período de desarrollo económico: la inversión extranjera y el comienzo de la industria pesada. España, como Hispanoamérica, desarrolla industrias basadas en materias primas (exportación de carbón y hierro) y, por supuesto, lo que alcanza industrialmente no puede compararse con los logros económicos del resto de Europa en ese período.

Cuando ocurre la guerra entre España y los Estados Unidos, la guerra del 98—la llamada Spanish-American War—y luego la derrota de España, todos los problemas de España, desde hace varios siglos no solucionados, culminan en una serie de meditaciones y cuestionamientos, tanto en prosa como en verso. El núcleo de estos escritores, que se dan cuenta de la necesidad de repensar las derrotas y la decadencia de España, se ha agrupado en torno al nombre dado por uno de ellos a su preocupación mayor: el desastre del 98. Así Azorín (José Martínez Ruiz) bautizó a estos escritores la Generación del 98. Entre ellos figuran Miguel de Unamuno (1864–1936), José Ortega y Gasset (1883–1955) (V. 13.2), Azorín (1873–1967), Pío Baroja (1872–1956), Ramón del Valle Inclán (1866–1936), Antonio Machado (1875–1939) y Juan Ramón Jiménez (1881–1958) (V. 13.3). Estos son escritores muy diversos en su arte, tan disímiles entre sí como los escritores del modernismo hispanoamericano ya estudiados.

Azorín, junto con Pío Baroja y Ramiro de Maeztu (1874–1936), forma el núcleo del grupo de escritores identificados más estrechamente con la literatura del 98. Su obra es variada en términos de géneros: novelas, libros de recuerdos, cuentos, teatro, ensayos. Como escritor lo mismo que como político pasa por distintas y variadas etapas. Hoy en día es recordado como el escritor finisecular que, frente a los cambios y desastres de España, termina preocupándose por la naturaleza, la gente y los objetos de su país (principalmente de Castilla), por la angustia del tiempo, por el misterio de la existencia, por una evocación constante del tiempo pasado, en el estilo, por las frases cortas y a menudo abruptas y por el detallismo en el describir. Estos son elementos filosóficos y artísticos que comparte con otras figuras del 98. Azorín define el arte de la prosa y su propio estilo de la manera siguiente: «si queremos ser excelentes escritores se nos impone ante todo la sencillez y la verdad y que un centenar de pequeños hechos recogidos, compulsados y ensamblados con escrupulosidad exquisita, valdrá más y será más elocuente

que una vistosa urdimbre de frases hiperbólicas y brillantes». Además de dos primeras novelas autobiográficas y líricas—*La voluntad, Antonio Azorín*—a Azorín se le recuerda por libros como *Las confesiones de un pequeño filósofo* y novelas como *Don Juan* y *Doña Inés*. El detallismo, el sentido de la historia y el amor a los objetos, el paisaje y el ser humano se pueden ver en libros como *España, hombres y paisajes* (1909) y *Castilla* (1912) (§2).

Ramón del Valle Inclán cultiva una literatura muy distinta de la de Azorín. Al mismo tiempo, dentro de su propia producción literaria crea obras de características variadas, hasta opuestas. Valle Inclán es el autor, en la primera etapa de su vida, de obras «esteticistas», en las que hay una preocupación por la belleza de la prosa, la alusión exótica, el ambiente sensual, erótico y hasta degenerado. A esta etapa, muy ligada a la primera fase modernista de Darío, pertenecen las cuatro *Sonatas* (1902–1905) en que un «feo, católico, y sentimental» imaginado y viejo Marqués de Bradomín narra sus experiencias de juventud (§2).

Valle Inclán también es el autor de una literatura «realista», crítica y aún fea y grotesca en la última etapa de su producción literaria. A esta forma de escribir se le da el nombre de «esperpento». Valle Inclán define su estética esperpéntica de la manera siguiente: «Mi estética actual es transformar con matemática de espejo cóncavo las normas clásicas».

A pesar de las diferencias que hemos señalado, utilizando los ejemplos de Azorín y Valle Inclán, estos artistas tienen en común una ruptura con el pasado, tanto en cuestiones de arte—es decir, nuevas maneras de escribir, nuevos géneros en verso y prosa—como en sus ideas sobre el pasado, presente y futuro de España a la luz del desastre.

Entre ellos hay mucha preferencia por el ensayo como vehículo para expresar sus ideas. Algunos ven la necesidad de renovar la vida española a través de un salto hacia la europeización, es decir, terminar con la situación periférica de España. Otros vieron la salvación en la reexaminación de los valores tradicionales de España, lo cual tuvo el efecto de crear un nuevo examen de los elementos del tradicionalismo y la necesidad de encontrar soluciones dentro de las normas y tradiciones de España.

11.9 Unamuno:
el agonista y el creador

Unamuno es una de las figuras más importantes de esta generación, y una figura destacada de la literatura moderna. Junto con Angel Ganivet (1865–1898), quien antecede en unos años la constelación de las figuras del 98, es el ensayista de mejor calidad si se exceptúa a Ortega y Gasset.

Unamuno es una figura compleja y contradictoria, como lo son por definición los espíritus del mundo moderno. En él y en su obra predominan la lucha, la negación, la duda. Es poeta, novelista, ensayista, dramaturgo, cuentista, pensador, educador y profesor de literatura clásica en Salamanca. En él, espíritu preocupado por la «situación» de España, hay una consideración de las causas, circunstancias y problemas que han llevado al hombre español y a su país a la situación en que se encuentra. Las dos formas de pensar y de ver la situación de España pueden apreciarse en dos libros de Unamuno: *En torno al casticismo* (1895), donde defiende la europeización de España; y *La vida de don Quijote y Sancho* (1905), donde rechaza esta idea en favor de la españolización de Europa (§2).

Escribió sobre las pasiones del hombre, sobre todo en sus novelas, en las cuales hay un sentimiento de angustia que muchos han identificado con la angustia existencialista del individuo moderno. Esta angustia forma el núcleo de un libro meditativo y complejo, típico del alma atormentada de Unamuno, *Del sentimiento trágico de la vida en los hombres y en los pueblos* (1912) (§2). La angustia también se manifiesta en la poesía de Unamuno. En ella se expresa el dolor, el sufrimiento, el espejo del alma que duda, que vacila y que recuerda, aunque a veces es posible ver el lado juguetón (lúdico) y experimental de su verso, como en «Pobre sapo romántico, andariego» y «Lila li-laila» (§2).

En Unamuno, como en otras figuras de esta Generación del 98, veremos que la separación del 98 y del modernismo como dos fenómenos diferentes resulta difícil, si no imposible. Pero sobre esta última cuestión diremos más adelante (V. 11.11).

11.10 Antonio Machado:
el castillo interior y España

En el verso de Antonio Machado hay varias etapas y momentos distintos que reflejan una evolución. Al principio hay momentos en que es evidente la influencia de Rubén Darío cuando estuvo en España para escribir las crónicas de *La Nación* de Buenos Aires. Pero en Machado lo que sobresale es la voz íntima, en tono menor, el intimismo que encontramos ya en la poesía de Bécquer y Rosalía de Castro, y que en el verso de Machado se manifiesta en temas que se repiten con delicadeza y cierto aire de melancolía: la soledad, la belleza y la tristeza de los paisajes de España; el amor; el fluir del tiempo; la muerte; y la presencia de Dios. Los títulos son representaciones simbólicas de estos temas: *Soledades* (1902) o *Soledades, galerías y otros poemas* (1907) (§2). Las galerías del título son las galerías del alma, los castillos interiores examinados con el espejo. Es la visión del interior, como en Unamuno, pero sin la angustia aterradora. En Machado, a partir de los poemas que dedica a los *Campos de Castilla* (1912), se manifiesta una visión hacia afuera, melancólica y, en momentos angustiados, un examen del atraso de España, de su historia trágica—temas de la Generación del 98 y también del arte renovado del modernismo (§2).

11.11 Noventa y ocho y
modernismo

Algunos críticos tradicionales han hecho un esfuerzo por dividir la literatura que nace del desastre, es decir, la de la Generación del 98, y la que pertenece a la literatura modernista, cuyas primeras etapas en España fueron inspiradas por la presencia de Rubén Darío.

Hay algunos, como Guillermo Díaz Plaja, que han identificado la Generación del 98 con lo masculino (la meditación, el ensayo, la prosa) y el modernismo con lo femenino (la poesía, los experimentos estéticos). Pero esta división nos parece totalmente arbitraria, lo mismo que la división entre la Generación del 98 y el modernismo. Ambas manifestaciones artísticas son manifestaciones de un malestar, de un cambio, de una crisis tanto nacional como internacional y, por consiguiente, son aspectos de la transformación moderna que ya hemos descrito y discutido con respecto a la literatura moderna de Hispanoamérica.

Lo que vemos si estudiamos la literatura de este período de España es una variedad de literaturas, todas individuales, todas distintas. Hay una ausencia de escuelas, de normas, de tradiciones. En esta falta de tradiciones, en el rechazo de los modelos y en el experimento constante descubrimos lo que verdaderamente es la clave de la literatura moderna. España en este período busca salir de su situación socioeconómica y de su desastre. Pero la solución no la encontramos en ninguna de las obras de estos escritores, porque ninguno ofrece una solución práctica. Son escritores que interiorizan el problema social y lo poetizan. En el fondo, reflejan la angustia de una crisis nacional, de la cual nacen las variadas y angustiadas o rebeldes manifestaciones de la literatura inicial de la Epoca Moderna.

Capítulo XII
La Edad Moderna II: Hispanoamérica

12.1 El modernismo, la modernidad y el siglo XX

En el capítulo anterior estudiamos el modernismo, la modernidad y el significado de la «Edad Moderna». La literatura que pertenece al mundo modernista sigue produciéndose a principios del siglo XX, tanto en España como en Hispanoamérica. Esto quiere decir que las divisiones cronológicas tradicionales—por siglos o por generaciones—no tienen aplicación necesariamente a la historia literaria. Dicho esto de otra manera, podemos concluir que hay una irregularidad cronológica en cuanto a la división «científica» de los períodos literarios. Estos a veces tienen una existencia que no sigue el ritmo del concepto tradicional del tiempo. Este fenómeno se explica de la manera siguiente: (1) la producción literaria tiene una correlación con la historia social y cultural de los escritores de una sociedad particular; y (2) la correlación entre la historia social y la historia literaria no siempre coincide con el ritmo cronológico del calendario.

Hay otro problema que necesitamos considerar en relación con la literatura moderna. Cuanto más cerca estamos del período que estudiamos, tanto más difícil es dominar todos los aspectos significativos de la producción literaria con la claridad que solemos tener con distancia histórica. Por lo tanto, al estudiar el siglo XX y las manifestaciones literarias cercanas a nuestro momento, con frecuencia vamos a señalar y analizar tendencias y corrientes en lugar de detalles.

Conforme a este procedimiento, al examinar la evolución de las letras hispánicas del siglo XX, tanto las de Hispanoamérica como las de España, distinguiremos (1) la continuación de formas y estilos expresivos que pertenecen al estilo modernista iniciado en el siglo XIX; y (2) como parte de la evolución de la época moderna, modificaciones, cambios y hasta rupturas que empiezan a manifestarse antes de e inmediatamente después de la Primera Guerra Mundial (1914–1918).

12.2 Transición hacia las vanguardias

La literatura del siglo XX en general se caracteriza por la ruptura de la lógica, la fragmentación de los estilos expresivos y la distorsión de la realidad material y concreta. En lugar de la continuación de formas e ideas tradicionales, se inicia un período de fervorosa experimentación. Claro está que el deseo o la necesidad de buscar formas novedosas de expresión no pertenece exclusivamente al siglo XX, como ya lo hemos visto en los capítulos anteriores de este libro. Pero en nuestra época la experimentación es más activa, más frecuente, más intensa y, además, revela una nota sobresaliente: la inestabilidad del mundo moderno y la de la literatura que en él se produce.

Se acentúa la presencia de la metamorfosis y del relativismo, es decir, del cambio constante y rápido y del rechazo de normas fijas.

El universo se concibe como un espacio en movimiento sin centro fijo. A este fenómeno característico de la cultura y la vida del siglo XX aplicamos el término de «vanguardia» para describir sus manifestaciones literarias. *Vanguardia* es una palabra que se usó originalmente para describir a las tropas militares más avanzadas de la batalla. Pero su significado ha evolucionado. Hoy ha adquirido el sentido de lo más nuevo, original, experimental y atrevido de la expresión artística. Y si en el siglo XX se habla de la existencia de muchas vanguardias, es que nuestra época se ha caracterizado por sucesivas y rápidas transformaciones experimentales. En las literaturas de vanguardia, estas transformaciones múltiples han creado distintas formas de expresión. Pero todas estas formas tienen algo en común, como veremos, para permitir su clasificación como literatura de vanguardia.

Las vanguardias tienen sus orígenes en el siglo pasado, es decir, en el período del XIX que hemos identificado con el comienzo de la Edad Moderna. (Y, como ya lo hemos notado, la Edad Moderna comprende la última parte del siglo XIX más el siglo XX.) En el estilo modernista de la Edad Moderna encontramos las raíces de las transformaciones literarias del siglo XX. Las creaciones de los escritores modernistas revelan el sentido de ruptura y experimentación que irá intensificándose con los años: desde 1875 hasta el comienzo del siglo XX. Entre los escritores modernistas el orden se rompe, las tradiciones se cuestionan, la lógica empieza a disiparse. Domina la idea de experimentación como principio consciente. Los experimentos son de orden diferente en cada escritor porque, con la desaparición de las normas absolutas y, en su lugar, el predominio de la metamorfosis y el relativismo, se da preferencia al concepto de la supremacía de la individualidad.

El individualismo o el subjetivismo de las creaciones modernas produce cambios muy variados en las obras literarias. Por eso, las vanguardias resultan difíciles de definir. La transición hacia ellas, iniciada con la literatura modernista, se ve más fácilmente en algunos artistas asociados con las últimas etapas del modernismo como Leopoldo Lugones y Julio Herrera y Reissig. Luego puede estudiarse en tres escritoras, una de las cuales fue la primera mujer a ganar el Premio Nóbel de Literatura y el primer escritor hispanoamericano a recibir este honor: Gabriela Mistral.

12.3 Mistral, Ibarbourou y Storni

En la poesía de Gabriela Mistral (Chile, 1889–1957) los conceptos de ruptura y relativismo discutidos arriba no se dan en el experimentalismo métrico, sino en la exploración subjetiva y novedosa de algunos temas clásicos: el amor, el sentimiento religioso, la naturaleza, la muerte. En los cuatro libros fundamentales de su obra (*Desolación* [1922], *Ternura* [1924], *Tala* [1938] y *Lagar* [1954]), Gabriela Mistral prefiere las formas sencillas de la expresión poética hispánica. Esto se evidencia, por ejemplo, en sus famosos «Sonetos de la muerte», escritos con el recuerdo doloroso del amado suicida (§3). Esta misma nota de sencillez es evidente en los poemas inspirados en la maternidad. Su lenguaje es personal y al mismo tiempo clásico, pero también revela una preocupación por la nota americana.

No todo en Mistral es sencillez, sin embargo. También hay un estilo complejo y difícil, compuesto de imágenes muy personales nacidas de su fervor religioso o de su amor a la naturaleza. Las palabras de poemas como «Nocturno del descendimiento» (de *Tala*) son de una sencillez asombrosa; pero la abundancia de imágenes y alusiones crea una poesía subjetiva, de sentido oculto a veces, en que hay una ruptura con las formas tradicionales de la expresión (§3). Así es que en su arte hay un lado sombrío que se basa en la meditación sobre la experiencia personal, el sufrimiento personal y la comprensión del dolor humano universal.

Juana de Ibarbourou (Uruguay, 1895–1979), o Juana de América, como el gobierno uruguayo la designó oficialmente en 1929, cultiva temas eróticos y sensuales prohibidos por la cultura burguesa de su ambiente, y así rompe con el tradicionalismo poético. El título de uno de sus libros, *Raíz salvaje*, da una idea de sus preocupaciones atrevidas y de la voluptuosidad de su poesía (§3). Pero no toda su obra revela un ardiente sensualismo. También hay una angustia por el sentido de la vida, la soledad y la muerte, como es de esperar en la poesía moderna.

La variedad métrica y el experimentalismo verbal están presentes en su obra. Los libros poéticos más citados y estudiados de Ibarbourou son los de su juventud: *Las lenguas de diamante* (1919), *Raíz salvaje* (1922) y *La rosa de los vientos* (1930). En tres libros posteriores a éstos, libros de la vejez, Ibarbourou abandona el sensualismo de los temas amorosos y se concentra en los de la muerte y los recuerdos del pasado. Por ejemplo, en «Ruta», de *Perdida,* dirá,

Serena voy, serena, ya quebradas
las ardientes raíces de los nervios.
Queda detrás el límite
y empieza el nuevo cielo.

El mundo poético de Alfonsina Storni (Argentina, 1892–1938) es parecido al de Mistral e Ibarbourou. Se parece en cuanto a la exploración del sufrimiento, de la angustia y del sensualismo que forman parte del universo que estas tres mujeres/poetas expresan sin máscaras por primera vez en la poesía hispanoamericana (§3). En ese sentido, la poesía de las tres escritoras pertenece a la vanguardia. La poesía de Storni, sin embargo, a pesar de sus semejanzas con la de Ibarbourou y Mistral, es una expresión individual del lugar trágico de la mujer en una sociedad cuyos valores son determinados por los hombres (§3). El peso de las limitaciones y opresiones sociales más la angustia personal intensa de esta escritora resultaron en el suicidio sugerido por ella misma en los versos de «Voy a dormir». En este poema, publicado un día después de su muerte, con resignación tranquila aconseja,

si él llama nuevamente por teléfono
le dices que no insista, que he salido.

12.4 *La primera vanguardia (1916–1945)*

La vanguardia, como ya lo hemos visto, representa una expresión literaria avanzada. También representa una ruptura fundamental con las tradiciones y normas establecidas. La vanguardia literaria nace con la Primera Guerra Mundial (1914–1918) y refleja el sentimiento de desorden que esta lucha armada deja en el alma de los escritores hispánicos. Más que otra cosa, su literatura revela el caos mundial del momento. El orden y desorden los define del modo siguiente uno de los creadores más distinguidos del momento, Ricardo Güiraldes: «El orden . . . se apareja con un inmediato deseo de desorden. El desorden de un orden establecido es el principio de orden nuevo». Las palabras de Güiraldes son mucho más que un juego verbal.

Los artistas de la vanguardia, tanto en España como en Hispanoamérica, viven un período de cambios rápidos en las ideas y en los acontecimientos sociales. Algunas de estas ideas afectan el pensamiento de los primeros escritores de la Edad Moderna, es decir, el de los modernistas (V. Capítulo XI). Nos referimos a las ideas de Marx y Freud, a las nociones de la medicina experimental, al crecimiento del interés en las enfermedades psicológicas y las del sistema nervioso y, más tarde, a la teoría de la relatividad de Einstein. Luego, a principios del siglo XX, Frobenius y sus redescubrimientos de los valores estéticos de las culturas africanas despiertan el interés de los escritores en el primitivismo, en la vuelta a los orígenes, en valores opuestos a los materialistas y tecnológicos de la sociedad moderna.[1]

Para resumir todas estas ideas, en el momento en que aparecen las vanguardias, hay un fondo de conceptos que tienen que ver con la revolución social y las transformaciones radicales de la sociedad y de otros que tienen que ver con la exploración de la subjetividad, la

---

[1] *Frobenius:* Leo Frobenius (1873–1938), etnólogo alemán, cuyos descubrimientos sobre la cultura africana influyeron a antropólogos, artistas y escritores.

subconciencia, las enfermedades psicológicas, las alternativas a la sociedad capitalista. La Primera Guerra Mundial y la Revoluión Rusa (1917) sugieren a muchos escritores e intelectuales la necesidad de cambiar la organización de las sociedades modernas. A otros, particularmente a los de Hispanoamérica, dan origen a la idea de que las sociedades europeas no son superiores a las hispanomericanas, como se creía. Esto impulsa a muchos a redoblar sus esfuerzos por definir y entender—ellos mismos—las raíces de la cultura y las civilizaciones hispanoamericanas. Cuando en 1929 ocurre la caída de la bolsa (el *crack*), el desastre financiero mundial sirve para confirmar la creencia de muchos en la necesidad de buscar alternativas no sólo económicas (es decir, al capitalismo) sino culturales.

Las ideas y circunstancias históricas que acabamos de describir crean para los artistas de la época, es decir, para los vanguardistas, un ambiente que favorece la producción de una literatura experimental, con frecuencia sin lógica, irracional, altamente subjetiva y rebelde frente a la sociedad tecnológica, capitalista y anti-burguesa, en resumen, una literatura en que todas las rupturas con el tradicionalismo son posibles. Pero, al mismo tiempo, y aunque parezca una contradicción, hay una preocupación—por las razones ya señaladas—por el sentido de la cultura americana. Esta preocupación americanista ya se nota en la literatura modernista, por ejemplo, en algunos poemas de Martí, Darío y Lugones. Y entre los vanguardistas (y otros escritores de esta época, menos experimentalistas), esta tendencia se evidencia en una expresión criollista, cuyas características vamos a explicar y estudiar más adelante (V. 12.12).

12.5 Los términos de la vanguardia

Las formas específicas de los estilos vanguardistas varían mucho entre sí. Algunas son de origen europeo, particularmente francés, como el cubismo, el dadaísmo, el futurismo o el surrealismo. Pero, si entre los vanguardistas de España y de Hispanoamérica hay un deseo de absorber las últimas novedades literarias europeas, se debe a la necesidad que sienten de encontrar formas y modos de expresarse distintas de las que existen en sus países. En la mayoría de los casos, el modelo europeo sirve para identificar lo que sienten o quieren expresar. En la «forma» europea encuentran el modelo adecuado para descubrirse a sí mismos y formular sus inspiraciones. Repetimos que estos estilos vanguardistas representan *rupturas*. Constituyen éstas reacciones anti-burguesas frente a la mediocridad del ambiente cultural en que los artistas viven. En el fondo, los vanguardistas defienden a la juventud en contra de los valores establecidos, y a los artistas en contra de los burgueses.

Los vanguardistas desorganizan el estilo: las frases son fragmentarias; las palabras, nuevas; la sintaxis, loca. Como los artistas plásticos (es decir, los pintores y escultores), los escritores desarrollan la idea de una realidad distinta e independiente de la realidad material. Es decir, crece la noción de que las estructuras artísticas tienen una autonomía inesperada y que dentro de estas estructuras el escritor debe sentirse libre a «crear» según su voluntad subjetiva, sin preocuparse por reglas ni tradiciones. Lo que surge de todo esto es el estilo literario vanguardista, que representa la manifestación en literatura del caos y la degeneración social que estos escritores observan a su alrededor.

El futurismo empieza a florecer alrededor de 1909. En 1926 su fundador, Emilio Marinétti, visita a Buenos Aires. Esta forma de vanguardismo se basa en uno de los avances de la sociedad tecnológica: la velocidad del auto. Los futuristas también defendieron el peligro, la energía, el atrevimiento, la guerra y la rebeldía. En la poesía futurista, se abandona la sintaxis y las formas verbales racionales; se deforma las palabras convencionales. Se defiende la libertad y el lirismo telegráfico.

El cubismo es más importante en la pintura que en la literatura. Consiste en el uso de formas no representacionales de expresión. Hay una preferencia por las formas geométricas. Los artistas tratan de pintar un objeto desde varios ángulos. La superposición de las perspectivas fragmentarias los acerca a una versión totalizadora del objeto. El cubismo moldea el arte del pintor español Pablo Picasso y deja su influencia sobre una fase de la pintura del muralista mexicano Diego Rivera (V. Ilustración 22).

En la expresión literaria el cubismo deja su influencia en algunos escritores de la década del 30. En *La luciérnaga* (1932) de Mariano Azuela (1873–1952), el estilo cubista se nota en las descripciones de los planos y ángulos de las calles de la ciudad de México. También está presente en algunos poemas de Vicente Huidobro, donde los versos y los espacios se agrupan en bloques geométricos.

El dadaísmo es fundado por Tristan Tzara en Zurich durante la Primera Guerra Mundial. Es un movimiento de protesta contra la destrucción de la civilización por una sociedad cuyas bases son la lógica, las convenciones sociales y la literatura en sus manifestaciones tradicionales. Para mostrar su oposición a la sociedad burguesa, pintan cuadros intencionadamente atrevidos o escriben poemas sin sentido. Estos tienen versos com «gadji beri bimba / glandridi lauli lonni cadori».

El surrealismo busca por medio del sueño expresar lo inconsciente o lo subconsciente en literatura y pintura. El término lo inventa el poeta francés Guillaume Apollinaire, aunque el movimiento es fundado por otro poeta, André Breton, quien escribe el *Primer Manifiesto del Surrealismo* en 1924. Los surrealistas creen que existe una realidad más alta que la diaria—la sobrerrealidad. Están convencidos que, si la mente se libera de la lógica y el control racional, será posible alcanzar esta otra realidad superior mediante el deseo. La base freudiana, sobre todo en la exploración de los límites de la mente, tiene un papel importante en este movimiento vanguardista de Francia, aunque a diferencia de los freudianos, los surrealistas no ven ninguna patología negativa en la exploración de los instintos y sueños. En la pintura de España, Joan Miró y Salvador Dalí representan el surrealismo, mientras en Hispanoamérica artistas como la mexicana Frida Kahlo y el cubano Wifredo Lam pintan cua-

dros surrealistas (V. Ilustración 23). En Hispanoamérica, mucha literatura—poesía y prosa—recibe la influencia del surrealismo, por ejemplo, la de Pablo Neruda, Octavio Paz, Julio Cortázar y Alejo Carpentier.

Basadas en estos movimientos de vanguardia, surgen formas hispánicas inspiradas en ellos: el ultraísmo argentino (basado en el de España), el creacionismo chileno, el estridentismo mexicano, para mencionar algunas. La influencia de los modelos franceses no es totalmente foránea, pues figuras como Vicente Huidobro y Jorge Luis Borges estuvieron en Francia en la época en que surgen las vanguardias francesas. Huidobro, por ejemplo, viaja a Francia en 1916, donde él y otros tomaron parte activa en la vida literaria parisina.

En todos estos artistas se nota, además del experimentalismo, el reflejo de un mundo caótico. Se nota en los temas, en el lenguaje y en las imágenes la falta de estabilidad y el sentimiento de angustia creado por un mundo que ha perdido sus soportes. Recuerde que el ambiente desorientado de los vanguardistas no se debe exclusivamente a las consecuencias de la Primera Guerra Mundial. Había empezado antes, con el proceso de la modernización entre los artistas del siglo XIX, es decir, entre los artistas del modernismo que llegaron a escribir muchas de sus obras más importantes en el siglo XX. (Por ejemplo, Darío escribió *Prosas profanas*, *Cantos de vida y esperanza* y *El canto errante* en 1896, 1905 y 1907, respectivamente).

12.6 La vanguardia hispanoamericana: la poesía

Al estudiar la vanguardia en verso, siguiendo el principio selectivo que expresamos al comienzo del capítulo, estudiaremos la obra de selectas figuras importantes: Vicente Huidobro (Chile, 1893–1948), César Vallejo (Perú, 1892–1938), Jorge Luis Borges (Argentina, 1899–1986) y Pablo Neruda (Chile, 1904–1973). La obra experimental y libertadora de estas y otras figuras de la vanguardia circuló con frecuencia en revistas y periódicos

22. Naturaleza muerta *de Diego Rivera (1915,*
México, estilo cubista)

23. La jungla de Wifredo Lam (1943, Cuba, estilo surrealista)

antes de aparecer en libro. Por eso, debemos tener en mente que el papel de las revistas y los volantes (hojas que circulaban de mano en mano) fue decisivo en dar a conocer las ideas y las creaciones de los vanguardistas en todos los rincones de América. El volante fue un medio de distribución favorita, pues tenía la ventaja de poder llegar a los humildes en las calles, y era una forma anti-tradicional de publicar las creaciones literarias.

12.7 La vanguardia: Vicente Huidobro

Vicente Huidobro es un auténtico representante de la vanguardia, pues conscientemente busca deshacer el mundo burgués tradicional. Se llama a sí mismo «antipoeta» y «pequeño Dios» (§3). Crea una teoría vanguardista: el creacionismo. El y otros vanguardistas utilizan el manifiesto para publicar sus ideas sobre el arte. Huidobro lee uno de sus primeros y más famosos manifiestos sobre el creacionismo, «Non serviam» («No te serviré») en forma de un discurso (1914): «*Non serviam*. No he de ser tu esclavo, madre Natura; seré tu amo. Te servirás de mí; está bien. No quiero y no puedo evitarlo; pero yo también me serviré de ti. Yo tendré mis árboles que no serán como los tuyos, tendré mis montañas, tendré mis ríos y mis mares, tendré mi cielo y mis estrellas».

El poeta quiere crear lo que sólo existe en su mente, no en la naturaleza. Busca una visión nueva del mundo, una visión creada por él, y bajo su control: «Hacer un poema como la naturaleza hace un árbol», dice en *Horizon carré* (1917). Por eso, las imágenes a veces expresan las cosas en forma inversa a la tradicional. Así, por ejemplo, en su largo poema *Adán,* cuando se refiere al mar:

No se sabe si es el agua la que produce el canto
o si es el canto el que produce el agua.

Hay otras esferas de experimentación que de otra manera revelan un consciente esfuerzo por parte del poeta de destruir la realidad, así, en el caso de los caligramas. Huidobro es uno de los primeros poetas a reorganizar el espacio físico de la representación del poema. Experimenta con el espacio blanco de la página, distribuyendo los versos del poema en la página del libro para que el poema cree una impresión visual similar a un cuadro pintado. Son poemas ideográficos, es decir, ideas en forma gráfica (§3).

De la abundante obra en prosa y verso de Huidobro, uno de los más importantes poemas es *Altazor* (1931) (§3). En este poema extenso, escrito en siete cantos, el poeta presenta temas que son fundamentales a su poesía personal y a la vanguardista. *Altazor* es la voz de Huidobro; es el creador frente al caos del mundo de principios del siglo XX. El poema tiene la forma de un viaje «hacia el infinito» que, según la visión triste del poeta, resulta en una caída hacia la nada, la destrucción, la desintegración y la incoherencia lingüística. Hay que recordar que este poema lo escribe Huidobro

después de la Primera Guerra Mundial. Refleja ese momento de desastre occidental:

Soy yo que estoy hablando en este año de 1919
Es el invierno
Y la Europa enterró todos sus muertos

El hombre—representado por Altazor—es un ser atormentado y fragmentado. Refleja la experiencia social e individual de este momento de la historia. Al final de su viaje Altazor se encuentra con sus raíces, con lo que existió antes de su creación—con el silencio, la nada, la incoherencia. Es un comentario triste sobre el ser humano y su experiencia.

12.8 La vanguardia: César Vallejo

La obra de César Vallejo tiene una visión igualmente melancólica. En él se acentúa la angustia por la tragedia del ser humano. La incoherencia que Huidobro expresa al final de *Altazor* es uno de los temas fundamentales de la poesía de Vallejo. Pero en él, el problema de la incomunicación se revela en formas expresivas elípticas y abruptas; es decir, se revela a través de una ruptura con las formas tradicionales de la lengua. A veces el lector tiene que completar el pensamiento. «Hay golpes en la vida, tan fuertes . . . Yo no sé», (de *Los heraldos negros,* 1918) es uno de los versos más famosos de Vallejo, y al mismo tiempo uno de los más típicos. Vallejo es el poeta de los silencios, del estilo telegráfico (§3).

De los tres libros poéticos fundamentales de Vallejo, el más experimental en términos del lenguaje, de la sintaxis, del sentimiento del fluir del tiempo y de las formas poéticas es *Trilce*. En el poema XXXII, experimenta con los ruidos que producen las máquinas. Percibimos los sonidos de la tecnología industrial moderna (§3).

Pero, a pesar del experimentalismo vanguardista, en Vallejo siempre hay una preocupación por el bienestar y por el sufrimiento del ser humano. Este profundo deseo de compartir el dolor humano se ve en *Poemas humanos,* donde el poeta comparte su sufrimiento personal con el de sus hermanos, es decir, con todos los seres humanos. Sus versos de hermandad brotan de su ideología comunista mezclada con un innato sentido religioso (§3). La tragedia del destino del individuo vive al lado del destino triste del poeta. Y el poeta siente la desesperación de no poder conocer el significado de la vida y de la muerte, de penetrar los vacíos de la existencia humana.

12.9 La vanguardia: Jorge Luis Borges

Jorge Luis Borges toma parte activa en la creación del movimiento vanguardista argentino llamado ultraísmo. Se destaca como poeta, pero quizá más como prosista. Aunque las otras figuras mencionadas en esta sección son prosistas también, sólo Borges conquista la fama de ser uno de los cuentistas y ensayistas más importantes de su tiempo. Curiosamente, cuando él se autodescribe, da todo el énfasis al poeta: «Creo que no soy más que eso. Un poeta torpe, pero un poeta, espero».

Antes de formar parte de la vida literaria en Buenos Aires, Borges vive en Europa, y en España se identifica con el movimiento ultraísta. Al volver a Buenos Aires en 1921, publica un manifiesto sobre este movimiento vanguardista:

1⁰ Reducción de la lírica a su elemento primordial: la metáfora.

2⁰ Tachadura de las frases medianeras, los nexos y los adjetivos inútiles.

3⁰ Abolición de los trebejos ornamentales, el confesionalismo, la circunstanciación, las prédicas y la nebulosidad rebuscada.

4⁰ Síntesis de dos o más imágenes en una, que ensancha de ese modo su facultad de sugerencia.

A Borges le interesan menos los ejercicios experimentales que a otros vanguardistas. Se fija más bien en la visión nostálgica de las cosas conocidas, particularmente en Buenos Aires (§3). Pero siempre muestra interés en las formas sintéticas de la expresión, es decir, en las formas comprimidas, casi clásicas en su pureza. Nunca abandona su fascinación por el uso creador de la metáfora aún después de su

período de fervor vanguardista. Nunca dejan de tener un atractivo especial para él los principios expresados en los números 1 y 2 del manifiesto de 1921.

Tres libros poéticos pertenecen a la etapa vanguardista borgiana: *Fervor de Buenos Aires* (1923), *Luna de enfrente* (1925) y *Cuaderno San Martín* (1929). Borges sigue cultivando la poesía después de 1930.

Es posible que a primera vista Borges no parezca pertenecer al movimiento de vanguardia porque prefiere formas límpidas y crea poemas en que predomina lo que algunos llaman un «estilo realista». En los poetas vanguardistas como Borges con frecuencia encontramos «nuevos» aspectos de la realidad (su exploración novedosa de los ambientes de Buenos Aires) o de la experiencia humana (la pluralidad de la existencia, su irrealidad, etc.). En el caso de Borges—tanto en su poesía como en sus cuentos—se ven muchos rasgos que tienen que ver con formas no convencionales de descubrir, describir o cuestionar el mundo y la vida humana. Hay una preocupación por la ruptura de la forma tradicional de concebir el tiempo, y éste, con frecuencia, tiene una forma circular (§3). También se observa una fragmentación de la identidad del hombre, lo que se ha descrito como la pluralidad del ser humano. Y luego, hay un constante esfuerzo por entender el sentido profundo de la realidad del universo, es decir, meditaciones de tipo metafísico sobre lo que es la realidad, la eternidad y la muerte.

12.10 La vanguardia: Pablo Neruda

La obra poética de Pablo Neruda es vasta y variada. Este poeta de América recibe el Premio Nóbel de Literatura en 1971. Siguiendo la tradición poética moderna que empieza con el modernismo (siglo XIX), Neruda trata de abarcar toda la nueva e inquietante experiencia del ser humano. Los vanguardistas desean incluir en su visión de la realidad lo humano, lo material, lo sobrenatural. A través de muchos años de creación poética, Neruda busca entender, integrar, armonizar y criticar todos los aspectos modernos de la experiencia universal, algunos de los cuales no figuraban antes en la temática de los poetas, por ejemplo, objetos diarios como calcetines, una cebolla o un diccionario. El universo de Neruda ha sufrido evoluciones y cambios fundamentales. Su evolución se relaciona con el crecimiento de las ciencias psicoanalíticas y los conceptos de la física, especialmente la relatividad de Einstein, con la teoría marxista, las revoluciones y los experimentos socialistas. El mundo se ha vuelto tan variable y tan complejo que el poeta necesita penetrar y, con frecuencia, reorganizar lo que la experiencia realista le ofrece.

La primera de las obras poéticas de Neruda que atrae la atención pública fue *Veinte poemas de amor y una canción desesperada* (1924), libro en que el poeta chileno revela el uso de técnicas e imágenes originales —procedimiento típico de los poetas vanguardistas (§3). En los libros que siguen, Neruda evoca un mundo caótico, difícil o imposible de organizar (por ejemplo, *Tentativa del hombre infinito*, 1926). En *Residencia en la tierra* (1933), los temas de naufragio y pesadilla, tan frecuentes en la obra de Neruda, aparecen en poemas fundamentales de imaginería surrealista (§3).

Después de 1936, la poesía de Neruda toca los temas de sufrimiento del ser humano. También se intensifica la exploración de las injusticias sociales, la guerra y la violencia (particularmente en los poemas dedicados a la Guerra Civil Española en *España en el corazón* (1937) (§3). Neruda comparte con otros poetas del siglo XX la percepción de la destrucción de los valores absolutos y fijos de la cultura occidental. Los textos literarios expresan esta desconfianza en los valores tradicionales por medio de una preocupación nueva por la realidad, la que hemos descrito como más profunda y subjetiva. Al mismo tiempo, hay un proceso consciente de destruir el valor sagrado de la poesía, de hacer que todo, aun los objetos más cotidianos y aparentemente humildes, entren en el reino de lo poético (§3). Estas nuevas percepciones con frecuencia están acompañadas de una llamada a la acción social y de una percepción de una América in-

dependiente del imperialismo económico de Norteamérica (§3). En el caso de Neruda, se agudiza la conciencia social en libros fundamentales como *Canto general* (1950), donde también hay una evocación del paisaje y de la historia americanos.

12.11 Identidad y ruptura

En las secciones 12.6–12.10 relacionamos la vanguardia con la producción en verso. Pero muchos vanguardistas también cultivan la prosa, especialmente la novela. Esta producción novelística de la vanguardia, no muy reconocida por la crítica, es una anticipación de muchas formas narrativas de nuestra época contemporánea. En la mayoría de los casos, son los poetas vanguardistas los que cultivaron estas formas narrativas anti-tradicionales. Pasa con la prosa de la vanguardia algo similar a la de la prosa de los modernistas. Se tiende a reconocer la importancia del verso mucho más que la prosa. En la evolución de la novela, figuras vanguardistas, como Huidobro o Neruda, crearon obras narrativas de gran relevancia.

Entre los «vanguardistas» hay escritores que crearon novelas, novelas cortas o cuentos que representan experimentos con el arte de narrar, por ejemplo, la estructura fragmentaria de la obra, el estilo juguetón, el predominio de la metáfora, la mezcla de procedimientos artísticos de la pintura con los del arte literario, el tiempo anti-tradicional, el fluir de la conciencia, las técnicas cinematográficas. Pero hay vanguardistas que en sus creaciones novelísticas también se preocupan por la definición de la realidad americana y su experiencia histórica y social. Entre estas figuras hay artistas como Ricardo Güiraldes o César Vallejo, cuyas novelas, en formas muy distintas, evocan aspectos de la vida americana: Vallejo mediante una novela de protesta sobre la vida andina (*Tungsteno*, 1931); Güiraldes mediante una evocación del pasado cultural del gaucho argentino (*Don Segundo Sombra*, 1926).

Esta preocupación por la realidad americana forma parte de una «tradición» muy evidente en la literatura hispanoamericana moderna desde la producción de los escritores modernistas. En cuanto a la producción modernista hay una tendencia—equivocada—a verla como una expresión escapista. Pero en la obra de muchos como Martí, Casal, Rodó, Darío y Lugones (para mencionar sólo a algunos), hay una profunda identificación con la realidad americana al mismo tiempo que una tradición de ruptura. Lo que deseamos subrayar es que con los modernistas se empieza a percibir el sentido moderno de una doble tradición: ruptura e identidad.

La parte que pertenece a «la identidad» se dirige a aclarar cuál es la herencia cultural de América (o de una nación particular) y cuál el sentido de su presente inestable. «La ruptura» es la forma constante de criticar y de cuestionar los valores del mundo moderno. Este cuestionamiento se establece como una tradición a partir del comienzo de la Edad Moderna, como ya lo hemos notado en el capítulo anterior. Forma parte de la expresión literaria de los modernistas y de los vanguardistas en cuya obra hemos visto que el experimentalismo alterna con una preocupación por el hombre y su mundo desequilibrado.

Pero esta preocupación doble—con la identidad y la ruptura—no pertenece de modo exclusivo a las formas expresivas ya examinadas del modernismo o la vanguardia. Además, hay que tener en cuenta que la vanguardia estudiada (en 12.4 y las secciones siguientes) sólo es la *primera* de varias vanguardias en el siglo XX. Después de ésta vendrán otras, llamadas así porque representan rupturas y cambios constantes y rápidos en un mundo sin coherencia, lógica, ni valores permanentes.

12.12 El criollismo

Ya sabemos que la Primera Guerra Mundial fue un hecho histórico clave para explicar el crecimiento de la primera vanguardia. Pero también produjo una literatura preocupada por la historia cultural y la identidad nacional del continente americano. Surgió como consecuencia de la lucha armada un fenómeno literario cuyas características se han descrito con el término «el criollismo».

¿Por qué decimos que la Primera Guerra Mundial dio un impulso a esta literatura que llamamos criollista? Es que los escritores e intelectuales del continente observaron con horror la destrucción de la guerra. (Huidobro escribió con sátira sobre los excesos de la guerra y del militarismo en *Tres novelas ejemplares* (1935) y *Altazor;* Vallejo y Neruda, más tarde, sobre los desastres de la Guerra Civil Española.) Muchos hispanoamericanos habían considerado que la cultura europea era superior a la americana. Sufrieron una decepción. Con la lucha armada descubrieron que los europeos tenían la capacidad de ser tan violentos, primitivos y destructivos como los hispanoamericanos en sus luchas políticas internas.

Además de perder sus ilusiones respecto a la cultura europea, durante la guerra los hispanoamericanos descubrieron que había desaparecido la comunicación entre los países americanos y los europeos. La falta de comunicación fue motivo para que muchos escritores hispanoamericanos pensaran en la necesidad de no depender tanto de la cultura europea, de no seguir las últimas modas literarias del extranjero y de concentrarse mucho más en la descripción y definición de sus culturas nacionales o regionales. Eran estas culturas relativamente jóvenes y sus características no se habían explorado a fondo. Para la mayoría de las repúblicas la independencia había llegado entre 1825 y 1830; en Cuba, oficialmente, a principios del siglo XX; Puerto Rico siguió siendo una colonia. En estas condiciones, a principios del siglo XX, surgió el criollismo. Algunos en lugar de criollismo dicen nativismo, indigenismo, indoamericanismo, aztequismo o quichuismo, para mencionar sólo unas cuantas de sus muy variadas formas nacionales o regionales.

La búsqueda de la identidad reviste formas muy diversas. Algunos escritores sienten la necesidad de explorar las raíces culturales y raciales. Entre estos escritores nace la literatura de herencia africana, o la literatura negra (V. 12.13). Una preocupación similar se observa en otros autores cuya visión se centra en la exploración de la vida y la cultura del indio.

Así nace la literatura indigenista (V. 12.13). Otros escritores exploran las opresiones políticas, el papel de la Iglesia en la vida hispanoamericana, el caos de las revoluciones, las frustraciones políticas, el peso de la naturaleza salvaje o inexplorada sobre el hombre, las injusticias y desigualdades sociales.

Por la enumeración de los temas en el párrafo anterior, es obvio que las novelas criollistas son muy variadas en cuanto a sus temas: la novela gauchesca, la novela de la selva, la novela de la Revolución Mexicana, la novela de la tierra, la novela indigenista. En estas novelas el autor tiende a interesarse más en los aspectos abstractos que en los valores humanos. Tiende a organizar su narración para ilustrar cómo ciertas teorías ideológicas se aplican a los problemas sociales de la realidad americana. Como consecuencia, a veces los personajes de estas novelas no parecen ser muy convincentes como individuos. Es el caso con una de las novelas más destacadas de las criollistas, *Doña Bárbara* (1929) de Rómulo Gallegos (Venezuela, 1884–1969). En esta novela, por ejemplo, cuyo escenario es la llanura venezolana, Gallegos maneja los elementos de su novela con el fin de examinar la presencia de la barbarie y la civilización en la vida nacional. Los personajes, la naturaleza, el folclor, en fin, todo adquiere un valor simbólico en una exploración ideológica de las tensiones y conflictos entre la barbarie y la civilización americanas (§3).

Las otras novelas destacadas del criollismo—clásicas, podría decirse—son *Don Segundo Sombra* (1926) por Ricardo Güiraldes (Argentina, 1886–1927) (§3) y *La vorágine* (1924) por José Eustasio Rivera (Colombia, 1889–1928). En ambas hay una exploración, desde la perspectiva del pasado o del presente, de los elementos que constituyen la base de la cultura nacional, o de las fuerzas naturales y humanas en constante lucha por el dominio en la sociedad. En *La vorágine* el individuo no sólo resulta más débil que la violenta y devoradora naturaleza de la selva sino que adquiere algunas de las características bárbaras de ella.

En algunos de los cuentos de otra figura cumbre del criollismo, Horacio Quiroga (Uruguay, 1878–1937), el individuo de la selva es la víctima de una naturaleza más fuerte que la inteligencia humana (*Los desterrados*, 1926). En otros cuentos Quiroga explora los elementos de horror de la existencia humana (*Cuentos de amor, de locura y de muerte*, 1917), o la psicología («humanizada») de los animales (*Cuentos de la selva*, 1918). Se han comparado sus creaciones con los del norteamericano Edgar Allan Poe y del inglés Rudyard Kipling por el cultivo de estos dos aspectos (§3). Su ficción nace de los años que pasa en las selvas de Misiones, una provincia de la Argentina, y de varias tragedias personales. Quiroga es el primer hispanoamericano a escribir un manifiesto sobre la teoría del cuento—*Decálogo del perfecto cuentista* (1927)—como defensa de su estilo, criticado por los vanguardistas.

Los detalles y la perspectiva de las novelas criollistas como *Doña Bárbara*, *La vorágine* y *Don Segundo Sombra* son difíciles de sintetizar. Pero en común tienen la idea fundamental de que las fuerzas físicas y humanas son los elementos claves de la cultura nacional. Los prosistas asumen la responsabilidad de describir y nombrar todos los elementos materiales y físicos del continente o de una región nacional. Por eso, a veces hay un exceso de elementos puramente descriptivos. Reconocen la existencia de problemas profundos; critican la opresión, la explotación, el abuso del poder, la hipocresía humana, los prejuicios raciales o religiosos. Estudian la tipología humana de la geografía americana. Y con frecuencia, llegan a la conclusión de que el ser humano es el juguete de una naturaleza más fuerte que él. Se hace la defensa de la conservación de la lengua y de la cultura nacionales, del folclor regional y del habla popular. La ideología de estas narraciones no es revolucionaria; al contrario, suele ser bastante conservadora. Predomina el punto de vista de las clases poderosas, en particular, el de los terratenientes. Pero en defensa de estos novelistas y de sus obras, hay que reconocer que en ellos hay una corriente liberal que se manifiesta en su fe en el progreso, en el mejoramiento de una sociedad estable y una confianza en la perfectabilidad moral del individuo.

En cambio, en torno a la Revolución Mexicana (que comenzó en 1910) se producen novelas en que ya no se hace la defensa de los valores establecidos, ni de las clases poderosas, o sea, de los terratenientes y la oligarquía identificados con el dictador mexicano, Porfirio Díaz. Pero, tampoco son novelas muy optimistas respecto a la posibilidad de llegar a establecer una nueva sociedad estable. Predomina la tendencia a ver la Revolución como un proceso interminable, caótico, sin dirección ni filosofía. En la novela más representativa de este proceso revolucionario, *Los de abajo* (1916) de Mariano Azuela, en un momento de discusión apasionada uno de los personajes, Valderrama, exclama «X, Y, Z» para indicar su desprecio por los líderes de la sociedad revolucionaria. No importa cuál llegue al poder; todos serán igualmente malos. Es una forma sombría de ver un proceso político supuestamente libertador. Pero, este pesimismo es el producto del sentimiento que caracteriza la Edad Moderna: el vacío creado por la desaparición de los valores tradicionales y la incapacidad del hombre por descubrir nuevos y permanentes conceptos o sistemas que los reemplacen.

12.13 Identidades sociales y raciales

Como ya lo hemos notado, la literatura de ruptura e identidad tiene formas muy diversas, tanto en prosa como en verso. Y la literatura de preocupación americana llamada criollista puede observarse en sus formas poéticas lo mismo que en prosa, aunque debemos indicar que tradicionalmente el término «criollismo» se ha aplicado a la novela y el cuento.

Uno de los más distinguidos creadores de la literatura de «identidad», Nicolás Guillén (Cuba, 1902–1989), escribe en verso. Este poeta en su juventud vive la experiencia de la literatura vanguardista en Europa. Allí también conoce el interés de los escritores europeos, inspirados en las ideas de Frobenius, por

la cultura primitiva de Africa. Cuando Guillén empieza a cultivar el verso, expresa la herencia africana de las Antillas en una poesía que él prefiere llamar «mulata» en lugar de «negra». Prefiere decir «mulata» porque acepta como una realidad necesaria la convivencia del negro con el blanco. Acepta la presencia y la mezcla de las dos razas en su isla. Su mayor interés es, por supuesto, la cultura negra y la evocación de las raíces africanas de las Antillas.

En la obra de Guillén hay poesía negrista y poesía social que pertenece a lo que llamamos la poesía de la negritud. **Poesía negrista** es aquella poesía que se inspira en la cultura afro-hispana pero que presenta al negro en sus aspectos físicos, con frecuencia sensuales: la descripción del cuerpo, del vestido, de bailes, de los tambores, del canto, de las formas lingüísticas peculiares del habla de los negros— todo lo que se podría clasificar como lo típico y exótico de la cultura negra americana.

Pero no todo en Guillén es poesía negrista. En su abundante obra explora la historia, las tradiciones y los conflictos raciales y sociales del Caribe. Explora los problemas socio-políticos, raciales y económicos del caribeño. Y en estas exploraciones, hay una nota de protesta social por la condición inferior del negro, rechazado y discriminado por el blanco. Poesía de **la negritud** llamamos a este tipo de poesía social.

Por supuesto, Guillén no es el único cultivador de esta poesía en América, y tampoco cultiva exclusivamente este tipo de poesía. Pues sobre la Guerra Civil Española expresó su dolor en un poema largo dedicado al pueblo español. En sus libros más recientes, toca la cuestión de la influencia imperialista norteamericana en el mundo, particularmente, en las Antillas (§3).

También hay prosistas que cultivan la literatura negra. En la novela y el cuento figuras de Cuba como Lydia Cabrera (1900-), Lino Novás Calvo (1905–1983) o Alejo Carpentier (1904–1980) han contribuido al retrato moderno del negro y su lugar en la historia. Lydia Cabrera ha captado la cultura afro-cubana en leyendas basadas en la tradición oral del negro de su isla, mientras Novás Calvo y Carpentier han retratado al negro en sus dimensiones históricas, particularmente las de la esclavitud. En otros países con una elevada población negra—Colombia y Ecuador, por ejemplo—hay cultivadores de una literatura negra y una producción literaria en que el negro y su vida ocupan un lugar preeminente.

Otra manifestación de la búsqueda de la identidad racial es la literatura que se ocupa del papel del indio en la sociedad y la cultura americanas. Particularmente notable es la producción en prosa sobre este tema: la novela indigenista. Este tipo de novela es una de las muchas formas del criollismo. Antes de surgir la novela indigenista existe una **novela indianista** en que también aparecen el indio y su cultura. Pero en las novelas indianistas, escritas principalmente en el siglo XIX, el retrato del indio es falso, porque los autores de estas novelas consideran al indio como un ser romántico, idealizado (V. 10.22). Evocan los aspectos superficiales y exóticos de su cultura. Se olvidan con frecuencia de que el indio, como el negro, es un ser discriminado y explotado en las sociedades hispanoamericanas.

Con el siglo XX, nace la **novela indigenista** en la cual, poco a poco, el indio asume un papel más en armonía con su condición de explotado y sufrido. Esta literatura tiene exponentes muy distinguidos en varios países americanos. Si se estudian los antecedentes históricos de esta expresión, puede decirse que la novela indigenista pertenece a una tradición muy antigua en la experiencia cultural americana. Es decir, existe la literatura en que la figura del indio y su mundo aparecen desde las expresiones orales precolombinas. Luego hay las narraciones anteriores al criollismo, es decir, las novelas indianistas, sobre todo en la literatura de la época romántica.

Pero en el siglo XX, particularmente a partir de *Raza de bronce* (1919) de Alcides Arguedas (Bolivia, 1879–1946), hay novelas de franca protesta social con escenas algo fuertes como *Huasipungo* (1934) de Jorge Icaza (Ecuador, 1906–1978). Hay otras que revelan

mayor balance. Es el caso de *El mundo es ancho y ajeno* (1941) por Ciro Alegría (Perú, 1909–1967), que representa un esfuerzo por armonizar el documento de la opresión social del indio y el retrato de su mundo visto desde la perspectiva indígena (§3). En años más recientes, José María Arguedas (Perú, 1911–1969), que aprende quechua antes del español y conoce íntimamente la vida de las comunidades indias de los Andes, escribe novelas indigenistas como *Los ríos profundos* (1958) en que trata de captar la visión que el indio tiene de una sociedad cuya cultura dominante es la del blanco.

El papel de la mujer en sociedades dominadas por la cultura masculina es otro aspecto significativo de la literatura de identidad. En la obra de Sor Juana, examinada en el capítulo VII (Sección 7.12), tocamos la cuestión de los derechos de la mujer, en especial, la negación de su libertad para estudiar y asistir a las universidades como los hombres. En el siglo XIX la cubana-española Gertrudis Gómez de Avellaneda (1814–1873) en sus novelas *Sab* (1841) y *Dos mujeres* (1842) toca las mismas cuestiones de la mujer marginada en una sociedad dominada por los hombres. También encontramos antecedentes de esta preocupación creciente en la producción literaria del siglo XX en la novela de la venezolana Teresa de la Parra (1895–1936), *Ifigenia* (1924), diario de una señorita que escribe porque se fastidia. Y en este mismo capítulo hemos visto cómo un grupo de poetas (Ibarbourou, Mistral y Storni) se acercan a aspectos de la cultura de su medio ambiente, buscando romper con los tabúes impuestos por una sociedad tradicional. En la mayoría de los casos mencionados, no se trata de una literatura abiertamente feminista, ni de una literatura de orientación revolucionaria en el sentido de proponer un program político pro-feminista. Pero vistas desde la perspectiva histórica de su producción, son obras valientes y significativas. Se trata más bien de evocar, desde la perspectiva de la artista-mujer, las costumbres, limitaciones, opresiones y los prejuicios de que es víctima la mujer en sociedades hispánicas.

En la segunda mitad del siglo XX crece la expresión literaria cultivada por escritoras distinguidas. Entre ellas, muchas veces, la problemática política y social es de primera importancia: represión, tortura, autoritarismo, pobreza económica. En sus obras aparece la figura de la mujer afirmándose frente a los obstáculos creados por el machismo de las sociedades hispánicas. La obra de Armonía Somers (Uruguay, 1920-), Luisa Valenzuela (Argentina, 1938-), Elena Garro (México, 1920-), Marta Traba (Argentina, 1930–1983), Griselda Gambaro (Argentina, 1928-), Elena Poniatowska (México, 1933-) e Isabel Allende (Chile, 1942-), entre otras muchas, contribuye a presentar y aclarar los problemas de identidad y de actuación personal y social en la cultura de sus países. A veces estos problemas son sutiles, difíciles de captar en el medio social tradicional. Pero aparecen en la prosa de algunas escritoras como, por ejemplo, en la de Armonía Somers. En su cuento «El derrumbamiento» los hechos narrativos se presentan de tal modo que el lector se siente obligado a reflexionar sobre los papeles tradicionales y estereotipados de los hombres y las mujeres en la sociedad (§3).

12.14 Realidades políticas: historia, identidad, imaginación

En las letras americanas a partir del momento de la independencia, hay una tradición bien establecida de literatura política. Es natural que en los territorios que poco antes habían sido colonias sin mucha experiencia en gobernarse, sientan la necesidad de definir los problemas que surgen después de la independencia, sobre todo, el caos político y económico, la revolución, los golpes militares, la figura del dictador, la represión. Todo esto lo hemos encontrado, por ejemplo, en el *Facundo* de Sarmiento (V. 10.18) hacia mediados del siglo XIX. Y en la literatura argentina hay otros ejemplos notables en «El matadero» de Echeverría o *Amalia* de José Mármol (V. 10.19).

Pero no es este un problema que pertenece exclusivamente a la Argentina. La organización política de todos los países de América ha sido un problema perenne, uno que no da indicios de desaparecer aún en nuestros días. Y por lo tanto, en la producción literaria no están ausentes estas cuestiones políticas, que con los años han llegado a constituir una parte íntegra de la cultura americana. Se podría decir, sin exagerar, que la literatura de creación o de análisis político forma parte de la identidad hispanoamericana. Encontramos esta literatura en la novela, en el cuento y en el ensayo modernos.

Para presentar esta realidad perenne, los escritores se sirven de procedimientos narrativos que no pertenecen necesariamente al realismo tradicional. Utilizan elementos del surrealismo, ya definido en relación con las literaturas de vanguardia, para dar énfasis al ambiente grotesco y pesadillesco de regímenes opresivos. En otros casos, se sirven de un estilo de narrar identificado con distintas y muy variadas raíces étnicas o religiosas de la cultura americana: el estilo del realismo mágico. Este realismo mágico fluye de creencias y de supersticiones de pueblos primitivos americanos (como el maya o el quechua) o de procedencia africana, mezclado todo con el catolicismo del continente. Se basa en creencias colectivas y míticas cuya «realidad» parece ilógica, exagerada o fantástica a los que viven en sociedades tecnológicas. El estilo de esta realidad mágica sirve a escritores como Miguel Angel Asturias (Guatemala, 1899–1974) para definir los elementos de la experiencia moderna que desafían la comprensión racional, «normal» (sobre todo tratándose de una realidad como la americana, llena de experiencias que sobrepasan los límites del realismo tradicional). Este realismo mágico predomina en las obras de varios escritores además de Asturias, por ejemplo, Alejo Carpentier en *El reino de este mundo* (1949), y Elena Garro en *Los recuerdos del porvenir* (1963) y *La semana de colores* (1964).

Asturias ganó el Premio Nóbel de Literatura en 1967. En su juventud, estudió en Europa la antropología y la cultura maya. En sus escritos los elementos del realismo mágico y del surrealismo se combinan con una expresión lingüística francamente criollista y popular. Como tantos otros escritores de la época moderna, Asturias supera las formas tradicionales de la realidad, buscando en otras esferas de la realidad (no tradicionales, no materiales) el modo de expresarse. En su caso, el realismo mágico, aprendido del estudio del primitivismo de la cultura maya, se maneja en la evocación de aspectos de la experiencia maya contemporánea. El suyo es un «realismo» mítico en que hay una concepción del ciclismo temporal muy distinto de los conceptos de la cultura tecnológica del siglo XX. La naturaleza que describe revela elementos mágicos y primitivos en novelas como *Hombres de maíz* (1949) y *Mulata de Tal* (1963), y en el realismo mágico de las *Leyendas de Guatemala* (1930) (§3).

En la descripción de las realidades e identidades políticas y sociales de América, la novela ha tenido un papel importante. La narrativa, utilizando los ya descritos estilos en lugar del estilo realista tradicional, se ha servido de la realidad. Una de las primeras y más distinguidas novelas de esta categoría es *El Señor Presidente* (1945) de Miguel Angel Asturias, obra en que se aproxima al fenómeno del dictador hispanoamericano. La novela evoca la opresión política llena de pesadillas. Utilizando procedimientos surrealistas, Asturias logra describir el fenómeno del dictador de un modo poderoso (§3).

Hay otros escritores que se han concentrado en evocar los problemas políticos de América, en especial, la figura del dictador. Entre ellos se destacan Alejo Carpentier (*El recurso del método,* 1974), Augusto Roa Bastos (1917–), (*Yo el supremo,* 1974) y Gabriel García Márquez (1928–), (*El otoño del patriarca,* 1975). En algunas obras la visión es contemporánea; en otras, el novelista vuelve al pasado. Pero los paralelismos con el presente son significativos. En algunos casos, se trata de revisiones del pasado. Así, en el caso de la novela de Roa Bastos, en la cual el escritor utiliza los archivos históricos para rehacer en forma fragmentaria y mítica el retrato de un dictador ilustrado del siglo XVIII, el Dr. Francia. Pero los elementos del mosaico, reunidos por el lector, ofrecen un cuadro sumamente completo y penetrante de la realidad política del Paraguay. Este tipo de evocación del pasado sugiere abundantes comentarios sobre la realidad política del presente.

La exploración de la realidad política hispanoamericana, a veces, gira en torno al problema de la represión. En *El acoso* (1956) de Alejo Carpentier, la música de Beethoven y el temor del perseguido político se combinan de manera magistral para dramatizar en todas sus dimensiones subjetivas la vida angustiada de un ser humano atrapado por la persecución política. En los cuentos y novelas de Luisa Valenzuela desfilan figuras/víctimas de la represión militar argentina y seres que tratan de aprovecharse de la trágica muerte de los «desaparecidos», víctimas del régimen autoritario (§3).

12.15 *La realidad y el teatro*

En el teatro también hay abundantes ejemplos de la literatura de protesta social o de orientación política. Pero antes de comentarlos, debiéramos hacer una pausa breve para señalar la naturaleza de la producción teatral hispanoamericana.

Si comparamos el teatro con otros géneros literarios, como la novela, el cuento o la poesía, es evidente que tuvo un florecimiento tardío. Existió como expresión literaria desde el período colonial, en el cual el teatro con frecuencia fue un vehículo para enseñar la doctrina católica. Así se estableció temprano en la evolución de la literatura hispanoamericana la tradición de un teatro concebido como instrumento o arma social.

Pero el desarrollo del teatro como expresión madura y cosmopolita pertenece al siglo XX. Hubo dramaturgos antes, inclusive entre ellos una figura famosa en su época, Florencio Sánchez (Uruguay, 1875–1910). Cultivó un teatro en que figuraban los recién llegados inmigrantes de la región de la Plata. Alrededor del fin del siglo surgió en la misma región el sainete criollo y un teatro inspirado en la obra de Pirandello.[2]

En el siglo XX, los temas teatrales son variados. Incluyen la angustia de la vida moderna (*Invitación a la muerte* [1944] de Xavier Villaurrutia, México, [1903–1950]), los problemas raciales (*Los vejigantes* [1958] de Francisco Arriví, Puerto Rico [1915–]), el papel de la Iglesia en la sociedad (*Las manos de Dios* [1956] de Carlos Solórzano, Guatemala [1922–]), los problemas socioeconómicos (*Flores de papel* [1970] de Egon Wolff, Chile [1926–]), el autoritarismo político y personal (*El campo* [1967] de Griselda Gambaro [1928]) y la verdad relativa, por ejemplo, detrás de la supuesta delincuencia adolescente (*Yo también hablo de la rosa* [1965] de Emilio Carballido, México [1925–]). Los dramaturgos modernos tratan los temas con estilos influidos, muchas veces, por corrientes teatrales de Europa como el teatro del absurdo, el teatro de la crueldad y el teatro de Bertold Brecht.[3]

12.16 Literatura fantástica

Los elementos fantásticos en la literatura hispanoamericana no tienen límites cronológicos; es decir, podemos estudiarlos desde la literatura precolombina hasta la más reciente. Es que la cultura americana, con el carácter sincrético del mestizaje de elementos míticos, primitivos y étnicos, ofrece a los escritores modernos fuentes muy fértiles para la fantasía. A los lectores europeos de los siglos XVI y XVII muchos pasajes de las crónicas, que captan la «realidad» americana con detalles precisos, parecen tener un carácter fantástico. La realidad presentada por el cronista de manera «objetiva», por ser ésta tan extraña al europeo, le ha parecido fantástica.

En otros momentos las creaciones fantásticas han sido conscientes. Estos son casos en que se han utilizado la evasión o el traslado geográfico para disfrazar la realidad y crear un ambiente fuera del alcance de los censores oficiales de la colonia. Este es, por ejemplo, el caso de Fernández de Lizardi en la última parte de su *Periquillo*. En ella Lizardi utiliza el subterfugio de un chino para expresar sus ideas sobre la sociedad colonial española y hacer comentarios sobre la institución de la esclavitud. Otro ejemplo ocurre en el siglo XIX con los novelistas cubanos opuestos a la importación de más esclavos negros a la isla. Escriben novelas en que disfrazan la realidad colonial, porque la expresión clara de ciertos conceptos (sociales o políticos) está prohibida por la censura real.

Más tarde en la evolución de las letras hispanoamericanas, los modernistas también cultivan formas «evasivas». Buscan las esferas de la fantasía como una manera de desplazar la realidad a su alrededor—material, ofensiva y decadente (para ellos)—a otra más en armonía con sus preferencias y gustos ideológicos y estéticos. Es el caso de algunos cuentos de Darío, o el libro de ciencia ficción de Lugones, *Las fuerzas extrañas* (1906) (§3).

No es nuestra intención escribir una historia sintética de la literatura fantástica en América. Sólo deseamos mostrar que lo fantástico en la literatura moderna de América alterna con corrientes de realismo tradicional como el criollismo. La fantasía tiene encarnaciones muy diversas, por razones muy variadas, en muchas épocas de la producción literaria hispanoamericana. Ya hemos visto, por el estudio de ciertos estilos como el surrealismo o el realismo mágico, que la verdad histórica o material puede captarse a veces más y mejor

---

[2] *Pirandello:* Luigi Pirandello (1867–1936), dramaturgo y novelista italiano; autor de *Seis personajes en busca de un autor* (1921).

[3] Basado en la idea de una existencia sin sentido, el teatro del absurdo de procedencia francesa, abunda en escenas ilógicas y sin sentido para subrayar lo ridículo de la condición humana: lo cómico, grotesco, ridículo, absurdo en acciones, palabras y situaciones. El teatro de la crueldad fue fundado por el francés Antonin Artaud. Creaba experiencias y escenas de primitiva brutalidad con el fin de crear en el público un rechazo de tal crueldad. Daba énfasis a lo teatral (gestos, movimientos, utilería, luces, escenario) más que lo literario (las palabras de los actores). Bertolt Brecht era dramaturgo alemán (1898–1956) cuya teatro expresa un cinismo irónico hacia la sociedad moderna. Conocido por *The Threepenny Opera*.

mediante un tratamiento que no cae dentro del concepto realista tradicional. Es decir, como bien lo demostraron los surrealistas, hay una realidad superior o más profunda, que el escritor puede ir descubriendo a través del uso de la imaginación libre, los sueños o la subconciencia.

Así han concebido el problema de la captación de la realidad algunas figuras representativas de la literatura fantástica como Rafael Arévalo Martínez (Guatemala, 1884–1975) en *El hombre que parecía un caballo* (1915), o el mexicano Juan José Arreola (1918-) en su *Confabulario* (1952) o Jorge Luis Borges (estudiado en la sección 12.9 sobre los vanguardistas) en sus más celebrados cuentos. Mucho de su cuentística es sumamente filosófica, tratándose de los temas de la identidad personal, el tiempo, la realidad y la existencia humana. A menudo, Borges intenta convencer al lector que su ficción se basa en un hecho verdadero o histórico, pues utiliza datos, nombres, sucesos y aún notas al pie de la página. Es un gran jugador en cuya ficción arma y desarma teorías y filosofías por medio de intrigas complicadas. En una de estas ficciones, «El jardín de senderos que se bifurcan» (§3), Borges aparenta utilizar sucesos históricos para presentar una serie de especulaciones sobre el misterio de la vida, sus *múltiples* verdades o posibilidades, el silencio y el tiempo circular. Y todo lo hace utilizando el *medium* de una historia de espionaje. La cuentística de Borges casi siempre nos sumerge en un mundo que reconocemos ser distinto del nuestro. Sin embargo, conserva bastante o, al menos, lo suficiente de nuestra realidad para que identifiquemos aspectos de nuestro universo con el universo fantástico del cuentista. En el dominio de esta técnica sugerente de infinitas posibilidades y alternativas a la realidad aparente, Borges fue un maestro.

12.17 Identidades y realidades modernas

Dos corrientes literarias que hemos ido señalando a lo largo de nuestra narración de la evolución de las letras modernas se juntan en la novela de los años sesenta: (1) la exploración de las dimensiones de la identidad cultural del hombre hispanoamericano y su mundo; y (2) la experimentación con las formas de narrar. La segunda corriente—el experimentalismo—ha sido tan constante y de carácter tan cosmopolita que algunos han caracterizado este tipo de novela como una segunda vanguardia.

Las raíces de esta novela comienzan a crecer después de la Segunda Guerra Mundial. Se nota en novelas escritas en ese momento como la de Agustín Yáñez (México, 1904–1980), *Al filo del agua* (1947). En el período de posguerra la novela refleja el sentimiento de inseguridad respecto al futuro del hombre occidental en general, y del hispanoamericano en particular. Hay una preocupación por identificar el destino del ser humano en relación con la sociedad, preocupación estimulada por la influencia del existencialismo.[4]

Esta segunda vanguardia de la narrativa se relaciona con la primera y, en cierta manera, hasta podría considerarse una continuación de la primera por varias razones. En primer lugar, desde el punto de vista del experimentalismo, en prosa y verso, en la producción novelística se continúa la busca de nuevas modalidades expresivas. En segundo lugar, la narrativa de la primera vanguardia anticipa muchos de los estilos de escribir y de pensar que en la novela de los años sesenta llegan a perfeccionarse. Sin embargo, frente a estas notas de novedad, hay que señalar que hay cierto elemento de tradicionalismo que se mezcla con el experimentalismo: la utilización de ciertos temas ya explorados en las novelas anteriores—sobre todo en las del criollismo—pero que ahora se desarrollan con otros estilos de narrar.

A esta novela de los sesenta también se le

---

[4] *existencialismo:* popularizado en Francia en los años cuarenta. Esta filosofía mantiene que la esencia del individuo reside en su existencia y que el individuo es responsable de sus acciones. Ausentes los valores absolutos, el individuo debe crear su propia ética. En Francia, Jean Paul Sartre, en España, Miguel de Unamuno, y en Hispanoamérica, Eduardo Mallea representan el existencialismo.

llama la novela del *boom*. Se le ha aplicado este término porque, con la novela de este período, la narrativa de América empieza a florecer como nunca antes en la historia de las letras hispanoamericanas. No sólo la novela, sino la literatura hispanoamericana en general, en lugar de ser, como antes, desconocida fuera de América, ocupa una posición preeminente en la literatura universal. Las novelas del *boom* se traducen con frecuencia y, a veces, inmediatamente después de su aparición en español. Son el objeto de amplios y elogiosos comentarios en Europa y en los Estados Unidos por gente no hispánica.

Frente a la alta calidad de estas novelas, los críticos del Occidente han dicho que por primera vez la literatura hispanoamericana ha llegado a su madurez y que su lectura y conocimiento forma parte del bagaje cultural de gente perteneciente a culturas no hispánicas. Los nombres de Carlos Fuentes (México, 1928–), Julio Cortázar (Argentina, 1914–1984), Juan Rulfo (México, 1918–1986), Mario Vargas Llosa (Perú, 1936–), Gabriel García Márquez y Alejo Carpentier se mencionan con la misma frecuencia que los de novelistas europeos o norteamericanos. Estos, los más destacados del grupo del *boom,* han llegado a tener la popularidad de *best-sellers* con novelas como *La muerte de Artemio Cruz* (1962, Fuentes), *Rayuela* (1963, Cortázar), *Pedro Páramo* (1955, Rulfo), *La ciudad y los perros* (1962, Vargas Llosa), *Cien años de soledad* (1967, García Márquez) y *Los pasos perdidos* (1953, Carpentier). Entre los escritores del boom, el colombiano Gabriel García Márquez recibió el cuarto Premio Nóbel de Literatura presentado a un escritor hispanoamericano (1982).

En esta misma época del *boom* hay otros novelistas, igualmente distinguidos, cuya obra, sin embargo, no forma parte del *boom* porque sus obras no fueron promovidas por las casas editoriales. Ejemplos son José María Arguedas, José Lezama Lima (Cuba, 1912–1981) y Augusto Roa Bastos.

Estos y otros novelistas de su momento rompen con el realismo tradicional, que pertenece al siglo XIX, pero cuya vida se pro-longa y llega a predominar en la llamada novela criollista. Las novelas del *boom* proponen una realidad distinta: libre, desorganizada, fragmentaria, ilógica, irracional, subjetiva—todo en armonía con la vida humana en el mundo moderno. Su interés no es pedagógico ni ideológico, como es el caso de muchos criollistas. Su preocupación central no es el descubrimiento y la descripción de la tierra, la geografía o la tipología racial y étnica de los pueblos de América. Sin embargo, en muchos hay una preocupación por la definición de la historia y por descubrir el sentido épico de la experiencia americana. Tratan de abarcar ésta desde el punto de vista total. Están fascinados por lo que podría llamarse la intra-historia, es decir, la subjetiva y secreta historia que define al ser moderno y lo impulsa hacia la actuación individual en relación con la vida colectiva (los casos de *Rayuela* de Cortázar y de *Aura* [1962] de Fuentes).

La realidad de estas obras tiende a tener mucho de ensueño y de fábula, y en ese sentido se transparenta la herencia en ellas de las obras del primer vanguardismo además de toda la literatura basada en la fantasía: el realimso mágico y el surrealismo. La herencia vanguardista—quizá debiéramos decir, la tradición vanguardista—se evidencia también en las nuevas y muy diversas formas de novelar: experimentos con la estructura de la novela; con la voz narrativa; con los papeles de los elementos imaginativos e históricos; con la representación de la subconciencia humana; con el retrato de las dimensiones épicas de un pueblo o de una región. El narrador de estas novelas dialoga con el autor o con el lector. El autor aparece en la narración con el fin de explicar la teoría de crear una novela. El lector tiene que asumir un papel activo en estas narraciones. En fin, hay en ellas una experiencia compartida.

La angustia, el temor, la opresión política y social, la reserva de absurdas costumbres tradicionales, las guerras, la violencia, la revaloración de la experiencia histórica, la aventura angustiada de la vida y el caos del mundo moderno son algunos de las preocupaciones que se manifiestan en estas obras. En comparación con las novelas criollistas, se trata de una narrativa de mayores dificultades técnicas y, por lo tanto, de lectura más complicada. Pero hay en todas ellas un testimonio de la relación estrecha entre producción literaria y producción social, entre los problemas sociales del mundo moderno y el arte moderno de escribir.

Capítulo XIII
La Edad Moderna III: España

13.1 Del 98 a la vanguardia

La época que va desde la literatura del 98 (V. 11.8) hasta la vanguardia es en España un período tumultuoso, con cambios rápidos en la política. Es, además, un período en que el escritor siente el peso de numerosas transformaciones socio-económicas, las cuales son la causa, como en Hispanoamérica, de un sentimiento de desequilibrio. Piénsese, nada más, en la sucesión de los siguientes acontecimientos para formar una idea de los cambios sociales de estos años: la guerra hispanoamericana (1898) y la pérdida de las colonias ultramarinas; la Primera Guerra Mundial (1914–1918); la Revolución Rusa (1917); y en territorio español, la dictadura de Primo de Rivera (a partir de 1923), la segunda República (1931), la lucha interna (civil) entre los republicanos y los falangistas (fascistas), lucha que termina en la Guerra Civil de España (1936). Se trata de un mundo tan inestable, aunque por razones diferentes, como el que hemos descrito en el capítulo XII.

En España siguen produciendo sus obras los escritores modernos identificados con el 98 o el desastre. Estos hacen de la historia de España y de sus crisis el tema de sus obras. Es el caso, por ejemplo, de José Ortega y Gasset (1883–1955), cuya producción estudiaremos más adelante (V. 13.2). De su pluma se publican en esta época obras fundamentales tanto sobre el arte como sobre la cultura y la historia

españolas: *España invertebrada* (1921); *La deshumanización del arte* (1925); *La rebelión de las masas* (1930). Hay un apasionado deseo de estudiar la historia de España con el fin de entender mejor la crisis del desastre y, al mismo tiempo, (re)definir el carácter nacional y la historia del país. Luego surgirán las vanguardias y una generación significativa de poetas llamada la Generación del 27, pero no desaparecen inmediatamente las voces del modernismo ni los que se preocupan por los temas del desastre. Por lo tanto, ésta es una época, lo mismo que en Hispanoamérica, de rupturas y tradiciones distintas que se manifiestan de modo paralelo. También es un período en que fuerzas diversas y hasta contrarias afectan la cultura y la producción literaria.

Los críticos de las literaturas hispánicas se refieren a una «época pos-modernista» al comienzo del siglo XX, término que describe una época que no hemos considerado suficientemente válido para utilizarlo cuando hablamos de los mismos años en Hispanoamérica. Federico de Onís describió este fenómeno del modo siguiente: «El postmodernismo (1905–1914) es una reacción conservadora, en primer lugar, del modernismo mismo, que se hace habitual y retórico como toda revolución literaria triunfante y restauradora de todo lo que en el ardor de la lucha la naciente revolución negó». Sin embargo, hemos preferido hablar de una Edad Moderna en la que hay, a partir del modernismo, una serie de evoluciones y cambios con etapas distintas en la historia de la experiencia del hombre occidental. Estos cambios o estas evoluciones explican la transición hacia las formas de la vanguardia. Estas formas son una extensión, en sus orígenes, de las rupturas del proceso de la modernización en la literatura y la sociedad que vienen manifestándose desde 1875 en adelante, con raíces en el siglo XIX y manifestaciones distintas y múltiples a través del siglo XX.

13.2 Ortega y la historia de la España moderna

Uno de los signos de las transformaciones que se pueden observar en la cultura española al comienzo del siglo XX es la transición hacia nuevos modos de captar la realidad y de describir la historia del país que tanto se examinó en la literatura del 98.

A este nuevo modo de enfocar la realidad y la experiencia históricas se le da el nombre de «novecentismo». Es un término que Ortega y Gasset y Eugenio d'Ors (1882–1954) utilizaron con frecuencia para establecer lo que ellos veían como las diferencias fundamentales entre los escritores modernistas, los escritores del 98 y la obra de los escritores posteriores. En éstos hay más insistencia sobre el elemento racional o intelectual en lugar del espíritu contemplativo, subjetivo y angustiado, que caracterizó a los poetas y ensayistas del 98 como Unamuno. Ortega, en su frase famosa sobre este tema, insistió en el estudio del «yo y las circunstancias», es decir, en el individuo y los hechos históricos, concretos. Los nuevos rechazaron lo puramente emocional y subjetivo. En el estilo daban un valor especial al significado de la palabra y a la supremacía de la imagen como palabra que crea una realidad (como veremos en la sección 13.4). En el ensayo, particularmente en el de Ortega, figura máxima de este género al principio del siglo, la historia ya no podía ni debía ser una meditación interiorizada y puramente subjetiva. El análisis histórico debía tener una base real en los hechos, porque (continuando una tradición establecida entre los pensadores del 98) era indispensable descubrir el verdadero sentido de

la historia y entender mejor la cuestión de la identidad nacional.

Se ha discutido mucho el aspecto filosófico de la obra de Ortega, y muy en especial si se debe considerar a Ortega un filósofo o un ensayista debido al hecho de que parte de su obra está dedicada a la exploración de temas filosóficos. No vamos a comentar este último aspecto de su obra. De acuerdo con el esquema que hemos establecido, preferimos señalar que en la extensa—y, con frecuencia, densa—obra de Ortega hay varios temas de interés en relación con las cuestiones de tradición, ruptura, identidad e historia.

Uno es el estudio del pasado de la nación española, con acento sobre los aspectos problemáticos de su experiencia histórica. Dos obras en que Ortega analiza estos problemas son *Meditaciones del Quijote* (1914) y *España invertebrada* (V. la selección del último en 3.4.4). En estas obras Ortega toca un aspecto de una de sus preocupaciones fundamentales: la cuestión del papel de las minorías y su ausencia en la historia nacional.

Ortega es un pensador preocupado por las minorías selectas. Este tema forma parte de un libro que probablemente es su obra más conocida entre el público occidental: *La rebelión de las masas* (1930). Es un estudio de las crisis no sólo de la nación española sino de la sociedad moderna en general. En este ensayo largo explora las consecuencias de la desaparición de las minorías selectas frente al crecimiento de las masas. Se le ha acusado, con cierta razón, de ser un escritor elitista con ideas aristocráticas.

No podemos dejar sin comentar *La deshumanización del arte* (1925). Es un libro clave que fluye de las preocupaciones de Ortega sobre el carácter de la sociedad moderna en que vivimos. Con énfasis sobre las relaciones entre sociedad y producción artística, Ortega explora el presente y el futuro y, en especial, el crecimiento de una expresión antirealista de la literatura como producto de un mundo que ha entrado en crisis.

Aun en esta breve discusión, es obvio que le debemos a Ortega una formulación básica de la ideología y filosofía de la Edad Moderna.

13.3 Juan Ramón Jiménez

Las figuras de mayor importancia que surgen entre el 98 y la vanguardia son Juan Ramón Jiménez (1881–1958), Ramón Pérez de Ayala (1881–1962) y Gabriel Miró (1879–1930). De estas figuras Jiménez (§2) es, sin duda alguna, la más destacada por varias razones, pero quizá por ser, durante su larga y fecunda vida, el escritor que representa un puente entre varias generaciones de escritores que van desde el modernismo hasta la poesía contemporánea.

La visión y los orígenes de este poeta pertenecen al sur de España. El sur, es decir, Andalucía, se manifiesta en los colores primarios, la naturaleza abundante, el sol y el calor de las imágenes de su poesía. Se identifica al comienzo de su carrera poética con la poesía de los modernistas. Como otros poetas españoles de ese momento, queda fascinado por el ejemplo personal de Rubén Darío (por ejemplo, en *Ninfeas* [1900]) (§2). (Darío fue a Madrid en 1898 como corresponsal para observar el efecto de la guerra hispanoamericana sobre el pueblo español.) Con los años Jiménez empieza el proceso de la exploración de otros caminos creadores, sobre todo, la búsqueda de la pureza y las esencias de la poesía. A través de su vida larga sirve de ejemplo e inspiración a varios grupos de poetas, desde principios del siglo XX hasta su muerte. Como culminación de su carrera de poeta, dos años antes de su muerte alcanza un reconocimiento universal cuando gana el Premio Nóbel de Literatura (1956).

Jiménez es un poeta en cuya obra se puede ver la exploración solitaria de la definición de su propio ser en una relación subjetiva con la naturaleza y el mundo circundante. Adopta como lema las palabras de Goethe: «Sin aceleración y sin detenimiento, como los astros, gira el hombre alrededor de su propia obra».[1]

Las escenas recordadas de su infancia en el sur de España abundan en su poesía. En sus versos se nota la influencia de lo que Federico de Onís llama «lo bueno andaluz», es decir, lo exquisito, señoril, sobrio, esencial y eterno. En otra etapa de su vida y obra, la de su casamiento con la compañera de su vida, Zenobia Camprubí, aparecen los ambientes urbanos. Pero, lo que caracteriza su creación y la estimula son menos los escenarios físicos que el penetrante y, con frecuencia, angustiado diálogo íntimo entre su alma y el mundo. Hay, en relación con este proceso de interiorización, un fuerte elemento panteísta en sus versos.[2] El poeta desea interiorizar no sólo la naturaleza (el elemento panteísta de su poesía) sino el mundo en su totalidad. Quiere captarlo para sí, su alma y su inteligencia. El poeta y su arte se constituyen como el centro del mundo, como el eje organizador de la experiencia universal percibida por un poeta que desea abolir las fronteras entre el yo, el mundo y el arte poético.

Los acontecimientos del mundo, o los de su España nativa, no le preocupan mucho. Lo entristecen, por ejemplo, las noticias de la Guerra Civil, pero no toma parte activa en esta lucha. Prefiere el exilio. La suya es una experiencia creadora basada en la soledad. En efecto, la soledad se convierte en uno de los temas principales de su literatura, o como él decía, de su «obra».

En Jiménez hay un proceso continuo de re-elaboración y perfeccionamiento. El poeta escoge los poemas para sus antologías, un proceso, en su caso, totalmente lógico en relación con su afán por percibir mejor la experiencia mundial.

En su obra madura, Jiménez busca la «poesía pura». Con este término se quiere dar a entender muchas cosas. Pero cuando el término se aplica al verso de Jiménez, significa la expresión desnuda, una poesía de esencias, una poesía que llega al fondo de las cosas. En

---

[1]*Goethe:* Johann Wolfgang von Goethe (1749–1832), poeta, dramaturgo, novelista alemán.

[2]*panteismo:* doctrina según la cual Dios o la fuerza divina se percibe en los elementos del universo, muy particularmente, en la naturaleza.

Eternidades (1918) describe el proceso del acercamiento a lo «desnudo»:

Vino, primero pura,
vestida de inocencia;
y la amé como un niño.
Luego se fue vistiendo
de no sé que ropajes;
y la fui odiando, sin saberlo.
. . . .
. . . Mas se fue desnudando.
Y se quitó la túnica,
. . . .
y apareció desnuda toda . . .
¡Oh pasión de mi vida, poesía
desnuda, mía para siempre!

Esta búsqueda de las esencias llega a ser una constante en la labor poética de Jiménez. Al mismo tiempo es motivo de muchas angustias, pues el poeta lucha con los elementos del lenguaje para dar forma a las esencias que quiere definir.

Juan Ramón Jiménez es un poeta en prosa además de un poeta en verso. En *Diario de un poeta recién casado* (1917) experimenta (como Darío antes) con el poema en prosa. Y en *Platero y yo* (1914) produce un texto sumamente poético—es decir, de «esencias»— en que el poeta utiliza los recuerdos de su infancia.

Todo en la vida literaria de Jiménez tiene su centro en el hombre-poeta. Su objeto en la vida es contemplar y entender «los fondos» de la belleza y de la eternidad con independencia de los hechos o las circunstancias materiales de la existencia.

13.4 Las vanguardias y la Generación del 27

En 1918, aproximadamente, empiezan a sentirse en España las renovaciones y rupturas que ya hemos descrito (Cap. XII) como las características de la vanguardia. Hay, por ejemplo, en fecha tan temprana como 1910 un *Manifiesto futurista para españoles* de Marinetti. Y en 1918, llega a Madrid Vicente Huidobro con sus ideas creacionistas. El espectáculo de la Primera Guerra Mundial crea en los artistas

el sentimiento de que el mundo está deshaciéndose. Preocupados y confusos, los escritores de la época, frente al fenómeno aterrador de la guerra, sienten la necesidad de rebelar, de protestar y de ir por nuevos caminos, lo cual incluye el rehacer la expresión literaria. *Rehacer* significa incorporar las influencias y las corrientes europeas de la vanguardia, tanto las creacionistas como las francesas del surrealismo.

Tratándose de la vanguardia española, hay una tendencia a no distinguir de modo claro entre ultraísmo, creacionismo y surrealismo, como se suele hacerlo en las historias de las vanguardias hispanoamericanas. El término que se aplica a las vanguardias de España generalmente es el «ultraísmo»; es decir, se usa este término para describir todas las novedades y expresiones experimentales de los años veinte y treinta. Pero es de menor importancia el uso del término exacto que la intención revolucionaria de los escritores vanguardistas, para quienes las vanguardias significan un esfuerzo por poner la literatura española al día en relación con las demás europeas, corrigiendo así el retraso nacional característico de años atrás.

Es difícil organizar la discusión de la vanguardia española debido al hecho de que muchos de los poetas que pertenecen a ella publican su obra a través de un período muy extenso: antes, durante y hasta después de la Guerra Civil Española (1936–1939). Por lo tanto, en su obra hay una evolución literaria que se relaciona con la producción social que cubre un período no sólo largo, sino de acontecimientos y cambios histórico-sociales de profundo significado. Otra dificultad es que la obra de los escritores de la vanguardia coincide con la de la Generación del 27. Este hecho crea confusiones entre vanguardia y Generación del 27.

En todos los creadores de este período hay un acento de ruptura y un sentimiento de desorientación a pesar de momentos de creación tradicional o clásico. Por eso, preferimos el término «vanguardia». Recuérdese, sin embargo, que como signo de la modernidad, la vanguardia implica lo nuevo, pero al mismo tiempo, lo tradicional. Es decir, al mismo tiempo que hay una mirada hacia las formas artísticas de las sociedades avanzadas europeas, hay otro proceso contrario: la involución. La **involución** quiere decir la vuelta a los orígenes culturales tradicionales, el retorno a los elementos más básicos de la cultura española. Este doble proceso—la tradición y la ruptura—lo veremos en el caso de los poetas vanguardistas de España.

Al estudiar a los escritores de esta época no sólo hay que tener en cuenta este doble proceso, sino el hecho de que, como ya se ha dicho, las figuras vanguardistas siguen produciendo mucho después de los límites cronológicos de los años veinte y treinta. Muchos de estos problemas de división cronológica de la historia literaria, ya los hemos explorado en 12.1. A ellos hemos aludido en el caso de Juan Ramón Jiménez, quien pasa por varias etapas históricas: el modernismo, los experimentos vanguardistas de su *Diario de un poeta recién casado* y, luego, la poesía «pura».

En su evolución desde el modernismo hacia la pureza de las formas no es Jiménez el único a quien hay que tomar en cuenta al trazar los primeros pasos hacia la expresión vanguardista. Pero no nos interesa señalar a los precursores o a los iniciadores de este proceso, sino explorar el carácter de los variados aspectos de la vanguardia.

Un escritor más cercano a la vanguardia por su temperamento y sus ideas estéticas que Juan Ramón Jiménez fue Ramón Gómez de la Serna (1888–1963). (Fíjese en la extensión de la vida de este escritor en relación con lo que comentamos en el párrafo anterior.) En su búsqueda de nuevas formas de percibir el mundo caótico, este creador, utilizando con insistencia la metáfora, inventó un género de expresión que bautizó la «greguería». **La greguería** es un trozo corto en que hay un elemento de humor y, con frecuencia, un elemento absurdo e irracional. No hay que buscarle un sentido lógico, pues el creador de estas formas intermedias entre poesía y prosa afirmó: «Cada vez estoy más convencido de que decir cosas con sentido no tiene ningún sentido». En novelas,

ensayos, en sus *Greguerías* (1917) leemos pensamientos cortos como los siguientes:

> ¿Por qué los relojes suenan como de acuerdo su tic-tac con otros relojes que dan su hora antes o después?

> Un ojo de ave, un ojo de ave, un ojo de ave sobre la ciudad lo desimpresiona todo y muestra la candidez de los ojos del Espíritu Santo, llenos de idéntica teoría a la del ojo de ave.

13.5 Poetas vanguardistas de la Generación del 27

La vanguardia sigue viviendo entre los poetas de la Generación del 27. La explicación de por qué estos poetas constituyen una generación se basa en el hecho de que llegaron a conocerse en la Residencia de Estudiantes de Madrid en los años veinte, y entre ellos se establecieron estrechos y duraderos lazos de amistad. Luego colaboraron en las mismas revistas literarias—fundamentalmente vanguardistas—en cuyas páginas se hacía la defensa del juego verbal. Después ocurrió un acontecimiento histórico y literario que dejó una impresión profunda sobre ellos: el redescubrimiento de Luis de Argote y Góngora con ocasión del tricentenario de su muerte (m. 1627). Despertó entre ellos el interés en su obra, y la lectura de ésta creó en estos poetas una expresión que se llama el «neobarroquismo».[3]

No sólo se vuelve a descubrir a Góngora en 1927. Este es el año en que se funda la *Gaceta Literaria,* revista que reúne a muchos de estos escritores; y entre 1926 y 1929 ven la luz libros como *Canciones* (1927) y el *Romancero gitano* (1928) de Federico García Lorca, *El alba del alhelí* (1928) de Rafael Alberti, *Se-*

---

[3] *neobarroquismo:* renacimiento en el siglo XX de ciertas características del barroco del siglo XVII, en especial, la complejidad y la ornamentación estilísticas, los juegos de palabras, las enumeraciones abundantes y el metaforismo complicado.

guro azar (1929) de Pedro Salinas y el primer *Cántico* (1928) de Jorge Guillén.

Cada uno de estos poetas cultiva un arte distinto. La individualidad—ya lo hemos visto—es el signo de las letras de la Edad Moderna. Sin embargo, entre los vanguardistas de España, como entre los de Hispanoamérica, hay un elemento en común: la visión crítica de un mundo que los escritores consideran imperfecta y hasta inservible. Predomina, como consecuencia, una literatura de ruptura. Pero no desaparece la tradición. La tradición barroca, por ejemplo, la de Góngora, es entre los poetas de esta generación una forma de organizar un presente desordenado con aquellos elementos del pasado que consideraban estables o servibles.

13.6 La vanguardia: Alberti y Aleixandre

En un poeta como Rafael Alberti (n. 1902) la visión de ruptura al principio toma la forma de una poesía vanguardista, con elementos populares, pero con formas a veces herméticas. Así es en sus primeros libros: *Marinero en tierra* (1925), *La amante* (1926), *El alba del alhelí* (1927), *Cal y canto* (1929) y *Sobre los ángeles* (1929) (§2). Después, el poeta orienta su visión hacia las lacras sociales que él, como comunista, asocia con la economía capitalista y la explotación del obrero. Cultiva una poesía de protesta a partir de *El poeta en la calle* (1931–1936) y en libros característicos como *Consignas* (1933) o *13 bandas y 48 estrellas, poema del Mar Caribe* (1935).

La vanguardia, como dijimos antes, se manifiesta de modos muy variados. Si comparamos la obra de Vicente Aleixandre (1898–1987) con la de Alberti, falta en la de aquél la dimensión social. Sólo se aproxima a ella de un modo muy general en su deseo de alcanzar una solidaridad con el mundo y con la experiencia humana.

En el fondo Aleixandre ha sido un poeta de la soledad, subjetivo, preocupado por los temas de la muerte, el tiempo y el amor. Hay en él una especie de tensión entre una actitud escéptica frente a la vida, la preocupación por el amor y la muerte, y la percepción de los ritmos de la vida. Su producción poética es muy amplia. Críticos como José Olivio Jiménez la han dividido entre los libros que preceden a *Historia del corazón* (1954) y las primeras obras entre las cuales figuran *Ambito* (1928), *Pasión de la tierra* (1935), *Espadas como labios* (1932) y *La destrucción o el amor* (1932). En *Pasión de la tierra,* siguiendo el concepto de la ruptura expresiva común a los vanguardistas, experimenta con la prosa poética (§2). En poemas de otros volúmenes revela su honda preocupación por situarse en relación con el amor y la muerte, o el deseo de entender y de participar en el significado del universo. La poesía de Vicente Aleixandre ha logrado atraer la atención del mundo literario occidental. Además de ser premiado en España, gana el Premio Nóbel de Literatura en 1977.

13.7 La vanguardia: Cernuda y Diego

Los temas de la tradición y la ruptura son fundamentales en la poesía de Luis Cernuda (1902–1963). Este también es un poeta solitario. Su sentimiento de aislamiento es aumentado por su homosexualidad. La tradición social y las leyes convencionales de la moral pesan sobre él. Crean en su obra una insistencia sobre la imposibilidad o el inevitable fracaso del amor. Esta idea se evidencia en el título de algunos de los poemas de *Un río, un amor* (1929) (§2). A partir de éste, su segundo libro, aparece con claridad este tema prohibido en la cultura hispánica. En los libros siguientes se perfila con mayor claridad: *Los placeres prohibidos* (1931), *Donde habite el olvido* (1934), *Invocaciones* (1934–1935) y *La realidad y el deseo* (1936). La nota vanguardista (dimensión de la tradición) se manifiesta en una vuelta a formas renacentistas, sobre todo de Garcilaso de la Vega, para expresar el amor y el deseo homosexuales (dimensión de la ruptura). La influencia renacentista se ve principalmente en *Egloga, elegía, oda* (1927–1928). El ambiente de su poesía es melancólico; es la visión del solitario frustrado. En resumen, Cernuda es un poeta que se enfrenta con los tabúes de su sociedad, rescata elementos de la tradición poética y experimenta con la métrica y con el uso de la prosa poética (especialmente en *Los placeres prohibidos*) (§2).

Gerardo Diego (1896–), otro poeta de este período, toma parte muy activa en las actividades de la vanguardia española. Es él, además, quien historia los estilos vanguardistas en su famosa antología de la época, *Poesía española contemporánea* (1932). Este libro se reedita en 1934 y en forma más amplia en 1959. En ella están Pedro Salinas, Jorge Guillén, Dámaso Alonso, Juan Larrea, Gerardo Diego, Federico García Lorca, Rafael Alberti, Emilio Prados, Vicente Aleixandre y Luis Cernuda entre otros.

Diego experimenta con el creacionismo de Vicente Huidobro, con el surrealismo y con el ultraísmo. El énfasis de su estilo expresivo cae sobre la imagen, sobre todo en las dimensiones inconexas e irracionales de la metáfora (la ruptura), así en libros como *Imagen* (1922), *Limbo* (1919–1921) o *Manual de espumas* (1924). En los poemas de otro libro, *Fábula de Equis y Zeda* (1932), se produce una vuelta a ciertos elementos barrocos (la tradición).

La poesía madura de Diego revela un evidente proceso de desmitificación de los objetos tradicionalmente «bellos» o de la imaginería poética. Pero a diferencia de Alberti o Cernuda, quienes se orientan en vida y obra hacia las ideologías izquierdistas o marxistas, Diego escoge el camino del conservadurismo y del escepticismo político.

13.8 Ruptura, tradición e identidad: la obra de García Lorca

A pesar de que entre los vanguardistas españoles, fue Vicente Aleixandre quien ganó el Premio Nóbel, lo cual es una indicación de reconocimiento universal, la figura más conocida de esta generación a los lectores no hispánicos—y quizá a los hispánicos—es Federico García Lorca (1898–1936).

García Lorca supo combinar los elementos de la cultura popular de su nativa Andalucía con las técnicas y procedimientos expresivos de los vanguardistas. Con esta combinación alcanzó lo que hemos descrito como la característica fundamental de los escritores de este período: la ruptura (el experimentalismo estilístico) y la tradición (la vuelta a las raíces étnicas, culturales o históricas). En el caso de García Lorca, en los dos géneros que cultivó en vida—la poesía y el teatro—aparecen los temas y símbolos de la Andalucía popular: jinetes, mujeres frustradas, madres austeras, guardias civiles, el mar, la represión social y sexual, la busca de la libertad, el apasionamiento, lo sensual y la violencia. Estas notas ya se ven con abundante claridad en un libro temprano como *Canciones* (1927) (§2).

Su primer libro, *Impresiones y paisajes* (1918), fue un libro de prosa. Después, por preferencia personal, cultivó el verso y el drama. En su caso, como en el de otras figuras de su período, fue significativo para el desarrollo de su expresión artística el contacto con figuras experimentalistas de su generación como el pintor Salvador Dalí, el cineasta Luis Buñuel y los poetas contemporáneos Emilio Prados y Rafael Alberti, los cuales vivían en la Residencia de Estudiantes en Madrid. Allí los conoció García Lorca, y entre ellos crecieron lazos de amistad permanente.

En la evolución de la poesía vanguardista de García Lorca fue fundamental el viaje que hizo a Nueva York en 1929. En la metrópoli del norte sufrió el choque del contraste entre la cultura rural de Andalucía y la urbana de Nueva York. En una serie de poemas titulados *Poeta en Nueva York* (1940) García Lorca captó esta experiencia en versos a veces delirantes en los cuales se entrecruzan y conviven dos culturas: la española y la norteamericana (§2).

El viaje a Nueva York fue seguido por una estancia en La Habana, Cuba. Allí tuvo la oportunidad de conocer una cultura hispanoamericana, absorber elementos de esa cultura, especialmente las raíces africanas, y llegar a conocer a muchos de los poetas y prosistas importantes de la isla. Esta experiencia, más la de Nueva York, se agregó a su cultura original andaluza. Todas estas influencias culturales se evidenciaron en uno de sus libros más complejos e inspirados, *El romancero gitano* (1928).

Decir «romancero» es, por supuesto, decir tradición. Pero, este libro no es una sencilla re-creación de la cultura andaluza que García Lorca vive en su juventud. Es más bien un libro en que el poeta, usando formas tradicionales, expresa ideas modernas. En ella, al mismo tiempo, se habla de la angustia del poeta, las limitaciones impuestas por la sociedad a la libertad del individuo y el peso tradicional de los tabúes, sobre todo en relación con el amor y el sexo. La cuestión de los tabúes, la siente García Lorca de un modo muy especial debido a los prejuicios de la sociedad fundamentalmente machista en que vivía. Siente la obligación de expresar su homosexualidad en símbolos escondidos o en metáforas de la cultura andaluza.

Muchas de las cuestiones de sus preferencias sexuales, las inserta García Lorca de modo velado en sus piezas teatrales. Desarrolla una capacidad por presentar las esencias dramáticas de aspectos trágicos de la existencia. Puede decirse que en ese esencialismo está siguiendo un principio que hemos descrito y estudiado como un rasgo característico de la literatura de la Edad Moderna.

Las piezas teatrales más conocidas de García Lorca son *La zapatera prodigiosa* (1930), *Amor de don Perlimplín con Belisa en su jardín* (1933), *Bodas de sangre* (1933) y *Yerma* (1934). Como en muchos de los versos vanguardistas de García Lorca, en estos dramas se da expresión al temor, a la represión y a la violencia. Las víctimas son mujeres que sienten el peso de una sociedad que limita su acción libre. Pero uno tiene que preguntarse si la presentación de la represión social en relación con el amor, el matrimonio y el sexo no es un subterfugio para presentar el problema más amplio y, a la vez, personal que le angustia: el comportamiento libre de hombres (en la expresión del amor homosexual) y de mujeres en la sociedad española.

La carrera productiva de García Lorca fue corta. Las fuerzas fascistas lo localizaron en Granada y, en agosto de 1936 lo asesinaron.

13.9 El arte hacia adentro: Guillén y Salinas

Jorge Guillén (1893–1984) y Pedro Salinas (1892–1951) son dos poetas de esta misma generación de poetas, es decir, de la llamada Generación del 27. Sin embargo, la poesía de ambos pertenece a una expresión que podríamos llamar «poesía intelectual», o «poesía de los estados mentales». Los dos sobreviven el comienzo de la Guerra Civil Española y escogen el exilio en los Estados Unidos. Los dos, además, se dedican a la enseñanza universitaria. Durante el exilio, ellos y los miembros de su familia mantienen estrechas relaciones de amistad y de interacción. Los temas de los dos son temas universales: la exploración de la realidad de la vida del hombre. Pero los dos, particularmente Guillén, cultivan—en forma íntima y desde adentro—temas que, además de identificarse con una poética universal, pertenecen a la experiencia del hombre moderno: el tiempo, la voluntad en la vida, la cuestión de la existencia y la relación del individuo con ella. Entre los libros de Guillén se destacan *Cántico y clamor* (1928) y *Clamor* (1957 y 1960); las obras más significativas de Salinas son *Presagios* (1923), *La voz a ti debida* (1934) y *Razón de amor* (1936).

13.10 La Guerra Civil, 1936–1939

La Guerra Civil empezó en julio de 1936 y su fase militar duró tres años—hasta el primero de abril de 1939. Empezó con la rebelión del ejército dirigida por Francisco Franco y otros generales «falangistas» (fascistas) contra el gobierno legal de la República. Esta catástrofe nacional, la más profunda en la experiencia de España desde el siglo XVII, dejó marcadas huellas sobre la producción literaria del país. Además, creó dos Españas literarias: la de los escritores que escogieron quedarse en el país con el triunfo de los falangistas, y otra cuyos artistas—los más importantes y distinguidos—prefirieron el exilio al gobierno establecido por el General Franco. A la España del exilio se le dio el nombre de «España peregrina». A ella pertenecieron los artistas que se exilaron al finalizarse la lucha civil, los cuales se quedaron fuera, principalmente en México, Francia y los Estados Unidos, durante la mayor parte del régimen de Franco, o hasta su muerte.

Frente a la Guerra Civil los escritores tomaron partido del modo siguiente: los del 98—con la notable excepción de Juan Ramón Jiménez y Antonio Machado—apoyaron a los rebeldes, o sea, a los falangistas; los escritores posteriores a los del 98, es decir, los novecentistas, salieron del país y, en general, se mantuvieron al margen de la lucha. Y, por fin, los escritores de los años veinte y treinta, los que pertenecieron al vanguardismo, por ejemplo, se afiliaron con la República, con la excepción de Gerardo Diego.

13.11 Literatura y represión

Inmediatamente después del triunfo del gobierno falangista, se inició un período largo de opresión y miedo. Hubo muertes, fusilamientos, cárceles y campos de concentración. La España de Franco organizó una campaña para destruir a los elementos en contra de su gobierno. Su política exterior era igualmente totalitaria, pues se afilió con Mussolini e Hitler. Hubo elementos de oposición dentro del país que organizaron huelgas y *boicots* y que, en la clandestinidad, buscaron toda forma de protesta en contra de la represión nacional. Pero el control de Franco y su gobierno resultó muy fuerte. Aunque los falangistas no destruyeron a los elementos de oposición, pudieron afirmar su poder. Pero la oposición no desapareció; creció notablemente después de la guerra, o sea, a partir de 1944.

La literatura producida en este ambiente represivo, con un programa activo de censura oficial, fue una literatura que expresó lo trivial, lo vulgar, los detalles de la vida diaria.

Quedó fuera toda nota crítica y lo que pudiera interpretarse como un comentario sobre las circunstancias históricas contemporáneas.

Entre los novelistas, Carmen Laforet (n. 1921) es la primera a escribir sobre las consecuencias de la Guerra Civil en *Nada* (1945) (§2). Es un relato autobiográfico con personajes sin valores espirituales o morales. El aspecto sórdido del ambiente es, obviamente, un reflejo de la falta de valores positivos en el régimen franquista y en la sociedad española creada por el franquismo.

En la novela de este período, se produce una forma de realismo que se llama el **tremendismo.** Se trata de un realismo que daba énfasis a los aspectos sombríos de la existencia, la violencia, el crimen y los elementos crudos, repulsivos y vulgares de la vida. El lenguaje del tremendismo es igualmente crudo y violento. Refleja los ambientes descritos, sobre todo en novelas como las de Camilo José Cela, *La familia de Pascual Duarte* (1942) (§2), novela que, se dice, inaugura la corriente del tremendismo en España. La trascendencia de la obra de Cela fue reconocida en 1989 cuando le otorgaron el Premio Nóbel de Literatura.

La literatura del franquismo, sobre todo, al comienzo del régimen, tiende a trivializar la vida. Pero la trivialización constante de la vida puede interpretarse como un escondido espíritu de protesta. Es decir, la insistencia sobre el pesimismo y los aspectos sombríos de la vida española pueden interpretarse como un comentario negativo sobre el estilo de vida de la España franquista. Además, en estas obras se siente un escondido o reprimido deseo de criticar, de expresarse con libertad o de pensar libremente. Pero en lugar de la expresión libre lo que predomina es la esterilidad, la conversación trivial o los detalles insignificantes de la vida diaria.

Durante el franquismo, en poesía, como en la narrativa, hay una idéntica tendencia hacia la trivialización de la vida, expresada en la mayoría de los casos en formas poéticas tradicionales. Se producen libros poéticos en que es evidente el escape de la realidad triste del país como reacción a la atmósfera políticamente opresiva. Este modo expresivo es cultivado por poetas «neo-realistas» (como Leopoldo Panero o Dionisio Ridruejo) afiliados con el régimen fascista y agrupados en torno a la revista de nombre simbólico (escape hacia la tradición), *Garcilaso* (1943). Más tarde, José Agustín Goytisolo, un poeta español, se burlará de la vacuidad de estos poetas garcilasistas: «Es la hora, dijeron, de cantar los asuntos maravillosamente insustanciales, es decir, el momento de olvidarnos de todo lo ocurrido y componer hermosos versos, vacíos, sí, pero sonoros, melodiosos como el laúd, que adormezcan, que transfiguren, que apacigüen los ánimos, ¡qué barbaridad!»

13.12 Aperturas: la busca de nuevas formas expresivas

Bajo la dictadura franquista nacen formas expresivas que de alguna manera superan las limitaciones de la censura oficial y la opresiva esterilidad cultural. Estas «aperturas» literarias constituyen formas similares a las rupturas de los novelistas del *boom* que estudiamos en el Capítulo XII. Los móviles son distintos y el ambiente es otro. Pero une a ambas tentativas un deseo de reformar y modernizar la expresión literaria para que sea un instrumento más adecuado de la experiencia del hombre moderno atrapado en el angustiado mundo contemporáneo.

En medio de las limitaciones literarias de la España franquista se producen obras que señalan nuevos caminos y, por consiguiente, constituyen un reto a la atmósfera cultural. Nos referimos por el momento a obras publicadas *dentro* del país. Pues, como veremos más adelante, también hay aperturas en las obras escritas, publicadas o representadas (en el caso del teatro) fuera del país por la «España peregrina». También hay artistas que viven en España y se ven obligados a utilizar los medios de producción fuera de su país para publicar o representar sus obras.

Dentro de la España franquista en este período hay tres obras que van contra la corriente «pacífica» del franquismo: *La familia de Pascual Duarte* (1942) de Camilo José Cela (1916–); *Hijos de la ira* (1944) de Dámaso Alonso (1898–1990); e *Historia de una escalera* (1949) de Antonio Buero Vallejo (1916–). Estas son obras que, a pesar de la censura oficial del régimen, exploran la miseria del hombre, su crueldad y el sentido de vacío. En ellos se experimenta con formas alternativas de realismo y de tiempo no-cronológico. Desde luego no son éstos los únicos autores que logran expresar las emociones y las ideas que nacen en un mundo limitado por la censura y la represión. Pero, hacia el comienzo del franquismo, sus obras son representativas de algunas de las tendencias que caracterizan los esfuerzos de los escritores e intelectuales de romper con las restricciones de su ambiente y expresar algo trascendente sobre la verdad social y subjetiva de la experiencia franquista. Más tarde, durante los años sesenta, surgirán otras figuras que continuarán esta corriente «contestataria».[4] En la novela, estos escritores, con rebeldía y realismo, seguirán escribiendo obras que representan una reacción en contra de la trivialidad de la vida. En muchos casos, buscarán la manera de expresar de modo velado una actitud oposicional. Es el caso de Ana María Matute (1926–) (V. 3.3.10), Ignacio Aldecoa (1925–1969) y Rafael Sánchez Ferlosio (1927–) en la novela; en verso, de poetas como José Hierro (1922–), Blas de Otero (1916–1979) y Gabriel Celaya (1911–), quienes aluden a las miserias de su ambiente en lugar de definirlas con exactitud.

Ya hemos notado que el régimen franquista produjo un fenómeno que se llama la «España peregrina»: más de medio millón de españoles que dejaron el país y buscaron refugio principalmente en los Estados Unidos, México, Inglaterra o Italia. Entre estos peregrinos hubo escritores e intelectuales distinguidos como Juan Ramón Jiménez, Luis Cernuda, León Felipe (1884–1968), Pedro Salinas, Jorge Guillén, Rafael Alberti, Ramón

---

[4] *contestataria:* adjetivo que se usaba para caracterizar las formas de criticar el régimen, o de oponerse a sus prácticas.

Sender (1902–1982), Max Aub (1903–1972), Juan Goytisolo y Francisco Ayala.

De los narradores de este período quizá el más representativo, y el que ha logrado más reconocimiento en el mundo occidental de las letras, ha sido Juan Goytisolo (n. 1931). Sus personajes son rebeldes; muchos pertenecen a la marginalidad; otros representan aspectos anti-tradicionales de comportamiento social o individual. Es un mundo que refleja los problemas fundamentales de la modernidad cultural y social. Con los años, este novelista fecundo orientará su producción novelística hacia ciertos modelos de la literatura francesa y la hispanoamericana, preocupándose más de los problemas del lenguaje y menos del retrato de la verdad social (*Señas de identidad* [1966] y *Reivindicación del Conde don Julián* [1970]) (§2).

El teatro, igual que las otras formas artísticas, tuvo que luchar con las limitaciones impuestas por la censura oficial del régimen franquista. El hecho de que el dramaturgo sabía que se trataba de someter toda obra escrita al escrutinio y fallo del censor, lo obligaba a trivializar los temas de sus piezas teatrales o a expresar sus ideas por medio de formas simbólicas. La presencia constante de la censura presentó problemas de los cuales pocos artistas lograron escapar.

Una de las excepciones es Antonio Buero Vallejo, cuyo teatro «realista» explora aspectos profundos de la existencia del ser humano frustrado por el peso de las condiciones sociales de su existencia, un teatro que algunos han llamado «humanista». En esta línea artística está una de sus obras más importantes de este período, *Historia de una escalera* (1949) (§2). Buero utiliza la metáfora de la escalera para representar la continuidad de los problemas de la vida de madrileños típicos enfrentados durante años con fracasos personales y frustraciones materiales. Hay un elemento inmóvil en la obra—un comentario sobre la inmovilidad social. La figura de la escalera une a los seres del drama vistos con compasión por el dramaturgo. En otras obras Buero trata las limitaciones del ser humano y defiende su dignidad porque tiene fe en la humanidad. Utiliza la ce-

guera o la sordera para simbolizar las limitaciones que le interesan retratar en escena. En obras como *En la ardiente oscuridad* (estreno en 1950) y *Hoy es fiesta* (1956), mediante el uso de representaciones símbolicas y alegóricas toca las cuestiones de la autoridad, la inmovilidad social y la existencia del autoritarismo. Y en *La doble historia del doctor Valmy* (1968) (prohibida por la censura por varios años) presenta al público los problemas del horror, la alienación y la responzabilización moral.

Para los dramaturgos de este período lo más dificíl fue vivir con el espectro de la censura. En el panorama de la censura teatral, dos figuras destacadas, víctimas de esta censura, fueron Alfonso Sastre (1926–) y Fernando Arrabal (1932–). Empezaron a censurar a Sastre en 1967 y a Arrabal en 1959.

Sastre es el dramaturgo del teatro anti-burgués quien busca en su teatro el testimonio, el realismo y la ética. Influido por autores europeos como el alemán Bertolt Brecht y el francés Jean Paul Sartre, ha creado un teatro basado en la responsabilidad social colectiva e individual. En sus obras toca temas como el autoritarismo, el conformismo, la rebelión y la lucha. Parece querer crear conciencia con los espectadores. Su concepto teórico define su teatro: «Ni inhibición ni exhibición política: testimonio». Y el teatro es para él un arma de lucha.

Arrabal es un dramaturgo muy diferente, pero, como Sastre, es testigo de su país y crítico de las condiciones en que vive. Su teatro no es realista, sino simbólico, surrealista y dentro de la tradición de lo que se llama «el teatro del absurdo». Sus ideas políticas y el tipo de teatro que cultiva lo obligan a abandonar el país y vivir en el exilio en Francia. Allí en lengua francesa ha puesto sus obras en escena con gran éxito.

13.13 Palabras finales

Como señalamos en el Capítulo XII, en este recuento histórico-cultural de las letras hispánicas no podemos incluir todas las figuras ni todas las obras. Nuestro propósito ha sido señalar corrientes, tendencias y conceptos generales y mostrar las relaciones entre la producción social y la producción literaria.

Los Capítulos XII y XIII son los únicos en que hemos separado el estudio de la literatura hispanoamericana de la española. Obligados a hacer esta división por la abundancia del material, al finalizar el primer volumen de nuestra obra deseamos subrayar lo que ya hemos expresado en varias ocasiones: la necesidad de unir el estudio de la literatura de Hispanoamérica con la de España.

En el período moderno hemos visto que circunstancias sociales diferentes han creado textos con preocupaciones semejantes. La crisis del 98 en España y la iniciación de la literatura modernista hispanoamericana produjeron obras que respondieron a la necesidad de redefinir la cultura nacional y el papel del individuo frente al mundo moderno. Más tarde, en España, la presencia de la dictadura franquista fue el hecho principal que engendró una literatura de disfraz, con fuertes tendencias hacia la protesta y la rebeldía. Ha sido de tanto peso el tema del franquismo en la literatura española del siglo XX que figuras de la «España peregrina» (V. 13.10) como Francisco Ayala siguen meditando hoy en día sobre los hechos históricos y culturales de ese período en libros de ensayos como *España a la fecha* (1977) (§2).

En Hispanoamérica también hubo dictaduras que ejercieron la represión y la censura comparables a las de España. Pero las circunstancias socio-culturales que más han moldeado las letras modernas de Hispanoamérica han sido la necesidad de entender la identidad hispanoamericana, desfigurada o reprimida desde la Conquista; la marginalización económica en relación con la modernización cultural; y el papel del imperialismo norteamericano en la política y la cultura.

El deseo de una liberación individual o social frente a la represión, el ejercicio de la libertad creadora y la busca de las raíces de la tradición cultural—sobre todo en relación con el concepto de la modernidad—son temas afines en España y América. Su presencia en la Edad Moderna, como antes, justifica la necesidad de unir el estudio de la producción literaria de los países hispánicos.

24. España

25. Hispanoamérica

Apéndice:
Estructuras poéticas

I. *Versos según el número de sílabas**

Núm. de sílabas	Nombre del verso
2	bisílabo
3	trisílabo
4	tetrasílabo
5	pentasílabo
6	hexasílabo
7	heptasílabo
8	octosílabo
9	eneasílabo
10	decasílabo
11	endecasílabo
12	dodecasílabo
13	tridecasílabo
14	alejandrino
15	pentadecasílabo
16	octonario

II. *Combinaciones de rimas*

Rima pareada o **versos pareados:** cuando dos versos seguidos riman: AA BB CC DD EE . . .

Rima enlazada o **versos enlazados:** cuando la rima se encadena de verso en verso: AB BC CD DE . . .

Monorrima o **versos monorrimos:** versos de una sola rima: AAAAA . . .

Rima trenzada o **versos trenzados:** ABA BCB CDC . . .

Rima cruzada o **versos cruzados:** AB AB AB AB . . .

Rima abrazada o **versos abrazados:** AB BA . . .

III. *La estrofa*

La estrofa es la combinación de dos o más versos sujetos a un ritmo. De acuerdo con el número de versos y la rima de éstos, las combinaciones llevan diferentes nombres.

Núm. de versos	Nombre de la estrofa
2	pareado o dístico
3	terceto
4	cuarteta
	cuarteto
	redondilla
	seguidilla
5	quinteto
	quintilla
	lira
6	lira de seis versos
	sextilla
	sexta rima
7	séptima

---

*Se compiló este apéndice con la ayuda de los materiales en *Métrica española* de Tomás Navarro Tomás (Madrid: Ediciones Guadarrama, 1972).

8	octava real (octava rima)
	octava de arte mayor
	octava italiana o aguda
	octavilla
9	estrofa de 9 versos
10	décima
14	soneto
combinaciones	copla
métricas–nú-	romance
mero de versos	silva
indeterminado	estancia

IV. Las estrofas fijas

Aquí describimos brevemente algunas de las estrofas más populares de la poesía hispánica; véase también el Glosario.

El terceto: Consta de tres versos. Los populares son de arte menor. El culto es endecasílabo y se emplea en el soneto, en elegías y en epístolas. Pueden o no rimar en consonancia o en asonancia, ABA.

El cuarteto: Consta de cuatro versos. Son de arte mayor y riman ABBA—consonante—o asonante—ABAB—o riman sólo los pares, quedando sueltos los versos impares.

El serventesio: Consta de cuatro versos. Es un cuarteto en que la rima es ABAB en arte mayor.

La redondilla: Consta de cuatro versos. Son de arte menor y de rima consonante, abab o abba.

La cuarteta: Consta de cuatro versos. Son de arte menor, en general, octosílabos. Riman los pares en asonancia; los impares no riman necesariamente—abcb.

La seguidilla: Consta de cuatro versos. La seguidilla de siete versos se llama seguidilla con estrambote. Varían los cuatro versos en cuanto a medida en arte menor. Generalmente riman los pares en asonancia, pero a veces son consonantes.

Cuaderna vía: Consta de cuatro versos alejandrinos monorrimos.

La quintilla: Consta de cinco versos de arte menor. Predomina la quintilla de octosí-

labos. La rima consonante no puede ocurrir en tres versos seguidos. A veces se combinan con versos de varia medida.

El quinteto: Son cinco versos de arte mayor.

La lira: Consta de cinco versos. Son endecasílabos y heptasílabos que riman en consonancia—aBabB. La lira también puede formarse de seis versos de diferente medida.

La copla de arte mayor: Sustituyó a la cuaderna vía. Consta de dos cuartetos en arte mayor con rima casi siempre ABBAACCA.

La octava real: La octava rima italiana es de ocho endecasílabos. Riman sus versos—ABABABCC.

La octava aguda: Consta de ocho versos endecasílabos con rima aguda en el cuarto y el octavo.

La octavilla: Consta de ocho versos. Seis de ellos son endecasílabos. El cuarto y el octavo versos son de arte menor (heptasílabos) con rima aguda.

La décima: Estrofa de diez versos octosílabos que riman en consonancia, o en asonancia—a bb aa cc dd c. También se nombra espinela.

El soneto: Consta de catorce versos endecasílabos, consonantes. Se compone de dos cuartetos y dos tercetos. Aunque el esquema de rima clásica es ABBA ABBA CDC DCD, hay muchas variaciones.

V. Las estrofas variables

La glosa: Un texto de extensión variable. Su forma consiste en una sucesión de estrofas empezando con una como tema. Cada estrofa sucesiva tiene al final versos que terminan repitiendo cada uno sucesivamente uno de los versos de la primera estrofa, como si comentara, glosando la primera estrofa.

La letrilla: Poesía compuesta por una sucesión de estrofas con vuelta (el último verso que coincide en rima con uno de los versos del estribillo) y estribillo.

El romance: De indeterminado número de octosílabos. Riman los pares en asonancia y quedan sueltos los versos impares.

El villancico: Su estructura coincide con la del zéjel de la lírica mozárabe. El estribillo tiene de dos a cuatro versos. La mudanza es generalmente una redondilla. Hay muchas otras combinaciones.

El zéjel: Procede de la lírica mozárabe de la España musulmana. Es una serie de coplas con un estribillo de dos versos rimados o sueltos. La estrofa, o «mudanza», es de tres octosílabos monorrimos cuya rima varía de una copla a otra y otro verso, llamado «vuelta», que repite la rima del estribillo—aa bbba aa ccca aa.

Glosario de términos literarios

El glosario no contiene los términos cuya explicación se incluye de modo más amplio en el texto, por ejemplo, el barroco, el neoclasicismo, el romanticismo, el modernismo, el realismo, la novela y el ensayo. Para ellos, véase el Indice alfabético.*

Absurdo: V. *Teatro del absurdo*.

Acotación: en el drama, la información que no forma parte del diálogo, en que el dramaturgo comunica indicaciones relativas al decorado y a la forma de actuar, al director, a los actores y al lector.

Acronología: tiempo acronológico, no-lineal o sincrónico; cuando se narran los sucesos de un relato mezclando el pasado con el futuro o con el presente, utilizando «escenas retrospectivas». V. *cronología*.

Acto: cada una de las partes de una obra teatral, dividida por breves descansos. El acto puede dividirse también en dos o más cuadros o escenas.

Aforismo: frase breve que resume en pocas palabras un conocimiento esencial.

Albedrío: V. *Libre albedrío*.

---

* Se compiló este glosario de términos literarios con la ayuda de los materiales de dos libros: *Cómo se comenta un texto literario* de Fernando Lázaro Carreter y Evaristo Correa Calderón (Madrid: Ediciones Cátedra, 1981); y *Literary Terms, A Dictionary* de Karl Beckson y Arthur Ganz (Nueva York: Farrar, Straus y Giroux, 1982).

Alegoría: la expresión paralela de una serie de ideas y de una serie de imágenes, de modo que ideas e imágenes se correspondan una a una en una metáfora extendida. La alegoría limita las posibilidades de interpretación. El paisaje y los personajes en una alegoría pueden encarnar ideas abstractas y llamarse, por ejemplo, la Muerte o la Belleza.

Alejandrino: verso de catorce sílabas.

Aliteración: repetición de un mismo sonido consonántico a lo largo de un enunciado, por ejemplo, «ya se oyen los claros clarines» (Rubén Darío).

Alusión perifrástica: alusión a algo evitando su nombre. Los culteranos y conceptistas hicieron uso frecuente de ella, por ejemplo, «el garzón de Ida» por Ganimedes.

Ambiente: el carácter principal de la narrativa, por ejemplo, trágico, cómico, serio o lírico.

Amor cortés: actitud ante el amor formulada en la época medieval y cantada por los trovadores. De naturaleza religiosa y platónica, se idealizaba a la mujer. La relación entre caballero y dama se basaba en la reverencia de la amada y nunca en la posesión física.

Anacreóntica: poesía lírica de versos breves que canta el amor, el vino y la alegría de vivir.

Anacronismo: algo—suceso, objeto, persona—que se coloca en un período inapropriado. Puede ser accidental o intencionado, por ejemplo, una motocicleta en tiempos de los aztecas.

Anáfora: repetición de una o varias palabras al comienzo de una serie de enunciados o versos.

Anagrama: palabra formada al disponer de modo distinto las letras de otra palabra, por ejemplo, Alina Reyes por «Es la reina y . . . » o Gabriel Padecopeo por Lope de Vega Carpio.

Analogía: cuando se parecen dos cosas o fenómenos.

Anónimo: sin nombre. Se ignora el autor de una obra anónima.

Antagonista: personaje que, en un momento dado, se opone al protagonista.

Anticlímax: un resultado que se contrapone al del clímax, en que frecuentemente decae la tensión.

Antífrasis: expresión que significa lo contrario de lo que dice: «Tu comportamiento ha sido excelente» por «Tu comportamiento ha sido muy malo».

Anti-héroe: el protagonista que carece de cualidades nobles del héroe tradicional, como la valentía y el idealismo. Frecuentemente, el anti-héroe es un personaje marginado de la sociedad y puede ser algo patético o cómico.

Antinomia: contradicción u oposición entre dos cosas.

Anti-novela: ficción de la Epoca Moderna en que se disminuye la importancia de las normas tradicionales de la novela. Muchas veces la anti-novela experimenta con técnicas y estructuras de otras formas literarias y no-literarias como el poema, el ensayo o el periodismo.

Antítesis: enunciado que consiste en contraponer dos pensamientos, dos expresiones o dos palabras contrarias: «los que quieren no pueden y los que pueden no quieren».

Antónimo: palabra cuyo significado es el contrario de otra.

Aparte: en el teatro, un breve parlamento, en voz baja, generalmente dirigido al público. Se presume que es inaudible a los demás actores en escena y que revela los sentimientos del personaje al público.

Apolíneo: uno de los dos impulsos de la experiencia trágica a que se refirió el escritor alemán Nietzsche en su *Nacimiento de la tragedia* (1872). El nombre viene del dios griego Apolo, el de los sueños y la ilusión. Se refiere a un mundo armónico y tranquilo. V. *Dionisíaco.*

Apología: defensa de una idea o aclaración de un problema.

Apólogo: cuento o fábula de enseñanza moral o consejo práctico.

Apóstrofe: invocación a alguien o algo que, a veces, sólo está presente en la imaginación del que habla, por ejemplo, «¡Oh cruel destino que me persigues!».

Arcaismo: palabra o construcción gramatical que ya no se usa, por ejemplo, «maguer» por aunque.

Argumento: conjunto de hechos y peripecias que se narran en una obra; el resumen de la intriga.

Arquetipo: término empleado por el psicoanálisis de C. G. Jung para referirse a una imagen original o primitiva que reside en la «subconciencia colectiva» del pueblo. Los arquetipos o experiencias universales que aparecen en los mitos y leyendas son modelos o prototipos que reúnen las características esenciales de una especie. V. *Mito.*

Arte mayor: versos que tienen nueve sílabas o más de nueve.

Arte menor: versos que tienen ocho sílabas o menos.

Ascetismo: doctrina moral; el hombre vive austeramente, renuncia a los placeres mundiales y domina los instintos carnales.

Asíndeton: cuando dos o más términos de una oración no llevan conjunción («y» u «o»): «Grandes, pequeños, viejos, todos se divierten».

Asonante: rima que posee aquellos versos que tienen iguales las vocales, a partir de la última acentuada.

Auto de fe: ceremonia pública en que se leían las sentencias dictadas por la Inquisición y se encargaba de ejecutar las sentencias, quemando a la víctima.

Auto sacramental: obra dramática de carácter alegórico, referente a la Eucaristía y a las doctrinas fundamentales del catolicismo.

Bestiario: una colección de descripciones de animales, algunos de los cuales, como el unicornio, son fabulosos.

Bisílabo: verso de dos sílabas.

Blancos: verso blanco es decir, versos que, sujetándose a las demás leyes rítmicas (acentos, pausa, número de sílabas, etc.) carecen de rima. No se debe confundir con los versos sueltos ni con los versos libres.

Bucólico: se refiere a la poesía pastoril, o del campo.

Calambur: fenómeno que se produce cuando las sílabas de una o más palabras, agrupadas de otro modo, producen o sugieren un sentido radicalmente diverso: «ató dos palos; a todos, palos».

Cantar de gesta: poema épico medieval que narra hechos notables realizados por un héroe.

Capa y espada: la comedia del Siglo de Oro del amor e intriga entre la aristocracia.

Caricatura: una descripción en que se exageran ciertas cualidades del personaje con un fin cómico.

Carolingio: se refiere al ciclo carolingio de leyendas que procedían de las gestas francesas de Carlomagno sobre Roland (Roldán). Forma parte de la literatura caballeresca.

Carpe diem: latín por «asirse del momento»; un tema lírico del Renacimiento y del Barroco hispánicos en que se urge gozar de los placeres de la juventud antes de que se envejezca.

Catarsis: la reacción de horror y piedad provocada en el espectador de la tragedia dramática; lleva a cabo una purgación o liberación de las pasiones.

Cesura: pausa que se introduce en muchos versos de arte mayor, los cuales quedan divididos en dos partes, iguales o no, denominadas hemistiquios.

Cliché: una expresión que ha perdido su vitalidad y significado original. Su repetición no muestra más que una falta de imaginación.

Clímax: punto culminante de interés en una obra teatral. El momento obligatorio.

Comedia: obra de teatro que desarrolla un argumento de desenlace feliz y de tema menos serio que el de una tragedia.

Comparación: figura que consiste en relacionar dos ideas, dos objetos o un objeto y una idea en virtud de una analogía entre ellos.

Conflicto: la oposición en ficción de dos fuerzas o personajes.

Consonante: rima que poseen aquellos versos que tienen iguales todos los sonidos, de vocales y de consonantes, a partir de la última vocal acentuada.

Copla: estrofa de cuatro versos de arte menor, frecuentemente octosílabos, de carácter popular, con rima asonante en los pares.

Copla de pie quebrado: una combinación de versos de arte mayor y arte menor, ordinariamente de cuatro sílabas y de rima ABc.

Cromatismo: en una descripción, la presencia de muchos colores.

Cronología: tiempo cronológico, lineal, histórico; cuando los sucesos de una narración se presentan en un orden sucesivo desde el pasado hacia el futuro. V. *Acronología.*

Cuaderna vía: estrofa formada por cuatro versos alejandrinos monorrimos, usada por los poetas cultos del mester de clerecía.

Cuadro: en el drama, parte o escena de un acto caracterizado por su discontinuidad temporal o espacial (cambio de decorado, por ejemplo), con relación a lo que antecede.

Cuarteta: estrofa de cuatro versos consonantes de arte menor.

Cuarteto: estrofa de cuatro versos consonantes de arte mayor.

Cubismo: movimiento artístico que se originó en Europa a principios del siglo XX. Los cuadros parecen descomponer la realidad en pedazos geométricos o planos dispersos, a veces en forma de un collage, y así dan énfasis a la fragmentación y la perspectiva múltiple sobre la realidad moderna. Pablo Picasso y Juan Gris eran cubistas.

Cuento dentro del cuento: o «cuento de caja china»; una narrativa encerrada o encajada en otra de igual importancia. Una técnica que se utilizó con éxito en narraciones tan antiguas como *Las mil y una noches.*

Cultismo: palabra que ha entrado en el idioma por vía culta sin transformar apenas su forma original latina, por ejemplo, flamígero, fructífero, benévolo.

Dadaísmo: un movimiento en literatura y arte fundado por Tristan Tzara en Zurich, Suiza, durante la Primera Guerra Mundial. Protestaba la situación de la civilización en bancarrota y la sociedad basada en la lógica y la costumbre en una época de crisis internacional.

Decasílabo: verso de diez sílabas.

Décima: estrofa de diez octosílabos consonantes que riman abbaaccddc. También se llama espinela.

Decorado: las piezas que se utilizan para realizar el conjunto de la escenografía en el teatro.

Denotativo: V. *Lenguage denotativo.*

Desdoblamiento: *doppelganger* en alemán. Se refiere al doble, presentado por dos entidades o personalidades que representan un sólo personaje. La imagen de múltiples personalidades surge en el folclor y las leyendas y en las teorías psicológicas de Freud.

Desenlace: parte final de una composición literaria, especialmente de una obra de teatro. En ella, la acción acaba, bien por el desarrollo normal del problema, bien por un acontecimiento inesperado.

Determinismo: se opone al libre albredío; sostiene que todo fenómeno está determinado por las circunstancias en que se produce.

Deus ex machina: latín por «Dios de una máquina»; en el drama griego un dios, al que se le bajaba al escenario por un aparato mecánico. A menudo intervenía al final de una pieza para solucionar una situación. El uso del término generalmente implica que no se ha hecho caso de la lógica de una situación o un personaje, y que se ha introducido algún agente para llevar a cabo un fin deseado.

Diálogo: conversación entre personajes en un texto literario o en el teatro.

Didáctica: describe la obra literaria cuya finalidad es la enseñanza.

Diéresis: destrucción de un diptongo en un verso, para obtener dos sílabas métricas. La vocal cerrada suele escribirse en tales casos con diéresis (¨).

Dionisíaco: referencia hecha por Nietzsche al impulso irracional y frenético y a los excesos del placer. Nombrado por el dios griego de la viña, Dionisio, representante de las fuerzas naturales encadenadas y de los instintos. V. *Apolíneo.*

Dodecasílabo: verso de doce sílabas.

Drama: obra teatral de asunto serio o triste. En general se refiere a cualquier obra teatral.

Egloga: poema en el que dialogan dos o más pastores o hay un tema bucólico o pastoril.

Elegía: poema que lamenta la muerte de un individuo o expresa un sentimiento de dolor ante una circunstancia penosa.

Encabalgamiento: desajuste que se produce entre una frase y un verso, de tal modo que aquélla tiene que continuarse en el verso siguiente. Obliga a una lectura más rápida, ya que va a buscarse, en el verso siguiente, el sentido que ha quedado incompleto en el anterior.

Endecasílabo: verso de once sílabas.

Endecha: romance heptasílabo.

Eneasílabo: verso de nueve sílabas.

Entremés: obra teatral breve que, en el siglo XVII, se representaba en un entreacto de una obra larga. En general era de tono cómico.

Epico: con el nombre de «poemas épicos» se designan diversos poemas escritos con intenciones de glorificación nacional y de tema heróico.

Epigrama: enunciado breve, gracioso e ingenioso.

Epístola: carta en prosa o verso, de finalidad literaria.

Epitafio: poema breve destinado a servir de inscripción funeraria. Puede ser serio o satírico.

Epopeya: poema extenso cuyo tema es la narración de hechos bélicos de héroes.

Equívoco: palabra de doble sentido.

Escena: parte de un acto en el teatro, o el escenario.

Escena retrospectiva: una escena o suceso en un texto literario que ocurre fuera de la secuencia cronológica de la intriga y presenta un hecho que había ocurrido en un momento anterior a la acción actual. También llamada retrospección.

Escolástica: sistema filosófico basado en los escritos de Santo Tomás de Aquino y los padres de la Iglesia. Usando estos escritos con una metodología lógica derivada del filósofo griego Aristóteles, se proponía explicar todos los fenómenos del ser y de la existencia del mundo religioso y secular.

Esdrújulo: palabra que lleva el acento de intensidad en la antepenúltima sílaba, como «lágrima».

Espinela: V. *Décima.*

Estilo: las características que resultan de las técnicas que emplea el autor para narrar su relato: vocabulario; recursos connotativos (metáforas, etc.), ritmo; leitmotif, etc.

Estrofa: una combinación de versos que se repite a lo largo del poema.

Estructuralismo: método de análisis literario de origen francés desde mediados del siglo XX. Se reune en él la lingüística, la antropología, la filosofía, la psicología y la crítica literaria. Busca las estructuras y funciones del lenguaje como núcleo del proceso generativo del texto literario.

Existencialismo: filosofía del siglo XX de mucha variedad. Aunque hay unos existencialistas cristianos, la filosofía que parece predominar en la literatura es la que coloca al individuo en un universo falto de Dios para agonizar y sufrir, ejerciendo su libertad de decidir su destino y la moralidad de sus actos o indecisiones. Influido por Kierkegaard, Dostoevsky y Kafka, el existencialismo incluye a escritores europeos como Sartre, Camus y Heidegger, y a hispánicos como Unamuno y Mallea.

Exotismo: carácter de una obra que evoca costumbres y paisajes de países extranjeros, muchas veces alejados en el espacio y en el tiempo.

Exposición: la parte del drama en que se da información sobre los personajes y la situación.

Expresionismo: el estilo artístico y literario que procede de Alemania a principios del siglo XX y en que se rechaza la imitación externa de la realidad. La visión expresionista es esencialmente interna, de un estado de ánimo. Reorganiza o re-crea la realidad, alejándose de lo externo y perdiendo de vista el objeto originario, por ejemplo, en esta descripción de los versos de Longfellow: «Y no batallan en lo hondo de esas urnas, ángeles rebeldes en nubes encendidas; ni se escapan de ellas lamentos alados, que vuelan como cóndores heridos, lúgubre la mirada llameante, el pecho rojo; ni sobre rosas muelles se tienden descuidados, al son de los blandos besos y la amable avena, los tiernos amadores, sino que es su poesía, vaso de mirra de donde asciende en humo fragante como en homenaje a lo alto, la esencia humana» (José Martí).

Extranjerismo: voz de origen extranjero, por ejemplo, «chofer» por *chauffeur.*

Fábula: texto didáctico en prosa o verso que ilustra una moraleja. Frecuentemente, los protagonistas son animales.

Farsa: escenas u obras teatrales que renuncian a la sutileza y se basan en la exageración de las cualidades ridículas de los perso-

najes y de las acciones ampliamente cómicas.

Ficción: lo opuesto a la realidad de hechos verificables. Personajes, acciones, ambientes de ficción son los inventados por la
imaginación del escritor.

Fluir de la conciencia: técnica narrativa en
que se imita, en lo posible, el fluir ilógico
de los pensamientos y sentimientos del
personaje.

Futurismo: movimiento artístico y literario
que procede de Italia y su fundador Marinetti a principios del siglo XX. Cantaba al
progreso, la energía y la velocidad de la
maquinaria moderna e industrial y de la
guerra. La libertad de formas verbales y
estructuras sintácticas lo marcaban como
un estilo de la vanguardia.

Gaya ciencia: o gay trovar; arte de la poesía
según los trovadores.

Gesta: canción o cantar de gesta; poema épico
en que se canta las hazañas de un héroe
histórico o legendario.

Glosa: composición poética que comienza con
una cancioncilla. Siguen luego estrofas
que tienen al final versos que repiten los
versos de la cancioncilla inicial, como si
comentaran, glosando la primera estrofa.

Gótico florido: las últimas etapas del estilo
gótico de arquitectura del siglo XV; de
una exuberancia y abundancia de ornamentación.

Hemistiquio: la mitad de un verso dividido
por una cesura.

Heptasílabo: verso de siete sílabas.

Héroe: tradicionalmente, un personaje de características admirables como la valentía y
el idealismo. Los valores del héroe parecen cambiar según la época.

Hexasílabo: verso de seis sílabas.

Himno: composición solemne, en la que el
poeta exalta temas grandiosos: Dios, la
patria, un héroe, etc.

Hipérbaton: alteración del orden lógico o sin-
táctico de las palabras o de los sintagmas:
«y entre las nubes mueve su carro Dios,
ligero y reluciente», lo que en sintaxis

regular sería «Y Dios mueve su carro ligero y reluciente entre las nubes».

Hipérbole: enunciado que exagera la verdad.

Humanismo: del latín *studia humanitatis;* el
estudio de la gramática, retórica, poesía,
historia y filosofía moral; estado mental
característico del Renacimiento. Se refiere
al renovado interés en el estudio de la cultura pagana de la antigüedad latina y
griega. La vuelta a estos estudios tuvo
como base el concepto de que ellos ayudarían al hombre cristiano a perfeccionar
su vida. Rompió con el escolasticismo
medieval.

Humor negro: la yuxtaposición de elementos
grotescos y crueles con otros de naturaleza cómica. El humor negro choca y de-
sorienta cuando hace de un incidente trágico o patético el blanco del humor.

Imagen: comparación explícita en que una palabra o expresión sugiere otra con la que
tiene alguna relación. Puede ser símil,
metáfora u otra representación figurativa.

Impresionismo: el estilo que da énfasis a la
impresión momentánea que tiene el artista
o escritor de cierto fenómeno. Proviene de
Francia al final del siglo XIX. Ejemplo de
una descripción impresionista: «Como
ejército en marcha; por la cresta del
monte, pegados unos tras otros, procesión
de pinos» (José Martí).

In media res: latín para indicar «en medio de»
la acción de un relato.

Intriga: argumento de un cuento, una fábula,
una novela o una obra dramática.

Ironía: figura que consiste en expresar un significado obviamente contrario a lo ostensi-
ble con el fin de hacer participar al lector
del significado contradictorio.

Jácara: romance o romancillo alegre sobre la
vida rufianesca; común en el teatro cómico del siglo XVII.

Jarcha: estrofa final de poemas líricos, árabes
o hebreos, escrita en dialecto mozárabe.
V. *Muwassaha.*

Juego de palabras: combinación de dos palabras en un enunciado con intención or-

dinariamente cómica, irónica o sencilla-
mente ingeniosa.

Kitsch: del alemán por «basura»; en español
«cursi» es tal vez lo más cercano. Se refiere al fenómeno de seudo-arte y seudo-
literatura. Se usa con connotación peyo-
rativa en el siglo XX. Es la banalidad y la
repetición de lo artístico en un producto
comercial e industrial de consumo moderno y masivo. Son las reproducciones
baratas de la creación estética original,
como las pequeñas estatuas de yeso del
Moisés de Miguel Angel que se compran
barato para colocar sobre una mesa en la
sala de estar doméstica.

Leitmotif: del alemán; un tema, idea, símbolo
que se repite a lo largo de un texto literario
como un tema con variaciones en la música.

Lenguaje connotativo: lenguaje que sugiere
matices afectivos, emotivos y volitivos,
es decir, la subjetividad de sentimientos y
deseos.

Lenguaje denotativo: lenguaje que se refiere
de modo directo a un hecho o dato externo
y lo nombra como parte de una explicación lógica y referencial.

Libre albedrío: la capacidad del hombre para
elegir entre el bien y el mal.

Libres: versos que no se sujetan a las normas
métricas; su medida y su rima (cuando
ésta existe) quedan al arbitrio del poeta.
No se debe confundir con los versos blancos ni con los versos sueltos.

Lira: estrofa de cinco versos consonantes, tres
heptasílabos (primero, tercero y cuarto) y
dos endecasílabos (segundo y quinto). Riman aBabB.

Loa: composición en que se alaban virtudes
individuales o colectivas. No implica la
defensa, como la apología.

Madrigal: poema lírico breve, procedente de
Italia, introducido en el siglo XVI, de carácter amoroso, escrito generalmente en
silva.

Manierismo: del italiano *maniera,* por «de
manera personal». Un estilo que prevalece
en Europa a mediados del siglo XVI e implica la contradicción de los estilos epocales. Es un estilo de exageración, deformación y transición entre el renacentista
tardío y el barroco inicial.

Máxima: pensamiento adoptado como regla
de conducta.

Metáfora: figura mediante la que se identifican dos objetos distintos o se sustituye
uno por otro.

Metonimia: figura que responde a la fórmula
pars pro parte, o «una parte en lugar de
otra parte». Consiste en designar una cosa
con el nombre de otra, que está con ella en
una de las siguientes relaciones: causa a
efecto—«vive de su trabajo» en vez de
«vive del dinero de su trabajo»; continente
a contenido—«tomaron unas copas» en
vez de «tomaron el líquido que estaba dentro de las copas»; lugar de procedencia a
cosa que de allí procede—«el Jerez» en
vez del «vino que viene de Jerez»; signo a
cosa significado—«traicionó su bandera»
en vez de «traicionó la patria».

Métrica: conjunto de reglas relativas al metro
de los versos y a las estrofas.

Metro: medida de un verso.

Mímesis: del griego por «imitación». Se refiere a la relación entre el arte y la realidad. ¿Debe el arte ser mimético, o sea,
imitador de la realidad? ¿ O debe el arte
crear una realidad estética complementa-
ria a la natural?

Mito: una leyenda de origen anónimo. Se co-
leccionan en mitologías que explican fenómenos naturales, los orígenes del
mundo y del ser humano, las hazañas de
los dioses y los héroes. V. *Arquetipo.*

Momento obligatorio: V. *Clímax.*

Monólogo: una forma narrativa en que un personaje solo habla en voz alta.

Monólogo interior: una forma narrativa en
que los pensamiento del personaje son
comunicados lo más directamente posible, como si se le observara pensar.

Monorrimos: versos seguidos, con una sola
rima.

Muwassaha: poema árabe o hebreo que tiene al final unos versos en español. V. *Jarcha.*

Narración: la forma en que se relata la intriga.

Narrador omnisciente: el punto de vista de una narración en que el que relata lo sabe todo como si fuera un dios. No es personaje dentro del texto. Se da en tercera persona.

Narrador protagonista: el punto de vista de una narración en que el que relata es el personaje central dentro del texto. Cuenta en primera persona.

Narrador testigo u observador: el punto de vista de una narración en que el que relata no es el protagonista sino un personaje secundario del texto. Narra en primera persona.

Naturalismo: estilo literario de la segunda mitad del siglo XIX que procede de Francia. Se relaciona con la idea filosófica de que se puede investigar científicamente todo fenómeno natural. Los estudios de Comte y Taine adaptaron esta filosofía al estudio de los estados sociológicos y psicológicos como el resultado de causas materiales. El escritor Emile Zola incorporó a la novela el tema del estudio del individuo como ser humano determinado por su herencia biológica y su medio ambiente. Aunque los estudios científicos proponían mejorar la condición humana y reformar la sociedad, en su forma literaria, en general, el naturalismo trata más bien de las capas sociales bajas y pobres con énfasis en la fealdad, la sordidez, la suciedad y la abyección. En general, el naturalismo de las literaturas hispánicas se modificó bajo la influencia de la moral católica.

Neoclasicismo: la imitación en el siglo XIX de las antiguas formas de las literaturas griegas y latinas.

Neologismo: palabra o expresión recientemente introducida en la lengua.

Neoplatonismo: V. *Platonismo y Neoplatonismo.*

Nueva novela: término utilizado con demasiada libertad con referencia a la narrativa de Hispanoamérica de mediados del siglo XX. El término, de origen francés, se refiere al *nouveau roman* en Francia, el que tiene poca relación con «la nueva novela» de Hispanoamérica. El *nouveau roman* francés rechaza elementos tradicionales como el compromiso social, la intriga de coherencia lógica, el análisis psicológico de los personajes, el narrador omnisciente. Se caracteriza por la descripción detallada de los objetos y la caracterización de personajes por fragmentos de sus pensamientos. Michel Butor, Nathalie Sarraute y Alaine Robbe-Grillet escribieron dentro de este estilo en Francia mientras que en las literaturas hispánicas hay pocas muestras del *nouveau roman,* entre ellas, la primera novela de Julieta Campos, *Muerte por agua.*

Obra abierta: obra de arte, como un texto literario, que tiene características ambiguas, contradictorias y dislocadas, las cuales producen significados múltiples, o sea, la polisemia.

Octava: estrofa de ocho versos de arte mayor. En la octava real, son endecasílabos consonantes que riman ABABABCC.

Octavilla: octava italiana en que el cuarto y octavo versos son de arte menor.

Octosílabo: verso de ocho sílabas. Es el más empleado en la poesía española de tipo tradicional y popular, frente al endecasílabo.

Oda: poema lírico de tono elevado y variedad de metros.

Onomatopeya: imitación mediante el lenguaje de sonidos reales. Las siguientes palabras son onomatopéyicas: borbotón, chirriar, cataplúm.

Oxímoron: una figura en que dos palabras se contradicen o se oponen, creando así una paradoja, por ejemplo, el frío que quema.

Panegírico: discurso en elogio de algo o de alguien.

Panfleto: escrito en que se satiriza o censura alguna persona o acontecimiento.

Parábola: un breve relato que ilustra una moraleja.

Paradoja: opinión o figura, verdadera o no, contraria a la opinión que parece verdadera.

Paráfrasis: la repetición, en otras palabras, del significado esencial de un texto.

Pareado: dos versos seguidos que riman.

Parlamento: las palabras de un papel que pronuncia el actor en el teatro.

Parnasianismo: o parnasismo; estilo que procede de la escuela de poetas franceses que emergió con Théophile Gautier en 1830. Como reacción en contra del romanticismo, se veían como «escultores» del verso frío sin emociones. Se preocuparon de la forma del arte por el arte.

Parodia: imitación burlesca de una obra seria.

Paronomasia: juego de palabras en que dos vocablos de forma parecida tienen significados distintos: «Compañía de dos / compañía de Dios» o «jácara / jícara».

Paso: nombre aplicado por Lope de Rueda a una obra de teatro corta con episodios cómicos; luego se llama entremés.

Pentadecasílabo: verso de quince sílabas.

Pentasílabo: verso de cinco sílabas.

Perífrasis: figura que consiste en expresar con varias palabras lo que podría expresarse con una sola.

Personaje: persona fictiva o imaginaria en un texto literario.

Personaje plano o sencillo: personaje que no ostenta más que unas características elementales sin evolución considerable.

Personaje redondo o complejo: personaje bien desarrollado cuyo carácter puede sufrir cambios y de quien se sabe mucho: su apariencia física, sus pensamientos, sus acciones.

Personificación: V. *Prosopopeya*.

Petrarquismo: modalidad que aporta a la lírica el poeta italiano Petrarca (siglo XIV) y que se impone en España a partir del XVI. Consiste en los temas de la pasión amorosa desgraciada y la violencia de dicha pasión de la que no puede liberarse el poeta; y en la forma, la dulzura y la musicalidad del verso endecasílabo y el empleo del soneto, el terceto y la canción.

Picaresca: novela que inicia en España *La vida del Lazarillo de Tormes* (1554). En ella un pícaro narra su propia biografía en primera persona. En general, el pícaro es un muchacho, de origen oscuro y humilde, sin escrúpulos morales, que frecuentemente resulta víctima de la sociedad a cuya costa pretende vivir. Los episodios de este antihéroe son de detalles realistas y, a menudo, de intención crítica.

Plagio: copia o imitación de una obra hecha por un escritor con la intención de hacerla pasar por propia.

Plástico: se dice de la descripción que utiliza técnicas de las artes visuales como la pintura y la escultura.

Platonismo y Neoplatonismo: las doctrinas del filósofo griego Platón (siglos IV–V A. de C.) y sus seguidores. Platón consideraba los fenómenos físicos del mundo imitaciones imperfectas de Ideas arquetípicas. Los Neoplatónicos, como Plotino, combinaban las ideas platónicas con las del Oriente y del cristianismo.

Pleonasmo: repetición de una palabra o de una idea, bien por torpeza (enterrar en tierra), bien para dar mayor fuerza a la expresión: «Lo vi con mis propios ojos».

Polisemia: múltiples significados.

Polisíndeton: cuando dos o más términos de una oración llevan conjunciones como «y» u «o» para ligar las partes: «Los ríos de España son el Ebro y el Tajo y el Guadiana y el Duero». V. *Asíndeton*.

Positivismo: sistema filosófico fundado por el francés Auguste Comte (1798–1857). El positivismo refuerza el valor de la ciencia, lo pragmático y el progreso y a finales del siglo XIX se oponía al idealismo y espiritualismo.

Preciosismo: refinamiento exagerado en el lenguaje literario o alusión a los materiales de gran valor y nobleza: oro, plata, perlas, diamantes, marfil, etc.

Pre-Rafaelitas: grupo de artistas y escritores en Inglaterra a mediados del siglo XIX, entre ellos Dante Gabriel Rossetti. Desafiaban el estilo de pintura de entonces, proponiendo en su lugar la pureza primitiva de los artistas anteriores a Rafael (XV–XVI). Se caracteriza por un detallismo decorativo, temas medievales y legendarios, el sensualismo y a la vez un simbolismo de mística pureza religiosa.

Princeps o príncipe: primera edición de una obra: edición princeps.

Prosopopeya: figura que consiste en atribuir cualidades humanas a los seres no racionales (animados o inanimados) o a las ideas abstractas (por ejemplo, la muerte o la belleza). También llamada personificación.

Protagonista: personaje principal de una obra literaria.

Proverbio: refrán.

Punto de vista: la perspectiva desde la cual se narra un relato.

Quinteto: estrofa de arte mayor, con rima consonante, en la cual se observan las siguientes condiciones: que no rimen tres versos seguidos; que los dos últimos no formen pareado; que no quede ninguno libre.

Quintilla: se diferencia del quinteto sólo en que sus versos son de arte menor.

Redondilla: estrofa de cuatro versos consonantes de arte menor, con la combinación abba o abab.

Redundancia: empleo de palabras inútiles para expresar una idea, porque ya se emplearon otras semejantes y más útiles.

Refrán: frase sentenciosa que expresa una experiencia de validez general: «Mas vale pájaro en mano que ciento volando».

Retórico: la retórica, en general, consiste en las normas del empleo eficaz del lenguaje en la oratoria y la escritura. Ahora, a veces, se usa con significado peyorativo para designar a un escrito en que prevalecen lo convencional, lo no sentido auténticamente y la palabrería sobre la sinceridad y la emoción auténticas.

Retrospección: V. *Escena retrospectiva.*

Rima: igualdad o semejanza de los sonidos en que acaban dos o más versos, a partir de la última vocal acentuada. Puede ser consonante o asonante.

Ritmo: repetición de un fenómeno a intervalos iguales o proporcionales. En la poesía, el ritmo se produce por la repetición de versos de igual metro, por las pausas al final de cada verso, a veces por cesuras, por la repetición del acento en la penúltima sílaba, por la rima y por otros recursos poéticos.

Rococó: estilo de arquitectura, arte y literatura del siglo XVIII, caracterizado por el exceso y la delicadeza de la ornamentación y la exquisitez y la artificialidad.

Romance: serie indefinida de octosílabos; son asonantes los pares y sueltos los impares.

Románico: estilo de arquitectura (siglos VIII–XII) caracterizado por el arco redondo (de medio punto) y la sobriedad.

Sainete: obra teatral que refleja costumbres populares; suele tener carácter cómico, aunque no faltan los sainetes de fondo dramático.

Sátira: obra que ridiculiza una idea, una institución o una persona con el fin de burlarse de ella ante el lector. Su fin destructivo es, a veces, reformador.

Secularización: proceso histórico y social en que la concepción del mundo se basa no en la fe religiosa, sino en las ideas temporales, o sea, no espirituales. Es una tendencia del pensamiento visible a partir del fin de la Edad Media.

Seguidilla: estrofa de cuatro versos, que aparece en el siglo XV. Varían en arte menor. En general riman los pares asonantes.

Semántica: un término lingüístico que se refiere al significado de la palabra.

Sensorial: de los sentidos; se refiere a la descripción por medio de las facultades sensoriales: sabor, oído, olor, tacto, visión.

Sensual: se refiere a la descripción de las cosas que al ser percibidas por los sentidos causan placer, en especial, sexual.

Serranilla: poema en el que se describe el encuentro y el diálogo, generalmente amoroso, entre un caballero y una serrana (mujer de la sierra).

Serventesio: estrofa de cuatro versos consonantes de arte mayor con la combinación ABAB.

Sexta rima: estrofa de seis versos consonantes de arte mayor, que riman ABABCC.

Sextina: estrofa de seis versos consonantes de arte mayor. Obedece a las mismas reglas del quinteto.

Significado: mensaje, concepto o idea esencial del signo, o sea, de la palabra.

Significante: aspecto material del signo, o sea, el sonido o la letra que representa un mensaje.

Signo: con referencia a una palabra, la combinación del concepto y de la imagen acústica de él (representada por la palabra), o sea, la combinación de un significado y un significante en la lengua.

Silva: serie indeterminada de heptasílabos y endecasílabos, mezclados al arbitrio del poeta, que distribuye la rima consonante según su deseo. Pueden quedar versos sueltos.

Simbolismo: estilo que procede de la escuela poética francesa de mediados hasta finales del siglo XIX. Los simbolistas reaccionan contra los parnasianos y tratan de crear una poesía de sugerencias y sutilezas veladas mediante «correspondencias» entre las sensaciones producidas por el mundo de los objetos. Buscaban sonoridades, ritmos, cierta musicalidad y la evocación del estado espiritual. Evocar, sin describir claramente, un ambiente «indefinible»; no nombrar sino sugerir y así crear una poesía vaga y musical. Unos simbolistas importantes son Baudelaire, Mallarmé y Verlaine.

Símbolo: objeto que representa otro, como la cruz simboliza el cristianismo o el martillo y la hoz simbolizan la Unión Soviética. El símbolo, sin embargo, es complejo porque representa muchas ideas y actitudes que pueden adaptarse y cambiarse según la circunstancia. Algunos símbolos literarios asumen significados según el contexto en que aparecen. Una imagen o una obra entera puede verse como símbolo.

Símil: una comparación entre dos objetos disímiles, en general relacionados por la palabra *como*.

Sinalefa: fenómeno que consiste en la unión en una sola sílaba métrica de la vocal final de una palabra y la incial de la siguiente.

Sincretismo: coexistencia y la mezcla sintética de sistemas diferentes o conflictivos, por ejemplo, creencias y ritos religiosos dispares o costumbres culturales diferentes.

Sinécdoque: metáfora que responde a la fórmula «la parte por el todo» o «el todo por la parte». Así, hay sinécdoque cuando se emplea una palabra que designa el género para significar la especie, o viceversa— «los mortales» por «los hombres»— cuando la palabra que alude al todo pasa a designar la parte, o viceversa—«pan» para designar «los alimentos»; «oro» para designar «el dinero»; «faldas» para referirse a «las mujeres».

Sinéresis: unión forzada en una sílaba métrica, de dos vocales que no forman diptongo.

Sinestesia: la mezcla de los sentidos en una imagen o descripción, por ejemplo, «el perro huele el sol». En vez de mirar el sol, el perro lo presencia oliendo el aire calentado por el sol.

Sinónimo: palabra o expresión que significa lo mismo que otra palabra o expresión. V. *Antónimo*.

Sintagma: un grupo de palabras consecutivas relacionadas entre sí.

Sintagmático: la estructura o sistema en que se juntan o se relacionan palabras, cláusulas, párrafos, etc., para llevar a cabo cierto efecto y experiencia.

Soliloquio: en el teatro, el parlamento de un personaje solo en escena en el que expresa sus pensamientos.

Soneto: estrofa de catorce versos, compuesta por dos cuartetos y dos tercetos. El esquema de rima clásica es ABBA, ABBA, CDC, DCD. En los tercetos finales se hallan a veces otras combinaciones.

Sueltos: versos que carecen de rima en una composición en la que la mayoría de los versos riman.

Surrealismo: movimiento artístico y literario que se originó en Francia durante la segunda década del siglo XX y que se consolidó bajo André Breton. Mantenía una visión del mundo en que el surrealismo combinaba dos realidades: la realidad aceptada y controlada por la sociedad—la lógica, el trabajo, las leyes físicas, el orden, las costumbres—y otra realidad, en general, rechazada, reprimida o menospreciada por la sociedad—la subconciencia con sus deseos, sueños e instintos ilógicos y bestiales, las excepciones, el juego, el azar, la locura, los tabúes. Como otros movimientos de vanguardia, el surrealismo chocaba con la vida burguesa y trataba de modificar cómo se veía la realidad circundante. Mantenía que por medio del deseo y la imaginación se podría transformar el mundo. Entre sus seguidores en arte figuran los españoles Salvador Dalí y Joan Miró y el cubano Wifredo Lam y las mexicanas Frida Kahlo y Leonora Carrington. La visión surrealista ha persistido en la literatura de Hispanoamérica hasta la actualidad.

Suspense: la tensión causada por cierta incertidumbre ante el desenlace de una intriga.

Tautología: repetición viciosa de una misma idea en términos diferentes; pretende explicar la idea, pero no hace sino exponerla de nuevo sin añadir nada que la aclare.

Teatro del absurdo: el teatro experimental y vanguardista que emergió entre europeos como Beckett, Genet e Ionesco después de la Segunda Guerra Mundial. El absurdo se refiere a la situación existencialista del individuo carente de una fe en el más allá quien se siente abandonado en un universo sin ton ni son. El teatro se caracteriza por elementos grotescos, intrigas de estructuras dislocadas, diálogos incoherentes y símbolos esotéricos. Propone chocar y violar la complacencia burguesa del público.

Teatro de la crueldad: el término se originó con el dramaturgo y actor francés Antonin Artaud en la tercera década del siglo XX. Proponía representar en escena los horrores y pasiones comparables a los de los mitos para que se obrara en el público una catarsis de los instintos. En particular, prestaba atención a los elementos no-verbales del teatro: escenografía, utilería, luz, sonido, gestos, movimientos, etc.

Tema: la idea central de un texto literario.

Terceto: estrofa formada por tres versos. Los populares son de arte menor; los cultos, de endecasílabos. Pueden o no rimar en consonancia o en asonancia ABA.

Tetrasílabo: verso de cuatro sílabas.

Tipo: un personaje que carece de toda individualidad y representa un solo modo de ser que no evoluciona durante la obra.

Tono: V. *Ambiente.*

Tragedia: obra dramática que representa acciones de gran importancia en que un héroe padece una catástrofe y el público experimenta una catarsis.

Tragicomedia: drama en que la acción aparentemente catastrófica se resuelve felizmente al final, o en que se mezclan elementos poco serios con los trágicos.

Tremendismo: estilo del siglo XX en la España bajo Franco; describe realidades repulsivas y grotescas y acentúa las pasiones bajas y los aspectos desagradables y violentos del ser humano.

Tridecasílabo: verso de trece sílabas.

Trisílabo: verso de tres sílabas.

Tropo: palabra o figura que, en un contexto determinado, cambia de significación. Los tropos principales son la metáfora, la metonimia y la sinécdoque.

Ubi sunt: latín por «¿Dónde están?» Un tema lírico del Renacimiento y del Barroco hispánicos en que se lamenta el tiempo pasado.

Unidades clásicas: se refieren al teatro según las normas establecidas por Aristóteles en su *Poética*. Son las unidades de acción, tiempo y lugar.

Utilería: pieza de utilería; en el teatro, cualquier objeto utilizado por los actores (*props*).

Utopía: una sociedad ideal. Vocablo utilizado por Sir Thomas More en 1516.

Vanguardia: término de origen militar de la Edad Media que describía las tropas que se adelantaban en las batallas. En la actualidad, se refiere metafóricamente a las artes y la política de principios del siglo XX, que se caracterizan por la militancia, el inconformismo y el experimentalismo. Una etapa de la Edad Moderna, la vanguardia exagera y exacerba las características modernas en el arte y la literatura.

Verosimilitud: carácter de lo que parece verdadero y creíble.

Versículo: forma de verso adoptada por muchos poetas contemporáneos. Con él suprimen todo elemento rítmico externo: metro (varía mucho el número de sílabas de versículo a versículo), rima, acentos fijos y pausas. El versículo obedece a un ritmo interior que el poeta le va imponiendo según lo exige el curso de sus sentimientos.

Verso: cada una de las líneas que componen un poema.

Vestuario: indumentaria; prendas del vestido utilizado en el teatro.

Villancico: composición poética de arte menor, formada por una cancioncilla inicial—el villancico propiamente dicho—seguida de una estrofa o varias estrofas más largas, llamadas mudanzas. Estas están seguidas a su vez de un verso de enlace y de otro verso de vuelta, que rima con el villancico inicial y anuncia la repetición parcial o total de éste. La parte del villancico que se repite se llama estribillo. Frecuentemente, el tema es navideño. Procede del zéjel.

Zéjel: estrofa que procede de la lírica mozárabe del siglo X. Se difundió por Castilla, donde recibió el nombre de villancico y conservó en lo sustancial la estructura, pero sin guardar la rima única de la mudanza y ampliando sus dimensiones. El zéjel consta de un estribillo sin estructura fija que cantaba el coro y de cuatro versos que cantaba el solista. De estos cuatro versos, los tres primeros constituyen la mudanza y son asonantes y monorrimos; el cuarto, llamado de vuelta, rima con el estribillo.

Créditos y reconocimientos

Grateful acknowledgment is made for permission to reprint the following copyrighted materials:

Miguel de Cervantes, "El retablo de las maravillas," from *Entremeses*, ed. N. Spadaccini (Madrid: Editorial Cátedra, Colección Letras Hispánicas), pp. 215–36.

Julio Cortázar, "Carta a una señorita en París," © Julio Cortázar, 1951, y Herederos de Julio Cortázar.

Rubén Darío, "Lo fatal," from *Poesía modernista hispanoamericana y española*, ed. Ivan A. Schulman and Evelyn Picon Garfield (Madrid: Taurus, 1986).

Luis de Góngora, "Soneto LXXX," from *Poesía lírica del Siglo de Oro*, ed. Elias L. Rivers (Madrid: Editorial Cátedra, Colección Letras Hispánicas, 1983), p. 209.

José Martí, "Si ves un monte de espumas," from *Poesía modernista hispanoamericana y española*, ed. Ivan A. Schulman and Evelyn Picon Garfield (Madrid: Taurus, 1986).

Ana María Matute, "Pecado de omisión," from *Historias de la Artámila*, © Ana María Matute, 1961.

José Ortega y Gasset, "La ausencia de los mejores," from *Obras de José Ortega y Gasset* (Madrid: Espasa-Calpe, S. A., 1932), pp. 726–36.

Alfonso Reyes, "Sobre la novela policial," from *Ensayos* (México: Capilla Alfonsina, 1972), pp. 349–54.

Miguel de Unamuno, "Agranda la puerta padre," from *Poesía modernista hispanoamericana y española*, ed. Ivan A. Schulman and Evelyn Picon Garfield (Madrid: Taurus, 1986).

Sergio Vodanović, *El delantal blanco*, by permission of the author.

Illustration credits:

5. La Catedral de Burgos, Giraudon/Art Resource, New York.

8. San Pedro de la Nave, reprinted with permission from F. J. Sánchez Cantón and J. M. Pita Andrade, *The Treasures of Spain from Altamira to the Catholic Kings* (Geneva: Skira, 1967), p. 62.

9. Lonja de la Seda, Valencia, España, photo by Jean Dienzaide, Toulouse, reprinted by permission.

10. Colegio de San Gregorio, Valladolid, España, reprinted with permission from Jacques Lafaye, *Splendeurs de l'Espagne* (Paris: Editions Arthaud, 1961), plate 46.

11. El Escorial, España, SEF/Art Resource, New York.

12. *El entierro del Conde Orgaz* de El Greco, Giraudon/Art Resource, New York.

14. *Baco* de Diego de Velázquez, Giraudon/Art Resource, New York.

15. Detalle de la Iglesia de Santa María de Tonantzintla, Puebla, México, reprinted with permission from Justino Fernández, *Mexican Art* (Feltham: Paul Hamlyn, 1965), plate 40. Courtesy Paul Hamlyn Publishing/Constantino Reyes-Valerio.

17. Altar de San Francisco-Xavier, Iglesia de San Luis, Sevilla, España, reprinted from Yves Bottineau, *Living Architecture—Iberian-American Baroque* (New York: Grosset and Dunlap, 1970), p. 71. Courtesy Office du Livre, Fribourg, Switzerland.

18. Muralla en Tepantitla, México, reprinted with permission from Justino Fernández, *Mexican Art* (Feltham: Paul Hamlyn, 1965), p. 25. Courtesy Paul Hamlyn Publishing/Constantino Reyes-Valerio.

19. La Casa de la Moneda, Santiago, Chile, reprinted with permission from Leopoldo Castedo, *A History of Latin American Art and Architecture* (New York: Praeger, 1969), p. 205. Fotografía de Leopoldo Castedo.

20. *El 3 de mayo de 1808* de Goya, Alinari: Art Resource, New York.

21. *Figura bajo un uvero* de Armando Reverón, collection Dr. and Mrs. David Brillembourg, Caracas.

22. *Naturaleza muerta* de Diego Rivera, The Lyndon Baines Johnson Library and Museum.

23. *La jungla* de Wifredo Lam, 1943, gouache on paper mounted on canvas, 7′10¼″ × 7′6½″, collection, The Museum of Modern Art, New York, Inter-American Fund.

Indice alfabético

Absurdo. *Ver* Teatro: del absurdo
Acotaciones. *Ver* Teatro: acotaciones
Adelantado, 126
«Agricultura de la zona tórrida, La», 167
Agropecuarias (economías), 174n
Aire tan dulce, 41
Al-Andalus, 102, 102n
Alarcón, Pedro Antonio de, 163
Alas, Leopoldo [seud. Clarín], 163–64
Alberti, Rafael, 210–12, 215
Aldecoa, Ignacio, 215
Alegre, Francisco Javier, 151
Alegría, Ciro, 199
Aleixandre, Vicente, 211–12
Alejandrino. *Ver* Verso: alejandrino
Alemán, Mateo, 134–35
Alexandre, Libro de, 107
Al filo del agua, 203
Alfonsina, literatura, 108
Alfonso X, el Sabio, 108
Alienación: Edad Moderna, 176; teatro, 77
Alonso, Dámaso, 212
Altazor, 193
Allende, Isabel, 200
Amadís de Gaula, 63n, 121
Amalia, 169
América, Juana de. *Ver* Ibarbourou, Juana de
Amor cortés, 111n, 117
«Amor de ciudad grande», 181
Amor de don Perlimplín con Belisa en su jardín, 213
Anti-héroe, 122, 134
Antinomia, 28
Anti-poema, 180
Antisemitismo, 144
Apolonio, Libro de, 107
Apuntes sobre el nuevo arte de escribir novelas, 163
Araucana, La, 124
Arcadia, 122, 136
Arcadia [grupo de escritores], 152
Arcipreste de Hita, 109–10

Arévalo Martínez, Rafael, 203
Arguedas, Alcides, 199
Arguedas, José María, 43, 199, 204
Ariel, 182
Armada Invencible, 134, 134n
Arte, El, 180
Arte de la lengua castellana, 115
Arte de trobar clus, 104
Arte mayor. *Ver* Verso: de arte mayor
Arte menor. *Ver* Verso: de arte menor
Arte nuevo de hacer comedias, 136
Arrabal, Fernando, 216
Arreola, Juan José, 203
Arriví, Francisco, 202
Asbaje, Juana de. *Ver* Cruz, Sor Juana Inés de la
Ascasubi, Hilario, 171
Asturias, Miguel Angel, 200
Atalaya de la vida humana, 134–35
Aub, Max, 216
Audiencias, 125
«Ausencia de los mejores, La», 67–75
Auto de los Reyes Magos, 112
Auto sacramental, 135n
Aves sin nido, 173
«Aviso del porvenir», 181
«Aviso patriótico a los insurgentes a la sordina», 153
Ayala, Francisco, 216–17
Ayuntamientos, 126
Azorín. *Ver* Martínez Ruiz, José
Azteca, 123
Azuela, Mariano, 43, 190, 198
Azul . . . , 181

Baco (estilo barroco), 130 ilust.
Balbuena, Bernardo de, 139
Baroja, Pío, 183
Barraca, La, 42–43, 165
Barroco, 117, 128–40
Batilo. *Ver* Meléndez Valdés, Juan
Bécquer, Gustavo Adolfo, 160

Bello, Andrés, 167
Berceo, Gonzalo de, 107
Beso de la mujer araña, El, 40–41
Bética, 4
Blasco Ibáñez, Vicente, 42, 163, 165
Bodas de sangre, 213
Böhl von Faber, Cecilia [seud. Fernán Caballero], 162
Bola, La, 175
Bolívar, Simón, 156
Boom, novela del, 203–5
Borges, Jorge Luis, 63n, 190, 194, 203
Boscán, Juan, 117
Brecht, Bertolt, 202n
Breton, André, 190
Brevísima relación de la destrucción de las Indias, 123
Buen amor, Libro de, 109–10
Buero Vallejo, Antonio, 216
Buñuel, Luis, 212
Burgos, la Catedral de (estilo gótico), 106 ilust.
Buscón, El, 142

Caballero, Fernán. *Ver* Böhl von Faber, Cecilia
Cabrera, Lydia, 198
Cadalso, José, 149–50
Caldas, Francisco José de, 152
Calderón de la Barca, Pedro, 143–44
Caligrama, 193
Cambaceres, Eugenio, 174
Campo, Estanislao del, 171
Campoamor, Ramón de, 162
Campos de Castilla, 184
«Canción del pirata», 160
Cancioneros medievales, 111–12
Canciones, 210, 212
Cané, Miguel, 174
Cantares de gesta, 104–5, 104n
Cantares gallegos, 161
Cantigas, 108
«Canto a Teresa», 160
Canto general, 195
Cantos de vida y esperanza, 181, 190
Capitanías, 126
Carballido, Emilio, 202
Cárcel de amor, 122
Carlismo, 162, 162n
Carlos V, 116
Carpentier, Alejo, 140, 190, 199–200
Carta atenagórica, La, 137
«Carta a una señorita en París», 56–61
Cartas eruditas, 147
Cartas marruecas, 149
Carrió de la Vandera, Alonso, 152
Casa de la Moneda (estilo neoclásico), 148 ilust.
Casal, Julián del, 180
Casas, Fray Bartolomé de las, 123, 128
Castilla, 183
Castro, Rosalía de, 160–61

Caudillismo, 168n
Cava, La, 4
Cela, Camilo José, 214
Celaya, Gabriel, 215
Celestina, La. Ver Comedia de Calisto y Melibea
Centones, 138
Cernuda, Luis, 211–12, 215
Cervantes Saavedra, Miguel de, 88, 132–34
Cesura. *Ver* Verso: cesura, en el
Cid, El, 72n, 104–5
Cien años de soledad, 204
Ciencia del ergo, 128, 128n. *Ver también* Escolástica
Civilización y barbarie. Ver Facundo
Clarín. *Ver* Alas, Leopoldo
Clásica, estructura teatral, 78
Clasicismo, 117–18
Clásico. *Ver* Estilo: clásico
Clavijero, Francisco Javier, 151
Clérigo, 104
Clímax. *Ver* Teatro: clímax
Códices, 124
Colón, Cristóbal, 173
Comedia de Calisto y Melibea, 115–16
Comedia: nueva, 135–36; vieja, 135
Comentarios reales, 123
Comte, Auguste, 164n, 176
Conceptismo, 131
Concilio de Trento, 116–17
Concolorcorvo. *Ver* Carrió de la Vandera, Alonso
Conde Lucanor, El, 109
Conflicto, 36–37, 78
Conjuración de Venecia, 158
Connotativo. *Ver* Lenguaje: connotativo
Consejo, El libro del. Ver Popol Vuh
Contestataria, corriente, 215n
Contexto literario, 9–11
Contrarreforma, 114, 116, 136
Conversos, judíos, 88, 91n, 111n
Cortázar, Julio, 34, 48, 54, 190, 204
Cortés, Hernán, 123n, 125
Corrales, 135
Corregidores, 126
Costumbrismo. *Ver* Cuadro de costumbres
Creacionismo, 190, 192–93
Criollismo, 189, 196–98
Criollo, 123n, 126
Criticón, El, 143
Crónica, 122–123, 122n; *Primera crónica general,* 108
Crueldad, teatro de la. *Ver* Teatro: de la crueldad
Cruz, Ramón de la, 150
Cruz, San Juan de la, 118–19
Cruz, Sor Filotea de la [seud. del obispo de Puebla], 137
Cruz, Sor Juana Inés de la, 137–38
Cuaderna vía, 107
Cuadro de costumbres, 151, 159, 161, 163
Cubismo, 189–90, 191 ilust.
Cuento, 32, 47–49; fantástico, 180, 202–3
Cuentos de amor, de locura y de muerte, 197

Cuentos de la selva, 197
Cuestión palpitante, La, 165
Cueva, Juan de la, 135
Culteranismo, 131, 141
Cultismo. *Ver* Culteranismo

Dadaísmo, 189, 190
Dalí, Salvador, 190
Dalmiro. *Ver* Cadalso, José
Darío, Rubén, 16, 177–78, 180–81
Delantal blanco, El, 79–88
Delgado, Rafael, 174
Del sentimiento trágico de la vida en los hombres y en los pueblos, 184
Denotativo. *Ver* Lenguaje: denotativo
Derecho de gente, 123n
«Derrumbamiento, El», 200
Desastre del 98, 183
Descripción: dramática, 39, 53–54; expositiva, 38–39, 52–53
Deshumanización del arte, La, 206–7
Desolación, 187
Determinismo, 134
Diablo mundo, El, 160
«Día de difuntos», 180
Diálogo, 38, 53, 78
Diálogo de la lengua, 115
Diario de un poeta recién casado, 209
Díaz, Porfirio, 175
Díaz del Castillo, Bernal, 123n
Díaz de Vivar, Rodrigo [El Cid], 105
Diego, Gerardo, 212
Diente del Parnaso, 139
Diéresis, 22
División silábica. *Ver* Medida
Don Alvaro o la fuerza del sino, 159
Don Juan, 183
Don Juan Tenorio, 160
Don Segundo Sombra, 195, 197
Doña Bárbara, 197
Doña Inés, 183
Doña Perfecta, 165
Dorotea, La, 136
D'Ors, Eugenio, 207
Dos mujeres, 169–70, 199
«Dos patrias», 181
Drama. *Ver* Teatro

Echegaray, José de, 162
Echeverría, Esteban, 168n, 169
Edad de la Razón, 145–47
Edad Media, 101–12
Edad Moderna, 176–78
Egloga primera, 117
Elvira o la novia del Plata, 169
Empatía. *Ver* Teatro
Enajenación. *Ver* Alienación
Encabalgamiento, 27

Enciclopedistas, 145, 152
Encina, Juan del, 135
Encomienda, 126
«En el campo», 180
En la ardiente oscuridad, 216
En las orillas del Sar, 161
Ensayo, 33, 61–62, 179, 182, 207
Entierro del conde Orgaz, El, 119–21, 120 ilust.
En torno al casticismo, 184
Entremés, 88, 89n, 135
Epica americana, 124
Episodios nacionales, 165
Epopeya, 104–5
Erasmismo, 114–15
Erasmo. *Ver* Rotterdam, Erasmo de
Ercilla y Zúñiga, Alonso de, 124
Escenario. *Ver* Teatro
Escenas retrospectivas, 45
Escenografía, 77
Escolástica, 116n. *Ver también* Ciencia del ergo
Escorial, El, 117, 118 ilust.
Escuela de traductores de Toledo. *Ver* Toledo, escuela de traductores de
Escuela sevillana. *Ver* Sevillana, escuela
Espacio, 36
España a la fecha, 217
España en el corazón, 195
España invertebrada, 206–7
«España peregrina», 214–15
Esperpento, 183
Espronceda, José de, 160
Estado. *Ver* Tercer estado, El
Estilo, 38–42; barroco, 129–32, 130–33 ilust.; clásico, 117–18, 118 ilust.; cubista, 189–91, 191 ilust.; gótico, 105–6, 106 ilust., 108 ilust., 110 ilust.; impresionista, 177, 178 ilust.; italianizante, 117–18; manierista, 120 ilust., 121, 121n; neoclásico, 147–48, 148 ilust., 156; románico, 102n, 105–6, 107 ilust., 109 ilust.; romántico, 156–57, 158 ilust., 159; surrealista, 189–90, 192 ilust., 209
Estridentismo, 190
Estrofa, 17, 24–25
Estructura, 45–47, 78; abierta, 46–47, 78; acronológica o no-lineal, 45; cerrada, 46; cronológica o lineal, 45
Eternidades, 209
Existencialismo, 203n
Exposición, 49
Expresionismo, 177

Fábula, 47, 149
Fábulas morales, 149
Facundo. Civilización y barbarie, 168
«Falangistas», 213
Fausto, 171
Feijoo, Benito Jerónimo de, 147
Felipe II, 116
Fernández de Lizardi, José Joaquín, 153–54, 202

Feudalismo, 102–3, 126
Figura bajo un uvero (estilo impresionista), 178 ilust.
Fluir de la conciencia, 38
Follas novas, 161
Formalista, lectura, 8
Fortunata y Jacinta, 165
Franco, Francisco, 213–14
Franquismo, 214–15
Freyre, Isabel, 117
Fuenteovejuna, 136
Fuentes, Carlos, 204
Fuerzas extrañas, Las, 202
Futurismo, 189, 209

Galatea, La, 122, 134
Galdós. *Ver* Pérez Galdós, Benito
Gallegos, Rómulo, 197
Gambaro, Griselda, 200, 202
Gamboa, Federico, 175
Ganivet, Angel, 184
García de la Huerta, Vicente, 150
García Lorca, Federico, 210, 212–13
García Márquez, Gabriel, 201, 204
Garcilaso de la Vega, 117, 130–31, 211
Garcilaso de la Vega, El Inca, 123
Garro, Elena, 200
Gauchesco, arte, 171
Gaucho, 152, 168, 170–73
Gaviota, La, 162
Generación del 98, 183–85
Generación del 27, 206, 209–11
Género chico, 135
Géneros literarios, 11–12
Gesta, 104n
Gómez de Avellaneda, Gertrudis, 169, 199
Gómez de la Serna, Ramón, 210
Góngora, Luis de Argote y, 29, 138, 141–42
Gongorismo, 131, 141
González de Eslava, Hernán, 138
González Martínez, Enrique, 180
Gotas amargas, 180
Gótico. *Ver* Estilo: gótico
Goya y Lucientes, Francisco José de, 157, 158 ilust.
Goytisolo, José Agustín, 215
Goytisolo, Juan, 216
Gracián, Baltasar, 143
Granada, Fray Luis de, 119
«Gran cosmópolis, La», 181
Grandeza mexicana, 139
Greco, El, 116, 119–21
Greguería, 210
Greguerías, 210
Guerra Civil Española, La, 213–14
Guerra santa, 103
Guillén, Jorge, 211–13, 215
Guillén, Nicolás, 198
Guión, 76
Güiraldes, Ricardo, 188, 197

Gutiérrez Nájera, Manuel, 179
Guzmán de Alfarache, 134–35, 154

Hemistiquio, 25
Heraldos negros, Los, 193
Heredia, José María, 169
Hernández, José, 171
Herrera, Fernando de, 118, 142
Herrera y Reissig, Julio, 180, 187
Hiato, 22
Hidalgo, Bartolomé, 171
Hierro, José, 215
Hipérbaton, 30
Historia de las Indias, 123
Historia del corazón, 211
Historia del famoso Fray Gerundio de Campazas alias Zotes, 148
Historia de una escalera, 215
Hita, Arcipreste de. *Ver* Arcipreste de Hita
Huaina Capac, 167
Huasipungo, 199
Huidobro, Vicente, 190, 192–93, 209
Humanismo, 113–14, 113n
Humboldt, Alexander von, 150

Ibarbourou, Juana de [seud. Juana de América], 187–88, 199
Ibérica, península, 4
Icaza, Jorge, 199
Ifigenia, 199
Ilustración, Siglo de la, 145, 151
Imagen, 28
Impresionismo, 177, 178 ilust.
Incáica, cultura, 123
Indianismo, 173; novela indianista, 199
Indianos, 126
Indice de libros prohibidos, 114n, 121, 128
Indígena, literatura, 123–24
Indigenismo, 173, 196; novela indigenista, 199
Indoamericanismo, 196
Infanzones, 105n
Informe sobre la ley agraria, 149
Infortunios que Alonso Ramírez padeció en poder de ingleses piratas, 138
Ingenioso Hidalgo Don Quijote de la Mancha, El. Ver Quijote, El
In media res, 48
Inquisición, 114, 114n, 127
Intensificación del conflicto, 49,78
Intriga, 37, 47–48
Invasión musulmana, 4–6
Iriarte, Tomás, 149
Isaacs, Jorge, 169
Isla, José Francisco de, 148–49

Jarcha, 103
«Jardín de senderos que se bifurcan, El», 203
Jesuitas, 151

Jesús, Santa Teresa de, 119
Jiménez, Juan Ramón, 183, 208–9, 215
Jovellanos, Gaspar Melchor de, 149
Juglar, 104
Julián, don, 4
Jungla, La (estilo surrealista), 192 ilust.

Kahlo, Frida, 190
Kino, Padre Francisco Eusebio, 138n
Krausismo, 182

Laforet, Carmen, 214
Lagar, 187
Lam, Wifredo, 190, 192 ilust.
Landívar, Rafael, 151
Larra, Mariano José de, 159, 161
Larrea, Juan, 212
Lazarillo de ciegos caminantes, 152
Lazarillo de Tormes, La vida de, 32, 35
Lectura crítica, 7–11
Leitmotiv, 38
Lenguaje: coloquial, 43; connotativo, 7–8, 42–43, 53;
    denotativo, 7–8, 53; indígena, 43–44; literario,
    6–8
León, Fray Luis de, 119
Leyenda negra, 123
Leyendas de Guatemala, 201
Leyes, Libro de las, 108
Lezama Lima, José, 204
Liberalismo, 161–63
Libre albedrío, 134
Libros de los conquistadores, Los, 125n
«Lila lilaila», 184
Lima por dentro y fuera, 152
Literatura, 6
Lope de Vega. *Ver* Vega y Carpio, Félix Lope de
López, Lucio Vicente, 174
López Portillo y Rojas, José, 174
Los de abajo, 43, 198
Luciérnaga, La, 190
Lugones, Leopoldo, 180, 202
Lutero, Martín, 114, 114n
Luzán, Ignacio, 147

Machado, Antonio, 183–84
Macías, 158
Maeztu, Ramiro de, 183
«Mal del siglo, El», 180
Mallea, Eduardo, 44, 203n
Manierista. *Ver* Estilo: manierista
Manuel, don Juan, 109
María, 169
Marinetti, Emilio, 189, 209
Mármol, José, 169
Márquez, Pedro José, 151
Martel, Julián, 174
Martí, José, 30, 177, 179–80, 182. *Ver también* Moder-
    nismo

Martínez de la Rosa, Francisco, 158–59
Martínez Ruiz, José [seud. Azorín], 183
Martin Fierro, 171–73
Matto de Turner, Clorinda, 173
Matute, Ana María, 49, 215
Maya-quiché, 123–24
Medida, 18–23
Meditaciones del Quijote, 207
Meléndez Valdés, Juan [seud. Batilo], 149–50
*Memoria para el arreglo de la policía de los espectácu-
    los y diversiones públicas, y sobre su origen en Es-
    paña,* 149
Mesonero Romanos, Ramón de, 161
Mester de clerecía, 104n, 106–8
«Mester de gauchería», 171
Mestizo, 123n
Metáfora, 28
Métrica. *Ver* Medida
Milagros de Nuestra Señora, 107
Miró, Gabriel, 208
Miró, Joan, 190
Misericordia, 34, 36, 38–39, 165
Misiones, 127–28
Misógina, literatura de la Edad Media, 112
*Misterio de los Reyes Magos. Ver Auto de los Reyes
    Magos*
Mística, poesía, 119
Mistral, Gabriela, 187
Modernismo, 176–82, 184–86, 190
Momento obligatorio. *Ver* Teatro: clímax
Monólogo, 78; interior directo, 41; interior indirecto,
    41–42
Montaigne, Michel de, 61
Montalvo, Juan, 179
Montemayor, Jorge, 122
Moratín, Leandro Fernández de, 150
More, Tomás, 128n
Morisca, novela, 122
Moro expósito, El, 158–59
Moros, 4
Mudéjar, arquitectura, 106, 111 ilust.
Mundo es ancho y ajeno, El, 199
Mutis, José Celestino, 150
Muwassaha, 103n, 103–4

Nada, 214
Narrador, 33–36
Naturaleza muerta, 191 ilust.
Naturalismo, 164–65, 173–75
Navarrete, Fray Manuel de, 152
Nebrija, Antonio de, 115
Negrista, poesía, 198
Negritud, poesía de la, 198
Neobarroquismo, 210n
Neoclasicismo. *Ver* Estilo: neoclásico
Neruda, Pablo, 190, 194–95
Ninfeas, 208
Non serviam, 193

Novás Calvo, Lino, 198
Novecentismo, 207, 214
«Novedades», 119n
Novela, 32–33: de ámbito externo, 33; bizantina, 107n;
     caballeresca, 32, 121; dialogada, 136; indianista,
     199; indigenista, 199; introspectiva o psicológica,
     33; morisca, 122; pastoril, 121–22; picaresca, 122;
     de reportaje, 33; sentimental, 32, 112; de tesis,
     165n
«Novela del tranvía, La», 179
Novelas ejemplares, 134
Nueva Castilla, 126, 127 ilust.
Nueva España, 126, 127 ilust.
Nueva Granada, 126, 127 ilust.
Nuevo Luciano o despertador de ingenios, 151
Núñez de Arce, Gaspar, 162

Octava real, 117
Olmedo, José Joaquín de, 156, 166–67
O locura o santidad, 162
«Ominosa», década, 156
Oráculo manual y arte de prudencia, 143
Orpas, don, 4
Orphée, Elvira, 41
Ortega y Gasset, José, 67, 183–84, 206–7
Ortiz, Fernando, 125
Otero, Blas de, 215

Palacio Valdés, Armando, 163
Palma, Ricardo, 170, 178
Pampa, 168n
Panero, Leopoldo, 215
Panteismo, 208n
Panza, Sancho, 132
Pardo Bazán, Emilia, 163, 165
Parnasismo, 177
Parra, Teresa de la, 199
Pasión de la tierra, 211
Pastoril: novela, 121–22; poesía, 117
Paz, Octavio, 190
Pazos de Ulloa, Los, 165
«Pecado de omisión», 49–52
Pensador mexicano, El. Ver Fernández de Lizardi, José
     Joaquín
Peñas arriba, 164
Pepita Jiménez, 163
Pereda, José María de, 163, 175
Pérez de Ayala, Ramón, 208
Pérez Galdós, Benito, 34, 38, 65n, 162–63, 165–66
Peribáñez, 136
Periódicos: españoles del siglo XVIII, 146; del Nuevo
     Mundo del siglo XVIII, 151
Periquillo sarniento, El, 154, 202
Personajes, 36–37, 78
Personificación, 30
Petrarca, Francesco, 117n
Picaresca. Ver Novela: picaresca
Pícaro, 122, 154

Picasso, Pablo, 190
Pizarro, Francisco, 125
Placeres prohibidos, Los, 211
Platero y yo, 209
«Pobre sapo, romántico, andariego», 184
Podestá, Manuel T., 174
Poemas humanos, 193–94
Poesía, 11–12, 15–16; latente, 104n; lírica, 16; negrista,
     198; negritud, de la, 198; «nueva», 136; pura de
     Juan Ramón Jiménez, 208–9
Poesía española contemporánea, 212
Poeta en la calle, El, 211
Poeta en Nueva York, 212
Poética o reglas de la poesía en general y de sus princi-
     pales especies, 147
Poniatowska, Elena, 200
Popol Vuh, 124
Positivismo, 176, 182
Postmodernismo, 206–7
Prados, Emilio, 212
Preciocismo, 177
Precolombina, cultura, 140n
Primero sueño, 138
Prosa, 32: alfonsina, 108; modernista, 182; poética, 179
Prosas profanas, 181, 190
Proscriptos, 167–68
Prosopopeya. Ver Personificación
Protagonista, 36
Protestantismo, 114
Puig, Manuel, 40
Punto de vista, 33–36

Quevedo, Francisco de, 142–43
Quijote, El, 32, 132–34
Quintana, Manuel José, 156
Quiroga, Facundo, 168
Quiroga, Horacio, 197

Rabasa, Emilio, 174
Raquel, 150
Rayuela, 34–36, 204
Reader-response, teoría de, 8–9
Realismo, 162–64, 173–75; mágico, 200–201
Rebelión de las masas, La, 206–7
Reconquista, 101
Recursos poéticos, 25
Reforma, 114
Reino de este mundo, El, 200
Reivindicación del Conde don Julián, 216
Renacimiento, 113–17
Residencia en la tierra, 195
Resolución, 49
Respuesta a Sor Filotea de la Cruz, 137–38
Restauración, 161, 165
Retablo de las maravillas, El, 88–98, 89n
Reverón, Armando, 177, 178 ilust.
Revolución Mexicana, 175
«Rey burgués, El», 177

Reyes, Alfonso, 63
Rima, 15, 23; asonante, 23–24; consonante, 23; interna, 27
Rimas, 160
Ríos profundos, Los, 43–44, 199
Río, un amor, Un, 211
Ritmo, 15, 17–18
Rivas, Duque de, 158–59
Rivera, Diego, 190
Rivera, José Eustasio, 197
Roa Bastos, Augusto, 201, 204
Rodó, José Enrique, 177, 182
Rodrigo, don, 4
Rojas, Fernando de, 115
Romance, 105; lenguaje, 104; nuevo, 105, viejo, 105
Romancero gitano, 210, 213
Románico. *Ver* Estilo: románico
Romanticismo, 149, 156–57, 159; en Hispanoamérica, 167–70
Romántico. *Ver* Estilo: romántico
Rosas, Juan Manuel de, 167
Rotterdam, Erasmo de, 114–15
Rousseau, Jean Jacques, 173
Rueda, Lope de, 135
Ruíz, Juan. *Ver* Arcipreste de Hita
Rulfo, Juan, 204

Saavedra, Angel de. *Ver* Rivas, Duque de
Sab, 169, 199
Sainete, 135
Salinas, Pedro, 211–13, 215
Salmantina, escuela, 149
Samaniego, Félix María, 149
Sánchez, Florencio, 201
Sánchez Ferlosio, Rafael, 215
San Francisco Xavier, Altar de (estilo barroco), 133 ilust.
San Luis, Iglesia de (estilo barroco), 133 ilust.
Sannazaro, Jacopo, 117n
San Pedro, Diego de, 122
Santa, 175
Santa Cruz y Espejo, Francisco Xavier Eugenio de, 151–52
Santiago, camino de, 103n
Sanz del Río, Julián, 182
Sarmiento, Domingo Faustino, 167–68, 178
Sastre, Alfonso, 216
Schola Palatina, 114
Secularización, 156–57, 157n
Semántico. *Ver* Texto: nivel semántico
Semiótica, lectura, 9
Sender, Ramón, 215–16
Sergas de Esplandín, 121n
Sevillana, escuela, 118n
Sicardi, Francisco, 174
Sí de las niñas, El, 150
Siete partidas, Las, 108
Siglo de las Luces, 145

Siglos de Oro, 141
Significado, 15–16
Significante, 15–16
Sigüenza y Góngora, Carlos de, 137–38
Silva, José Asunción, 180
Simbolismo, 177
Símil, 28
Sinalefa, 20
Sincretismo, 136–37, 139
Sinéresis, 21
Sin rumbo, 175
Sintagma, 17
Sintagmático. *Ver* Texto: nivel sintagmático
Smith, Adam, 153
Soledades, 184
Soledades, galerías y otros poemas, 184
Soliloquio, 78
Solórzano, Carlos, 202
Somers, Armonía, 200
Sonatas, 183
Soneto, 25
Storni, Alfonsina, 188
Sueños, 143
Surrealismo, 189–90, 192 ilust., 209

Tablas alfonsíes, 108
Tala, 187
Teatro, 76–77; del absurdo, 202n, 216; acotaciones, 77; clímax, 78; de la crueldad, 202n; estructura clásica, 78; realista, 216
Teatro crítico universal o discursos varios en todo género de materias para desengaño de errores comunes, El, 147
Tema, 37–38
Tepantitla, muralla de (barroco natural de América), 139 ilust.
Teralla y Landa, Esteban, 152
Tercer Estado, El, 109, 113, 113n
Ternura, 187
Texto: literario, 3, 5–6, 8–11, 16; nivel semántico, 25–27; nivel sintagmático, 25, 27–29; no-literario, 4–5
Todo verdor perecerá, 44–45
Toledo, Escuela de Traductores de, 108
Tonantzintla, Iglesia de Santa María de (estilo barroco), 129, 131 ilust., 136, 140
Tono, 44–45, 54, 77
Torres Naharro, Bartolomé de, 135
Torres Villarroel, Diego de, 148
Traba, Marta, 200
«Tradición, La», 170
Tradiciones peruanas, 170
Trama. *Ver* Intriga
Transculturación, 126, 136, 139
13 bandas y 48 estrellas, poema del Mar Caribe, 211
Tremendismo, 214
3 de mayo de 1808, El (estilo romántico), 157, 158 ilust.
Trilce, 193

Trovador, 104
«Tuércele el cuello al cisne», 181

Ultraísmo, 190, 194, 209
Unamuno, Miguel de, 30, 59n, 183–84, 203n
Unanue, Hipólito, 152
Unidades clásicas, del teatro, 136n

Valdés, Alfonso de, 114
Valdés, Juan de, 114–15
Valencia, Guillermo, 180
Valenzuela, Luisa, 200–201
Valera, Juan, 163
Valle Inclán, Ramón del, 183
Vallejo, César, 190, 193–95
Valle y Caviedes, Juan del, 139
Vanguardia, 186–90; poesía de la, 190–95; segunda,
    203–5
Vargas Llosa, Mario, 36, 204
Vega, Garcilaso de la. Ver Garcilaso de la Vega
Vega, Garcilaso de la [El Inca]. Ver Garcilaso de la
    Vega, El Inca
Vega y Carpio, Félix Lope de, 65n, 130, 135–36
Veinte poemas de amor y una canción desesperada, 195
Velázquez, Diego de, 116, 129
Vendrá, El que, 182
Versificación, 17
Verso, 17; agudo, 19; alejandrino, 23, 107n; amétrico,
    18; de arte mayor, 23; de arte menor, 23; blanco,
23; cesura, en el, 25; eneasílabo, 23; esdrújulo, 19;
    heptasílabo, 23; libre, 23; llano, 19; métrico, 18;
    suelto, 23
Versos libres, 179
Versos sencillos, 179
Vicente, Gil, 135
«Victoria de Junín: Canto a Bolívar, La», 156, 166–67
Vida, ascendencia, nacimiento, crianza y aventuras del
    doctor don Diego de Torres Villarroel, 148
Vida de don Quijote y Sancho, La, 184
Vida es sueño, La, 143
Vieira, Antonio, 137
Villaurrutia, Xavier, 202
Virreinatos, 126, 127 ilust.
Visigodos, 4, 70–72, 101, 101n
Visitadores, 126
Vodanović, Sergio, 79
Vorágine, La, 197
«Voy a dormir», 188
Voz a ti debida, La, 213

Wolff, Egon, 202

Yáñez, Agustín, 203
Yerma, 213

Zarzuela, 150n
Zorrilla, José, 159–60